KB220211

# 실천과 저항의 설교학

## 설교의 윤리

찰스 캠벨 저 | 김운용 역

# 실천과 저항의 설교학

설교의 윤리

---

**초판 1쇄**    2014년 9월 20일
**지 은 이**    찰스 캠벨
**옮 긴 이**    김운용
**펴 낸 이**    김현애
**펴 낸 곳**    예배와 설교 아카데미
**주    소**    서울특별시 광진구 광장동 272 - 12
**전    화**    02 - 457 - 9756
**팩    스**    02 - 457 - 1120
**홈페이지**    www.wpa.or.kr
**등록번호**    제18 - 19호(1998.12.3)

**디 자 인**    디자인집 02 - 521 - 1474
**총 판 처**    비전북
**전    화**    031 - 907 - 3927
**팩    스**    031 - 905 - 3927
**I S B N**    978 - 89 - 88675 - 59 - 5

값 19,500원

# 실천과 저항의 설교학

The Word
*before the Powers*

## 설교의 윤리

찰스 캠벨 저 | 김운용 역

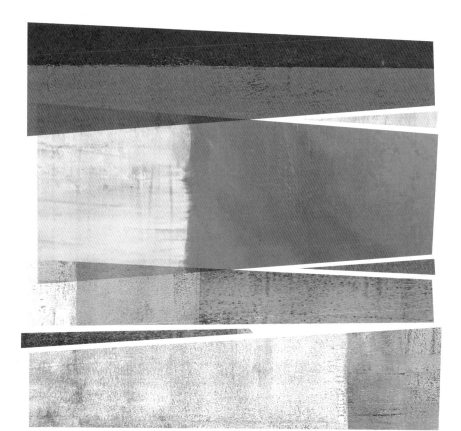

나의 사랑하는 아이들
리디아와 토마스를 위해

# 목차

# 감사의 말

● ● ●

본서는 오랜 시간이 걸려 집필되었으며 이것을 완성하는 데 있어 많은 사람들이 나름대로의 역할을 수행하였다. 나의 가까운 친구이자 동료인 스탠리 손더어즈(Stanley Saunders)는 처음으로 월터 윙크(Walter Wink)의 저작들에 관심을 갖도록 해 주었다. 조금 더 지난 후에 애틀랜타의 오픈도어 공동체(Open Door Community)에서 함께 섬겼던 동료 에드 로링(Ed Loring)은 윌리엄 스트링펠로우(William Stringfellow)의 저서에 관심을 갖도록 이끌어 주었다. 동시에 오픈도어 공동체는 노숙자들과 재소자들을 위한 사역을 통하여 애틀랜타 거리와 조지아 주의 교도소에서 세상 권세자들(powers)을 대면할 수 있도록 만들어 주었다. 앞에서 언급한 책들과 경험이 함께 어울리어 이 책은 그 형태를 갖추게 되었다.

이러한 주제와 관련된 나의 사고는 콜롬비아신학대학원과 자메이카에서 가르쳤던 "통치자들, 권세자들, 그리고 설교"라는 과목을 수강했던 학생들이 제시한 통찰력과 질문을 통해 더 풍성해졌다. 특히 자메이카의 목회자들은 사탄의 권세에 대한 나의 이해를 더 폭넓게 가질 수 있도록 만들어 주었고, 영적으로 묶임의 자리인 '바벨론'에 대해 나 자신도 공모자라는 사실을 보다 선명하게 분별할 수 있도록 도와주었다. 두 학기 동안 그 과목을 팀티칭했던 나의 좋은 친구 조이스 할리데이(Joyce Hollyday)는 중요한 대화의 상대였으며, 권세자들에 대해 많은 것을 알려주었고, 그들에게 어떻게 저항할 수 있을지를 가르쳐 주었다.

초대받아 강연했던 듀크대학교 신학부와 필라델피아 루터교신학대학원, 나의 모교인 핸드릭대학에서의 강의가 이 책을 발전시키고 내용들에 대해 피드백을 받을 수 있는 기회를 만들어 주었다. 추가적으로 "목회자와 기독교교육 지도자들을 위한 장로교 건강, 교육, 복지 연합회"의 리더십 컨퍼런스와 모라비안 교회의 남부 컨퍼런스에서의 강의는 이 자료에 대한 보다 깊은 대화를 나눌 기회를 가질 수 있었다. 이러한 그룹들로부터 받았던 환대와 건설적인 피드백에 대해 깊은 감사를 드린다. 웨스트민스터 존 낙스 출판사(Westminster John Knox Press)가 이 책의 출판에 대한 나의 제안을 받아들이면서 스테파니 에그노토비크(Stephanie Egnotovich)가 편집자로서 '실제적' 역할을 수행해 주기로 동의했다. 결과적으로 이 프로젝트는 여러 방식으로 여러 사람들의 노력을 통해 이루어진 결실이다. 그러한 과정을 통하여 스테파니는 평가하고, 때론 요청도 하고, 격려도 하고, 기뻐하면서 함께 이루어 가는 것임을 알게 해 주었다. 그녀의 통찰력과 전문가적 식견은 처음부터 끝까지 이 책의 완성도를 높여주었다. 편집자와 이보다 더 좋은 관계를 가지고 함께 일할 수 있다는 것은 상상할 수 없을 정도였다. 그녀의 도움에 대해 깊은 감사의 말을 전한다.

또한 이 책을 쓸 때 다른 많은 사람들이 도움을 주었고 지지해 주었다. 콜롬비아신학대학원에서 허락해 준 안식년 기간에 이 책의 여러 장을 완성할 수 있었다. 나의 동료인 스탠리 손더어즈, 릭 디트리히, 크리스틴 요더, 찰스 카우저 등이 책의 원고를 읽고 도움이 되는 많은 제안을 해 주었다. 설교학을 함께 가르치는 소중한 동료인 앤나 카터 플로렌스(Anna Carter Florence)는 늘 격려를 보내주었을 뿐만 아니라 이 책의 원고 전체를 읽고 소중한 의견을 주었다. 앤나 루이스 머치슨과 데이빗 나우어트는 최종 원고를 준비함에 있어서 참고문헌과 색인 작업을 도와주었고 인용 허락을 받는 것에 큰 도움을 주었다.

마지막으로 나의 가족들에게 깊은 감사를 드리고 싶다. 올해로 결혼 25주년을 맞는 사랑하는 아내 다나(Dana)는 다른 모든 시간에도 그랬지만 많은 에너지를 필요로 하는 집필 작업을 할 때마다 깊은 사랑과 격려를 아끼지 않았다. 또한 원고의 많은 부분을 직접 읽고 참으로 소중한 교정을 해 주었다. 나의 사랑하는 자녀, 리디아(Lydia)와 토마스(Thomas)는 일순간에 성인이 되어버린 느낌이었는데 아빠가 연구로 바쁠 때, 그리고 이 책을 집필하는 일에 몰두하느라고 생긴 아빠의 빈자리에 깊은 인내를 가져주었다. 이제 성인의 나이로 들어서면서 새로운 권력자들과 연결되는 새로운 인생을 시작한 내 사랑하는 자녀들에게 이 책을 헌정한다.

# 한국어 서문

● ● ●

2005년, 서울에 위치한 장로회신학대학교의 해외석학초청 설교학 강좌에 초청받아 세상의 통치자들과 권세들에 관련하여 설교학 강의를 하게 되었던 것을 한없는 영광으로 생각하고 있다. 그곳에 머무는 동안 여러 학생들과 교수님들과 함께 시간을 보내면서 그들이 주었던 깊이 있는 질문들과 유익한 통찰력들, 그리고 함께 나누었던 풍성한 대화들에 깊은 감동을 받았다. 북미 상황을 벗어나서 이 내용을 가지고 강의를 했던 것은 처음이었다. 한국에 있는 많은 동료들로부터 많은 것을 배울 수 있었다. 강의에 참석했던 사람들에게 어떤 용어들은 다소 생소하고 새로운 것일 수도 있었지만 세상의 통치자들과 권세들이 지배하는 현실은 결코 그렇지 않았다. 외국 군대에 의해 강제 점령을 당한 일본제국주의 강점기의 경험, 남북이 분단되는 아픔, 세계적인 자본주의 충격 등을 경험해 왔기에 한국인들은 세상 권세(powers)에 대한 깊은 차원에서의 이해를 가지고 있음을 알 수 있었다. 실로 '한'(恨)에 대한 한국인들의 경험은 억압하고 지배하는 권세자들의 행위에 대한 가장 심원한 응답들 중의 하나라고 종종 생각해 왔다.

본서를 읽는 사람들 중에 세상의 통치자들과 권세들에 대해서 더 언급하지 않아도 우리는 아주 생생하게 그 현실을 경험했고, 지금도 경험하고 있다고 말하는 분도 있을 것이다. 그리고 물론 이 책은 한국 상황에서 저술되지 않았기 때문에 그 상황에 대해 직접적으로 언급하고 있지는 않다. 그러나 본서에서 사용되는 분석적 도구들이 특별한 상황에서 세상 권세에 대한 저항을 실천하는 일에 착수하려는 목회자들과 회중에게 도움이 될 것이라는 기대감을 가져본다. 그리고 이러한 설교학적 숙고들이 세상의 통치자들과 권세들이 역동적으로 작용하고 있는 한국 땅에서 교회와 세상을 향해 구속의 말씀을 선포하기 위해 몸부림치는 많은 설교자들을 후원하고 돕는 것이 되었으면 좋겠다. 책을 쓰는 것은 쉽다. 그러나 그것보다 더 어렵고 중요한 일은 그 책을 읽고 그것을 삶 속에서 실천하려고 하는 사람들에게 달려 있다.

본서가 이제 우리 상황과는 별 연관성이 없게 되기를 바란다. 즉, 이미 세상의 통치자들과 권세들이 예수 그리스도의 방식을 따라 완전히 정복되었으면 좋겠다. 그러나 그런 희망 가운데 살아갈 뿐 그러한 경우는 아직 오지 않았다. 하나님을 반역하는 세력들이 끊임없이 사람을 향해 계속적으로 호전적인 공격을 하고 있고, 교회는 계속해서 하나님의 백성들이 신실한 저항을 계속할 수 있도록 인도할 사명을 감당하도록 부르시는 하나님의 소명 앞에 서 있다.

실로 오늘 우리는 일찍이 세상의 권세자들이 우리 앞에 제기하였던 가장 거대한 위협들 중 하나에 직면해 있다. 그것은 기후 변화이다. 이러한 환경적 위기의 문제를 본서에서 전혀 다루고 있지 않음을 이상하게 생각할 수도 있을 것이다. 만약 오늘 이 책을 다시 쓸 수 있다면 기후 변화의 실재와 그것을 완화하기 위한 모든 노력을 거부하는 세상의 권세에 대해 초점을 맞추었을 것이다. 이러한 의제와 관련하여 그것을 지배하고 있는 세상 권세에 참여하고 저항하는 것은 다음 세대를 위해 설교자들과 회중에게 중요한 도전이 될 것이다.

이러한 설교학의 여정에서 나의 친구이자 동료인 김운용 박사에게 깊은 감사를 보낸다. 처음 한국에 방문했을 때 그는 나의 강의와 설교의 통역을 맡아 주었으며, 또한 본서를 한국어로 번역하는 일을 위해 귀한 수고를 아끼지 않았음에 마음 깊은 감사를 보낸다. 바라기는 본서의 한국어판이 읽는 모든 분들의 사역에 든든한 후원과 격려가 되었으면 무한한 영광이겠다. 오늘도 한국 땅에서 하나님의 구속의 말씀의 선포를 통해 세상의 통치자들과 권세들에 저항하며 하나님의 다스리심과 통치, 그의 구속과 샬롬을 증거하는 모든 설교자들에게 감사를 보내며, 그 말씀을 듣고 오늘 삶 속에서 어두움의 권세에 저항하고 하나님의 말씀을 삶으로 살아내는 실천을 위해 몸부림치는 모든 그리스도인들에게 박수를 보낸다.

찰스 캠벨
미국 노스캐롤라이나 더럼
듀크대학교 신학부

# 역자 서문

● ● ●

설교는 세상에 하나님의 말씀을 펼쳐 보이는 것이라는 점에서 일종의 '진리 말하기'(truth-telling)입니다. 설교를 통해 하나님의 세계가 펼쳐지고, 세상은 그것을 통해 하나님의 진리를 듣고 확인하게 된다는 점에서 실로 가슴 벅찬 사역이 아닐 수 없습니다. 그래서 설교자의 역할이 중요합니다. 하나님의 말씀을 바로 전해주는 설교자가 우뚝 서 있을 때 그 시대는 하늘의 음성을 생생하게 들을 수 있으며 볼 수 있기 때문입니다. 그때 설교는 이 세상을 위해 사용되는 성삼위 하나님의 온전한 도구가 됩니다. 설교는 하나님에 대한 이야기입니다. 그분의 말씀, 뜻, 의도, 계획, 행하시는 일 등을 말하는 것입니다. 그래서 듀크 대학교 교수였던 윌리엄 윌리몬은 설교를 "하나님에 대한 스토리, 세상을 사랑하시는 그분의 목적을 위해 이스라엘과 교회에 명하시는 그 특정한 하나님에 의해 생겨난 스토리"라고 규정합니다. 설교자는 세상에 하나님 이야기를 들려주는 사람이고, 하나님의 뜻과 공의를 이 땅에 온전히 펼치고 구현해 가는 사람입니다.

그러나 그 말씀을 들어야 하는 세상은 하나님께 반역하였으며, 세상을 다스려 가는 세상의 통치자들과 권세들은 자신의 목적과 탐욕을 위해 하나님의 뜻을 왜곡하고, 거짓과 폭력, 음모와 통제라는 수단을 통하여 하나님의 형상을 따라 지음 받은 인간을 억압하고 하나님의 창조세계와 질서를 파괴하면서 무질서의 세계로 바꾸어갑니다. 예수님께서 그러하셨던 것처럼 설교는 이러한 세상의 한복판에서 하나님의 말씀을 실천하는 것이며 세상의 통치자들과 권세들을 향하여 저항하는 것입니다. 그러므로 설교는 대담하면서도 위험한 행동입니다. 불의와 거짓, 억압과 위협을 그 수단으로 삼고 있는 권세는 위협적이고 체제 전복적인 특성을 가질 수밖에 없기 때문입니다. 설교자는 하나님의 말씀을 통하여 세상에 비전을 제시하고 대안 공동체를 보여주는 존재입니다. 그런 점에서 설교 그 자체는 언제나 말씀의 실천(practice)이며 세상의 권세들을 향하여는 저항일 수밖에 없습니다.

설교가 가지는 이러한 윤리학적 특성을 잘 정리한 학자가 본서의 저자인 듀크대학교 신학부의 설교학 교수인 찰스 캠벨 박사입니다. 개인적으로는 저의 선생님이기도 한 캠벨 박사는 기독교 설교가 가지는 이러한 특성을 삶에서 구체적으로 실천하고, 또 저항하는 삶을 실천한 자신의 경험을 바탕으로 본서에서 설교를 말씀의 실천과 비폭력적 저항의 행위로 규정하면서 설교학에 새로운 지평을 열어줍니다. 그는 몇 년 전에 장로회신학대학교 해외석학초청 설교학 강좌에 두 차례 강사로 초청받아 강의를 한 적도 있으며, 한국교회와 설교자들에 대해 깊은 애정을 가지고 있는 분입니다. 캠벨 박사는 알칸사스 주에서 오랫동안 목회를 하면서 버지니아 유니온신학대학원에서 목회학박사 과정을 밟던 중에 설교학과 성서신학, 윤리학을 연결하는 설교에 대한 연구를 위해 학위를 마친 후에 다시 석사와 박사 과정(Ph.D.)을 공부할 정도로 설교학에 대한 열정을 가지신 분입니다. 예일학파의 신학적 기조를 바탕으로 설교가 가지는 윤리성과 공적 기능에 대해 의미 있는 학문적 제 안과 통찰력을 제시하고 있는 저자는 설교를 언어적 유희나 단순히 나의 만족이나 위로를 위한 것이 아니라 세상의 통치자들과 권세들에 대한 저항의 행위이며 하나님의 비전을 전달하는 행위로 규정합니다. 그는 다른 저서, *Preaching Jesus*에서 예수님의 스토리를 세상에 들려줌을 통해 하나님의 백성들의 공동체인 교회를 세우는 것으로 설교를 규정하였다면, 본서에서는 설교를 하나님의 말씀의 실천으로, 그리고 하나님을 거역하고 그 뜻을 왜곡하는 불의와 어두움의 움직임에 대해, 하나님의 형상인 인간을 억압하는 세상의 통치자들과 권세들에 대해 비폭력적 저항의 행위로 규정하면서 설교의 실천성을 강조합니다.

캠벨 박사는 이 책에서 세상의 통치자들과 권세들에 대한 윌리엄 스트링펠로우나 월터 윙크의 연구뿐만 아니라 현대 윤리학자들의 주장들을 도입하면서 이러한 주장을 개진해 갑니다. 신약성경이 당시에 존재했던 권세들에 대해 언급하며 그 배후에서 작용하는 어두움의 세력과 사탄적인 영적 세력에 대해서도 언급합니다. 현대의 합리주의를 근간으로 한 신학은 이것을 영적인 세력으로 인정하지 않고 인류학적 본체론적 존재로 비신화화하기도 합니다. 그러나 이것은 예수 그리스도의 십자가의 구속의 복음과 함께 하나님 나라의 본질과 믿음의 실체를 보여주는 주제입니다. 오늘도 어두움의 세력은 인간의 제도와 문화, 권세들 속에 역사하면서 하나님의 창조세계에 혼란을 야기할 뿐만 아니라 자기의 탐욕을 위해 왜곡합니다. 그것은 예수 그리스도의 구속 사건과 함께 선포되어야 할 주제이며, 신학의 주제입니다. 오래전 스코틀랜드의 신학자인 제임스 스튜어트(James S. Stewart)는 사랑과 자비의 계시인 십자가를 말하지만 거기에서 더 나가지 않는 신학은 역사의 딜레마의 요인이 되며 인간 곤경의 원인으로 작용하고 있는 비극적인 권세들과 관련하여서는 아무런 해답을 제시하지 못하게 된다고 주장합니다. 복음의 원초적 선언은 훨씬 더 나아갔습니다. 그것은 인간의 상황뿐만 아니라 온 우주적인 세계(kosmos)를 지향하였고 하나님의 통치와 하나님의 샬롬의 세상으로까지 나아갔습니다. 그것은 하나님 나라의 선포와도 연결되고 설교의 공적 기능과도 연결됩니다. 그래서 이 어두움의 세력이 정치라는 제도권에서 강력하게 역사하였던 시대 속에서 저항하는 그리스도인으로 살았던 디트리히 본훼퍼는 "다름 아닌 사탄의 권세가 이 세상의 지배권을 장악하게 되었다는 사실과 여기 이처럼 악독한 음모를 꾸민 것이 바로 어둠의 권세라는 사실에 대해 어떻게 눈을 감고 모른 척할 수 있겠는가?"라고 묻고 있습니다.

설교학의 중요한 명저 중의 한 권인 본서를 소개해야 한다는 책임감을 가지고 본격적으로 번역 작업을 하고 있을 때 이 땅에서 일어난 한 사건은 이러한 학문적 연구와 실천이 얼마나 이 사회에 필요한 것인가를 새삼 실감할 수 있었습니다. 1922년 발표한 그의 장시에서 T. S. 엘리엇이 외친 "가장 잔인한 달"(the cruelest month)이라는 그 외침을 우리는 세월호 참사로 인해 입술에 담고 가슴에 담을 수밖에 없었습니다. 거짓으로 덧칠해진 권세들(언론 포함)의 민낯을 보았고, 뿌리가 깊은 우리 사회의 적폐(積弊) 현상도 보았습니다. 당연히 밝혀져야 할 사고의 원인과 책임자 처벌은 이루어지지 않았으며, 딸을 잃은 아빠는 생명을 담보로 46일 동안 광화문 광장에서 단식을 하면서 진상규명을 요청했고 수많은 유가족들의 외침은 계속되었습니다. 그러나 4월을 넘어 여름이 지나가고 가을을 맞이하는 지금 아직 어떤 것도 밝혀지지 않고 있습니다. 그 참담한 상황에서 설교자들은 무엇을 설교하고, 어떻게 설교해야 할지를 고민해야 했고, 매주 설교를 준비하여 강단에 올라가는 것 자체가 고통스럽고 힘든 일이었습니다. 예민하고 어려운 주제여서 아예 침묵하거나, 혹은 비난을 면키 어려운 이야기를 설교 가운데 토해 놓아 공분을 사기도 했습니다.

이런 상황 때문에 본서 번역 작업을 하는 동안 수없이 줄을 치고 고개를 끄덕이며 새롭게 온 가슴으로 공감하면서 여름의 시간들을 보냈습니다. 성경이 말하는 세상의 통치자들과 권세들의 모습을 이 땅에서도 보았기 때문이고, 설교자의 사명이 새롭게 깨달아졌기 때문입니다. 어쩌면 세월호 사건은 단순한 단일의 사고가 아니라 우리 사회가 안고 있는 물리적, 제도적, 구조적 문제를 구체적으로 보여준 사고였습니다. 그 사건의 진실을 정확히 파헤치지 않고 구조를 바꾸지 않으면, 또한 그것을 일깨우는 파수꾼이 없으면 그런 사건은 또 일어날 나라에 우리가 살고 있다는 사실이 문제입니다. "우리 안의 세월호"를 정확히 알아야 하고, 출항하려고 하는 "또 다른 세월호"를 막아야 할 사명이 설교자에게는 있습니다. 그것은 단지 우리 사회의 이야기만이 아니라 교회와 관련한 이야기이기도 합니다.

문득 가을의 문턱에서 라이너 마리아 릴케의 시, "가을날"에 나오는 한 구절이 계속해서 떠오르곤 했습니다. "지난여름은 참으로 위대했습니다." 답답한 시간들로 가득한 계절을 보냈지만 바른 하나님의 말씀 선포와 민감함과 예민함을 가지고 말씀을 활짝 펼치는 설교자를 통해 이어지는 계절에 나타나게 될 결과와 열매를 예견하게 해 주는 시구이기 때문입니다. 지금 우리는 하나님의 말씀 강단을 바로 세우기 위해 깨어 있지 않고 몸부림치지 않으면, 그리고 생명을 거는 자세를 갖지 않으면 이 시대에 하나님의 말씀을 바로 전달하기가 어렵고, 하나님 나라와 교회를 바로 세워가기 어려운 시대를 살고 있습니다.

한 작업을 마칠 때마다 늘 고마운 마음을 갖게 되는 사람은 가족들입니다. 그들의 깊은 이해와 사랑, 격려가 아니면 가능하지 않았을 것이기 때문입니다. 서로 흩어져 있다가 3년 만에 온 가족이 함께 모인 여름, 이 작업 때문에 늘 서재에 박혀 있을 때도 가족들은 먼저 이해해 주었고, 따뜻한 격려를 잊지 않았습니다. 사랑하는 아내, 박혜신 님의 격려와 기도는 내 삶과 사역을 세워가는 원동력이었으며, 하늘이 우리 가정에 선물로 준 세 자녀들(한솔, 한결, 한빛)은 늘 기쁨과 용기를 갖게 해 주었습니다. 또한 저의 연구와 설교 사역을 위해 늘 뒤에서 기도해 주시고 격려해 주신 수많은 분들의 이름을 여기에 모두 거명하지 못하지만 그들을 향한 나의 감사의 마음은 늘 가득합니다. 설교학 강의실에서 만나는 학생들은 교수로 하여금 늘 고민하게 하고 깨어 있게 하는 나의 선생들이었습니다. 또한 본서의 출판을 맡아준 WPA의 김현애 박사와 교정을 위해 수고해 주신 윤혜경 전도사의 수고로 이 책이 빛을 보게 되었습니다. 본인의 조교인 오보람 전도사는 색인 작업을 위해 수고해 주었습니다. 그분들의 귀한 수고에 감사드립니다.

시대는 늘 어두웠고 위험했으며, 정의보다는 불의가, 사랑보다는 탐욕이, 따뜻함보다는 차가움과 냉혹함이 지배해 왔습니다. 그러나 희미한 불빛과 같은 한 사람이 굳게 서 있는 그곳에서 희망의 역사는 늘 시작되곤 했습니다. 설교자는 오늘 삶의 자리에서 그 말씀을 삶으로 살아내며, 작은 등불을 드는 사람들입니다. 그래서 설교자가 살아 있는 시대에 교회는 견고했으며 하나님의 백성들은 건강했습니다. 문득 박노해 시인의 시집에서 읽은 시가 가슴에 계속해서 맴도는 이유는 그 때문인 것 같습니다. 시인은 안데스 산맥 가장 깊은 곳에 살고 있는 께로족 마을을 찾아가고 있었답니다. 공기는 희박하여 몇 걸음만 걸어도 숨이 차올랐고, 발길에 떨어지는 돌들이 아찔한 벼랑을 구르는 소리를 들으며 칠흑 같은 밤의 고원을 걸어가고 있었습니다.

　"······ 어둠이 이토록 무겁고 두텁고 무서운 것이었던가/ 추위와 탈진으로 주저앉아 죽음의 공포가 엄습할 때// 신기루인가/ 멀리 만년 설 봉우리 사이로/ 희미한 불빛 하나// 산 것이다// 어둠 속에 길을 잃은 우리를 부르는/ 께로족 청년의 호롱불 하나// 이렇게 어둠이 크고 깊은 설산의 밤일지라도/ 빛은 저 작고 희미한 등불 하나로 충분했다// 지금 세계가 칠흑처럼 어둡고/ 길 잃은 희망들이 숨이 죽어가도/ 단지 언뜻 비추는 불빛 하나만 살아 있다면/ 우리는 아직 끝나지 않은 것이다// 세계 속에는 어둠이 이해할 수 없는/ 빛이 있다는 걸 나는 알고 있다/ 거대한 악이 이해할 수 없는 선이/ 야만이 이해할 수 없는 인간정신이/ 패배와 절망이 이해할 수 없는 희망이/ 깜박이고 있다는 걸 나는 알고 있다// 그토록 강력하고 집요한 악의 정신이 지배해도/ 자기 영혼을 잃지 않고 희미한 등불로 서 있는 사람/ 어디를 둘러보아도 희망이 보이지 않는 시대에/ 무력할지라도 끝끝내 꺾여지지 않는 최후의 사람// 최후의 한 사람은 최초의 한 사람이기에/ 희망은 단 한 사람이면 충분한 것이다// 세계의 모든 어둠과 악이 총동원되었어도/ 결코 굴복시킬 수 없는 한 사람이 살아 있다면/ 저들은 총체적으로 실패하고 패배한 것이다// 삶은 기적이다// 인간은 신비이다/ 희망은 불멸이다// 그대, 희미한 불빛만 살아 있다면// 그러니 그대 사라지지 말아라"(박노해, 『그러니 그대 사라지지 말아라』, 느린걸음, 2010).

　그렇습니다. "희미한 불빛만 살아 있다면 세상은 그 빛을 보게 될

것이니 설교자들이여, 잠들지 마라! 설교자들이여, 사라지지 마라!" 이
것은 우리를 세우신 분의 외침이기도 합니다. 본서를 통해 어둠이 덮
힌 세상 속에 하나님의 통치하심이 활짝 드러나고 펼쳐지길 기도합니
다. "여호와께서 다스리시는도다! 야웨 말라크!"

2014년 가을의 문턱에서
역자 김운용

# 서 론

• • •

2차 세계대전 중에 독일의 나치에 의해 프랑스가 포위되었을 때, 그곳의 작은 마을이었던 르 샹봉 쉬르 리뇽(Le Chambon sur Lignon) 지역의 개신교 목사였던 앙드레 트로메이(André Trocmé)는 어느 주일, 강단에 올라가 이렇게 설교를 시작했다. "그리스도인들에게는 그들의 양심을 향하여 쏟아지는 폭력에 대해 영적 무기를 가지고 저항해야 할 책임이 있습니다."[1] 그후 이어지는 4년 넘게, 대부분 위그노(Huguenot)[2] 후손이었던 그 마을 사람들은 바로 그 책임을 성실하게 수행하였다. 신실함과 용기를 가지고 그것을 놀랍게 수행하는 동안 그들은 자신들의 생명을 담보로 걸어야 했다. 그 마을과 주변의 작은 마을의 대략 5천여 명의 사람들은 5천 명이 넘는 유대인들에게 피난처를 제공하여 죽음의 수용소의 나치학살로부터 그들을 구해낼 수 있었다.

*Weapons of the Spirit*(어두움의 권세들의 무기들)이라는 제목의 기록 영화에서 전쟁 중에 르 샹봉 지역에서 태어났고 보호를 받았던 유대인 삐에르 소바아즈(Pierre Sauvage)는 작은 마을의 이야기를 우리에게 들려준다. 이 영화는 깜짝 놀랄 만한 사실을 참 많이 전해준다. 그중에서도 선명하게 들려왔던 것은 그 마을 사람들의 신실한 제자도뿐만 아니라

그들의 행동에 대한 해석이었다. 유대인들에게 피난처를 제공하는 것은 실로 위험천만한 일인데 어떻게 그런 결정을 내리게 되었는지 소바아즈가 물었을 때, 마을 사람들은 오히려 복잡한 표정을 지으며 그 질문자를 바라보았다. 그리고 이렇게 대답했다.

"그것은 아주 자연스럽게 일어났어요. 우리는 호들갑을 떠는 것을 이해할 수 없어요. 그것은 아주 단순하게 일어났어요."

"그들이 도움이 필요했기 때문에 저는 단순히 그들을 도왔을 뿐이에요……. 성경은 주린 사람들을 먹이라고 하셨고, 병든 자를 찾아보라고 하셨잖아요. 주님이 명령하신 것을 수행하는 건 당연한 일이지요."

한 예로 독일군이 프랑스의 남부를 점령한 후 훨씬 더 위험한 상황이 되었는 데도 어떻게 계속해서 은신처를 제공할 수 있었는지 물었을 때 한 여인은 이렇게 대답했다.

"저도 잘 모르겠어요. 단지 우리는 그렇게 해 왔기 때문에 그 일을 계속한 것뿐이에요."

이러한 대답은 르 샹봉 지역의 사람들이 단순하고 분명하며 극적인 "결정의 순간"을 경험한 것은 아니었음을 알려준다. 지금까지 어떤 행동을 취할 때 가졌던 도덕적 척도를 따라 그들은 그 상황에 대해 자의식에 바탕을 둔 윤리적 '분석'을 하려고 하지 않았다. 오히려 그들은 단지 "자연적으로 행해야 할 일을 행동으로 옮긴 것"뿐이었다. 그들의 행동은 그들의 품성과 그들이 속한 공동체의 품성으로부터 나온 것이었다. 필립 할리(Phillip Hallie)는 르 샹봉 지역의 사람들에 대한 책에서 이렇게 쓰고 있다.

만약 그 행동이 '자신들에게' 복잡하고 어려운 것이라고 생각했다면 우리는 르 상봉 지역에서 무슨 일이 일어나고 있는지 이해하는 데 실패했을 것이다……. 어려움 가운데 있는 사람들을 돕는 것은 어떤 사람들에게는 음식을 먹는 것처럼 아주 자연스러운 일이다. 르 상봉 지역의 트로메이 목사 가정, 테에제 가정(the Theises)과 마을 사람들은 모두 그런 사람들이었다.[3]

한 가지는 마태복음 25장 31~40절에 나오는 '양'(sheep)편에 서 있던 사람들을 기억나게 한다. 주님께서 '작은 자'를 잘 돌보았다고 했을 때 그들은 대답한다. "우리가 어느 때에 주께서 주리신 것을 보고 음식을 대접하였으며, 목마르신 것을 보고 마시게 하였나이까?" 르 상봉 지역의 사람들처럼 그들은 '형제 중 지극히 작은 자들'을 돌보는 것이 그들이 지금 아주 특별한 일을 하고 있다고 결코 생각하지 않았다는 점이다.

르 상봉 지역의 사람들에 대한 소바아즈의 영화는 이 책의 배경을 이룬다. 나치 독일에 대한 이 마을 사람들의 저항은 설교의 윤리적 차원에 대해 날카롭고 극적인(dramatic) 초점을 제공해 준다. 마치 사방에 뿌려지고 있는 햇빛을 렌즈를 통해 한 점에 예리하고 선명하게 집중시키는 것과 같은 역할을 했다. 르 상봉 지역의 사람들이 실천한 저항이라는 렌즈를 통해 보면 이 책에서 개진해 나가는 설교의 윤리가 가지는 세 가지 중심적인 요소가 선명해진다. 첫째, 설교의 윤리적 상황(ethical context of preaching)은 통치자들과 권세자들의 활약(activity)이다. 틀림없이 르 상봉의 상황은 하나님의 말씀과 세상의 죽음의 권세가 만나는 실로 극적이고 극단적인 실례이다. 그럼에도 불구하고 세상의 통치자들과 권세들은 아주 기민하게 죽음을 불러오는 방식으로 오늘 인간의 삶을 규정하고, 기독교 설교의 상황을 제공하는 공격적 행위자로 남아 있다. 본인이 이 책에서 보여주기를 희망하는 바이지만 그 권세자들이 작용하는 상황을 이해할 때 설교는 교회를 위한 신선한 윤리적 의미(significance)를 지니게 된다.

둘째, 하나님의 말씀의 선포인 설교는 통치자들과 권세들의 활동에 저항하는 중요한 실천이다. 서론에서 인용한 트로메이의 설교는 저항의 메시지를 선포할 뿐만 아니라 그 자체가 권세자들을 향한 비폭력적 저항의 특별한 행동이다. 트로메이는 세상의 폭력과 죽음의 세력에 대해 보다 더 강한 폭력과 죽음으로가 아니라 "성령의 검"(엡 6:17)인 하나님의 말씀으로 반격을 가하고 있다. 그리고 그는 세상과는 고립된 설교를 수행한 것이 아니라 르 샹봉 교회에서 매주 행해진 설교를 통해 – 어린이 설교를 포함해서 – 그의 저항 행동에 참여한다.[4] 설교는 트로메이에게 죽음과 독재적인 통치 세력에 직면하여 비폭력적 저항이라는 특별하고 분명한 윤리적 선택(ethical option)을 제공해 주었으며, 오늘의 교회에도 계속해서 그 필요성을 제시한다. 이러한 비폭력적 저항을 설교학적으로 실천하는 것은 예수님의 설교 사역에 있어 가장 중심적이었으며 – 그것은 예수님 자신의 설교와 그분의 삶과 죽음, 부활에 대해 선포하는 우리의 설교에 있어서도 중심을 이룬다 – 또한 믿음의 공동체의 윤리적 삶에 있어서도 중심을 이룬다는 사실을 나는 이 책에서 제시하였다.

셋째, 저항의 '공동체'는 세상의 권세자와 교전한다. 그 공동체는 세상을 보는 분명한 방식과 특별한 실천과 덕으로 형성된 공동체이다. 르 샹봉 공동체는 세상에서의 그들의 비전을 형성하게 해 준 특별한 기억과 전통에 기초하여 몇 년 전에 세워졌다. 이러한 기억과 전통은 엄청난 박해를 받았던 그들의 신실한 조상들인 위그노의 스토리뿐만 아니라 성경의 이야기를 포함한다. 필립 할리가 주장한 대로 설교는 이러한 기억과 비전을 생생하게 만들어 주는 하나의 수단이었다. "위그노 설교의 배후에는 고통을 당하던 소수자의 역사가 존재하였는데, 그들은 거대한 대적자들에 항거하여 그들의 도덕적, 종교적 생명력(vitality)을 보존하려고 했다."⁵ 그 기억은 공동체의 비전과 삶을 형성했는데, 찬양은 그것을 위한 또 다른 방식이었다. 그 사람들은 정기적으로 그들의 선조들이 드렸던 고백을 그들의 찬양에 담았다.

> 우리 조상들에게 생명을 주셨던 성령님!
> 그 후손들을 감화시키소서.
> 그들에게 생명을 주셨던 성령님!
> 그들의 발자취를 따라
> 힘차게 걸어갈 수 있도록
> 그의 후손들을 감화시키소서.

그들이 따르기를 원하였던 조상들의 발자취는 일련의 공공의 실천들(communal practices)을 포함하였다. 그것은 특히 통치자들과 권세들의 폭력으로 인한 희생자들에 대한 깊은 동정심에서 비롯된 친절을 실천하는 것을 포함한다. 유대인들이 그들의 문 앞에 당도하기 아주 오래 전부터 르 샹봉 사람들은 신앙의 박해를 피해 도망 온 사람들을 환영하여 그들의 집으로 들였으며, 친절을 베풀고 말씀을 실천하면서 형성된 덕으로 채워져 있었다. 세상에 대한 그들의 비전과 실천, 그리고 덕은 유대인들을 환영하는 일을 "당연히 해야 할 자연스러운 일"로 여기게 했던 르 샹봉 사람들의 성품(character)을 형성하였다.

이러한 세 가지 요소는 본서에서 발전시키려고 하는 설교의 윤리를 형성한다. 즉, 통치자들과 권세들의 억압적인 행동, 권세자들을 향한 비폭력적 저항의 행위로서의 하나님의 말씀의 선포인 설교, 저항하는 그리스도인 공동체의 형성 등이 그것이다. 이러한 세 가지 요소가 본서의 골격을 이룬다. 1, 2장에서 통치자들과 권세들의 일반적인 특징과 그들의 폭력적 행위에 대해서 살펴보게 될 것이다. 3장은 예수님께서 그의 생애와 죽음, 부활을 통하여 권세자들에 대해 어떻게 관여하시는지를 살펴보게 된다. 그 나머지 장에서는 이러한 권세자들이 폭력을 행사하는 상황에서 설교의 윤리를 어떻게 발전시킬 수 있을지를 살펴보게 된다. 4장은 설교가 비폭력적 저항의 독특한 실천(distinctive practice)이라는 사실을 논의하게 될 것인데, 그러한 실천은 교회의 도덕적 삶을 위한 중요한 함의(含意)를 가진다. 5장부터 8장까지는 성품윤리[6]가 가지는 세 가지의 비판적 차원을 살펴보면서 비폭력적 저항의 실천으로서의 설교에 대한 구체적인 의미를 발전시킬 것인데, 비전(5~6장), 실천(7장), 덕(8장) 등이 그것이다. 책의 마지막 부분에 이르면 새로운 세기의 거대한 도전 가운데서 복음을 선포하려는 설교자들에게 도움이 되는 설교의 윤리가 정립되기를 바란다.

여기에서 본인이 발전시키려는 내용은 윌리엄 스트링펠로우(William Stringfellow)와 월터 윙크(Walter Wink)의 연구에서 많은 통찰을 끌어왔다. 그것은 본인의 삶에도 깊은 충격을 주었다. 용기 있는 이 두 신학자가 발전시킨 권세자들에 대한 해석은 '나에게' 이치에 맞는 것이었을 뿐만 아니라 '나의' 이해를 만들어 주었다. 그것은 나의 몸부림에 대해, 나의 죄성과 희망 등에 대한 사항을 포함한다. 부가적으로 그들의 연구는 애틀랜타 거리의 노숙자들과 함께했던 나의 경험을 해석하는 데 있어서 뿐만 아니라 매일 일간신문을 읽을 때 직면하게 되는 거대한 문제를 해석하는 데 중요한 신학적 틀을 제공해 주었다.[7] 이와 같이 본인이 스트링펠로우와 윙크에게 눈을 돌린 것은 단지 학문적인 의미에서 보다는 개인적인 깊은 관심 때문이었다. 점점 더 분명하게 나타나겠지만 나의 목적은 그들의 저서를 비판적으로 접근하는 것도 아니고, 통치자들과 권세들에 대한 그들의 생각에 명료하고 새로운 통찰을 더하려는 것도 아니다. 오히려 권세자들의 폭력적인 행위에 대한 분명하고도 대담한 이해를 제시하고, 이러한 틀을 통해 설교의 윤리를 발전시키는 것이 나의 목적이다.

앞으로 더 분명하게 드러나겠지만 본인은 큰 특권을 누리고 있는 위치에서 이 책을 집필하였으며, 중산층과 주요 교단의 회중을 위해 말씀 사역을 감당하고 있는 설교자들을 위해 주로 이 책을 썼다. 특권과 권력의 핵심에서 벗어나 가장자리에서 살고 있는 사람에게, 혹은 그들을 위해 이 책을 쓰지 않았다. 다만 여기에서 제시되는 제안들이 그러한 환경에서 살아가는 사람들에게 도움이 되기를 바라는 마음을 가지고 집필하였음을 밝힌다. 그러나 본인이 특권을 누리고 있는 위치에서 이 책을 썼지만 억압의 상황에서 권세자들과 맞서 힘들게 싸우고 있는 사람들의 절실한 소리를 따라 이것이 형성되었음을 밝힌다. 특히 지난 수년 동안 노숙자들, 동성애자들, 양성애자들, 성전환자들은 나에게 많은 것을 생각하게 해 준 선생이었고 나의 삶에 많은 영향을 주었다. 그들은 이 세상에서 권세자들의 위험한 활동을 보다 깊이 살펴볼 수 있도록 도와주었고, 또한 본인도 그것에 대한 공범자라는 사실을 깨닫게 해 주었다. 이 책은 스트링펠로우와 윙크에게 도움을 받은 것만큼이나 앞서 언급한 소수의 억압받는 사람에게서도 깊은 도움을 받아 완성되었다.

그리고 이 연구와 함께 따라와야 하는 것은 이것이 단지 학술적인 활동 – 비록 충실하게 각주를 달았지만 – 만으로 끝나서는 안 된다는 사실이다. 오히려 권세자들과 나의 계속되는 몸부림의 한복판에서 잠시 사색을 위한 휴지기일 뿐이며, 주님의 제자, 설교자, 교수로서 나의 그러한 여정은 계속되어야 한다. 바라기는 이 책에서 제시되는 내용들이 비슷한 여정에서 자신을 발견한 다른 사람들에게 소중한 것이 될 수 있으면 좋겠다.

1 *Weapons of the Spirit*, 삐에어 소바아즈(Pierre Sauvage) 감독 작품, 1시간 30분, 1989년 비디오.

2 역주/ 칼뱅주의를 추종하는 프랑스 개신교도를 지칭하는 말로 16세기 독일에서 시작된 종교개혁의 물결이 프랑스로 옮겨가면서 신교도가 생겨났는데 그들은 초기에 극심한 박해를 받았다. 처음에는 한두 명씩 처형하던 것이 대량학살로 이어졌고, 앙리 2세 때에는 프랑스의 대부분의 감옥에는 위그노들로 가득 채워졌다. 1562년에 종교전쟁(위그노전쟁)이 일어났고, 1598년까지 이어졌다. 1572년 성 바돌로매 축일에 가톨릭교도들이 프랑스 전역에서 수천 명의 위그노들을 학살하는데 이때 위그노의 지도자 대부분이 죽임을 당한다. 앙리 3세가 암살당한 후 등극한 앙리 4세는 개신교 신자들을 차별하는 것을 금지하는 낭트 칙령을 세웠고 그들에게 종교적, 정치적 자유가 주어진다. 하지만 1685년 루이 14세가 낭트 칙령을 폐기하고 가톨릭을 국교로 삼자 25만 명이 넘는 위그노들이 네덜란드, 영국, 프로이센 등으로 망명하였고, 일부는 미국의 뉴욕, 노스캐롤라이나, 사우스캐롤라이나 지역으로 이주한다. 다양한 기술을 가지고 상공업에 종사하던 그들이 망명하자 프랑스 경제는 몰락하고, 나중에 이것이 프랑스 대혁명이 일어나게 되는 하나의 원인으로 작용한다. 18세기에도 프랑스에 남아 있던 신교도들에게 이런 박해가 다시 일어났으며, 그 세기 후반에 일어난 프랑스 대혁명을 통해서 비로소 완전한 신앙과 정치적 자유가 허락된다.

3 Philip P. Hallie, *Lest Innocent Blood Be Shed: The Story of the Village of Le Chambon and How Goodness Happened There* (New York: Harper & Row, 1979; HarperPerennial ed., 1994), 284.

4 트로메이 목사의 어린이 설교 몇 편을 다음의 책에서 읽을 수 있다. 그 설교는 전복하는 비유(subversive parables)로서 작용하고 있음을 알 수 있다. André Trocmé, *Angels and Donkey: Tales for Christmas and Other Times*, trans. Nelly Trocmé (Intercourse, PA: Good Books, 1998). 역시 Hallie, *Lest Innocent Blood*, 170~72, 92쪽 등을 참고하라.

5 Hallie, *Lest Innocent Blood*, 172.

6 역주/ 한 사람의 됨됨이를 표현할 때 흔히 사용되는 말인 '성품'(character)은

'인격'(personality)이라는 말과 혼용되기도 하지만 구분해서 사용한다. 전자가 내면적 특성에 중점을 둔 내용이라면, 후자는 타인에게 비추어진 외적 태도를 지칭하는 말로 구분된다. 전자가 주로 용기, 진실, 정직, 언행일치 등의 덕목과 관련이 있다면, 후자는 예의, 배려, 사고방식, 이미지 등의 덕목과 연결된다. 성품윤리, 품성윤리, 혹은 인격윤리 등으로 번역되는 'character ethics'은 하우어워스가 인격적 자아는 선택을 통해 도덕적 행동을 함에 있어서 욕망과 이성적 추론이 상호 작동하는 과정을 설정하였고, 그 출발은 공동체에서부터 시작된다고 주장하면서 대표적으로 윤리학의 주제로 논의한다. 그는 교회는 성품과 인격과 덕이 형성된 공동체, 즉 성품의 공동체가 되어야 한다고 주장한다. 그에게 있어서 소망과 인내는 성품 형성의 중요한 덕목으로 제시된다. 이에 대해서는 Stanley Hauerwas, *A Community of Character: Toward a Constructive Christian Social Ethic* (Notre Dame: University of Notre Dame, 1981), 2부를 참고하라. [역주/ 이 책의 번역서로는 문시영 역, 『교회됨』 (서울: 북코리아, 2010)을 참고하라].

**7** 스탠리 손더어즈와 함께 집필한 책인 *The Word on the Street: Performing the Scripture in the Urban Context* (Grand Rapids: Wm. Eerdmans Publishing Co., 2000)에는 애틀랜타 길거리의 노숙자들을 섬기면서 가졌던 나의 경험에 대한 설명이 제시되어 있다.

# 1장

## "우리들의 싸움은
## 혈과 육을 상대하는 것 아니요"

*"Not against Enemies of
Blood and Fresh"*

권세가 하나님의 목적에 반역하고
그들의 본래의 소명에서 벗어나
타락한 형태로 사용될 때
설교는 그것에 저항하며
그분의 이름으로 깨우쳐야 한다.

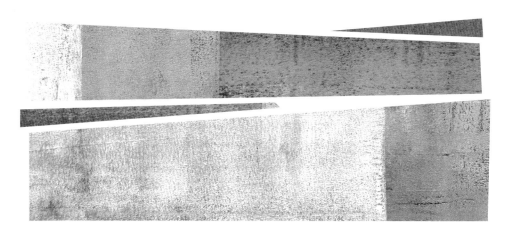

# 1장

. . .

# "우리들의 싸움은
# 혈과 육을 상대하는 것 아니요"
*"Not against Enemies of Blood and Fresh"*

사탄의 권세가 세상을 지배하려고 한다는 사실과

바로 오늘 여기에서 가공할 만한 음모를 꾸미고 있는 것이

어두움의 세력이라는 사실에 대해

우리가 어떻게 모른 척할 수 있을까?

– 디트리히 본훼퍼[1]

1932년 2차 세계대전의 폭풍이 몰아치기 위해 먹구름이 서서히 모이고 있던 그 한중간에 디트리히 본훼퍼는 에베소서 6장의 이미지를 그리면서 이러한 선견지명이 있는 말을 기록했다. 그렇게 하면서 이 독일 신학자는 20세기 전반 동안에 일어날 지배자들과 권세자들에 대한 신약성경의 기록이 새롭게 관심을 끌게 될 것임을 예견했다.[2] 본훼퍼가 일찍이 예견한 것처럼 그렇게 끝난 세기는 이 세상에서 "악령의 세력"(the demonic)의 행동에 대해 새로운 생각을 갖게 했다. 두 차례의

세계대전의 잔인성, 홀로코스트, 핵무기 경쟁, 전체주의 집단(totalitarian regimes), 그리고 인종 청소 등은 인간의 진보에 대한 근대의 희망에 찬물을 끼얹었으며 악의 세력에 대한 순진한 가정에 대해 도전했다. 최초 원자폭탄 발명에 지대한 역할을 한 국제적으로 잘 알려진 물리학자는 악령의 세력에 대해 언급하는 것을 결코 회피하지 않았다. 프리먼 다이슨(Freeman Dyson)은 "일단 당신의 영혼을 사탄에게 팔았을 때는 거기에서 돌이키는 방법이 없다."라고 충고한다.[3]

보다 최근에 기술문명과 세계 자본주의(global capitalism)의 '병적인' 성장과 행동은 세계의 지배자들과 권세자들의 행동에 유사한 생각을 자극해 왔다.[4] 더욱이 인종차별주의의 무자비하고 쇠하지 않는 힘은 "보다 기만하는 형태와 약탈적인 모습을 하고" 계속해서 일어나고 있는데, 세상을 지배해 가는 사탄의 권세를 반영해 왔다.[5] 다른 '주의' (isms)의 비타협적인 태도는 고전주의에서부터 성차별주의, 그리고 이성차별주의자까지 사람들을 사로잡고 억압하는 권력의 집합을 이루고 있음에 주의할 필요가 있다.[6]

이러한 사건들과 전개에 대해 응답하면서 성경학자들과 신학자들은 오늘 우리 시대를 해석하는 수단으로 통치자들과 권세들의 활동에 대한 고대의 통찰력에 눈길을 두고 있다. 교회가 새로운 깊이와 이상을 가지고 현대 사회를 볼 수 있도록 하기 위하여 신약성경의 언어에 다시 관심을 기울인다. 20세기가 시작되면서 상상을 초월하는 테러리즘의 행위와 전쟁에 대한 폭력적 응답과 함께 지배자들과 권세자들의 활동에 대한 정교한 설명이 앞으로도 계속될 것임을 알 수 있다.[7]

## 몬스터와 대면하기

디트리히 본훼퍼가 독일에서의 악마적인 권세에 대해 그의 예언적인 발언을 기록하고 있던 때와 거의 같은 시대에 존 스타인벡은 미국에서의 경제대공황과 더스트 보울(The Dust Bowl)[8]의 경제적 영향력과 함께 시작하면서 『분노의 포도』를 썼다. 그의 고전적 소설인 이 책의 5장에서 스타인벡은 권세자들의 활동에 대한 아주 생생한 기록을 제시하는데, 그것은 미국 문학에서 가장 돋보이는 것 가운데 하나이다. 그는 독자들이 권세자들을 단순히 분석하기보다는 경험할 수 있도록 초대한다.

땅 주인이 농장에 직접 방문하거나 관리 책임자를 대신 보내기도 했다. 그들은 차를 타고 와서 타들어가는 땅을 단지 그들의 손가락으로 느끼고 돌아가는 정도였다. 종종 그들은 땅을 탐측하는 긴 꼬챙이로 땅을 찔러보고 돌아가기도 했다. 태양이 따갑게 내리쬐는 현관 앞뜰에서 소작농들은 그 자동차가 논밭을 지나오는 것을 불안하게 지켜본다. 마침내 땅 주인이 집 앞에 당도하고, 그는 차 안에 앉아서 유리 창문을 내리고 그 너머로 말을 건넨다. 소작인은 잠시 차 곁에 서 있었다. 그리고 한쪽에 쭈그리고 앉았다가 땅을 가리키는 지팡이를 보았다.

여인들은 문을 열고 서서 밖을 내다보고 있고, 그 뒤에는 옥수수 머리를 한 아이들이 큰 눈을 껌벅이며 서 있었다. 아이들의 벗은 발 뒤로 또 다른 아이들이 벗은 발로 서 있었다. 여인들과 아이들은 땅 주인과 이야기하고 있는 그 집 가장의 모습을 주시하고 있었다. 그들은 숨을 죽이며 말없이 지켜보고 있었다.

어떤 땅 주인은 그들이 지금 하려고 하는 일을 싫어했기 때문에 조금은 친절하게 대했고, 어떤 사람들은 잔인하게는 굴지 않으려고 단지 화만 내기도 했다. 어떤 이들은 차갑게 굴지 않으면 땅 주인 노릇하기가 어렵다는 것을 오래 전에 깨달았기 때문에 소작인들을 아주 차갑게 대했다. 그들 대부분은 실제 자신들의 모습과는 다른 어떤 모습으로 행동하고는 했다. 소작인들을 몰아세우는 방식을 싫어하는 사람도 있었고, 그것을 두려워하는 사람도 있었으며, 피난처를 제공해 준다고 생각해서 그것을 맹신하는 사람도 있었다. 땅의 소유주가 뱅크[9]나 금융회사일 경우, 거기에서 나온 사람들은 뱅크(Bank)나 금융회사가 "그것을 필요로 한다, 원한다, 주장한다, 가져가야 한다."고 말하고는 했다. 마치 뱅크나 금융회사는 깊은 생각과 감정을 가진 괴물이나 되는 것처럼 말을 전했다. 만약에 그들이 말을 듣지 않으면 다 잡아먹을 것처럼 위협하면서 그들을 올가미로 사로잡으려고 했다. 결국에는 뱅크나 금융회사에게는 책임을 떠넘기지 않으면서 그들은 뱅크에 귀속되어 있는 존재이며 노예나 마찬가지이기 때문에 자신도 어쩔 수 없으니 자기 말을 들어야 한다고 주장한다. 결국 뱅크는 모든 것을 돌아가게 하는 조직이면서 주인이었다. 어떤 땅 주인들은 차가우면서도 힘 있는 주인(뱅크)에게 사로잡혀 있는 것이 무슨 대단한 감투나 되는 것처럼 뻐기기도 했다. 땅 주인들은 차 안에 앉아서 설명하였다. "지금 땅이 제대로 관리되지 않고 있다는 사실을 당신은 알고 있느냐, 땅을 엄청나게 망쳐 놓았다는 것을 알고 있느냐, 당신만 모르지 그건 하나님도 다 아신다." 그렇게 난리를 치고는 했다.

거기 쭈그리고 앉아 있던 소작인들은 고개를 끄덕이면서 그들도 알고 있고, 아마도 하나님도 다 아신다는 것처럼 손가락으로 밭을 가리키며 야단을 칠 때 그 말에 동의한다는 듯이 몸 둘 바를 몰라했다. '가물어서 먼지만 날리지 않았다면, 흙이 바람에 날리지 않고 거기에 붙어 있기만 해 주었다면 아마도 그렇게 심각한 상태는 되지 않았을 텐데⋯⋯.' 그렇게 생각하고 있었다.

땅 주인은 한 지점으로 그들을 데리고 가서 밭이 이렇게 심각한 지경이 된 것을 알고 있는 거냐고 소리를 높였다. 목화가 땅에 어떻게 자라는지 아느냐, 땅에서 그것을 빼앗아 내듯이, 그 피를 뽑아내듯이 그렇게 돌보라고 야단을 했다.

쪼그리고 앉아 있던 사람들은 그 말에 대해 그들도 알고 있고 아마도 하나님도 알고 계실 것이라고 인정하듯 고개를 끄덕였다. '만약 그 땅에 심어진 곡물을 바꾸어 놓을 수만 있다면 그 땅에 피를 부어서라도 그렇게 했을 텐데…….' 하고 생각을 했다.

그러나 그것은 너무 늦은 것 같았다. 땅 주인은 뱅크가 원하는 바를 설명하는데, 마치 그들은 훨씬 심각하다는 사실을 강조하려는 듯 과장의 몸짓을 했다. 만약 먹고 살 수만 있고 세금이라도 낼 능력만 된다면 땅을 팔고 싶지 않았다는 것이다. 정말 그렇게 하고 싶었단다.

"그래, 완전히 농사를 망치고 뱅크에서 돈을 빌려야만 할 때까지 버텨보려고 했어요. 그러나 알다시피 뱅크나 금융회사는 그것을 허락하지 않았어요. 왜냐하면 그 땅의 소출은 이제 형편없어졌고, 고기 한 조각 먹을 수 없는 지경이 되었기 때문이지요. 소출은 기대할 것도 없고, 빌린 돈에 대한 이자만 물어야 하는 상황이 되었어요. 이자를 물지 못하면 공기 없이, 먹을 것 하나 없이 죽어야 하는 것처럼 그렇게 죽는 길밖에는 없어요. 그것은 슬픈 일이지만 그렇게 된 일이에요. 그렇게 해서 된 일이란 말이에요."[10]


결국 약간의 논의를 한 다음에 결국 땅 주인은 말하려는 의도를 드러냈다. 소작인들은 땅을 내놓아야 한다는 말이었다. 결국 드러난 내용은 트랙터 한 대면 열두 가정이 하는 일보다 더 많이 처리할 수 있기 때문에 소작을 더 이상 줄 수 없다는 내용이었다. 소작인들이 우리는 가난하고 부모 때부터 해 오던 일인데 어떻게 그럴 수 있느냐고 항의했을 때 땅 주인은 이렇게 대답했다.

"우리도 다 알아요. 그러나 그것은 우리가 결정할 수 있는 문제가 아니라 뱅크가 결정하는 문제예요. 뱅크는 사람과 같지 않아요. 5만 에이커(역주/약 6천만 평) 땅을 소유한 뱅크는 사람과 같지 않아요. 그것은 몬스터예요."

"맞아요."

소작인들은 소리쳤다.

"그러나 그것은 우리 땅이에요. 우리가 그것을 측량했고 일구었어요. 우리는 그 땅에서 태어났고 우리 부모 세대는 거기에서 죽었어요. 그것이 비옥하지 않다고 해도 그 땅은 아직 우리 것이에요. 그 땅이 오늘의 우리를 만들었어요. 거기에서 태어나서 거기에서 일하고, 또한 거기에서 죽을 거예요. 그것이 우리 것이라고 입증해 주는 것은 땅문서가 아니에요."

"미안합니다. 그렇게 하고 싶어 하는 것은 우리가 아니라 몬스터예요. 뱅크는 사람과 같지 않아요."

"맞아요. 그러나 뱅크도 사람이 세운 것입니다."

"반드시 그렇지만은 않아요. 뱅크는 사람보다 더한 것이에요. 뱅크에 있는 모든 사람들도 다 뱅크를 싫어하게 되는 이유가 바로 그거예요. 뱅크는 사람보다 훨씬 더 무서워요. 그것은 바로 몬스터예요. 사람이 그것을 만들었지만 이제는 사람들이 더 이상 컨트롤할 수 없어요."[11]

스타인벡이 아주 신랄하게 묘사하고 있는 것처럼 세상의 통치자들과 권세들은 그들만의 정신과 특성을 가지고 있는 초인간적인 집합체로 사람이 통제할 수 없는 무엇이다. 그것은 이 세상에서 아주 공격적인 행동을 하며 다양한 방식으로 인간의 삶의 형성에 영향을 미친다. 그것은 단지 개인에게만 영향을 주는 것이 아니라 "하늘 위에 있는 존재"에까지 영향을 끼치는 영적인 존재이다. 스타인벡이 그리고 있는 '뱅크'와 같이 인간의 삶에 직접적인 영향을 끼치는 견고하고 구조적인 실재이다. 요약하면 권세자는 우리가 덫에 걸렸다고 느끼게 만들면서 거기에서 결코 벗어날 수 없다고 생각하게 만드는 "우리가 어찌할 수 없는 거대한 어떤 것"이다. 그것을 증오하든, 두려워하든, 열렬히 추앙하든, 우리가 어떻게 할 수 없는 '무엇'(something)이다. 권세자들은 "모두가 사로잡혀 살아가면서도…… 아무도 그것을 자기 것으로 만들 수 없는 기계" 안에서 사로잡혀 살아간다는 생각을 갖도록 만든다.[12]

"아무도 노숙자가 되고 싶어 하지 않지만 수백만의 사람들이 노숙자가 되고 있다. 우리가 할 수 있는 것은 아무것도 없다."라든지, "아무도 전쟁을 원치 않지만 포탄과 그 탄두는 갈수록 늘어간다."거나, 혹은 "내가 누구에게 투표하든지 결국 변화되는 것은 없다."라든지, "내 힘으로 어찌할 수 없는 힘에 끌려 살아가는 것 같이 느껴진다."라고 자조적으로 말하도록 만든다. 자크 엘룰이 말한 대로, "권세자는 역사에 '더하기표'와 '다른' 어떤 요소를 더한다. 이해할 수 있고 분석할 수 있는 그러한 요소를 넘어서 존재하기에 딱히 어떻게 설명할 수가 없다……. 결국 그것은 영적인 권세, 즉 엑수시아(exousia)이다."[13]

스타인벡과 같이 신약성경의 기자들도 이러한 권세자의 특성에 대해서 잘 이해하고 있었다. 매일의 삶은 공격해 들어오는 다양한 종류의 힘에 의해서 형성되고 있다는 사실을 그들은 잘 알고 있었다. 이러한 권세자들의 실체는 그들이 기록한 성경에 스며들어 있다.[14] 이 장의 마지막 부분과 다음 장에서 신약성경의 기자들이 그리고 있는 세상의 통치자들과 권세들이 가지는 이러한 힘에 대해 살펴보게 될 것이다.[15] 신약성경에서 이러한 권세들에 대한 해석을 둘러싸고 아주 많은 의제들이 존재하지만 본인은 여기에서 주로 다음과 같은 일반적 특성에 초점을 맞추고 논의를 진행할 것이다. "권세들은 군대와 같이 집단적이다, 권세들은 물질적이면서 또한 영적이다, 권세들은 하나님께서 만드신 것이다, 권세들은 타락했다." 이러한 큰 신학적 틀 안에서 권세들의 목표와 전략이 가지는 보다 독특한 특성을 살펴보고자 한다.

## 세상 권세들은 군대와 같이 집단적이다

신약성경에 나오는 세상의 통치자들과 권세들에 대해 가장 일반적으로 받아들여지고 있는 특징들 가운데 하나는 그것이 가지고 있는 복합성이다. 신약성경에서 사용하는 권세들에 대한 수많은 용어들은 정렬이 되어 있고 함께 연결되어 있다. 함께 짝을 이루기도 하고 시리즈로 나타나기도 한다. 그 막강함에 독자들이 압도될 때까지 병렬로 함께 제시되기도 하고 혼합되어 사용되기도 한다. 신약성경에 나타나는 용어와 표현들이 얼마나 다양하게 사용되고 있는지를 대략 살펴보기만 해도 그 특징을 이해할 수 있다. 신약성경에서는 권세들을 지배자, 권세자, 권위자, 통치자들, 권위(names), 세상 지배자들, 권좌, 천사들, 귀신들, 군주들, 요새(strongholds), 공중의 권세 잡은 자, 독사, 용, 사자, 짐승, 바알세블, 악마 등으로 명명한다.[16]

추가적으로 그러한 용어들이 다양한 성경 본문에서 어떻게 배열되고 있는지를 대충 살펴보아도 그것이 서로 상호 교차적인 관계를 가지고 얼마나 역동적으로 제시되고 있는지를 알 수 있다.

그의 능력이 그리스도 안에서 역사하사 죽은 자들 가운데서 다시 살리시고 하늘에서 자기의 오른편에 앉히사 모든 통치와 권세와 능력과 주권과 이 세상뿐 아니라 오는 세상에 일컫는 모든 이름 위에 뛰어나게 하시고 (엡 1:20~21).

그는 보이지 아니하는 하나님의 형상이시요 모든 피조물보다 먼저 나신 이시니 만물이 그에게서 창조되되 하늘과 땅에서 보이는 것들과 보이지 않는 것들과 혹은 왕권들이나 주권들이나 통치자들이나 권세들이나 만물이 다 그로 말미암고 그를 위하여 창조되었고(골 1:15~16).

내가 본 짐승은 표범과 비슷하고 그 발은 곰의 발 같고 그 입은 사자의 입 같은데 용이 자기의 능력과 보좌와 큰 권세를 그에게 주었더라(계 13:2).[17]

월터 윙크가 고찰하고 있는 대로 "권세에 대한 신약성경의 용어는 그렇게 명료하지 않으며, 유동적이고, 상호 교차적이며, 비조직적으로 사용되고 있다."[18]

권세들이 가지는 복합성에 깊은 관심을 가지면서 현대 사회의 실체와 관련하여 윌리엄 스트링펠로우보다 그것에 대해 깊이 있게 연구한 사람은 없을 것이다. 그는 수많은 예를 들어가면서 권세들의 특성을 속속들이 파헤친다.

세상의 통치자들과 권세들에 대한 이름과 명칭이 성경에서 다양하게 사용되고 있는 것은 인간 존재에 대한 주제의 중요성과 그 영역을 드러내 주기 위한 것으로 보인다. 고풍스러운 이러한 용어들을 현대적 용어로 바꾸면 그 고풍스러움을 잊어버릴 수 있지만 통치자들의 실체를 깊이 인식할 수 있고 아주 익숙한 것으로 느끼게 된다. 그것들은 모든 제도와 모든 관념들, 이미지들, 운동들, 인과요인들, 회사들, 관료들, 전통들, 방법들과 관례들, 집성체, 인종, 나라, 우상들을 포함한다. 이와 같이 미 국방성(펜타곤)이나, 혹은 포드 자동차, 하버드대학교, 허드슨사, 에디슨 연합(Consolidated Edison), 디너스클럽, 올림픽, 감리교회, 팀스터스 유니온(Teamsters Union) 등은 모든 통치자들이다. 자본주의, 모택동주의, 인본주의, 몰몬교, 점성술, 청교도 노동윤리, 과학과 과학주의, 백인우월주의, 애국주의 등도 그러하며, 그 외에도 많이 있는데 스포츠, 성, 제반 직업이나 훈련, 기술문명, 돈, 가족 등 다 열거할 수 없을 정도로 많이 있다. 세상의 통치자들과 권세들은 이렇게 집단적인 특성을 가진다.[19]

스트링펠로우가 제시한 이런 목록들은 권세자의 "가능하고 동적이며 다양한" 특성을 잘 보여준다. 이것은 논의의 출발점이기도 하다.[20]

보다 철학적인 차원에서 데이빗 툴레(David Toole)는 권세에 대한 이러한 이해를 미셸 푸코의 권력 관계에 대한 보다 복합적인 이해와 연결시킨다. 그는 권세에 대해 신약성경이 사용하는 용어를 사용하고 있지는 않지만 툴레가 주장한 대로 미셸 푸코는 세상 가운데서 작용하는 권세의 역동적이고 동적이며 비중심적인 특성을 강조한다. 권세는 무소부재의 특성을 가지는데,

그것이 불굴의 정신으로 연합에 이르는 특별한 능력을 가지고 있기 때문이 아니라 한 순간에서 다른 순간으로 태동되기 때문이다. 그것은 모든 지점에서, 혹은 한 지점에서 다른 지점으로 모든 관계에서 태동된다. 권력은 어디에나 존재한다. 그것이 모든 것을 포용하기 때문이 아니라 모든 장소에서 생성되기 때문이다.[21]

신약성경 기자들은 권세에 대한 목록에서 권세가 여러 관계에서 복합성과 무소부재의 특성을 가지고 있다는 사실에 주목한다. 그것은 모든 상상 가능한 각도에서 인간 삶에 공격적으로 영향을 미친다. 가시적인 것과 비가시적인 것, 권좌, 권력, 통치자, 권세자, 권위자 등의 형태로 작용한다.[22]

그 결과는 언제나 혼동을 가져오는데, 생존과 우세한 위치를 확보하기 위하여 대립적인 관계에 있는 권력과 끊임없이 투쟁한다. 다시 스트링펠로우의 말을 인용해 보자.

> [사람들은] 모든 측면에서 다양한 권세의 요구와 추구하는 것에 의해 둘러싸여 살아간다. 그것은 각자 우세권을 확보하려고 하고 권력의 지위를 빼앗으려 하며, 혹은 사람들의 시간과 주의와 능력을 사로잡으려고 노력한다. 그것은 각기의 삶 그 자체를 이해하며, 우상숭배하듯 그러한 섬김과 충성을 요구한다. 그러한 소동 가운데서 그들을 지배하는 아이돌로 스스로를 규정하면서 인간 존재를 더욱 어렵게 만든다.[23]

이렇게 권세는 복합적이다. 그리고 근본적인 혼란을 온 피조세계에 가득 채워간다.[24]

## 세상 권세들은 물질적이며 영적이다

신약성경에서 권세자에 대한 해석에 있어서 보다 관심을 끄는 주제는 권력이 가지는 물질적이며 영적인 측면과 그것이 어떻게 작용하는지에 대한 것이다.[25] 한편 어떤 해석자들은 권세를 인간적인 조직과 구조적 실재와 거의 배타적으로 동일시한다. 그들이 그것이 가지는 영적인 차원에 대해서는 거의 관심을 갖지 않거나 아예 갖지 않는 경우도 있다. 또한 권세를 독립적인 영적 존재로는 고려하지 않고 있음을 알 수 있다. 위의 인용문이 보여주는 것처럼 그때는 윌리엄 스트링펠로우도 그 진영에 속하였다. 비록 그는 분명하게 피조된 권세가 "무엇보다 더한"[26] 신비한 것으로 특징지어진다는 사실을 분명하게 인식하고는 있었지만 그렇게 생각했다. 존 하워드 요더(John Howard Yoder) 역시 조직의 구조 속에 존재하는 본질적 가치에 강조를 두면서 이 "무엇보다 더한 특성"에 대해 인식하고 있었으면서도 권세에 대한 구조적인 특징에 강조점을 두었다.[27]

대부분의 복음주의 진영이 그렇지만 다른 해석자들은 권세가 가지는 영적 실체에 대해 강하게 강조한다. 그리고 그것은 이 세상 가운데서 역사하는 독립적이면서 영적인 존재로 그 실체에 대한 이해를 강조한다. 구조적인 방식에서 모든 통치와 권세를 이해하는 사람들의 주장에 반대하면서 존 스토트는 이러한 접근을 다음과 같이 종합하고 있다.

에베소서에 나오는 세상의 통치자들과 권세들에 대한 세 가지 참고사항은 역시 하늘의 처소, 즉 영적 실재(reality)가 가지는 보이지 않는 세계에 대해 언급한다. 세상의 통치자들과 권세들이 누구이며, 그들은 어디에서 역사하는지에 대해 구체적으로 바울이 설명했던 것처럼 한다면 그것은 그렇게 현명하지 못한 사실이다. 사실 세상의 통치자들과 권세들이 펼쳐지는 드라마의 여섯 장면 – 그것의 본래적인 창조, 이어지는 그것의 타락, 그리스도께서 결정적으로 그것을 정복하심, 교회를 통한 그것의 배움, 계속되는 적대감, 그리고 그것의 최종적인 파괴 – 은 사회적 구조, 제도, 전통에 대

한 것보다는 영적인 실재에 보다 자연적으로 적용되고 있는 것 같다.[28]

보다 널리 프랭크 페레티(Frank Peretti)의 소설들, 특히 그의 베스트셀러 소설인 *This Present Darkness*(오늘 현존하는 어두움)에서 권세들을 이 세상에서 작용하고 있는 독립적 영적 존재로 제시한다.[29]

이어지는 부분에서 우리는 이러한 두 극단적인 접근 영역보다는 보다 실제적인 접근 방식인 제 3의 접근 방식을 따라 살펴보게 될 것이다. 한편 이 세상에서 역사하고 있는 '영적인 존재'가 있음을 부인하고 싶지는 않다. 현대 서구적, 물질주의적 세계관에 기초하여 본다면 그럴 가능성이 아주 낮아 보이는 귀신에 들린 사람과 축귀에 대해서 자메이카의 목회자들로부터 아주 많은 이야기를 들은 적이 있다. 본인은 영적 권세 – 영적 존재들까지 포함하여 – 의 독립적 존재와 행위에 대해 부인하고 싶지는 않다. 그러한 신비에 직면하면서 J. B. S. 핼데인(J. B. S. Haldane)의 널리 알려진 표현이 생각난다. "이제 나의 막연한 느낌(suspicion)은 우주가 생각한 것보다 훨씬 더 기묘하며, 우리가 '생각할 수 있는 것'보다 훨씬 더 기묘하다는 점이다."[30]

본서는 그러한 영적 실재를 부인하지 않으면서 세상의 분명한 유형의 기구, 조직, 구조 가운데, 그리고 그것을 통하여 영적으로 작용하고 있는 세상 권세가 행하는 것(activity of the powers)에 초점을 맞추게 된다. 그러한 행동을 통해 권세자들은 나의 설교를 듣고 있는 사람들 대부분의 삶의 형성에 영향을 미친다. 이와 같이 본서는 세상 권세가 가지는 중심적이면서 영적인 차원에 강세를 둘 것이다. 그러나 그 영적이라는 것은 세상에 존재하는 유형적 구조와 관련하여 독립적으로 존재하고 작용하는 것으로 보지 않는다. 다시 강조하지만 그러한 영적인 행위의 가능성을 부인하는 것이 아니라 단지 나는 오늘 우리의 상황에서 가장 중요하면서도 위압적인 이러한 권세가 가지는 행위에 대신 초점을 맞추기 위하여 그것에 대해 숙고하는 것을 자제하려는 것뿐이다.

월터 윙크의 저작에 비교적 익숙한 사람들은 누구나 그의 권세에 대한 저명한 세 권의 작품과 최근에 널리 읽히고 있는 그의 저서인 *The Powers That Be: Theology for a New Millenium*에서 그가 발전시킨 입장을 내가 받아들이고 있음을 알게 될 것이다.[31] 신약성경에 나타나는 권세들에 대한 언어에 관한 완벽한 그의 연구는 계속해서 권세가 가지는 유형적 특성으로서의 세상적인 측면과 영적인 특성을 알려주는 하늘의 측면을 오가면서 이루어지는데, 거기에서 윙크는 이 두 가지 측면을 다 아우르는 아주 흥미로운 접근 방법을 도입하고 있다. 권세들이 가지는 영적인 차원은 그 중심에 위치한다. 그러나 윙크는 이것을 유형적이고 구조적인 구체적 표현으로부터 분리시키지 않는다. 권세들의 행위에는 유형적이며 영적인 차원이 결코 분리될 수 없다. 윙크가 밝히고 있는 대로 '영적' 권세들은 하늘의 존재들(entities), 혹은 땅의 존재들을 분리하는 것이 아니라 "권세의 유형적, 혹은 명백한 현시(manifestation)의 내적 측면"[32]을 구분한다. 권세자들은 그들의 권세를 가장 완벽하게 드러내기 위하여 "외적 측면과 내적 측면을 분리하지 않고 동시에 응집"[33]하는 특성을 취한다. 엘룰의 용어를 빌리면, 권세가 가지는 영적 차원은 세상의 기구들을 규명하고 연합하는 '플러스'(plus)이다.

권세에 대한 유형적 차원과 영적 차원 사이에 존재하는 분리할 수 없는 연결성에 대한 윙크의 강조는 이와 같이 나의 생각을 이끌어 주었다. 권세에 대한 그의 기본적인 정의는 정확하게 이러한 관계성을 보여주었다.

'통치자들과 권세들'은 어떤 권세이든 그것이 가지고 있는 내적, 외적 양상(aspect)이 명시적으로 나타난 것이다. 내적 양상은 그 공공기관이 가지는 정신적 측면(spirituality), 즉 공적 조직이나 시스템의 '내부'(within)를 지칭한다. 다시 말하면 그것은 권세의 외적 조직이 가지는 내적 본질(inner essence)에 해당한다. 외적 양상은 권세가 가지는 정치적 시스템, 권한이 부여된 실무자, 어느 특정 조직의 '의장', 설정법 – 요약하면 권세가 가지고 있는 특성이 가시적으로 명시된 모든 것 – 등을 포함한다. 모든 권세는 외형적 형태인 가시적 버팀목(visible pole)을 갖게 되며 – 그것은 교회, 국가, 경제가 될 수도 있다 – 비가시적 버팀목은 내적 정신, 혹은 지배적인 세력(driving force)인데, 그것은 세상에서 권세가 가지는 힘의 물리적 명시를 고무하거나 합법화하거나 조절한다. 그 버팀목은 다른 것의 원인으로 작용하지 않는다. 그것은 함께 작용하여 실제적으로 나타나게 되며 함께 존재하기를 멈추기도 한다.[34]

간단히 말해서 권세자들은 "모든 사회적, 정치적, 공공의 실체로 이루어졌으며, 가시적이면서 불가시적인 명시의 형태로 이루어졌다."[35]

이와 같이 윙크는 인간 삶을 형성하는 제도적이고 조직적 구체화로부터 권세를 분리시키지 않으면서 권세가 가지는 영적 실재를 인식할 수 있는 유용한 방식을 제공해 준다. 한편 인간의 삶은 그렇게 구체화된 권세에 의해서 형성된다. 윙크에게 있어서 권세가 가지는 이러한 영적 차원은 교회 사역에 있어서 중요한 초점을 제공해 준다. "교회의 독특한 소명은 억압적인 제도들의 구조(structure)와 '영적 특성'을 분간하고 그것과 싸우는 것이다."[36] 세상 권세가 가지고 있는 물리적이면서 영적인 차원에 대해 깊은 관심을 가지고 에베소서 기자는 다음과 같이 언급한다. "우리의 씨름은 혈과 육을 상대하는 것이 아니요, 통치자들

과 권세들과 이 어둠의 세상 주관자들과 하늘에 있는 악의 영들을 상대함이라"(엡 6:12).[37]

세상 권세들의 영적 차원을 분별하는 또 다른 방법이 있다. 이 차원은 우리가 권세 그 자체의 본질에 대해 주목할 때, 그리고 인간 삶에 그것이 미치는 영향에 대해 주목할 때 분명하게 드러난다. 세상의 권세는 인간의 정신세계를 형성하며 아주 다양한 방식으로 우리의 삶의 정신을 형성한다. 그 '영향'에 있어서 권세들은 물질적, 혹은 신체적 차원에서뿐만 아니라 인간 삶의 영적 차원에서 아주 복합적으로 작용한다.[38]

서론 부분에서 인용했던 앙드레 트로메이(André Trocmé)의 설교 가운데 나오는 표현을 영어로 번역할 때 재미있는 모호성은 세상 권세가 가지는 영적 영향력을 잘 나타내 준다. "그리스도인들의 책임은 폭력에 저항하는 것이다. 그러한 폭력은 영적인 무기를 통해 그들의 양심을 압박한다." 이 문장은 다소 혼란스럽게 한다. 한편으로 에베소서 6장 12절에 비추어 보면 그리스도인들이 "성령의 무기를 통해" 나치의 폭력에 대해 저항했다는 것은 분명하다. 그러나 동시에 나치의 폭력은 단지 그들의 몸만이 아니라 "그들의 양심까지도" 압박했다. 또한 나치는 물리적인 무기뿐만 아니라 "영적인 무기"까지도 사용하였다. 트로메이가 언급하고 있는 공격과 저항은 물리적인 차원뿐만 아니라 영적인 영역에서 일어나고 있다.

트로메이가 지적한 대로 권세자는 단지 물리적 힘을 통해서뿐만 아니라 영적 영향력을 통해서 사람들 위에 군림한다. 그들은 단지 "무엇이 있는 그 안에서뿐만 아니라 아무것도 없는 것에서도 우리를 사로잡기도 한다."[39] 그 권세는 인간 존재에 대해 아주 예민하면서도 보이지 않는 영향력을 행사하는데, 그 권세의 정신이 내면화되고 사람들이 권세자의 의중대로 스스로 알아서 행할 만큼 스스로 훈련되기까지 그렇게 행한다. 마치 『분노의 포도』의 '냉혹한' 뱅크와 같이 정신이 몬스터의 의지에 완전히 압도될 때까지 권세를 휘두른다. 권세를 이해함에 있어서 우리는 그것이 가지는 영적 차원에서 그것을 다루어야 한다.

마태복음에 나타난 팔복에서 예수님께서는 이러한 권세가 작용하는 영적 차원에 대한 인식으로부터 시작하고 있음을 알 수 있다. "심령이 가난한 자는 복이 있나니 천국이 그들의 것임이요"(마 5:3). 여기에서 '심령'(spirit)에 대해 강조하면서 시작되는 팔복은 누가복음의 내용과 종종 약간의 충돌을 빚으면서 해석되고는 한다. "너희 가난한 자는 복이 있나니"(눅 6:20). 그러나 권세의 물리적이고 영적인 특성의 구조를 통해서 보면 이 두 팔복에 대한 기록은 반드시 상반된 내용은 아니다. 마태는 "가난한 자"의 구체적이고 현실적인 실재로부터 '영성'의 다른 차원에 우리의 초점을 맞추도록 해 준다. 오히려 마태는 누가가 했던 것보다 가난한 자를 보다 복합적으로 이해하도록 만들어 준다. 또한 이 세상 가운데 작용하고 있는 권세에 대한 현세적이면서 영적인 차원을 인식하도록 만들어 준다.

예수님의 말씀에 대한 마태의 소개는 가난한 사람들에게 현세적이고 구조적인 억압이 있을 때 가장 깊고도 쇠약하게 만드는 빈곤의 형태는 그들의 정신 가운데 내면화되는 것이라는 점을 제시해 준다. 매달, 매년 길거리에서 기진맥진하고 있는 노숙자는 – 세상의 권세가 그들의 삶의 자리로부터 그들을 격리시켜 그렇게 이름을 붙여 버렸는데 – 그들 자신을 '부랑자' 혹은 '술주정뱅이'로 인식해 가기 시작한다. 또한 그들은 저항의 생기를 점점 상실해 간다. 권세자들의 슬로건을 반복하면서 하우징 프로젝트에 관한 한 사람들은 그들의 가난에 대해서 스스로를 자책하며 희망을 포기해 버린다. 점령자들이 제시한 이미지로 내면화시켜 버린 이 점령당한 사람들은 유순한 사람들로 바뀐다. 여기에 예수님께서 말씀하신 바로 그 "심령이 가난한 자"들이 있다.[40] 권세자들은 이제 더 이상 무력으로 그들을 다스릴 필요가 없게 된다. 가난한 사람들은 이미 그들의 정신적 차원에서 사로잡힌 상태이기 때문이다. 사람들은 권세자들의 "강력한 지배"(heavy hand)에 의해서가 아니라 "그들 내부에서 작용하고 있는 보다 교활한 권세"[41]에 의해 억압을 당한다. 이 팔복과 함께 예수님께서는 권세자들이 현세적이고 구조적 차원에서뿐만 아니라 영적인 영역에서 보다 복합적으로 역사한다는 사실을 깨우쳐 주신다. 그리고 예수님께서는 교회로 하여금 이러한 영적인 차원에서 권세자들에게 메시지를 전해야 한다는 사실을 깨우쳐 주신다.

　　세상 권세가 영적으로 어떻게 역사하는지에 대해 토니 모리슨의 소설, *The Bluest Eye*(『가장 푸른 눈』)[42]가 제시한 것보다 더 강력한 설명은 아마도 없을 것이다. 이 소설의 중심 단어인 푸른 눈은 젊은 아프리카계 미국인 소녀, 피콜라를 정신적으로 억압하는 메타포가 된다. 백인 인종차별주의의 권세에 굴복하면서 다른 권세의 집단 – 엔터테인먼트와 출판 산업으로부터 교육 과정과 미디어, 장난감 제조 산업, 그리고 미에 관한 이데올로기까지 – 은 젊은 흑인 소녀의 정신을 억압하는데, 자신을 추한 존재로 여기게 만든다. 그녀의 깊은 기도 생활과 같은 하나님과의 관계는 이러한 권세에 영적으로 사로잡히게 만든다. "매일 저녁, 하루도 빠짐없이 하나님께 푸른 눈을 달라고 기도한다. 한 해 동안 그녀는 열렬하게 그것을 위해 기도한다."[43] 모리슨이 묘사하고 있는 것처럼 세상의 권세자들은 가장 파괴적인 방식으로 영적 억압을 가하는데 실로 많은 사람들에게 그리한다.

하워드 투르만(Howard Thurman)은 모리슨이 그의 소설에서 묘사하고 있는 실재에 대해 보다 분석적으로 묘사해 주는데, 인종차별을 당연시하는 구조화된 '권세'에 초점을 맞추면서 묘사한다.

인종차별의 심리학적 효과는…… 아주 중요한 이슈이다. 왜냐하면 인종차별은 그러한 낙인을 극화하며 열등감의 표지가 되게 한다. 여러 세대 동안 조직적으로 인종차별을 감행한 그룹은 자기 존경의 결정적 손상을 경험했다. 민감한 사람들에게 그것은 지속적이면서 영속적인 원한을 갖게 하는데 그것은 인격을 쉽게 병들게 만들어 정신 건강을 심각하게 해치는 것이 된다. 덜 민감한 사람에게는 인종차별을 그냥 당연한 것으로 받아들이게 만드는 가능성이 있다. 그것이 동반하는 열등감을 알면서도 받아들이게 되고, 굴욕감과 절망감을 함께 받아들이게 된다. 경멸을 당하는 사람이나, 혹은 조직적으로 경멸을 당하는 것처럼 취급을 당하는 사람들은 결과적으로 자기 자신을 경멸하게 된다.[44]

그런데 백인 인종차별주의와 같은 세상 권세의 영적 영향력은 단지 억압받는 사람들에게만 국한되지 않는다. 백인들에게 주어지는 특권은 다른 방식으로 그들의 영혼도 파괴할 수 있다.[45] 매리 엘리자베스 홉굿(Mary Elizabeth Hopgood)은 그의 책, *Dismantling Privilege*(특권 흔들기)에서 백인이라는 이유로 주어지는 특권을 '누리는' 사람들에게 인종차별주의가 어떻게 영향을 끼치는지를 알려주고 있다. 아주 중요한 것은 백인의 특권층도 도덕적 파산에 이르게 되더라는 사실을 그는 제시한다.

백인이라는 지위는 친족 자아(relational self)의 가장 깊은 부분에만 의존하기 때문에 우리의 인간성을 메마르게 하며 도덕적이 될 수 있는 우리의 능력 – 다른 사람과의 바른 관계성 안에서 – 을 감소하게 만든다. 백인이 우월하다는 생각은 트라우마, 고통, 두려움, 무시, 불신, 그리고 공유할 수 없는 취약점을 양산하게 된다. 이러한 이유 때문에 백인의 도덕적 인격은 왜곡되고 손상을 입게 된다. 조직적으로 차별, 괴롭힘, 착취, 그리고 고통을 양산하는 환경 속에서는 인간으로서의 본래적 품위는 필연적으로 손상을 입을 수밖에 없게 된다. 백인 문화에 끼어들려는 사람은 가장 깊은 기대와 창조 능력으로부터 분리되게 될 때, 그리고 어떻게 중재할 수 있을지 알지 못할 때 우리의 본래적 품위는 손상을 입게 된다.[46]

홉굿이 인식하고 있는 것처럼 통치자들과 권세들의 영적인 활동은 가시적으로, 그리고 분명하게 억압을 당하고 있는 사람들뿐만 아니라 '특권층'의 사람들에게까지 영향을 미치면서 광범위하게 그 영향력을 행사한다는 점이 중요하다.

이렇게 권세는 군대와 같다. 그리고 그것은 물리적 차원뿐만 아니라 영적인 차원을 가지고 있다. 권세는 그 자체로 인간 삶에 영속적인 영향력을 행사하는데, 인간 존재를 둘러싸고 예민하면서도 보이지 않는 방식으로 우리에게 영향을 주고, 우리가 숨 쉬는 공기와 같이 우리의 정신(spirit)을 채우기도 하고 형성하기도 한다. 월터 윙크는 에베소서 2장 1~2절에서 언급된 바 있는 이 "공중의 권세"가 가지는 영속성에 대해 깊은 관심을 기울인다.

공중의 '엑수시아'(exousia)는…… 보이지 않는 지배력이고 영역인데, 악을 위한 총체적인 결집체이다. 그것은 보이지 않는 살아 있는 실체의 영적인 매트릭스이다. 그것은 하나님을 배반한 세력들이 결집해 있는 영역들이 성좌를 이루듯이 모여 있는 '가장자리'(surround)이다. 그것은 바울이 절대적이면서 영속적인 유사 환경인 "세상의 영"이라고 부른(고전 2:12) 바로 그것이다. 그것은 단순하게 나타나서 전적으로, 그리고 부지불식 간에 그것에 복종하는 모든 사람을 얻게 된다. 요약하면 이념들, 시대정신 (Zeitgeist), 관습, 여론, 동료로부터 오는 압박(peer pressure), 조직의 기대, 군중심리, 맹목적 애국심, 부정적 분위기와 같은 용어로 우리가 표현하는 것들이다. 이것들이 "공중의 권세"를 형성하는 보이지 않지만 매우 뚜렷한 환경을 조성하는데, 여론, 가치, 선동, 확신, 편견, 증오, 인종과 계급으로부터 오는 편견, 금기, 그리고 충성심 등이며, 이것은 우리의 세계관을 오랫동안 형성해 온 것들이다. 우리가 그것을 선택하기 전에, 그리고 그것이 주장하는 바에 이르기 전부터 작용해 왔다. 우리가 그것이 유해하다는 것을 알기도 전부터 그 안에서 '호흡하고' 있기 때문에 그것은 우리를 정확하게 '죽게 만든다.' 물에 있는 물고기와 같이 그것이 우리들이 사고하고, 말하고, 행동하는 것을 결정짓는다는 것을 우리도 잘 인식하지 못하며 살아간다.[47]

윙크의 통찰력을 따르며 도움을 준 한 과학자의 충고가 처음 로스 알라보스(Los Alamos)에서 원자폭탄을 만드는 데 결정적이었다는 사실은 우리의 마음을 서늘하게 한다. 독일이 패배한 후, 그의 개인적인 신념은 폭탄을 만드는 것을 중지해야 한다고 알려주었지만 그것을 중지하지 않았던 것을 깊이 생각해 볼 때 로버트 윌슨이 "당시의 분위기가 그렇지 않았기 때문이다."[48]라고 한 이야기가 설득력 있게 다가온다.

# 세상 권세들은 하나님께서 만드셨다

앞서 우리가 살펴보았고 이어지는 부분에서도 그러한 관점에서 살펴보게 되겠지만, 이렇게 권세가 가지는 부정적인 측면이 분명함에도 불구하고 대부분의 학자들이 동의하고 있는 대로 권세에 대한 신약성경의 이해는 중요한 여러 신학적 주장을 담고 있는 한 스토리에 의해 제시되고 있다.[49] 먼저 권세는 하나님께서 만드신 것이라는 주장으로부터 시작한다.[50] 요한복음이 창조에 있어서 예수님의 역할을 강조하고 있는 것처럼 골로새서 1장 15~17절은 하나님의 창조 목적에서 권세의 근원이 무엇인지를 진술해 주고 있는 중심적인 구절이다.

> 그(예수 그리스도)는 보이지 아니하는 하나님의 형상이시요, 모든 피조물보다 먼저 나신 이시니 만물이 그에게서 창조되되 하늘과 땅에서 보이는 것들과 보이지 않는 것들과, 혹은 왕권들이나 주권들이나 통치자들이나 권세들이나 만물이 다 그로 말미암고 그를 위하여 창조되었고, 또한 그가 만물보다 먼저 계시고 만물이 그 안에 함께 섰느니라.

통치자들과 권세들은 '우주적' 그리스도를 통해 하나님께서 창조하셨을 뿐만 아니라 그것들은 그들 나름대로의 목적과 하나님의 생명을 주시려는 목적에 대해 그것이 가지는 '통일성'과 '질서'가 그리스도의 방식 안에서 구현되었다.

모든 권세는 하나님께서 창조하셨다는 이 신학적 주장에는 여러 중요한 단언들(affirmations)이 함축되어 있다. 무엇보다도 모든 권세는 '하나님'의 피조물이다. 이 신비가 많은 사람들에게 난해하게 느껴질 수 있음에도 불구하고 권세는 인간의 피조물이 아니다. 그것들은 인간의 사고, 행동, 조직에서 나온 제도적이고 조직적인 결과물이 아니라는 사실이다.[51] 특별한 기구를 창설하는 일은 명백하게 사람이 주도해서 하는 것 같지만 인간의 주도권 이상의 무엇이 분명히 거기에 작용한다.[52] 인간 존재가 그러한 것처럼 권세도 "그 존재와 개성, 삶의 방식"을 가지고 있는 하나님의 피조물이다.[53] 이러한 주장은 우리가 권세를 만들고, 또한 통제한다는 환상을 깨닫게 해 준다. 더군다나 그것은 "오직 하나님"께서 마지막에는 권세를 구속할 수 있다는 사실을 우리에게 계속해서 상기시켜 준다.

둘째, 모든 권세는 하나님의 '피조물'이다. 그것들은 하나님의 목적을 위하여 독립적으로 존재하지 않는다. 그것은 그들의 창조자를 벗어나 자율성을 요구할 수 없다.

> 창조된 소명으로부터의 변질과 태만 가운데서 권세는 동질성의 원리로부터 그것을 분리할 능력을 가지고 있지 않다. 하부 조직이 자신의 목적을 궁극적인 것으로 높임으로 전체의 조화를 맹목적으로 깨뜨릴 때 그것이 자율성을 이룩할 수 없는 것은 마치 암 세포가 몸을 떠나서는 살 수 없는 것과 같다. 암세포와 같이 그것은 선한 창조의 결과물 가운데 깊이 새겨 넣으면서 악을 행할 수 있다.[54]

요약하면 권세들이 어떻게 악해지는가와 상관없이 그것들은 하나님의 주권적인 목적 안에 있다. 하나님께서는 선을 위하여 그러한 권세를 사용하실 수 있을 뿐만 아니라 궁극적으로 하나님께서는 그것을 구속하실 수 있다.[55]

셋째, 권세들은 하나님의 '선한' 창조물의 일부이다. 그것은 사회 가운데 인간의 삶을 유지하도록 하기 위한 목적으로 창조되었다. 인간 사회는 구조, 제도, 그리고 시스템을 요구한다. 우리의 삶을 함께 영위해 가기 위해 그것은 인간 삶의 필수적인 사회적 특성이다. 우리는 그것이 없이는 살아갈 수 없다. 존 하워드 요더는 다음과 같이 주장한다.

> 신약성경에서 '권세들'에 대한 대부분은 그것을 타락한 것으로 언급한다. 그러므로 그것이 하나님의 선한 목적을 벗어나 있다는 것을 인식하는 것으로부터 시작하는 것이 중요하다. 자연과 마찬가지로 사회와 역사는 규칙성, 시스템, 질서가 없이는 서갈 수 없다 — 이러한 필요는 하나님께서 주신 것이다. 우주는 새로운 신적 개입의 완전한 계승을 통해 제멋대로, 즉흥적으로, 그리고 불규칙적으로 유지되지 않는다. 그것은 질서의 형태로 창조되었으며 "보시기에 좋았더라."고 외치신 모습으로 창조되었다. 가시적인 모든 실체를 규정짓는 권세라는 수단을 통해 창조적인 권세는 화해하는 형태를 통해 작용한다.[56]

세상을 활기차게 만드는 정신과 움직여 가는 힘을 포함하여 세상의 구조와 기구는 — 그것이 정치적, 경제적, 혹은 사회적인 것이든 — 하나님의 '선한' 창조의 일부이다. 결과적으로 목표는 그것을 파괴하는 것이 아니라 그것이 창조된 소명으로 돌아갈 수 있도록 깨우친다는 점에서 그것을 구제한다.

마지막으로 골로새서 본문이 그것을 아주 분명하게 제시하는 것처럼 권세들이 하나님의 선한 창조물의 한 부분이라는 사실은 본질에 단순히 맹종하는 그런 복종을 포함하지 않는다. 사실 분명한 반대 현상도 나타난다. 권세들은 그리스도 안에서, 그리스도를 통하여, 그리고 그리스도를 위하여 창조되었다는 것과 권세들은 그분 안에서 "함께 섰느니라."고 주장하면서 골로새서 기자는 권세들과 관련하여 기대와 판단의 중요한 기준을 제시해 준다. 권세들이 예수 그리스도의 방식과 반대되는 방향으로 작용하게 되면 저항이 요구된다. 공동체 안에서 인간 삶을 잘 보존해야 한다는 소명을 권세자들이 버렸을 때 그것을 만드신 분 안에서, 그분을 위하여, 그리고 그분을 통하여, 그분의 이름으로 그 소명으로 돌이키도록 깨우침을 받아야 한다. 그것이 무엇이든 반드시 복종해야 할 "창조의 질서"를 독립적으로 제시하는 것보다는 골로새서는 세상 권세들에게 주어질 심판과 초대로 그리스도의 주권(Lordship)을 주장한다.[57] 윙크가 쓰고 있는 대로 "골로새서에 나오는 찬양의 핵심은 무엇이든 해도 괜찮다가 아니라, 비록 어떤 조직이 탐욕스럽고 맹목적으로 숭배하는 것이 된다 할지라도 그것을 직접 창조하시고 그분을 위해 창조하신 분의 직접적인 다스림과 심판으로부터 벗어날 수 없다."[58]

　권세들은 하나님께서 만드신 것이다. 하나님께서 "보시기에 좋았더라."고 말씀하신 세상의 일부이다. 그러나 이미 분명하게 나타났지만 권세가 하나님의 목적에 반역하고 그들의 본래 소명을 벗어나 있는데도 하나님의 선하신 창조의 일부라고 말할 수는 없다. 권세들은 하나님에 의해 선하게 창조되었지만 인간들은 그것을 타락한 형태로 주로 사용하고 있다.

# 1장 미주

1 Bill Wylie-Kellermann, "Not Vice Versa. Reading the Powers Biblically: Stringfellow, Hermeneutics, and the Principalities," *Anglican Theological Review*, vol. 81, no. 4 (1999): 671쪽에서 인용하였다.

2 위의 책. 이 논문에 대한 리뷰는 이미 다른 사람이 제시하였기 때문에 여기에서 그것을 제시하려는 것이 나의 관심은 아니다. 이 문헌에 대한 뛰어난 개관을 보기 위해서는 Walter Wink, *Naming the Powers: The Language of Power in the New Testament* (Philadelphia: Fortress Press, 1984)와 Marva Jenine Sandbe Dawn, "The Concept of 'The Principalities and Powers' in the Works of Jacques Ellul" (Ph.D. Diss., University of Notre Dame, 1992; Ann Arbor, Mich.: University Microfilms #9220014), 36~83; Marva J. Dawn, *Powers, Weakness, and the Tabernacling of God* (Grand Rapids: Wm. B. Eerdmans Publishing Co., 2001), 1~34쪽을 참고하라. [역주/ 이것의 번역서로는 노종문 역, 『세상 권세와 하나님의 교회』 (서울: 복 있는 사람, 2008)를 참고하라].

3 *The Day after Trinity: F. Robert Oppemjeimer and the Atomic Bomb*, prod. and dir. Jon Else, 1시간 28분, Pyramid Home Video, 1980, 비디오테이프에서 인용하였다.

4 웨스 하워드-브룩(Wes Howard-Brook)과 앤소니 귀써(Anthony Gwyther)는 세계 자본주의는 요한계시록에 나오는 짐승의 현대적인 형태라고 주장한다. *Unveiling Empire: Reading Revelation Then and Now* (Maryknol, N.Y.: Orbis Books, 1999), 236~77. 세계 자본주의에 대해서는 William Greider, *One World, Ready or Not: The Manic Logic of Global Capitalism* (New York: Simon & Schuster, 1997); Naomi Klein, *No Log: Taking Aim at the Brand Bullies* (New York: Picador USA, 1999)를 보라. 권력으로서의 기술문명에 대해서는 자크 엘룰의 수많은 사회학적, 신학적 저작들을 참고하라. 그 중에서 가장 잘 알려진 것으로는 *The Technological Society*, trans. John Wilkinson (New York: Alfred A. Knopf, 1964)를 참고하라. 지배자와 권세자들의 틀 안에서 엘룰의 저작의 완벽한 분석을 위해서는 Dawn, "The Principalities and Powers"를 보라. 기술문명의 '권세'에 대한 다른 분석을 보기 위해서는 Neil Postman, *Technopoly: The Surrender of Culture to Technology*

(New York: Alfred A. Knoft, 1992, Vintage Books Edition, 1993)을 참고하라. [역주/ 이것의 번역서로는 김균 역, 『테크노폴리: 기술에 정복당한 오늘의 문화』(서울: 궁리, 2005)를 참고하라].

5   윌리엄 스트링펠로우는 인종차별주의를 20세기 초반에 등장한 세력으로 이야기한다. 도움이 되는 논의를 위해서는 Wyle-Kellermann, "Not Vice Versa," 672~74쪽을 참고하라. 권력으로 행사하고 있는 인종차별주의에 대한 논의를 보기 위해서는 Nibs Stroupe and Inez Fleming, *While We Run The Race: Confronting the Power of Racism in a Southern Church* (Maryknoll, N.Y.: Orbis Books, 1995), 123~29쪽을 참고하라.

6   여기에서 이런 주제를 다루고 있는 저서들도 일종의 군을 이루고 있음을 알 수 있다. 특권을 누리고 있는 사람을 향한 시각으로 집필된 최근의 도움이 되는 분석을 보기 위해서는 Mary Elizabeth Hobgood, *Dismantling Privilege: An Ethics of Accountability* (Cleveland: Pilgrim Press, 2000)를 참고하라. 설교학적 관점에서 이러한 권력에 대한 정교한 설명을 보기 위해서는 Christine N. Smith, *Preaching as Weeping, Confession, and Resistance: Radical Response to Radical Evil* (Louisville: Westminster/John Knox Press, 1992)를 참고하라. 이후 본서의 전반에 걸쳐 인용될 저서들은 이러한 권력의 실체에 대해서 계속해서 분석한다.

7   테러리스트들이 뉴욕의 세계무역센터와 미 국방성(펜타곤)을 공격한 후 몇 달이 지난 시점에서 이 책의 집필을 마무리하였다. 이러한 사건은(이것과 관련하여 일어나게 될 일련의 사태를 예견하면서) 통치자들과 권세자들의 틀 안에서 사고하도록 요청하는데, 본인은 의도적으로 그것에 초점을 맞추지 않으려고 했다. 나의 논의를 거대한 삶의 영역에서 계속해서 일어나게 될 권세자들의 활동을 떠나서 일련의 사건을 논의하는 정도로 제한하고 싶지 않기 때문이다.

8   역주/ 유럽의 개척자들에 의해 개발된 미국의 대평원(Great Plains)에서 일어난 1930년대 가뭄을 지칭하는 용어로, 1935년에 먼지폭풍이 오클라호마를 덮었고 그 가물었던 지역을 묘사하기 위해 워싱턴 이브닝스타의 기자가 '먼지사발'(Dust Bowl)이라는 신조어를 만들어낸 데서 비롯된 용어이다. 그 해로부터 10년이 넘게 가뭄이라는 기상 조건과 경제적 악조건인 불경기가 겹쳐 수천 명의 실업자가 발생하였다. Dust Bowl은 미국 역사상 아주 심한 환경 재해로 기록되고 있는데, 이때의 먼지폭풍은 대단하여 대평원의 흙이 워싱턴 D.C.와 뉴욕 시에까지 날아갔을 정도였다.

9   역주/ 스타인벡이 그의 소설에서 사용하는 용어인 the Monster나 the Bank는 단순히 일반명사인 '괴물'이나 '은행'을 뜻하는 것 이상이기 때문에 여기에서는 일반명사가 아닌 특정 권세 집단을 지칭하고 있어 음운을 그대로 따라 번역했음을 밝

힌다.

**10** John Steinbeck, *The Grapes of Wrath*, Penguin Great Books of the Twentieth Century (New York: Penguin Books, 1999), 31~32

**11** 위의 책, 33. 월터 윙크는 스타인벡의 소설의 이 부분을 나에게 알려주었다. Walter Wink, *Engaging the powers: Discernment and Resistance in a World of Domination* (Minneapolis: Fortress Press, 1992), 50쪽을 보라. [역주/ 이 책의 번역서로는 한성수 역, 『사탄의 체제와 예수의 비폭력: 지배 체제 속의 악령들에 대한 분별과 저항』(고양: 한국기독교연구소, 2004)을 참고하라].

**12** Michael Foucault, *Power/Knowledge: Selected Interviews and Other Writings, 1972-1977*, ed. Colin Gordon, trans. Colin Gordon, Leo Marshall, John Mepham, Kate Soper (New York: Pantheon Books, 1980), 156; quoted in David Toole, *Waiting for Godot in Sarajevo: Theological Reflections on Nihilism, Tragedy, and Apocalypso* (Boulder, Colo.: Westview Press, 1998), 179.

**13** Jacques Ellul, *The Subversion of Christianity*, trans. Geoffrey W. Bromiley (Grand Rapids: Wm. B. Eerdmans Publishing Co., 1986), 175. [역주/ '엑수시아'는 능력, 힘, 권세 등으로 번역되는 헬라어이다. 특히 내적 힘과 관련하여 특별한 권리로서의 통치력과 권세자를 의미하는 말로 사용되었다].

**14** Wink, *Naming the Powers*, 7.

**15** 이 책 전체를 통해 성경 구절은 New Revised Standard Version을 사용할 것이며, 중요한 부분에서 예외는 있다. NRSV에서 '지배자'(원어는 *archai*)와 '권세자'(원어는 *exousiai*)에 대한 용어는 ruler와 authorities로 번역한다. 이 단어들은 이러한 권세자들이 가지고 있는 초인간적인 특성을 잘 담아내지 못하는 단어이다. 이 책에서 주로 사용하는 "통치자들과 권세들"(principalities and powers)은 King James Version으로부터 빌려왔다. [역주/ 이 용어는 개역개정판의 용어를 따랐다].

**16** Wink, *Naming the Powers*, 8; Stringfellow, *Ethic for Christians*, 77~78; Hendrik Berkhof, *Christ and the Powers*, trans. John H. Yoder (Scottdale, Pa.: Herald Press, 1977), 13~15. [역주/ 이 책의 번역서로는 윤성현 역, 『그리스도와 권세들』(서울: 대장간, 2014)을 참고하라].

**17** 역시 로마서 8:38, 에베소서 6:12, 베드로전서 3:22 등도 참고하라. 신약성경의 권세자들의 중요성은 서신서나 계시록에 국한되지 않고 특별한 용어가 제시되고 있지는 않지만 복음서에도 분명하게 나타나는 것을 알 수 있다. 권세자에 대한 존재와 활동은 그에 대한 분명한 용어가 사용되는 곳에만 국한되지 않는 것을 알 수 있다.

**18** Wink, *Naming the Powers*, 9. 추가로 권세의 복합성에 집중하면서 윙크는 신약성

경이 사용하는 용어의 다원성은 권세가 가지는 다양한 차원을 보여준다고 주장한 다. 예를 들면 사람의 직위를 나타내기도 하고(*archon*, '지배자'[ruler]), 직위나 자 리, 역할을 통해서 권세의 제도를 나타내기도 하고(*arche*, '지배 권력' [principality]; 역시 *thronos*, '왕권'[thrones]), 권력의 실천을 강조하기 위하여 정 당성, 법규, 제재 등으로 사용하기도 하며(*exousia*, '권세'[power]), 힘이나 권력, 특별히 신약성경에서는 지배적인 위치에 있는 영적 세력을 나타내기도 하며 (*dynamis*), 권력자가 다스리는 영토의 영역이나 확장을 나타내는 데도 사용되었 다(*kyriotes*, '지배권'). 권력이 가지는 이러한 모든 특성은 인간적, 조직적, 영적 차 원을 포함한다. 신약성경에서 권세에 대한 용어는 이와 같이 사회적 분석을 위한 풍부한 틀을 제공해 준다. 같은 책, 13~35쪽을 참고하라.

19 Stringfellow, *Ethic for Christians*, 78.

20 위의 책, 79.

21 Michel Foucault, *The History of Sexuality*, vol. 1: *An Introduction*, trans. Robert Hurley (New York: Vintage Books, 1990), 93; Toole, *Godot in Sarajevo*, 177쪽 에서 재인용하였다. 역시 220~22쪽도 참고하라.

22 파블로 리처드는 요한계시록 13:1~2에 나오는 짐승의 이미지를 세상 가운데 역사 하는 군력의 복합성을 나타내는 것으로 주장한다. Pablo Richard, *Apocalypse: A People's Commentary on the Book of Revelation*, trans. Phillip Berryman (Maryknoll, N.Y.: Orbis Books, 1995), 107쪽을 보라. 다양한 권력이 사람들을 억 압하고 사로잡는 방식을 분석해 주는 데 도움이 되는 자료를 보기 위해서는 Hobgood, *Dismantling Privilege*를 참고하라.

23 Stringfellow, *Ethic for Christians*, 90.

24 Ellul, *The Subversion of Christianity*, 176.

25 이러한 주제에 대한 완벽한 연구를 살펴보기 위해서는 Wink, *Naming the Powers* 를 참고하라.

26 Stringfellow, *Ethic for Christians*, 78~80.

27 John Howard Yoder, *The Politics of Jesus* (Grand Rapids: Wm. B. Eerdmans Publishing Co., 1972), 138~42. [역주/ 이 책의 번역서로는 신원하 외 역, 『예수의 정치학』 (서울: IVP, 2007)을 참고하라]. 마르바 던 역시 '유비'의 해석학적 범주 아 래서 이러한 접근을 견지한다. 권세는 현대 사회에서 기구와 구조에 대해 유비적인 특성을 가진다. Dawn, "The Principalities and Powers," 72~74쪽을 참고하라.

28 John R. Stott, *God's New Society: The Message of Ephesians* (Downers Grove, Ill.: InterVarsity Press, 1979), 273. [역주/ 이 책의 번역서로는 정옥배 역, 『에베

소서 강해: 하나님의 새로운 사회』(서울: 한국기독학생회 출판부, 2007)를 참고하라]. Dawn, "The Principalities and Powers," 76~78쪽에서 인용하였다. 던은 이러한 해석학적 접근을 '직접적 적용'(76~78쪽)의 하나로 이해한다.

**29** Frank E. Peretti, *This Present Darkness* (Westchester, Ill.: Crossway Books, 1986).

**30** John Bartlett, *Familiar Quotations*, ed. Emily Morison Beck, 15th ed. (Boston: Little, Brown & Co., 1980), 821쪽에서 인용하였다. 카브리해 연안의 관점에서 권세에 대한 구조적 설명에 대해서는 Burchell Taylor, *The Church Taking Sides* (Kingston: Bethel Baptist Church, 1995)를 참고하라.

**31** Walter Wink, *The Powers That Be: Theology for a New Millennium* (New York: Doubleday, 1998). 그리고 *Naming the Powers*와 *Engaging the Powers*에 추가하여 Walter Wink, *Unmasking the Powers: The Invisible Forces That Determine Human Existence* (Philadelphia: Fortress Press, 1986)도 참고하라. [역주/ 이 책의 번역서로는 박만 역,『사탄의 가면을 벗겨라: 인간의 삶을 결정하는 보이지 않는 힘들』(고양: 한국기독교연구소, 2005)을 참고하라].

**32** Wink, *Naming the Powers*, 104~5쪽을 참고하라. 윙크가 주장하고 있는 대로 종종 신약성경에서는 권세가 가지는 이러한 두 차원이 공간적으로(spatially) 묘사된다. 땅에서 일어난 것은 동시에 하늘에서도 일어난다. 특히 요한계시록에는 이러한 공간적 이미지가 권세가 가지는 유형적이면서 영적인 차원을 묘사하는 수단이 된다. 윙크는 새로운 '통합적 세계관'을 크게 강조하는 입장을 발전시키는데 현대 물질주의적 세계 이해를 넘어서는 것이다. 그것은 고대, 혹은 '강심술적'(spiritualistic) 관점이나 신학이 영적인 영역을 다룬다면 과학은 물질적 영역과 관련이 있다고 이해하는 신학적 관점을 취하지 않으면서 그리한다. 그러한 통합적 세계관 안에는 각기 물질적인 것과 영적인 것이 서로 스며들어 있으며 그것은 함께 존재한다고 이해한다. Wink, *Engaging the Powers*, 3~10쪽을 참고하라. 여기에서 본인이 취하는 실질적인 접근 가운데에는 보다 광범위한 세계관과 권세에 대한 물질적이고 영적인 차원은 인간 존재 가운데 함께 작용한다는 점을 단순히 주장하는 입장을 취하였다.

**33** Wink, *Naming the Powers*, 107.

**34** 위의 책, 8.

**35** Walter Wink, "Stringfellow on the Powers," in *Radical Christian and Exemplary Lawyer*, ed. Andrew W. McThenia, Jr. (Grand Rapids: Wm. B. Eerdmann Publishing Co., 1995), 26.

36 Wink, *Engaging the Powers*, 84. 여기에서 따옴표로 강조한 부분은 본인이 한 것이다.

37 Wink, *Naming the Powers*, 84~89.

38 Wink, *Engaging the Powers*, 96~104.

39 Toole, *Godot in Sarajevo*, 179.

40 이 점에 대해 도움이 되는 연구로는 Paulo Freire, *Pedagogy of the Oppressed*, trans. Myra Bergman Ramos (New York: Continuum Publishing, 1981)를 보라. [역주/ 이 책의 번역서로는 남경태 역, 『페다고지』(서울: 그린비, 2003)를 참고하라]. 또한 Wink, *Engaging the Powers*, 99~104쪽도 참고하라. 그것이 "심령이 가난한 자"일 수 있는 "가난한 사람"은 아닌데 이러한 팔복에서 물질적으로 가난한 사람을 단지 영적인 것으로 조망하지 않는 것이 중요하다.

41 Toole, *Godot in Sarajevo*, 178. 역시 171~79쪽도 참고하라.

42 Toni Morrison, *The Bluest Eye* (New York: Holt, Rinehart and Winston, 1970). [역주/ 토니 모리슨은 1993년에 작품 "재즈"로 노벨문학상을 수상하였으며, 프린스턴대학교의 교수로 있다. 이 책의 번역서로는 신진범 역, 『가장 푸른 눈』(서울: 들녘, 2003)을 참고하라. 이 소설은 1930~40년대 미국의 흑인 자매의 시선으로 본 미국 사회를 그리고 있다. 불우한 흑인 가정에서 태어나 경제적 어려움, 신체적 학대, 부모와의 불화 등으로 불안정한 생활을 하는 주인공 피콜라를 가장 힘들게 했던 것은 못 생겼다는 사회적 편견이었다. 외부의 시선 때문에 생겨나 상처를 안겨주는 열등감을 벗어버릴 것을 작가는 주장한다. 백인들이 설정한 일방적 미의 기준으로 사회와 약하고 힘없는 계층인 비주류 인종이 어떻게 병들고 파괴되어 가는지를 그리면서 사회 집단의 모순과 불합리를 고발한다].

43 위의 책, 46.

44 Howard Thurman, "The Will to Segregation," in *Peace Is the Way: Writings on Non-violence from the Fellowship of Reconciliation*, ed. Walter Wink (Maryknoll, N.Y.: Orbis Books, 2000), 166. 오늘날 어떤 아프리카계 미국인들은 분리 (separateness)를 오히려 보다 적극적으로 자신들의 정체성을 크게 인지하는 방식으로 생각하기도 한다. 그럼에도 불구하고 투르만은 인종차별주의라는 세상 권세가 가지는 영적 영향력에 중요한 통찰력을 제공해 준다. 투르만의 설명을 통해서 보면 아주 민감한 젊은 여자아이 피콜라는 소설 『가장 푸른 눈』의 끝 부분에서 결국 미치고 만다.

45 백인 인종차별주의라는 "보이지 않는 시스템"이 지배하는 사회에서 백인들이 즐기는 특권에 대해 담대하게 파헤친 내용을 살펴보기 위해서는 Peggy McIntosh,

"White Privilege: Unpacking the Invisible Knapsack," *Peace and Freedom* (July-August, 1989): 10~12쪽을 보라. 위 논문은 다음의 논문을 요약한 것이다. McIntosh, "White Privilege and Male Privilege: A Personal Account of Coming to see Correspondences through Work in Women's Studies," *Working Paper 189* (Wellesley, Mass.: Wellesley College Center for Research on Women, 1988)에서 발췌한 것이다.

**46** Hobgood, *Dismantling Privilege*, 58. 홉굿 역시 백인의 특권 의식이 백인들의 정신을 침해하는 방식을 다른 관점에서 살펴보고 있다. 즉, 다른 인종과의 성적 관계와 자연 세계로부터의 유리, "자발성, 놀이, 그리고 창조성"으로부터의 유리, 백인이라는 인종적 시각을 모든 것의 판단 척도로 믿는 오만성, 우정과 친밀감의 상실뿐만 아니라 공동체성의 상실, 미성숙과 무능력(58~59쪽)을 보인다는 점에서 침해를 스스로 당하게 된다. 이렇게 많은 부분에서의 정신적 상실은 결과적으로 아주 우리 가까이에서 작용하고 있는 소비자 중심의 자본주의와 인종우월주의 등이 가지는 힘과 결탁하려고 한다. 스트링펠로우 역시 권세자들을 사로잡고 있는 특권층의 '탈도덕화'(demoralization)에 대해서 언급한다. Stringfellow, *Ethic for Christians*, 28~30쪽을 보라. 소비자 중심의 자본주의 시대를 사는 사람들의 상품화가 가지는 정신적 영향력에 대한 논의를 살펴보기 위해서는 John F. Kavanaugh, *Following Christ in a Consumer Culture* (Still) (Mary-knoll, N.Y.: Orbis Books, 1991), 38~61쪽을 보라.

**47** Wink, *Naming the Powers*, 84.

**48** Else, prod. and dir., *Day after Trinity*.

**49** 이 스토리의 일부는 그 권세의 타락에 대해 설명해 주는데, 우리는 다음 장에서 그것을 논의하게 될 것이다. 권세와 관련하여 예수님의 사역에 대해 제시하는 "그 스토리의 나머지 부분"은 3장에서 주로 다루게 된다.

**50** 이러한 주장은 그리스도인들의 권세에 대한 이해가 뱅크는 인간이 만들었다고 주장한 존 스타인벡의 이해와 차별되고 있음을 알 수 있다.

**51** Stringfellow, *Ethic for Christians*, 79~80.

**52** Wylie-Kellermann, "Not Vice Versa," 8.

**53** Stringfellow, *Ethic for Christians*, 79.

**54** Wink, *Engaging the Powers*, 66~67. 역시 Yoder, *Politics of Jesus*, 43~44쪽도 참고하라.

**55** Yoder, *Politics of Jesus*, 143~44.

**56** 위의 책, 143. 역시 Wink, *Engaging the Powers*, 66쪽도 참고하라.

**57** 로마서 13:1~7은 종종 '현상'(status quo)이라는 형식으로 해석된다. 그러나 본문을 깊이 읽어 보면 그러한 해석은 본문이 제시하는 바가 아님을 알 수 있다. 무엇보다도 "지배하는 권위"를 "받아들여야 하는 것"은 그것에 복종하는 것과 동일하지는 않다. 예수 그리스도께서 십자가에 달리실 때 지배하는 권력자들에게 '예속시킴'(subordination)을 그대로 받아들이셨다. 그러나 3장에서 선명하게 나타나는 것처럼 예수님의 생애는 복종의 생애가 아니라 오히려 권력자들에게 저항하시는 생애였다. 실로 십자가는 그분의 저항의 행위였다. 추가적으로 로마서 13장의 상황은 현재 성경의 장을 나눈 방식 때문에 간과되기도 하지만 '원수'를 사랑하라는 명령 가운데서 주어진 말씀이다. 이렇게 말씀은 지배하는 권력자들을 '원수'로 규정하고 있다. 1~7절은 아무에게도 사랑의 빚 외에는 어떤 빚도 지지 말라는 명령으로 채워져 있다. 심지어는 원수에게도 지지 말라고 하신다(12:21과 13:8). "지배하는 권력자"가 예수님 안에서 구현된 사랑에 반대되는 것을 요구하는 곳에서는 비폭력적 저항이 요구된다. 마지막으로 월터 윙크가 논의하고 있는 대로 '저항하다'의 헬라어 단어는 13:2과 마태복음 5:39에 사용되는데 '안티스테미'는 '폭력적' 저항에 사용되는 용어이다. Wink, *Engaging the Powers*, 185쪽, 그리고 Yoder, *Politics of Jesus*, 193~214쪽, Karl Barth, *The Epistle to the Romans*, trans. Edwyn C. Hoskyns, paperback ed. (London: Oxford University Press, 1968), 475~92쪽 등을 보라.

**58** Wink, *Engaging the Powers*, 67.

# 2장

## 반역적인 세상 권세들

*The Rebellious Powers*

타락한 세상의 통치자들과 권세들은
자신들의 권력 유지, 지배, 죽음의 맹목적인 목적을 위해
수많은 전략을 사용한다.
예수님께서는 그러한 활동에 저항하셨다.
그 저항의 근본적 수단은
성령의 검이자 하나님의 말씀인 설교였다.

# 2장

• • •

# 반역적인 세상 권세들

*The Rebellious Powers*

하나님께서 선하게 창조하셨음에도 불구하고 권세들은 하나님의 목적에 반역적으로 존재한다.[1] 그것은 그들의 소명을 받아들이지 않았다. 하나님의 뜻을 섬기고 사회에서 인간의 삶을 보존하는 데 쓰이는 대신에 권세들은 그 자체를 우상으로 만들었고 인간과 창조세계를 향한 하나님의 목적 위에 자신의 야망을 올려놓았다. 하나님께 반역하면서 예수님을 십자가에 못 박았으며(고전 2:6~8), 우리를 하나님의 사랑에서 끊어놓으려고 한다(롬 8:37~39). 윌리엄 스트링펠로우가 쓰고 있는 대로 "통치자들과 권세들은 하나님의 자리로 교묘하게 들어가서 사람들로 하여금 인간 존재의 도덕적 가치와 의가 인간 삶의 헌신, 혹은 굴복 – 문자적으로 말하면 희생 – 을 통해서 생존에 대한 관심, 우아함, 세상 권세의 공허함을 규정하고 결정하는 것처럼 생각하고 행동하게 만든다."[2] 정부, 기구, 이데올로기, 혹은 돈의 형태를 취하든 그렇지 않든 간에 세상 권세들은 인간 존재의 궁극적이고 완전한 충성을 요구하는 특성을 갖는다. 마치 삶의 의미와 가치 그 자체가 권력 나부랭이를 섬기는 것을 기초로 하여 세워지는 것처럼 그렇게 요구한다. 그들은 신 자체는 아니지만 이 세상에 세워진 신의 대리자라는 환영(幻影)을 만들어 가기 위해서 권력 아래서 할 수 있는 모든 것을 자행한다. 요한계시록에 나오는 짐승은 인간의 '경배'(worship)를 받고자 한다.[3] 우상화는 타락한 권력의 근본적인 죄악이다.[4]

그 타락한 상태에서 세상 권세들은 모든 생명체에 대해 무자비하게 공격적인데, 사회 가운데 있는 인간 존재에 대해 특히 그렇다.[5] 인간 존재와 세상 권력의 관계성은 하나님의 본래의 관심으로부터 왜곡되었다. 인간 삶의 가장자리를 섬기는 대신에 권세는 인간 존재 위에 군림하여 지배하고 있다. "자기의 권력을 유지하고 보존하며, 그것을 확장하고 더욱 견고케 하기 위해"[6] 인간 존재를 제한하고 조정하며 소멸하기도 한다. 스타인벡의 용어를 빌리면, 그들은 몬스터(괴물)가 되어 간다. 『분노의 포도』에 나오는 지주와 뱅크처럼 인간 존재는 그 권력자의 하수인이 되어 기꺼이 섬기게 되든지, 혹은 단지 사로잡힌 것에 묵종하면서 아무 말도 못하고 어쩔 수 없어서든지 간에 그 몬스터에게 붙잡힌 노예로 전락하고 만다.

타락한 권력은 스스로를 아이돌로 만들든지, 아니면 인간 존재 위에 군림하는 독재자가 되면서 여러 관심사들에 의해 이끌리게 된다. 가장 기본적으로는 세상 권세들은 그것을 '보존'하려고 한다.[7] 그것이 가지는 근본적인 관심은 그 자신의 생존에 있으며, 그것을 위해서는 어떤 방식도 가리지 않는다.[8] 그것을 위해서는 모든 것으로 확대될 수 있는데, 인간 존재, 긍휼, 인간성, 땅, 설교와 같이 모든 것을 사용할 수 있다. 결국 세상 권세들에게 있어서 유일한 도덕성이라는 것은 자신의 생존과 관련되어 있다. 권력 보존을 위해서 필요하다면 그는 모든 것을 수단으로 사용할 것이다. 스타인벡이 묘사한 것처럼 뱅크(The Bank)는 이윤이 없이는 생존할 수 없으며, 자신의 생존을 위해서 필요한 것은 무엇이든지 다 한다. 스트링펠로우가 주장한 대로 세상 권세들은 이 같은 경향을 그 특징으로 한다. "통치자들과 권세들은 뛰어난 회복 탄력성을 가진다. 그것은 죽음의 게임(death game)을 계속하면서 그것이 존재하는 한 생존을 위한 모든 사탄적 권세를 다스릴 독점적인 도덕에 모든 인간 존재를 굴복하게 할 수단을 사용한다."[9] 그러한 구조 속에서 급진적인 변화를 만들려는 사람은 – 교회를 포함하여 – 그것이 가지는 이러한 회복 탄력성에 대해 잘 인식할 것이다.

이러한 생존을 위한 추구는 권세들이 세상 가운데 가져오는 혼돈을 더 부추기게 된다. 이렇게 세상의 권세는 함께 공조하면서 생존과 우월성을 확보하기 위하여 서로 경쟁하는 맞수로 남게 된다. 다방면의 권세들은 다양하면서 상충되는 요구를 사람들에게 부과하게 된다. 그리고 각자는 자신만의 존재를 영속시키기 위해 지위를 확보하려고 한다. 그래서 여러 방향으로 사람들이 이끌리게 된다는 점은 이상한 일이 아니며, 대부분은 경쟁적이면서 때론 자가당착적인 충성과 봉사의 요구에 거의 몸과 마음이 찢어진다. 세상 권세가 지향하는 권력 유지에 대한 열망은 이 세상 가운데서 군대와 같이 집단적 특성을 갖게 하며, 그 결과로 갈등과 혼동을 야기한다.

권력을 유지하려는 갈망에 부가적으로 세상 권세는 '지배'하려고 (dominate) 한다. 월터 윙크가 설득력 있게 논의한 대로 지배에 대한 추구는 권력을 이끌어 간다. 실로 세상 권세의 전반적인 형태는 윙크의 용어를 빌리면 '지배 체제'(Domination System)로 특징지어진다.

세상 권세는 단지 하나의 시스템이 아니다. 그것은 '지배 체제'의 전반적인 후원을 받으면서 배치되어 있는 단일의 기구나 조직이다. 그 '지배 체제'는 전체 권력 연결망이 단호한 지배를 받을 때 얻어진다. 소위 '지배 체제'는 하나님을 흉내 내는 사탄적 특성을 가진 권세들의 시스템이다. 그것은 시스템 중의 시스템이라고 부를 수 있다. 이와 같이 '지배 체제'는 성경이 종종 '세상'(world), '영원'(aeon), '육신'(flesh)이라는 용어로 칭하는 것과 동일한 것이다.[10]

그 시스템은 다른 사람들 '위에' 군림하는 다른 사람을 통제하고, 사회적 조직의 가장 최고의 원리로 '계급화하며', 지배자와 종속자, 승자와 패자, 내부자와 외부자, 존경받는 사람과 부끄러운 사람 등의 '수직적 계급'(hierarchies)을 만들어 버리는 권세들에 의해 특징지어진다.[11]

스타인벡은 이러한 지배에 대한 추구에 깊이 관심을 기울이는데 그것이 권세를 이끌어 간다. 소작농만 뱅크의 지배 아래 있는 것이 아니라 – 그것을 이끌어 가는 "자본주의 영"이 널리 확산되어 있는데 – 소유주와 자본가들도 뱅크의 목적을 이루기 위한 순전한 도구가 되었다. 그들은 그것을 좋아하든 싫어하든지 간에 이제 뱅크의 목표를 위해 행동한다. 스타인벡의 소설에서 모든 사람들은 '지배 체제'에 완전히 사로잡혀 있다. 농부들과 같이 어떤 이들은 그 시스템에 의해 직접적으로, 그리고 물리적으로 억압을 당하고 있다. 소유주나 자본가들과 같은 이들은 그 시스템이 주는 약속과 보상에 대해 매혹을 받고 있으며, 그들이 자행하고 있는 일이나 저항하는 약자들에 대해서는 무디어진('냉담한') 상태이다.

이러한 상황은 스타인벡의 소설에만 국한되어 있는 가상의 내용이 아니다. 몇 년 전 애틀랜타에서 짧은 기간 구금되게 될 상황에 놓인 사람들과 함께 있었던 적이 있다. 밤 11시 이후 다운타운의 공원이 문을 닫을 시간에 앉아 있었고, 애틀랜타 시 당국은 밤에 공원에 머물려는 노숙자들을 다 내보내려고 했다. 그들의 방침을 따라 모두를 "쓸어내 버리려는" 경찰에 의해 붙잡히게 되었다. 우리가 그러한 경찰의 체포에 항의를 했을 때 경찰관은 말을 못하게 하면서 이렇게 말했다. "이봐요. 우리도 이렇게 하고 싶지 않아요. '개인적으로는' 나도 당신들을 결코 체포하고 싶지 않아요. '나는 단지 시 당국에서 시키는 일을 하는 도구일 뿐이에요.'" 이것은 세상의 권세들이 어떻게 인간 존재를 지배하려고 하는지를 잘 보여주는 실례이다. 그들은 사람들을 그들의 목적을 위한 단순한 '도구'로 만들어 버린다.

널리 퍼져 있는 이러한 시스템 안에서 지배자의 '정신'은 우리가 그것을 알지 못하고 있을 때 자신들이 원하는 것을 전체 사회 질서로 퍼뜨리려고 한다. 로마 가톨릭 목회신학자인 마이클 워런이 지적한 대로 지배자와 종속자 – '승자'와 '패자' – 는 인간 삶을 함께 형성해 가는 주요 메타포가 되었다.[12] 우리가 앞서 살펴본 것처럼 억압을 당하고 있는 사람들은 그들이 당하는 억압을 내면화하기 시작한다.[13] 그 시스템은 사람들로 하여금 그런 자리를 당연한 것으로 여기게 만들며, 이러한 사회 질서는 가능한 유일한 제도라고 생각하게 만든다. '지배 체제'는 "우리가 숨 쉬는 공기"와 같은 것이며, 그것을 대체할 만한 다른 것은 거의 생각지도 않는다.

샤론 웰치가 그의 책, *A Feminist Ethic of Risk*(페미니스트 모험윤리)에서 묘사하고 있는 대로 윤리 그 자체는 이 시스템에 의해 사로잡혀 있다.[14] 웰치는 주로 '승자'에 의해 형성된 현대 윤리적 사고의 지배적 형태는

'통제윤리'(ethic of control)의 성격을 가진다고 말한다. 그러한 윤리는 미래를 통제하고 결과를 양산해 낼 수 있는 것으로서의 책임 있는 윤리적 행동을 명확하게 규정한다.[15] 이렇게 어떤 일의 성과를 통제하고 억제하는 윤리적 필요는 - 종종 '선'의 이름으로 - 상상할 수 없는 악으로 인도한다.[16] 예컨대 그러한 윤리적 정신은 원자탄 제조를 정당화하고 무기 경쟁의 확대를 은근히 부추긴다.[17] '지배 체제'는 너무 깊이 침투하여 있어서 모두가 그것에 속하기를 바라는 윤리적 사고를 형성한다.

생존을 원하는 권세들에게 필요한 것과 지배에 대한 추구는 궁극적으로 '폭력'을 통해 표현되는데,[18] 개인 간의 형태뿐만 아니라 전체에 영향을 주는 특성을 가진다. 그것은 육체적인 차원뿐만 아니라 심리적이고 영적인 차원에까지 영향을 끼친다. 윙크가 주장한 대로 '지배 체제'가 근본적으로 사용하는 신화 - 진정한 영성 - 는 "보상적 폭력(redemptive violence)의 신화"인데, 그것은 세상 권세의 활동뿐만 아니라 인간의 상호 행동에서 나타난다.[19] 그것은 바벨론 창조신화에서 그 근원을 찾을 수 있는데, 혼동으로부터 질서를 가져오는 방식은 폭력을 통해서라고 그 신화는 주장한다.[20] 『분노의 포도』에서 한 농부가 이야기한 것처럼 폭력은 인간 갈등의 궁극적 해결책으로 대두하게 된다. 뱅크가 자행하는 일을 보며 분노한 농부는 오직 한 가지의 해결책을 제시한다. "우리가 누구를 쏠 수 있을까요?" 나중에 그 농부는 아무런 도움도 되지 않는 모습으로 손에 총을 들고 트랙터가 그의 집 앞의 땅을 갈아엎고 집 입구를 갈아엎을 때까지 그저 지켜볼 뿐이었다. 단 하나의 이미지로 스타인벡은 세상의 권세들을 향해 총을 뽑았지만 아무것도 할 수 없는 무기력함을 그렇게 묘사하고 있다. 그는 인간의 역사를 통하여 작용하여 온 보상적 폭력의 신화를 그렇게 드러내고 있었다.[21]

윙크가 구체적으로 묘사하고 있는 것처럼 이러한 신화는 미국의 문화에도 널리 퍼져 있다. 뽀빠이(Popeye) 만화[22]로부터 아이들 신문의 풍자만화와 비디오 게임, 그리고 대중적 인기를 끌었던 영화(예를 들어 "라이온 킹"이나 "스타워즈"와 같은)에 이르기까지 영향을 주고 있다. 그것은 심지어 사형 제도에 대한 외국의 정책에까지 널리 그 영향이 미치고 있다. 사실 그러한 신화는 미국 사회의 에토스가 되었는데, 실제로 모든 어린이들, 특히 남자 아이들은 아주 어려서부터 이러한 정신을 바탕으로 사회화되면서 성장한다.[23] 십대들조차도 자신을 괴롭히는 '적들'을 다루는 가장 적당한 – 비록 그것이 상상하는 것이라 하더라도 – 수단으로 총을 생각하고 있는데, 그러한 현실에도 우리는 별로 놀라지도 않는다. 우리 사회가 점점 폭력적인 범죄에 대한 주요 처벌도 결국 폭력적 방식을 취하고 있지만 우리는 그것에 대해서 별로 놀라지 않는다. 사형 제도에 관해 널리 알려진 다음의 질문은 보상적 폭력의 신화에 의해 계속 이어지는 폭력의 순환에 우리가 사로잡혀 있음을 보여준다. "왜 우리는 살인이 잘못되었다는 사실을 보여주기 위해 그 살인자를 죽이는 사형을 감행해야 하는가?"

1990년대 미국에서 일어난 여러 거대 살인과 관련된 사건들은, 미국 사회 안에 '보상적 폭력의 신화'가 얼마나 널리 퍼져 있는지 모른다고 이해한 윙크의 통찰력을 그대로 확증하고 있다는 냉담한 현실이 우리를 안타깝게 한다. 콜럼바인 고등학교 대량 살인 사건이 일어났던 날 밤, 텔레비전 뉴스에서 빌 클린턴 대통령은 갈등을 처리할 때 비폭력적인 방식으로 처리할 수 있게 우리 모두가 아이들을 가르쳐야 한다고 간절하게 호소하였다. 그러나 대통령의 연설이 끝난 직후 콜럼바인 '특별보도'는 나토군이 바그다드에 폭탄을 다시 투하하기 시작했다는 다른 '특별보도'에 의해 잠시 중단되었다. 그 뉴스는 윌리엄 골딩의 『파리 대왕』의 마지막 장면을 떠오르게 했다. 군복을 입고 총을 든 해군 장교가 무인도에 표류한 소년들이 자행한 폭력적이고 호전적인 행동을 꾸짖고 있었다.[24] 그의 소설의 결론에 대한 골딩 자신의 논평은 내가 텔레비전 뉴스를 보면서 언급했던 것과 같이 이어지는 일련의 사건을 교란시키면서 조명을 비추고 있었다.

> 책의 전체 내용은 마지막에 구조되는 것을 제외하고는 사실상 모든 것이 상징이다. 그 마지막 장면에서 그 섬의 성인들의 삶은 고상하고 능력있게 나타나지만, 실제로는 그 섬의 아이들이 보여준 상징적 삶과 동일한 악에 사로잡혀 있음을 감추지 않았다. 아이들의 인간 사냥을 막았던 그 장교는 이제 그 아이들을 그 섬에서 떠나게 하지만, 똑같은 무자비한 방식으로 그들의 적을 사냥하게 될 순양함(cruiser)으로 데리고 갈 준비를 하고 있었다. 누가 그 어른들과 그들의 순양함이 자행하는 그 악으로부터 그 아이들을 구출해 낼 수 있을까?[25]

보상적 폭력의 신화 가운데 빠져 있는 어른들의 곤경에 대해 확증해 준 것은 콜럼바인 사건이 일어난 며칠 뒤에 신문을 읽으면서 다시 확인할 수 있었다. 미국 총기협회(National Rifle Association) 회장인 찰톤 헤스톤(Charlton Heston)이 콜럼바인 고등학교에서 일어난 살인 사건에 대해 논평하기를, 만약 학교에 "총이 더 있었다면" 그 총기 살인 사건은 예방될 수 있었을 것이라고 했다. 헤스톤의 발언은 텍사스의 한 교회에서 또 다른 총격 사건이 일어난 후 여러 달 뒤에 다시 울려 퍼졌다. 신문 보도에 따르면, 많은 텍사스 거주자들은 거대한 폭력에 대한 답으로 더 많은 사람들이 그동안 사용하지 않았던 무기를 다시 잡는 것이라고 했다. 그 교회의 한 성도는 이렇게 말했다. "오늘 나는 사용하지 않았던 무기허가증을 다시 받으려고 합니다. 만약 한 사람이라도 그 예배시간에 권총을 가지고 있었더라면 그 만행이 있기 전에 90% 이상은 총기 발사를 막을 수 있는 기회가 있었을 것입니다."

보다 최근에 테러리스트들이 세계무역센터와 펜타곤을 공격한 직후에 당시 조지아 주의 상원의원이었던 젤 밀러(Zell Miller)는 "폭탄을 투하해서라도 그들이 더 이상 이런 짓을 못하도록 사정없이 때려야 합니다. 이차적인 피해가 발생한다면 그건 어쩔 수 없는 일입니다. 분명히 그들은 우리 미국 시민들을 맘대로 해도 되는 소모품 정도로 생각했습니다."[26] 밀러 의원의 응답은 우리 삶에 나타난 "보상적 폭력의 신화"의 깊이를 드러낸 가공할 만한 사건에 대한 본능적인 반응을 나타낸 것이다. '지배 체제'의 정신을 형성하는 이 기본적인 신화는 미국 사회에 널리 퍼져 있다. 실로 누가 이 어른들과 우리의 순항함을 거기에서 구해낼 수 있을까?

그러나 폭력은 보상적 폭력의 신화를 구현하는 극적인 행동과 논평에 단순하게 제한될 수 없다. 폭력은 광범위하게 작용하는 '지배 체제'의 다양한 차원에서 일어난다. 지배자에 의해 특징지어지는 모든 관계들은 그것이 어떤 취지를 가지고 '보상적'인 것으로 주어지든 그렇지 않든지 간에 폭력이라는 개념으로 특징지어진다.[27] 윌리엄 스트링펠로우는 폭력이 권세들의 세계를 깊이 둘러싸고 있는 특성에 주목하는데, 폭력은 생명보다는 죽음으로 인도해 가는 어떤 행동과 체제를 특징화한다고 주장한다.

폭력은 잡다하고 전도(顚倒)되었으며, 그것이 양산하고 있는 파괴되고 왜곡된, 그리고 파열된 관계는 오늘날 세상 역사의 특징이다. 폭력은 창조 세계를 파멸시킨다. 폭력은 도덕적 혼동(confusion)과 실제적 혼돈(chaos)을 가져온다. 역사가 지속되는 한 그것은 창조의 진리와 평화를 붕괴시키고 바꾸어 놓는다. 성경은 그것을 타락이라고 명명한다. 폭력은 이 세상에서의 죽음의 통치이며, 죽음의 세력이 자행하는 모든 것, 혹은 어떤 것의 이름이다.[28]

사람들의 마음과 영을 억압하고 사로잡고 있는 죽음의 권세는 신체적 상해를 가할 뿐만 아니라 폭력이라는 도구를 통해 모든 것을 거래한다. 토니 모리슨의 *The Bluest Eye*(『가장 푸른 눈』)에서 푸른 눈으로 바뀌기를 위해서 매일 저녁 기도하고 있는 흑인소녀 피콜라는 전쟁의 폭력에 의해서 죽임을 당한 사람들과 똑같이 죽음의 권세가 휘두르는 폭력의 희생자이다.

　존 카바나(John kavanaugh)는 죽음의 권세가 작용하고 있는 깊고도 영적인 차원을 탐구하면서 폭력은 소비 중심의 자본주의 정신과 제도에 의해서 형성된 체제 안에서 인간의 상호작용을 특징짓는 요소가 된다고 주장한다. 그러한 체제 안에서 사람들은 일용품 – 대상(object) – 이 되어가며, 폭력은 이러한 대상화의 궁극적 표현이 되어간다.[29] 카바나는 다음과 같이 쓰고 있다.

　일단 남자와 여자는 그가 억압하는 처지에 있든, 아니면 억압을 당하는 처지에 있든, 그가 실크 옷을 입었든, 혹은 캘커타 슬럼가에 큰 대자로 드러누워 있든, 그가 전쟁터에 있든, 혹은 분만실에 있든, 그가 부르주아이든, 혹은 프롤레타리아이든, 그가 범죄자이든, 혹은 회사의 사장이든, 아님 이 두 가지이든지 간에 그는 사물로 인식된다. 혹은 일용품이라는 관점에서 그들은 언제든지 대체될 수 있는 존재로 여김을 받는다. 태아는 "원형질의 작은 방울"에 지나지 않으며, 범죄자는 사회의 "찌꺼기와 기생충"과 같은 존재이다. 정신질환자는 시들면 내버려야 할 '채소'와 같은 존재이며, 가난한 자는 '동물'과 같은 존재이다. 이라크는 '적'이며, 부자나 경찰관은 '돼지들'이다. 우리를 괴롭히는 '적'은 없애버려야 할 장애물이다. 그래서 우리의 증오와 폭력을 합법적으로 행사할 수 있는 대상이며, 얼마든지 그 양을 정할 수 있고 반복할 수 있으며 증대할 수 있는 대상이 된다. 이러한 차원의 이해를 가지고 보면 도심의 거리와 나라들 사이에서, 죽음의 행렬 가운데서, 그리고 병원에서 폭력에 대한 질문은 전체성(totality)이 가지는 파편화된 증상으로 설명하는 것이 적절할 것이다. 문제는 그 전체성이 종종 우리의 관심과 비판 정신을 사라지게 한다는 점이다.[30]

카바나가 제시한 대로 소비 중심의 자본주의의 일용품화하는 정신에 의해 지배를 받는 세상 권세들은 사람들이 세상을 '이해하는' 방식과 개인적 폭력 행사에 대한 이해 방식을 형성한다.[31] 그가 결론에서 제시한 대로 "우리는 물건(thing)과 같이 행동하고 생각하도록, 그리고 서로를 물건을 대하듯 실제로는 그렇게 교육을 받고 훈련을 받았다. 물건으로 생각하는 것(thing-knowledge)과 물건과 같이 행동하는 것(thing-behavior)은 힘과 소유와 관련한 인간의 문제를 해결하기 위한 것으로 폭력과 지배를 지지하고 합법화한다."[32] '지배 체제' 안에서 폭력의 정신은 실제로 아주 깊게 작용하고 있다.

이러한 체제의 종말은 '죽음'이다. 궁극적으로 세상 권세들은 죽음의 권세이다.[33] 그들의 반역과 함께 세상의 통치자들과 권세들은 결국 죽음의 권세의 지배를 받는다고 말할 수밖에 없는 비인간화의 목적을 가지고 악마적(demonic) 특성을 갖게 된다.[34] 단순히 말해서 권세들은 그 것을 보존하고 지배하려는 그들의 의지에 저항하는 사람은 누구이든 죽음으로 내몬다. 죽음은 그들의 궁극적인 힘이며 제재 수단이다.

폭력과 같이 죽음은 아주 광범위한 의미로 이해되어야 한다. 성경 기자들이 이해한 것과 같이 죽음은 단지 육체적 죽음보다 훨씬 더 광 범위하고 깊은 실재(reality)이다. 물론 필요하다면 권세자들은 노골적이 면서 직접적으로 육체적 죽음 – 실제로 그들은 십자가에서 예수님께 그 렇게 행했던 것처럼 – 을 그 수단으로 사용한다.[35] 누군가가 그들의 통 치를 위협하고 다른 방식으로는 그들을 다룰 수 없다고 판단될 때 권 세자들은 사람을 죽이는 것을 가장 보편적인 수단으로 사용한다. 간디 와 마틴 루터 킹 2세의 암살은 권세자들이 필요할 때 육체적 죽음을 어 떻게 그들의 수단으로 사용하는지에 대한 좋은 현대적 예이다.

그러나 윌리엄 스트링펠로우가 밝히고 있는 대로 권세자들의 '치명 적인'(deadly) 활동은 일반적으로 보다 민감한 형태를 취하는데 정치적, 사회적, 개인적, 그리고 특히 도덕적 형태를 취하기도 한다.[36] 이 죽음 은 하나님께서 마땅히 우리가 그렇게 되기를 바라셨던 인간성의 죽음 과 우리가 마땅히 가져야 할 긍휼의 마음의 죽음, 그리고 창조의 죽음 까지 포함한다. 우리는 우리 자신들이 증오하는 것을 행하면서는 결코 그것에 저항할 수 없으며, 그런 의지도 상실한 채 권세자의 종이 되고 하수인으로 전락하게 된다. 그때 우리는 권세자들과 함께 가며, 마땅 히 저항해야 할 것들을 모두 포기하고, 그저 분주히 움직이며 살아가게 된다. 그리고 우리는 무감각해지며, 『분노의 포도』에서 토지 소유주와 자본가와 같이 우리도 그렇게 변질되면서 서서히 생명이 없는 존재가 되어간다. 그렇게 되면서 우리는 점점 '냉혹한' 인간이 되어가며, 앞서 언급했던 애틀랜타의 우드러프 공원(Woodruff Park)의 경찰관과 같이 단순한 "시 당국의 도구"로 전락해 간다. 스트링펠로우가 쓰고 있는 대로 좀 더 풍부한 방식으로 설명하면, 권세자들은 우리의 '도덕적 양심' 자체를 마비시키고 없애버리려고 한다. 그러한 시도가 성공했을 때 권세자들은 이제 더 이상 그들을 괴롭히거나 투옥할 필요가 없어진다. 왜냐하면 사람들은 이미 도덕적으로 그들에게 사로잡힌 존재가 되었기 때문이다.[37]

스타인벡은 사람들이 권세자에게 사로잡힐 때 일어나는 죽음에 대한 아주 강력한 이미지를 제시한다. 소작농의 땅을 갈아엎기 위해서 온 트랙터 기사에 대해 기술하면서 스타인벡은 다음과 같이 쓰고 있다.

철제 의자에 앉아 있는 남자는 사람과 같아 보이지 않았다. 장갑을 끼고 눈을 부릅뜨고 입과 코에는 수건으로 먼지 마스크를 만들어 쓰고 있는 그 남자는 몬스터의 일부분 같았고 의자에 앉아 있는 로봇과 같았다. 온 땅을 진동하는 실린더 돌아가는 소리는 천둥소리 같았고, 그 소리는 공기와 땅과 하나가 되었다. 그리하여 땅과 공기는 공명으로 떨리면서 중얼거리는 것 같았다. 그 운전자는 그것을 제어할 수 없었다. 땅을 가로질러 똑바로 나아갔고, 그리고 또 뒤로 돌아오면서 수많은 농장의 땅을 다 갈아엎었다. 운전대가 가볍게 떨리고 있었고, 그 고양이 같은 사내를 벗어날 수 있을 것 같이 보였다. 그러나 그 트랙터를 만든 몬스터, 그 트랙터를 보낸 몬스터가 그 운전자의 손과 뇌, 근육을 붙잡고 있었기 때문에 그 손아귀에서 아무도 벗어날 수가 없었다. 몬스터는 눈을 부라리며 그를 사로잡고 있었고 재갈을 물리고 있었기 때문이다. 눈을 부라리며 그의 마음을 제어해 버렸고, 그의 말을 제어해 버렸으며, 그의 인지하는 것과 항의까지도 이미 재갈 물려 버렸기 때문이다. 그래서 그는 이제 땅이 있는 그대로를 볼 수 없게 되었으며, 있는 그대로의 땅의 냄새도 맡지 못하게 되었다. 그의 발은 흙에 발자국도 남기지 않았고, 대지의 따뜻함과 힘도 느끼지 못하였다. 그는 철제 의자에 앉아 페달을 계속해서 밟아대고 있었다. 확대된 그의 권력에도 환호성을 올리지 못하고, 부딪치지도 못하며, 저주하지도 못하고, 조장하지도 못한다. 이것 때문에 그는 그 자신에 대해서도 결코 환호하지도 못하며, 자기 자신을 매질하여 중지도 못 시키며, 저주도 못하고, 자신감을 가지고 스스로 일어설 수도 없었다.[38]

기술문명의 권세에 사로잡히고, 이익 창출의 자본주의 경제의 서비스에 사로잡혀 그 트랙터 운전자는 그의 인간성을 상실하였다. 카바나의 용어를 빌리면, 그는 '물건'(thing) - 기계의 일부이며 몬스터의 일부이기에 저항할 수도 없는- 이 되어갔다. 스트링펠로우의 용어를 빌리면, 그는 "인간적으로 살 수 있는" 능력을 모두 상실했다. 간단히 말해서 그는 죽었다. 그것이 육체적 죽음이든, 우리 인간성의 죽음이든 이 죽음은 타락한 권세가 궁극적으로 자행하는 일이다.


## 세상 권세들의 전략들

이제 분명해진 것처럼 하나님의 뜻에 반역하는 권세들은 다양한 전략을 통해 그들의 죽음의 목적을 수행한다. 그것들 중에 어떤 것은 분명하고 직접적이며, 어떤 것들은 아주 은밀하게 자행되기도 한다. 세상 권세들 자체가 그런 것처럼 이런 전략들도 집단적이다. 적어도 설교자가 깊이 유념해야 할 그 특징을 여기에서는 한 9가지 정도로 간추려 정리해 보자.

## 1. 부정적 제재들(negative sanctions)

이러한 제재는 만약 사람들이 권세자의 뜻에 순응하지 않는다면 주어지게 될 부정적 결과를 가지고 사람들을 위협한다. 이러한 제재들 가운데 가장 극단적인 것은 육체적 죽음 – 종종 폭력적 죽음 – 의 위협이다. 요한계시록에서 짐승을 가장 사실적으로 구체화하면서 육체적 죽음의 위협은 권세자들의 최종적인 제재이며, 인간 존재를 그때그때 처리하는(inline) 방식으로 내모는 가장 극적인 전략이다. 궁극적으로 권세들은 사람들을 그들의 목적과 공범이 되게 하기 위해 죽음에 대한 인간의 두려움을 사용한다. 바울이 죽음을 우리를 파괴하게 될 최종적인 적으로 언급한 것은 이런 점에서 그리 놀랄 일이 아니다(고전 15:26).

다른 부정적 제재들도 역시 모습을 드러내게 된다. 육체적 죽음보다 덜 극적이기는 하지만 아주 강력하게 다가올 수 있는 제재로는 직장에서 해고, 동료들의 배척(ostracism), '신변 안전'에 대한 위협 등이 있다. 『분노의 포도』에서 트랙터 운전자는 가족들의 식탁에 먹을 것을 마련하기 위해 "실존하는 권세자"의 손을 잡을 수밖에 없었다. 굶주림과 집을 잃어버릴 수 있는 현실적이고 납득이 되는 위협이 그로 하여금 다시 이웃들을 위협하게 만들고 몬스터에게 "그의 영혼을 팔아버린" 인간이 되게 한다.

## 2. 보상과 약속

권세자는 위협이라는 수단뿐만 아니라 유혹(seduction)의 수단을 통해서도 활동한다. 요한계시록에서 권세자들의 이러한 전략은 음녀를 통해 구체화되는데, 음녀는 사람들을 우상숭배와 제국의 방식에 순응하도록 유혹한다.[39] 이러한 유혹에 대한 보상이 주어지는 것은 당연하다. 가령 좋은 집이 주어지기도 하고, 스포츠카가 제시되기도 한다. 또한 골프클럽 회원권이 주어지기도 하고, 아이들에게 좋은 대학 입학 기회가 주어지며, 재정적 안정과 유명세, 영향력을 행사할 수 있는 자리가 제시되기도 한다. 특히 소비 문화에서 세상 권세자들은 그들의 뜻에 따라 순응한다면 이러한 종류의 보상을 약속할 뿐만 아니라 결코 이런 보상의 "문을 걸어 잠그지 않을 것"임을 약속한다. 실로 그 권세들이 사탄적인 특성을 가지고 있든, 그렇지 않든지 간에 불가피하게 그들이 세상에서 통치권을 행사하기 위해 적어도 사람들에게 어떤 보상을 제공해 줄 것임을 공언한다. 심지어는 포악한 폭군 정부에서도 국민들에게 외부의 위협으로부터 '내적 질서'와 안전을 제공할 것이라고 공언하기도 한다.

이러한 특별한 보상에 추가하여 권세자들은 보다 깊고 불길한 (ominous) 차원에서 사람들에게 일종의 '구원'을 약속하는데, 지금 그들의 삶에서 누릴 수 있는 것보다 훨씬 큰 무엇과 동일시되는 것을 제시한다. 윙크가 쓰고 있는 대로 "회사, 정부, 대학, 군대, 미디어 아이콘 등이 가진 상상할 수 없는 사이즈에 압도당하도록 만들면서 개개인으로 하여금 절대적인 하찮음(insignificance)으로부터 벗어날 수 있는 유일한 출구가 이러한 거인과 손을 잡는 것이며, 그들의 진정한 인간성을 만들어 줄 수 있는 유일한 존재로 우상화하여 믿도록 만든다."[40] 특히 우리의 직장은 그러한 종류의 '구원'의 원천이 될 수 있다. 그것은 오늘 우리 사회에서 많은 사람들을 몰아가고 있는 '일 중독'(workaholism)을 설명하는 데 도움이 될 수 있다. 그 결과는 단지 지나친 긴장이나 심장 마비를 넘어서 훨씬 더 치명적인 결과를 가져온다. 이러한 환경적 위기에 대해 기록하면서 리처드 고트리브는 사람들이 자기 자신보다 더 크고 중요한 직장에서의 정체성과 중요성을 발견해야 할 깊은 필요 때문에 지구의 환경 파괴에 어떻게 반응하는지를 다음과 같이 기술한다.

> 홀로코스트에서 일어났던 것과 같이 그것은 생태 위기에서도 일어난다. 개인적 정체성에 대해 필사적인 사람들은 세상에 파멸을 가져오는 것을 막아내려는 공적인 일에 참여할 수 있다. 우리에게 중요하다고 생각되는 그러한 일을 수행하려는 마음은 영적으로 중요하지만, 개인적 탐욕이나 집착과 관련하여 우리에게 익숙한 문제보다 그것은 훨씬 더 위험할 수 있다.[41]

이렇게 권세자들은 우리의 곤경에 대한 특별한 보상을 부여해 줄 뿐만 아니라 때로는 작고 의미 없다고 생각하는 개인적 삶보다 더 광대한 것에 속해 있다는 정체성을 통해 구원을 약속해 준다. 결과적으로 사람들은 그렇게 자청하여 권세자들의 '도구'가 되어간다.

### 3. 고립과 분리

세 번째 전략은 종종 권세자들이 제시하는 구원의 약속에 대한 풍부한 기반을 제공해 준다.[42] 우리들 자신보다 더 큰 '권세'와 동일시할 필요는 개인이 다른 공동체로부터 고립될 때, 그리고 자신이 작고 보잘 것없다고 여겨질 때 보다 강하게 느끼게 된다.[43] 사람은 종종 고립된 개인으로 서 있을 때 특히 깨지기 쉽고 조종당할 수 있다. 결과적으로 권세자들은 사람들로 하여금 서로 고립되게 만들려고 하며, 서로 비교하게 만든다. 카바나가 "삶의 일용품화"라고 부른 것을 바탕으로 세워지는 현대 개인주의는 권세자들이 사용하는 강력한 도구이며, 사람들을 서로 고립시키고 권세자들의 위협과 약속에 보다 더 잘 걸려들도록 만든다.[44]

개인을 고립시키는 것에 부가적으로 권세자들은 사람들 사이의 분리를 조장하고 그것을 적극 활용한다. "분할 정복법"(divide and conquer)[45]은 그들의 주요 전략 중의 하나이다. 『분노의 포도』에서 소작농은 알지 못하는 트랙터 운전자가 방진용 보안경과 마스크를 벗었을 때 그가 이웃들 중의 하나였음을 알고 깜짝 놀란다. "아니, 너는 조 데이비스의 아들이잖아!" 농부들은 놀라서 소리친다.[46] 권세자에 대해 저항하는 일에 공통의 동기를 가졌던 사람들은 이제 서로 분리되게 된다. 비슷한 분리는 오늘날에도 존재한다. 많은 사회분석가들이 주지하고 있는 대로 작금의 경제 제도는 다양한 그룹으로 나뉘고 있다. 왜냐하면 "존재하는 권력"은 백인 노동자와 유색인종 노동자로 인종적 분리를 만들면서 유지해 가기 때문이다. 그들은 경제적 부당함에 대해 투쟁하기 위해서는 함께 연대해야 하는 존재들이다. 인종 그룹 간의 적의를 키움으로 그들을 분리할 수 있으며, 국가적으로나 국제적으로도 이것을 적극 활용하기도 한다. 이러한 그룹들이 경제적 사다리 아래에서 공동의 위치를 차지하고 있음에도 불구하고 그들의 불화는 세계 경제를 오히려 부드럽게 풀어가는 역할을 하기도 한다.[47]

또 다른 분리의 수단은 희생양을 만드는 것이다. 개인이나 그룹, 특히 주변인은 어떤 특정 사회의 잘못이나 문제의 책임을 누군가에게 다 뒤집어씌워 희생양을 만들고는 한다. 예를 들어 오늘날 미국의 도시들에서 노숙자들은 희생양이 되어가고 있다. 도시의 거리에서 노숙자들의 존재는 자본주의 경제 체제에서 본질적으로 존재하는 불의를 날카로우면서 가시적으로 상기시켜 준다. 그러나 근원적인 경제적 실재를 알려주기보다는 권세자들은 노숙자들이 처해 있는 곤경과 그 도시의 문제들에 초점을 맞추면서 그들을 비난한다. 정치적, 경제적 권세자들은 노숙자들을 도시의 거리에서 사라지게 하기 위해 졸지에 범법자로 만드는 법을 만들기도 하고, 그들을 동네에서 추방하기도 하며, 그들을 투옥하는 일을 자행하면서 사람들과 함께 연합한다. 그 사회의 잘못을 한 그룹의 사람들의 등에 다 얹어 놓기도 한다. 그것은 마치 이스라엘의 모든 죄를 희생양(노숙자들이나 십자가의 예수님과 같이 그들은 도시에서 쫓겨나 광야로 가는)에게 뒤집어씌우는 것[48]과 같다. 그러한 희생양이 어떤 그룹으로 하여금 그들 자신이나 사회에 대해 편안한 마음을 갖게 할 수 있을지 모르지만 그것은 노숙자의 문제를 근원적으로 해결하지 못하고 오히려 '지배 체제'의 폭력적이고 분리적인 목표를 더 영속시킬 뿐이다. 그러한 분리는 권세자들이 인간의 삶을 지배하는 것을 더 공고하게 한다.[49]

## 4. 사기 저하

권세들에 대면하여 서게 되면 종종 문제는 너무 거대해 보이고, 변화를 위한 가능성은 너무 멀어 보이기 때문에 많은 사람들은 절망하여 포기하게 된다. 권세자들은 더 이상의 저항할 힘이 없을 때까지 사람들을 기진맥진하게 만든다. 스트링펠로우는 권세들에 대해 다음과 같이 쓰고 있다.

권세들은 수많은 미국인들을 본능적이고 지적인 차원에서 피곤하게 만든다. 새롭게 '사기 저하'시키면서 양심의 가책을 느끼지 않게 만들며, 전혀 행동하지 않도록 만들어 위험에 빠뜨린다. 삶에 있어서 그들의 인간적 관심은 빈약한 생명을 보존하는 것에만 제한하여 생각하도록 만든다. 생명을 위한 희망을 가지고 있지만 다른 사람들의 일에 관여하는 것을 피하게 만들며, 자신들을 번잡하게 만드는 것을 싫어하도록 만든다. 이 사회를 향한 기대를 다 상실했기 때문에 이제 더 이상 그들에게는 세상의 권세들에 대항할 힘이 남아 있지 않게 된다. 유순함, 권태, 무감각, 깊은 무관심, 그리고 태만으로 그들 자신을 몰아넣는다. 이러한 방식으로 인간 존재의 사기 저하를 촉진함으로 사탄적 권세가 가지는 전체주의(totalitarianism) 가 더 편하도록 만들면서 구태여 박해하고 투옥할 필요가 없도록 만들어 버린다. 그렇게 하여 사람들은 이미 도덕적으로 사로잡힌 상태가 되어 버린다.[50]

닐 포스트만이 주장한 대로 문화적 비평으로서의 미디어도 이러한 사기 저하에 일조한다. 예를 들면 대부분의 사람들은 어떤 것도 할 수 없는 세계를 둘러싼 거대한 문제에 대한 저녁 뉴스를 시청하게 되고, 텔레비전 뉴스 미디어는 이 보도를 통해 많은 사람들을 무력감에 빠지게 만든다. 세계적인 문제의 그 크기에 스스로 압도당하면서 사람들은 아주 간단하게 포기하게 되고, 자기 방어의 수단으로 그날 텔레비전 저녁 뉴스에서 보았던 것에 대해서는 무감각하게 된다.[51] 겉으로는 중요한 정보를 주는 것처럼 하지만, 이러한 경우 미디어는 사람들을 비도덕화시키고 저항할 모든 힘을 빼앗아 버린다.

존 카바나가 주장한 대로 소비 문화에서 권세들은 억제뿐만 아니라 유혹을 통하여 이러한 종류의 사기 저하를 이루어 간다. 소비 가치 시스템을 통해 속게 되면서 – 이것은 미디어를 통해 강화되는데 – 사람들은 "거대한 문명화의 혼합물" 안에서 그들의 정체성을 차츰 상실해 간다. 하나님 안에 깊이 있는 뿌리가 없기 때문에 개인적 소비와 생존보다 더한 어떤 것에 대해서도 책임감을 느끼지 못하면서 사람들은 쉽게 사기 저하를 경험하게 된다. 카바나에 의하면, 실로 그 시스템은 그 가치와 우선권에 따라서 사람들을 잡아 놓기 위해 이러한 종류의 사기를 저하시키는 방법에 의존한다.[52] 이러한 방식으로 사람들의 사기를 저하시키면서 권세들은 저항이 시작되기 전에 미리 진압해 버린다.

### 5. 관심 전환(Diversion)[53]

권세자들은 그들이 지금 하려고 하는 것을 사람들이 자기들이 원하는 방식으로 인식하게 만들고, 혹은 그들의 관심을 다른 곳으로 전환시키기 위해 거의 모든 일을 자행한다. 다양한 오락화의 형태가 전환의 주요한 도구로 사용됨에도 불구하고[54] 오늘날 취하는 가장 중심적인 형태 가운데 하나는 분주함이다. 사실 분주함은 세상의 권세자들이 세상의 죽음의 실재를 보고 응답하는 것으로부터 우리의 관심을 돌리게 만드는 가장 주요한 방식이다. 사람들을 너무 바빠서 자기 자신의 매일 정해진 일 외에는 관심을 갖지 못하게 만들어서 그것에 거의 관심을 보일 겨를이 없게 될 때, 권세자들은 세상을 지배하는 것이 수월해지고 자신들의 방식으로 지배해 갈 수 있게 된다. 최근에 한 여인에게 들었던 말이 생각난다. "하루가 거의 끝나갈 무렵 집에 앉아 있을 때 나는 너무 피곤해서 세상에서 진행되고 있는 일에 관여할 힘이 남아 있지 않을 정도로 지쳐 있었습니다." 그러한 분주함은 현대인의 생활의 불행한 측면만은 아니다. 그것은 사람들이 권세자들에게 사로잡혀 있는 한 방식이다.

## 6. 공적 제의들

크고 공적인 사건으로부터 매일 갖는 사적인 상호작용에 이르기까지 수도 셀 수 없이 많은 방식으로 '지배 체제'는 지배 계급과 하위 계급의 관계를 의례화(儀禮化, ritualize)하려고 배후에서 조종한다. 신약시대에는 이러한 의례화가 자주 음식과 관련하여 주어졌다. 음식은 의도적으로 어떤 사람에게는 경의를 표하는 방식으로 주어지기도 하고, 어떤 사람에게는 무시하는 방식으로 제공되기도 한다. 어떤 사람은 영광의 자리에 앉아서 고급스러운 음식을 받는가 하면, 어떤 사람은 의도적으로 저 끝의 좌석에 앉혀지고 아주 형편없는 작은 양의 음식만 받게 되기도 한다. 이러한 식사 자리는 아주 많은 경우에 공개적으로 모든 사람이 볼 수 있도록 주어진다. 그렇게 함으로 공적으로 권력의 배열을 강화하면서 지나가는 사람들이 이러한 불균형을 확실히 목격할 수 있도록 만들면서 그러한 구조를 현실화하기 위해서이다.[55] 오늘날도 식사 자리에서 이와 유사한 의례 기능(ritual function)이 행해지면서 식사가 진행되기도 한다. 우리는 누구와 함께 앉아 식사하기를 원하는가? 우리는 어떤 음식을 먹고 싶어 하는가? 그리고 이러한 의례에 의해서 공적으로 드러나고 강화되는 어떤 권력 구조 가운데 위치하기를 원하는가? '지배 체제' 안에서 권력관계의 '공적 재현'(public transcript)을 정당화하고 강화하는 유사한 공적 의례는 다른 인종, 성, 지위와 관련한 상호작용 하에 매일의 삶 가운데서 수없이 많이 일어난다.[56] 사실 교회의 의례도 종종 이런 '공적 재현'을 정당화하기도 한다. 의례를 집례하는 자리에 남성만 혼자 서게 한다든지, 혹은 여성 혼자만 설 수 있게 함으로써 교회는 '지배 체제'를 의례적으로 합법화하는 데 공모자가 되기도 한다.

권세자들은 또한 공적인 항의(public protest)의 의례화(ritualization)를

통해 행동하기도 한다. 권세자들은 항의를 익숙한 공적 의례로 바꾸면서 그것을 제멋대로 사용하는데, 그들 자신은 그러한 공적 의례를 지지한다는 것을 보여주면서 그리할 수 있다.[57] 예를 들어 본인이 나가는 교회는 매년 종려주일에 애틀랜타 다운타운에서 종려주일 퍼레이드를 갖는다. 우리는 예수님께서 세상의 권세에 대해 풍자적인 모방을 구체적인 행동으로 옮기면서 예루살렘에 입성하시던 그 급진적인 사건을 기억하려고 했다. 누구나 그런 것을 기대했지만 군대의 전차를 타고 도시에 입성하는 대신에 예수님께서는 겸손하게 나귀를 타시고 입성하셨다. 이 사건으로 인해 온 도성이 정치적으로 '흔들렸다.'[58] 그러나 그때 우리가 행했던 퍼레이드를 위해 우리는 시 당국의 허가를 받았으며, 시 당국이 제공한 경찰의 호위라는 특권을 누리면서 그것을 행하였다. 도심의 한복판에서 공적인 소중한 증언을 제공하는 동안 애틀랜타 시는 그 퍼레이드로 인해서 전혀 '흔들리지' 않았다. 권세자들에게 급진적인 도전을 제공했던 그 사건은 이제 시 당국에 의해서 관리하는 별문제가 없는 의례가 되었다.

보다 큰 측면에서 보면 마틴 루터 킹 2세의 생일을 국경일로 정한 것도 국가가 그를 기념하는 움직임을 쉽게, 그리고 유순하게 만들기 위해 의례화한 것이다. 아프리카계 미국인 학자이자 사회활동가인 빈센트 하딩(Vincent Harding)은 다음과 같이 그의 책에서 쓰고 있다.

이제 마틴 루터 킹 목사가 안전하게 죽었다는 것을, 그리고 적절하게 국가적인 신전(pantheon)에 모셨다고 – 군악대의 연주와 함께 미 해군 합창단이 "우리 승리하리라"를 부르고 무장한 흑인 경호원들이 발을 맞추어 행진하는 것과 함께 – 생각하게 되었고, 우리는 한 사람의 영향력과 업적을 잘 알고 있다고 생각하게 된다. 레이건 대통령은 이 비폭력 저항운동의 스승에게 경의를 표하는 국경일을 제정하는 예산안에 서명하지 않았던가? 그리고 코카콜라 회사에서는 킹 목사의 가족들이 이런저런 축하 프로그램에 참여할 수 있도록 회사의 전용 비행기를 제공하지 않았던가? 우리가 그 이상의 업적과 영향력을 어떻게 더 바랄 수 있을까? 킹 목사에 대해 별로 좋은 감정을 가지고 있지 않은 사람 – 가능하면 그러한 국가적인 영웅 만들기의 냉혹한 아이러니로부터 멀리 서 있기를 원하는 사람들 – 조차도 그를 잊지 않고 기억하고 있다고 생각하게 만든다.[59]

권세자는 킹 목사의 업적을 해롭지 않은 의례로 변형시켜 버리면서 미국의 인종적, 경제적, 군사적 정책에 대한 그의 급진적인 도전을 잊도록 만드는 역할을 한다. 권세자들의 손 안에서 의례화의 위험은 그렇게 일어나고 있다.

### 7. 감시(Surveillance)

체포, 혹은 해고 등의 위협과 같이 부정적인 제재와 연결하여 종종 사용되는 감시는 권세자들이 자신들의 방식에 순응하도록 하는 데 가장 중요하게 사용하는 도구이다. 고대의 전략인 감시는 현대의 테크놀로지를 사용하여 기하급수적으로 증가해 왔다. 컴퓨터 테크놀로지는 우리의 매일의 현세적인 삶의 상세한 것까지 수집하고 기록한다. 거기에는 우리의 전화 기록에서부터 일터에서의 행동과 우리의 물품 구입까지 거의 모든 것을 포함한다. 어디에나 있는 감시 카메라들은 가게, 은행, 학교, 그리고 직장뿐만 아니라 공공장소와 도시의 공원에 이르기까지 우리의 오고 가는 모든 것을 기록한다.[60] 몇 년 전 교회에서 주관하는 "블록 파티"(block party)[61]가 조지아 주 의회 청사 빌딩 앞의 거리에서 열린 적이 있었다. 안전경비원이 우리에게 다가와 말을 걸었는데 주 의회 청사 앞의 인도를 따라 서 있는 작은 돌벽 위에 우리들이 앉아 있었기 때문이었다. 안전경비원의 갑작스러운 출현에 깜짝 놀라면서 주변을 살펴보다가 그 지역을 감시하는 감시 카메라를 처음으로 발견하였다. 아마도 그들은 노숙자들이 어슬렁거리며 그곳에 자리를 잡은 것으로 생각하고, 그들을 그곳에서 떠나게 하기 위해서 달려온 것이었다. 우리가 계속해서 감시를 당하고 있었다는 사실을 우리는 그때서야 깨달았다. 그러한 감시의 위협은 사람들을 권세자들의 의지에 순응하도록 만든다.

오늘날 소비 사회에서 그러한 감시는 단순히 부정적인 제재만을 위해서 사용되지 않는다. 특별한 소비 패턴으로 사람들을 유인하기 위해서 마케팅 담당자들이 감시 체제를 도입하기도 한다. 보이지 않는 관찰자들이 계속해서 우리들의 구매와 선호도의 "디지털 족적"을 추적한다. 소비자들의 행동에 어떻게 영향을 줄 수 있을까를 연구하기 위하여 항목별로 나누어진 전화 고지서, 신용카드 거래, 은행 인출, 그리고 웹 사용 기록 등을 추적하기도 한다. 단지 우리의 우편번호에 기초하여 마케팅 담당자들은 수천의 다양한 범주에서 우리의 "태도, 가능한 집안의 가구 목록, 여가 시간의 활동, 미디어 사용 습관, 소비 패턴"에 대한 기록물을 제시할 수 있을 만큼 감시망을 이용하기도 한다.[62] 이러한 정보는 단지 수입과 라이프 스타일을 고려한 특별한 광고기법에 기초하는데, 우리가 특별한 소비 패턴을 선택하도록 유인한다. 권세자들은 이렇게 억압하고 유인하는 방식으로 그들의 방침에 순응하도록 감시 체계를 사용한다.[63]

## 8. 언어와 이미지

특히 설교자에게 중요한 요소이기도 한 언어와 이미지를 권력자들은 사람들의 마음과 생각을 미혹하고 사로잡는 데 유용하게 사용한다. 스트링펠로우가 주장한 대로 연설은 "권세자들의 모든 책략에 있어서 가장 결정적인" 요소이다. 바벨은 존재 양식에 있어서 우세한 형태가 되었는데, 그는 이것을 "언어의 전도(轉倒, inversion), 구두 언어의 인플레이션, 비방, 소문, 완곡어법, 암호화된 어구, 수학적 유희(wantonness), 중복성(redundancy), 과장법(hyperbole), 이해를 손상시키는 스피치와 소리에 있어 수다, 난센스, 억지 이론, 허튼소리, 소음, 모순된 말, 소리와 언어의 혼돈, 어리석음, 참담함" 등을 의미하는 말로 사용한다.[64]

진실한 연설 자리에서도 우리는 정부의 선전, 미국 광고업계(Madison Avenue)[65]의 과장된 표현, 정치인과 광고업자들의 거짓말, 관료의 압력을 받은 전문가의 거짓 지급 요구, 인종차별주의가 사용하는 코드 언어, 오락산업의 유희 언어 등을 어렵지 않게 만나게 된다. 이렇게 계속되는 '바벨'의 혼잡함 한복판에서 진리와 거짓됨은 혼동되고, 이미지는 실재를 바꾸어 놓으며, 말들을 무가치한 것으로 만들어 버린다. 혼동이 지배하게 되면서 우리는 권세자들의 거미줄에 걸려들게 된다.[66]

이메일이나 휴대폰, 노트북과 같은 새로운 테크놀로지의 '진보'에 대한 광고들은 권세자들이 언어를 통해 우리를 현혹하는 방식의 가장 현저한 예를 제시한다. 이러한 테크놀로지는 우리의 사무실로부터 "우리를 해방시킬 것"이며, 더 많은 여가를 즐기면서 정말 하고 싶은 일을 할 수 있게 할 것이라고 약속한다. 그러나 일어난 결과는 그와는 정반대이다. 우리는 테크놀로지에 사로잡히게 되었다. 이제 우리는 '그 사무실'로부터 '벗어날 수' 없게 되었다. 왜냐하면 우리가 가는 곳마다 그 기기를 소지하고 있기 때문이다. 우리를 자유롭게 할 것이라고 현혹시키는 언어는 더 많은 속박으로 이끌어 가려고 유인한다.

더 깊은 차원에서 그러한 '바벨'은 권세자의 타락의 심연과 권세들의 중요한 상징을 끌어왔는데 특히 종교적 상징에서 그러했다.[67] 권세자들은 가능하면 빠르게 사람들을 무기력하게 만들기 위해 중요한 종교적 언어와 상징을 만들어야만 했다. 포스트만이 언급한 대로 "한 신을 부각시키는 것은 다른 것을 격하시키는 것"[68]이기 때문에 가능한 한 어떤 방식으로든 그것이 가지는 거룩한 함축을 침해하게 된다. 언어는 우리가 세상을 보는 방식을 형성하기 때문에 기독교 언어와 상징을 하찮은 것으로 만들면서 기독교 신앙에서 고백하는 하나님을 '격하시키게'(demote) 된다.

권세자들은 그러한 상징을 반복적으로 사용하면서 그것을 하찮은 것으로 만들어 가는데, 아무 때나 닥치는 대로 그것을 사용하거나 사소한 목적을 위해 사용함으로 그렇게 만들어 간다.[69] 가령 십자가는 대중적인 패션 액세서리로 축소시켜 버리고, 성탄절은 기독교 상징의 광범위한 영역을 도입하여 소비주의를 찬양하면서 그들의 상거래를 위한 절기로 바꾸어 버린다. 하나님의 이름은 프랑크푸르트 소시지(frankfurter)를 팔기 위한 문구로 인용된다. 이러한 노력 가운데 테크놀로지와 소비주의의 권세는 협력하여 작용하게 되는데, 미디어는 사람들에게 셀 수도 없을 정도의 광고 방송과 스폰서 소개(billboard)를 쏟아붓고, 소비주의는 거룩한 "상징의 배수관"을 만드는 많은 것들을 쏟아내면서 그렇게 작용해 간다.[70]

세계 최고의 브랜드 가치를 가진 코카콜라 회사보다 더 효과적으로 거룩한 상징과 종교적 열망을 완벽하게 사소한 것으로 만들어 버리는 회사는 없을 것이다. 코카콜라는 광고를 할 때 전통적인 종교 상징을 주로 사용하지 않고, 자사의 제품과 연관이 있는 기품 있는 종교적 비전을 사용하여 이것을 이루어 간다. 깊이 자리잡고 있는 인간적 열망을 자극하면서 거대 광고 자본을 통해 코카콜라는 실제로 종교적 아이콘으로 변형된 코카콜라 제품으로 전통적 상징을 대체해 버린다. 예수님이 광고에는 등장하지 않지만 코카콜라의 슬로건과 로고를 통해 규정해 버린다. 붉고 하얀 색의 자동차 범퍼 스티커는 예수님이 "실제적인 것"(real thing)이라고 선언한다.

웨일스 출신의 신학자이자 영국의 BBC의 프로듀서인 이완 러셀-존스(Iwan Russell-Jones)는 코카콜라가 소비자들에게 "인간성 회복의 비전, 바벨로의 회귀, 코카콜라의 캔으로부터 방면된 오순절"과 같은 이미지를 심어주고 있다는 사실을 탐구해 왔다.[71] 그것은 전 세계를 에워싸며 사로잡으려고 시도하는 종교적 비전이다. 역설적으로 그것은 경제적, 문화적 풍경을 두드러지게 하려는 코카콜라의 노력을 찬양하는데 있어서 '화합'(harmony)의 비전으로 활용되고 있다.

"코카콜라는 삶을 풍성하게 합니다"(Coke adds life). "당신의 생명의 맛, 그것은 실제적인 것입니다"(It's the real thing - the taste of your life). "나는 세상의 미래이며, 나는 모든 나라의 고향입니다"(I am the future of the world, I am the home of every nation). "나는 유일한 세계인 코카콜라를 사고 싶습니다"(I'd like to buy the world a Coke). 러셀-존스가 주장한 대로 이러한 광고 문구들은 온 세상의 사람들에게 깊이 뿌리내린 신념이며 열망이다. "그들은 진정으로 우리 역사의 일부분이 되고, 우리 삶의 텍스트가 되며, 우리 아이들을 자라게 하는 리듬이 된다. 우리는 성경보다 그 광고 문구를 더 잘 알며, 광고 음악은 우리에게 교회에서 부르는 찬송가보다 더 귀중한 것이 된다."[72] 실제로 그들은 우리에게 "코카콜라의 세계"(The World of Coca-cola) – 이것은 애틀랜타의 코카콜라 박물관의 이름으로 사용되었다 – 를 제공한다. 이러한 과정에서 그들은 우리에게 상징적인 세계를 제공하는데, 자양분이 없는 제품을 시장에 제공하듯이 피상적이고 영양분이 없는 것을 우리에게 제공한다.

이러한 '세계'에 우리가 사로잡혀 있다는 사실을 러셀-존스는 좀 더 상세하게 다음과 같이 밝힌다.

"참담하도다."라고 외치는 사람이 왜 없는가? 우리 앞에서 일어나는 일을 우리가 보지 못하는 맹인이 되었기 때문이 아닌가? 우리가 자랑스럽게 생각하는 지적 교양(sophistication)과 비꼬는 초연함(ironic detachment)이 이미지의 유혹과 소비의 우상화로부터 우리를 보호해 줄 능력이 없기 때문이 아닌가? 광고업자들은 우리가 어떤 존재인지 잘 안다. 그들은 우리의 진정한 충성을 어디에 두어야 하고 쏟아야 하는지를 잘 알고 있다. 그들은 우리 자신을 그들의 이미지대로 만들어 왔고, 다른 어떤 것을 닮도록 우리들의 삶을 이끌어 가려고 하는 것에 대해서 우리는 인지하지 못하고 있다. 우리가 거주하는 세상은 실로 코카콜라의 세계이다.[73]

미셸 워런이 이러한 상징의 배수구가 가지는 영향력을 요약해 주고 있는 것처럼 "이미지와 이미지화하는 방식은 종교적 의식을 전복할 수 있으며 그것의 핵심을 침식해 버릴 수 있다. 마치 톱으로도 자르기 어려운 견고한 나무를 흰개미(termites)가 먹어치울 수 있는 것과 같다."[74] 모든 권세자들의 행동에 있어서 인생을 얕고 사소한 것으로 만들어 버리는 이러한 시도들은 무엇보다도 가장 파괴적이다.

우리를 속이고, 혼돈을 만들어 내며, 상징을 배출하는 것에 부가하여 언어와 이미지는 우리의 상상력 – 우리가 어떻게 세상을 보아야 할지를 결정하는 – 을 형성해 간다. 그리고 우리가 세상을 보는 방식과 그 안에서 우리가 살아가는 방식을 형성하고 결정해 간다.[75] 간단히 말해서 우리의 삶은 근본적인 은유(metaphors)와 이미지에 의해서 형성되는데, 그 안에서 우리는 사회화되고 사람들 사이의 상호작용의 패턴을 제도화해 간다.

앞서 언급했듯이 미셸 워런은 어떤 이미지가 우리가 세상을 바라보는 렌즈로 사용되며, 그것이 어떻게 작용하는가를 탐구한다. 또한 그는 지배적 이미지와 종속적 이미지가 우리 사회의 많은 사람들이 세상에서 그것을 통하여 관찰하고 살아가는 포괄적 은유(comprehensive metaphor)가 된다고 주장한다.[76] 이 이미지는 개인적이고 사회적 실재(reality)를 '뛰어난 것'과 '열등한 것'이라는 기본적 범주로 분해해 버리는 경향이 있다. 대중적인 연설에서 개개인을 '패자'와 '승자'로 나누어 버리는 일반적인 담화를 통해 그것을 표현하는데, 승자는 성공하여 권세를 부리는 자이며 '높은 자리에' 오른 자이다.[77] "우리는 1등(최고)이다."라는 표현은 스포츠 경기에서 외치는 일반적인 슬로건이 아니라 우리의 삶 가운데서 경쟁해야 하는 사람들이 외치기를 원하는 선언이다. 매일의 삶 속에서 시각적인 이미지를 통해 강화된 그런 포괄적인 은유를 통해 '지배 체제'는 자신의 권세를 강화해 가며, 권세자들은 그들의 방식이 생명의 방식이라는 환영을 만들어 간다. 우리의 세계를 형성하는 언어와 이미지를 통하여 지배 체제의 방식은 "우리가 숨 쉬는 공기"가 되었으며, 대체적인 것은 상상할 수 없는 것이 되었다.

## 9. 기밀 유지(secrecy)

언어와 이미지의 "어두운 부분"인 기밀 유지는 권력자들이 도입하는 마지막 전략이다.[78] 세상의 권세자들이 언어와 이미지의 힘을 이해한 것과 같이 그들은 기밀 유지에서 오는 힘을 역시 이해하고 있다. 담배 회사들은 흡연이 건강에 해롭다는 정보를 오랫동안 비밀로 유지해 왔다. 군대는 모든 것을 고갈시키는 우라늄 무기의 사용을 통해 수를 셀 수 없는 군인들과 민간인에게 해를 입혀 온 것을 비밀로 유지하고 있다.[79] 미국의 원주민이었던 인디언의 목소리와 노예 문제는 지배적인 국가의 꾸며낸 이야기가 아니고 역사적 현실인 데도 불구하고 공적인 역사에서는 여전히 침묵하고 있다.[80] 코카콜라 역시 자신들의 음료의 제조 방법을 "완전 비밀로 유지하는 것"을 자랑스럽게 여기고 있다. 그러한 비밀은 우리로 하여금 선전이나 다른 '바벨'에 의해서 자행되는 조작에 대해 아무런 대처도 할 수 없는 무능력한 존재로 만들어 버린다.[81]

사실 기밀 유지와 침묵은 정말 우리를 사로잡을 수 있는 권세인가를 결정짓는 아주 유용한 척도가 될 수 있다. 기밀 유지가 필요할 때 우리는 권세들이 작동하고 있는 것이 무엇인지 부단히 경계해야 한다. 회 중도 침묵을 요구하는 그들의 삶의 영역에 대해 특별히 관심을 기울여야 한다. 예를 들어 대부분의 교회에서는 경제적인 문제와 관련하여 기밀을 유지하려고 한다. 교인들은 수입, 투자, 헌금액 등과 관련하여서는 사적 비밀을 유지하려고 한다. 그러한 문제에 대해서는 언급을 회피한다. 사도행전의 처음 부분에서 나오는 교회의 비전과는 완전히 대조되는 모습으로, 현대 대형교회들은 경제적인 문제에 대해서는 출입금지, 혹은 언급금지(off limits) 사항이다. 유사하게 설교자들에게도 강단에서 언급해서는 안 되는 '출입금지' 주제가 있음을 인식할 필요가 있다. 여기에서 경제적인 사항은 그 항목의 가장 상위에 위치한다. 세계 경제와 관련하여 침묵을 깨고 경제적 실재에 대한 사실을 말하는 것보다 빠르게 문제가 되는 것은 거의 없다. 교회에서 그러한 침묵의 영역은 언제나 설교자로 하여금 주저하게 만든다. 기밀 유지가 이루어지고 진리를 말하는 것이 금지될 때 세상의 권력과 권세자들은 사람들을 죽음의 방식으로 사로잡으려고 한다.

이렇게 타락한 세상의 통치자들과 권세들은 자신들의 권력 유지, 지배, 죽음의 맹목적인 목적을 위해 수많은 전략을 사용한다. 이러한 목적을 위해 다양한 방법을 통해 시도하는 맹공격에 대해 인간의 저항은 아주 불가능하지는 않지만 별로 소용이 없어 보인다. 그러나 그리스도인들에게 있어서 그 스토리는 하나님께 반역하는 세상 권세들의 활동과 그들 앞에서 무기력해지는 것으로 결코 끝이 나지 않는다. 그의 생애와 죽음, 부활을 통해 예수님께서는 그 권세와 대면하셨고 승리하셨으며, 신실한 저항의 삶을 살도록 사람들에게 자유를 허락하셨다. 이 저항의 근본적인 수단은 "성령님의 검이자 하나님의 말씀"인 설교이다.

1  이 점에 있어서 추가적으로 살펴볼 수 있는 책으로는 Albert H. van den Heuvel, *These Rebellious Powers* (New York: Friendship Press, 1965)를 참고하라.

2  William Stringfellow, *An Ethic for Christians and Other Aliens in a Strange Land* (Waco, Tex.: Word Books, 1973; 3d paperback ed., 1979), 81쪽. 또한 80~82 쪽도 참고하라.

3  예를 들어 요한계시록 13:4, 12, 15 등을 보라.

4  소비자 자본주의가 요구하는 우상숭배에 대한 논의를 살펴보기 위해서는 John F. Kavanaugh, *Following Christ in a Consumer Culture (Still)* (Marycnoll, N.Y.: Orbis Books, 1991), 37, 54~61쪽을 보라.

5  세상 권세에 대해 연구한 많은 사람들이 사용하고 있는 '타락한'(fallen)이라는 전통적 용어를 사용하면서 본인은 권세의 타락이 언제 일어났다는 어떤 연대기적 특성을 주장하기 위해서 사용한 것이 아니다. 이것은 권세가 가지고 있는 '특성'을 나타내기 위해서 사용했음을 밝힌다. 그 권세는 그것을 만드신 창조주의 목적을 벗어나 반역하고 있는 특성을 보인다.

6  Stringfellow, *Ethic for Christians*, 84; 82~83.

7  여기에서 본인은 세상의 권세들이 어떤 대가를 지불하면서라도 자신이 가진 권력과 지배를 보존하려는 추구에 대해 말하는 것이다. 이러한 추구는 억압 가운데 있는 많은 사람들이 생존을 위해 필요한 노력을 하는 것과는 구별되어야 한다. 그러한 사람들에게 생존은 필수적이고 긍정적인 가치이다.

8  소비 중심의 자본주의 시스템의 생존 우선에 대해서는 Kanavanaugh, *Following Christ*, 37쪽을 참고하라.

9  Stringfellow, *Ethic for Christians*, 93.

10  Walter Wink, *Engaging the Powers: Discernment and Resistance in a World of Domination* (Minneapolis: Fortress Press, 1992), 49.

11  위의 책, 33~104. 윙크가 여러 곳에서 언급하고 있는 대로 "우리가 지배 시스템이라고 부르는 것은 권세의 전체적 지배망이다. 그것은 불공정한 경제적 관계와 억압적 정치적 관계, 인종에 대한 편견을 가지는 관계, 가부장 중심의 성적 관계, 수

직적인 권력 관계, 그리고 이 모든 것을 유지하기 위하여 폭력을 사용하는 것 등에 특징지어진다." Walter Wink, *The Powers That Be: Theology for a New Millennium* (New York: Doubleday, 1998, 39. 지배적인 시스템으로서의 소비 자본주의에 대해서는 Kanavanaugh, *Following Christ*를 보라. 카바나는 그것을 "생명의 일용품 형태"(Commodity Form of Life)라고 부르는데 그것도 정확하게 이러한 특징에 의해 형성된다.

**12** Michael Warren, "Culture, Counterculture, and the Word," *Liturgy*, 6 (Summer 1986): 90.

**13** 윙크가 그의 책에서 논의하고 있는 내용을 참고하라. Wink, *Engaging the Powers*, 96~104쪽을 보라.

**14** Sharon Welch, *A Feminist Ethic of Risk* (Minneapolis: Fortress Press, 1990).

**15** 위의 책, 3.

**16** 위의 책, 2~3.

**17** 위의 책, 2~6.

**18** 여기에서 '폭력'이라는 말을 규정하는 것은 아주 어렵다. 여기에서 본인은 그 말이 가지는 정확한 의미를 제시하는 것에 중점을 두지 않을 것이다. 나의 이해의 넓이와 뉘앙스가 계속되는 논의 가운데서 보다 선명하게 되기를 기대한다. 가장 근본적으로 사람들 위에 군림하는 어떤 형태의 지배이든지 폭력의 요소를 포함한다. 켄 버티컨과 파트리시아 브루노가 다음의 책에서 폭력에 대해 유익하면서도 광범위한 의미를 제시해 준다. Ken Butigan and Patricia Bruno, *From Violence to Wholeness: A Ten Part Program in the Spirituality and Practice of Active Nonviolence* (Las Vegas: Pace e Bene Franciscan Nonviolence Center, 1999)를 참고하라. 그 책에 의하면 폭력은 "우리 자신과 다른 사람을 지배하고, 중요성을 감소시키며, 결국 파괴하는 감정적, 언어적, 혹은 신체적 행동이다. 폭력은 어떤 허락도 없이 경계선을 넘나든다. 폭력은 진정한 관계를 무너뜨린다. 폭력은 다른 사람으로부터 우리를 분리하며 인간 존재를 더럽히며 하나님의 형상을 파괴한다. 그것은 경제, 성, 인종, 사회적, 혹은 문화적 지배의 과정이다"(3쪽).

**19** Wink, *Engaging the Powers*, 13~31쪽을 보라.

**20** 바벨론 창조신화에서 신 마두룩은 그의 어머니, 티아마트(Tiamat)를 죽임으로써 혼동으로부터 질서를 가져오며 그의 시신으로부터 세상을 형성한다. James B. Pritchard, *Ancient Near Eastern Texts Relating to the Old Testament*, 3d ed. (Princeton, N.J.: Princeton University Press, 1969), 60~72쪽을 보라. 또한 Wind, *Engaging the Powers*, 14쪽도 참고하라.

21 John Steinbeck, *The Grapes of Wrath,* Penguin Great Books of the Twentieth Century (New York: Penguin Books, 1999), 38~39. 물론 뱅크는 농부들에 대한 제재 규정을 설정하는 데 있어서 폭력에 의존한다(38쪽).

22 1929년에 유행한 미국의 엘지 세가(Elzie Segar)의 만화 제목이자 그 주인공인 선원의 이름이다.

23 Wink, *Engaging the Powers,* 22.

24 William Golding, *Lord of the Flies* (New York: Putnam, 1954), 182. [역주/ 윌리엄 골딩에게 노벨문학상을 안겨준 이 작품은 1953년에 발표된 것으로, 대략적인 줄거리는 다음과 같다. 영국의 군사학교의 남학생 25명이 비행기 추락으로 인해 무인도에 난파된 후 스스로 규율을 만들어 원시 생활을 시작한다. 그들은 원시 생활에 적응해 가면서 점점 힘이 지배하는 야만적 본성이 드러나기 시작한다. 그리고 힘이 지배하는 집단이 되면서 인간 속에 숨겨진 잔혹성이 드러나기 시작한다. 섬에 괴물이 살고 있다는 소문은 아이들을 공포에 떨게 만들고 더욱 더 힘에 대한 복종을 배워가고 점점 이성을 잃고 야만에 물들어 가게 만든다. 한때는 친구였지만 이성적인 사고를 하는 랄프와 피기는 이들의 사냥감으로 전락하였고, 결국 한 아이는 목숨을 잃게 되고 한 아이는 계속해서 쫓기다가 섬에서 피어나는 연기를 보고 구조하러 온 해군 장교와 군인들에 의해 구조된다. 뒤로는 그들이 타고 온 순양함이 보인다. 골딩은 천진난만한 소년들을 등장시켜 2차 세계대전과 한국전쟁이 소강 상태에 있던 때에 인간 속에 있는 문명과 야만의 두 가지 속성을 상징적으로 섬세하게 그리고 있다. 인간의 원죄와 타락이 작품의 중심을 이루고, 인간성의 내부에 파리 떼가 우글거리는 어두움을 묘사한 상징소설이다. 소설의 마지막 부분은 그러한 아이들을 태워갈 "멀쩍이 보이는 산뜻하기만 한 순양함"을 묘사하면서 끝나는데, 지금 이데올로기에 사로잡혀 전쟁을 수행했고, 전쟁을 수행하고 있는 인간과 문명의 야만성을 고발하고 있다. 순양함을 타고 온 군인들이 악에 사로잡혀 있는 아이들을 구출하지만 순양함으로 상징되는 전쟁, 무기, 폭력이 과연 최종적인 해결책인가를 질문으로 던지고 있다].

25 Gil Bailie, *Violence Unveiled: Humanity at the Crossroad* (New York: Crossroad, 1995), 65쪽에서 재인용.

26 *Atlanta Constitution* (September 13, 2001), A3.

27 월터 윙크는 '지배 체제'의 정신을 폭력으로 규정하면서도 모든 폭력을 보상적 폭력의 신화 안에서 자행되는 것으로 폭력의 특성을 제한한다. 폭력은 지배 세력과 통제와 관련이 있으며, 그러한 의식을 바탕으로 '보상적으로' 질서를 유지해 가려고 한다. 하지만 본인은 윙크가 주장한 대로 모든 폭력이 '보상적 폭력' 형태를 취한다고는 보지 않는다. 윙크가 르네 지라르(Rene Girard)의 희생양 이론이 너무

제한적이어서 모든 폭력에 대해 제대로 설명을 하지 못한다고 비판한 것과 같이 윙크의 보상적 폭력 이론 역시 비슷하게 제한적인 것임을 알아야 한다(Wink, *Engaging the Powers*, 153쪽을 보라). 어떤 단일의 신화도 폭력의 다양한 형태를 다 설명할 수는 없다. 그럼에도 불구하고 예수님의 사역을 살펴볼 때 보상적 폭력에 대한 윙크의 강조는 중요한 것임을 알 수 있다. 예수님의 구속 사역은 지배 체제의 폭력과 그것이 가지는 중심적인 신화를 전복시킨다.

**28** Stringfellow, *Ethic for Christians*, 127.

**29** Kavanaugh, *Following Christ*, 50.

**30** 위의 책, 45, 47~53. 카바나는 성폭력에서 여성을 대상화하는 결과를 검토하고 있다(47~53쪽). 카바나는 사람을 일용품화하는 것이 어떻게 인간의 상호 행동을 결정하는지를 검토하는 동안, 윌리엄 그라이더는 세계적인 자본주의 체제에서 노동자들의 노동력이 착취당하는 방식을 잘 설명해 주고 있다. 그것은 폭력의 또 다른 확고한 표현이다. William Greider, *One World, Ready or Not: The Manic Logic of Global Capitalism* (New York: Simon& Schuster, 1997)을 보라.

**31** Kavanaugh, *Following Christ*, 46.

**32** 위의 책, 57.

**33** Stringfellow, *Ethic for Christians*, 81.

**34** 위의 책, 32. '악마적'(demonic)이라는 표현은 스트링펠로우가 사용한 용어인데, 이것은 단지 '나쁜'(evil)이라는 의미만 갖지 않는다. 오히려 악마(사탄)라는 뜻은 죽음과 타락을 함께 포함하고 있으며 생명으로부터의 분리된 상태, 죽음에 사로잡혀 있는 상태, 하나님으로부터 소외되어 있는 상태를 말한다. William Stringfellow, *Free in Obedience* (New York: Seabury Press, 1964), 62~64쪽을 보라.

**35** 고린도전서 2:6~8에서 바울은 "이 시대의 통치자들이" 예수님을 십자가에 못 박았다고 분명히 밝히고 있다. 이 '통치자들'은 단지 인간 존재 이상의 것이라는 사실을 좀 더 구체적으로 살펴보기 위해서는 Walter Wink, *Naming the Powers: The Language of Power in the New Testament* (Philadelphia: Fortress Press, 1984), 40~45쪽을 참고하라.

**36** 스트링펠로우는 가능한 한 아주 넓은 의미로 '죽음'이라는 개념을 사용한다. "이와 같이 이 책에서 죽음이라는 단어가 사용될 때 본인은 그것이 가지는 '모든' 정의와 뉘앙스, '모든' 연상시키는 것과 제시, '모든' 함축적 의미와 직관을 포함하는데, '누구나' 전에 죽음이라는 말과 연관해서 사용한 내용을 포함한다. 죽음이라는 단어는 여기에서 동시적이면서 축적된 모든 의미를 나타내기 위해 사용하였다." Stringfellow, *Ethic for Christians*, 69.

37 Stringfellow, *Ethic for Christians*, 106.

38 Steinbeck, *Grapes of Wrath*, 35.

39 이러한 이미지는 생생하게 묘사되면서 마치 여성을 비하하고 가부장적 체제를 반영하는 특징을 가진다. 권세자들이 사람들을 유혹하는 실재를 잃어버리지 않으면서도 이것을 대체할 수 있는 이미지를 찾을 필요가 있다.

40 Wink, *Powers That Be*, 60. Wink, *Engaging the Powers*, 29쪽도 역시 참고하라.

41 Roger S. Gottlieb, *A Spirituality of Resistance: Finding a Peaceful Heart and Protecting the Earth* (New York: Crossroad, 1999), 68. 이 책의 59~102쪽도 참고하라.

42 제임스 스캇은 이러한 전략을 "원자화의 논리"(logic of atomization)로 설명한다. James Scott, *Domination and the Arts of Resistance: Hidden Transcripts* (New Haven, Conn.: Yale University Press, 1990), 64.

43 Wink, *Engaging the Powers*, 29.

44 삶의 일용품화 – 소비주의 문화에 의해서 형성되는 삶의 형태 – 가 어떻게 인간관계를 깨뜨리는지 그 방식에 대해 살펴보기 위해서는 Kavanaugh, *Following Christ*, 7~10, 38~53쪽을 보라.

45 역주/ 이 용어는 주어진 문제를 작은 사례로 나누어서(divide) 각각의 문제를 해결하는(conquer) 방식을 뜻하는 말로, 프랑스의 황제 나폴레옹이 사용했던 전략에서 나온 말이다. 문제를 2개 이상의 더 작은 사례로 나누고, 그것의 해답을 바로 얻을 수 없으면 더 작은 사례로 나누어서 문제를 해결하는 방식이다.

46 Steinbeck, *Grapes of Wrath*, 36.

47 Mary Elizabeth Hodgood, *Dismantling Privilege: An Ethics of Accountability* (Cleveland: Pilgrim Press, 2000), 52.

48 레위기 16:2~22을 보라.

49 희생양의 아이러니는 힘 있는 다수에게 연합을 가져다 주는 역할을 하지만 실제로 그것은 분리의 정책이다. 희생양을 만들어 가는 것에는 르네 지라르의 저서에 잘 묘사되고 있다. 예를 들어 *The Girard Reader*, ed. James G. Williams (New York Crossroad, 1996). 9~29, 97~141쪽을 참고하라. 지라르의 저작에 대한 논의에 대해서는 Wink, *Engaging the Powers*, 144~55; Bailie, *Violence Unveiled*와 Robert G. Hamertonkelly, *Sacred Violences Paul's Hermeneutic of the Cross* (Minneapolis: Fortress Press, 1992) 등을 참고하라.

50 Stringfellow, *Ethic for Christians*, 106. "물질적으로 성공한 사람"과 "소유에 넉넉

지 못한 사람"의 절망에 대해서는 Douglas John Hall, "Despair as Pervasive Ailment," in *Hope for the World: Mission in a Global Context*, ed. Walter Brueggemann (Louisville: Westminster John Knox Press, 2001), 83~93쪽을 보라. 샤론 웰치가 주장한 대로 그 절망은 부유층과 중산층을 위한 특권 - 가난한 사람들은 누리지 못하는 호사 - 에 따라 완화된다. Sharon Welch, *Feminist Ethics of Risk*, 15쪽을 보라.

**51** Neil Postman, *Amusing Ourselves to Death: Public Discourse in the Age of Show Business* (New York: Viking/Penguin Books, 1985), 67~68. 포스트만은 어떤 행동도 취하지 않는 거대한 양의 뉴스가 제공되면서 미디어는 "정보 - 행동 비율"을 변경시켰다고 주장한다.

**52** Kanavanaugh, *Following Christ*, xxvi.

**53** Stringfellow, *Ethic for Christians*, 105~6. 스트링펠로우는 전환의 수단으로 희생양을 포함한다.

**54** Postman, *Amusing Ourselves to Death*를 참고하라. 스트링펠로우는 전환의 주요한 형태를 전문적인 스포츠로 단일화한다. 그의 말은 분명히 애틀랜타에서는 사실임을 알 수 있다. 심각한 도시의 문제의 한복판에서 주요 공적인 강조가 새로운 스포츠 시설과 전문적인 스포츠 팀과 몇 년 전에 열렸던 올림픽에 있음을 볼 수 있다. Stringfellow, *Ethic for Christians*, 90~91, 105. [역주/ 이것은 한국의 군사정권 시대에도 독재자들이 가장 널리 사용하던 방식이다. 국민들이 군사 쿠데타를 일으킨 일에 관심을 갖지 못하도록 특정 스포츠를 적극 장려하고 연일 텔레비전에서 중계하게 만든 일이라든지, 광주민주화 운동 1주년 행사를 무산시키기 위해 "국풍 81"을 기획하여 5일간 16만 평의 여의도광장에 수만 명의 출연자를 동원하고 천만이 넘는 관람객을 동원한 유사 이래 최대 규모의 축제를 개최한 일도 있었다. 전국대학생민족축제를 탈바꿈하여 관제화한 사람은 전두환 정권에서 대통령 비서실장을 지낸 허문도였다. 그 외에도 선거 때에 맞추어 간첩단 검거 소식을 발표하거나 조작 간첩단을 만들어 북풍을 조장하여 선거를 자신들에게 유리한 양상으로 만들기도 했다. 이러한 관심 전환 방식은 오늘날에도 언론이나 정치인들이 가장 즐겨 쓰는 수법이다].

**55** 이러한 내용은 나의 동료인 신약학자 스탠리 손더어즈(Stanley P. Saunders)에게서 빌린 것이다.

**56** '공적 재현'에 대한 소중한 연구와 매일의 의례가 그것을 어떻게 지지하고 있는지에 대한 소중한 연구를 살펴보기 위해서는 Scott, *Domination*, 45~69쪽을 참고하라.

**57** Stringfellow, *Ethic for Christians*, 104~5.

**58** 마태복음 21:1~11. NRSV에서 "in turmoil"(소동이 일어나)로 번역하고 있는 헬라어 단어(에세이스테, 10절)는 마태복음 28:2에 나오는 지진(세이스모스)이라는 단어와 관련이 있다. 그래서 본인은 여기에서 '흔들렸다'(shaken)로 번역하였다. 마태복음 27:51, 54도 참고하라.

**59** Vincent Harding, "We Must Keep Going: Martin Luther King and the Future of America," in *Peace Is the Way: Writings on Nonviolence from the Fellowship of Reconciliation*, ed. Walter Wink (Maryknoll: Orbis Books, 2000), 194. 최근의 상업 광고에서도 킹의 이미지를 사용하고 있는 것에 대해 비슷한 문제 제기를 하고 있다.

**60** Stringfellow, *Ethic for Christians*, 102. 본인은 애틀랜타 도심의 공원에 적어도 하나 이상의 감시 카메라를 볼 수 있었다.

**61** 역주/ 한 지역의 도로의 교통을 차단하여 그 도로상에서 개최하는 축제이다.

**62** Michael Warren, *At This Time, in This Place: The Spirit Embodied in the Local Assembly* (Harrisburg: Trinity Press International, 1999), 105.

**63** 전자 감시에 대한 나의 설명은 David Lyon, *The Electronic Eye: The Rise of Surveillance Society* (Minneapolis: University of Minnesota Press, 1994)에서 빌린 것이다. 많은 사람들이 주장하는 대로 감시를 받고 있다는 의심이나 그것으로 인해 생기는 단순한 위협은 확실히 복종하게 하는 데 충분하다. 18세기에 유니테리언 철학자이자 사회개혁가인 제레미 벤썸(Jeremy Bentham)에 의해 제기된 이상적인 감옥을 위한 건축학적 설계인 원형교도소(Panopticon)에 대한 미셸 푸코의 영향력 있는 논의는 이러한 감시의 차원을 강조한다. Michel Foucault, *Discipline and Punish: The Birth of the Prison*, trans. Alan Sheridan (New York: Vintage Books, 1979), 195~228쪽을 보라. 감시에 대한 가장 초기의 일반적인 설명은 조지 오웰의 소설, 『1984』인데, 그것은 감시에 대한 오늘날의 사고에 깊은 영향을 끼쳤다. 전자 감시에 대한 '오웰식'의 접근과 "모든 것을 한눈에 보는 방식"(panoptic approach)에 대한 논의를 살펴보기 위해서는 Lyon, *Electronic Eye*, 57~80쪽을 참고하라.

**64** Stringfellow, *Ethic for Christians*, 98. 106.

**65** 역주/ 뉴욕의 매디슨 아베뉴에 미국 광고업체들이 포진하고 있어서 이것을 빗대어 사용된 표현이다.

**66** 언어와 관련한 권세자들의 책략에 대한 논의를 더 살펴보기 위해서는 Stringfellow, *Ethic for Christians*, 98~106쪽을 참고하라. 영어가 어떻게 의미를 왜곡하고 어지럽게 하고, 은닉하기 위해서 그것을 부풀리고 조작하는지를 탐구하는 데에 도움이

되는 비디오 자료로는 *Doublespeak*, 28 min, Films for the Humanities, 1993, videocassette를 참고하라. 현대 사회에서 '말씀'의 힘이 상실된 것에 대한 신랄한 비평을 보기 위해서는 Jacques Ellul, *The Humiliation of the Word*, trans. Joyce Main Hanks (Grand Rapids: Wm. B. Eerdmans Publishing Co., 1985)를 참고하라.

**67** Neil Postman, *Technopoly: The Surrender of Culture to Technology* (New York: Alfred A. Knopf, 1992; Vintage Books Edition, 1993), 164.

**68** 위의 책, 165.

**69** 위의 책, 165~70.

**70** 위의 책, 164~65, 170. 포스트만이 언급한 대로 보통의 미국인들은 65세가 될 때까지 200만 개 이상의 텔레비전 광고에 아주 밀접하게 노출된다고 보수적인 진영에서는 추측을 하는데 그런 수치는 라디오 광고나 신문, 잡지의 광고나 스폰서 소개 등은 포함하지 않은 수치이다(170쪽).

**71** Iwan Russell-Jones, "The Real Thing?," *And Straightaway* (Fall 1993): 3~4.

**72** 위의 책, 4.

**73** 위의 책.

**74** Warren, *At This Time*, 34.

**75** 위의 책, 36, 32. 워런은 특히 우리의 상상력이 지배 이미지에 의해 어떻게 형성되는지에 대해서 깊이 탐구한다(34~37쪽). 또한 '스타일'이 깊이(depth)와 본질(substance)을 바꾸어 가는 방식에 대해서도 언급한다(37~38쪽).

**76** Warren, "Culture, Counterculture, and Word," 90.

**77** 위의 책.

**78** Stringfellow, *Ethic for Christians*, 101~2.

**79** John Catalinotto and Sara Flounders eds., *Metal of Dishonor: Depleted Uranium: How the Pentagon Radiates Soldiers and Civilians with DU Weapons*, rev. ed. (New York: Depleted Uranium Education Project International Action Center, 1999).

**80** Ched Myers, *Who Will Roll Away the Stone? Discipleship Queries for First World Christians* (Maryknoll, N.Y.: Orbis Books, 1994), 117쪽을 보라.

**81** Stringfellow, *Ethic for Christians*, 101.

# 3장

## 예수님과 세상 권세들

### *Jesus and the Powers*

교회의 설교는
죽음의 권세에 대면하면서
약속의 말씀에 견고하게 서서
언제나 저항의 방식을 취하게 된다.

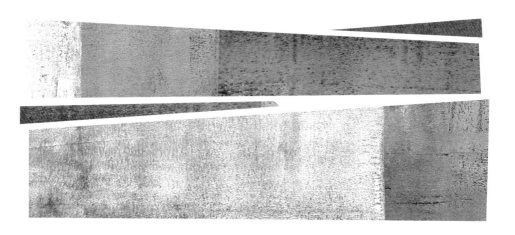

# 3장

• • •

# 예수님과 세상 권세들
*Jesus and the Powers*

세상의 통치자들과 권세들의 활동은 예수님의 사역의 상황을 제공하는데 거기에 그분의 설교도 포함된다. 예수님의 사역은 그의 십자가에 달리심과 부활을 이해하는 데 필수적인 렌즈를 제공한다. 월터 윙크가 설명하고 있는 대로 예수님의 전 사역은 권세들에 도전하고 있으며 복음 그 자체는 "지배 체제(Domination System)의 악에 대한 특별한 상황 치유제(a context-specific remedy)"이다.[1] 예수님의 사역에서 주님은 현세적이며 영적 차원에서 '지배 체제'와 싸우셨다. 그분은 세상 권세자들에게 저항하셨으며, 그들의 권력 유지, 지배, 폭력의 질서에 대안(alternative)을 제시하셨다. 권세자들은 범용(凡庸)한 방식 – 그들은 예수님을 십자가에 못 박았고 그들을 위협하는 그분을 죽게 했다 – 으로 이 위협에 대해 반응하였다. 그러나 십자가를 통하여 예수님께서는 그 권세들이 생명이 아닌 죽음의 권세임을 드러내셨다. 그리고 부활을 통해 주님께서는 죽음의 권세를 이기셨고, 인간들을 죽음의 공포로부터 자유롭게 하셨으며, 권세들 그 자체를 포함하여 피조물에 대한 최종적이고 완전한 구속을 약속하셨다. 예수님의 사역, 십자가에서 죽으심, 부활에 대한 간략한 탐구는 통치자들과 세상 권세들에 대한 예수님의 대항의 이야기를 보다 풍요롭게 해 주며, 4장에서 살펴보게 될 예수님의 설교가 가지는 윤리적 중요성에 대한 논의로 우리를 이끌어 간다.[2]

## 세상 권세들에 저항하기: 유혹

공관복음에서 세상 권세들에 대한 예수님의 대항은 세례받으신 직후에 광야에서 시험받으심과 함께 시작된다. 특별히 마태와 누가가 기록하고 있는 광야 시험 기사에서 예수님의 선교는 모양을 갖추어 가기 시작한다. 그의 사역은 세상의 통치자들과 권세들에 대한 일종의 저항이었다. 추가적으로 예수님의 시험받으심은 불가피하게 그의 십자가 사건과 연결되는데, 그분의 저항 사역은 권세자들에 의해 처형당하심으로 연결된다.

그의 시험받으신 사건에서 예수님께서는 '지배 체제'의 영인 '마귀', 혹은 '사탄'에게 대면하셨고 저항하셨다.[3] 마귀는 '지배 체제'와 특별한 권세가 그 권력을 행사하는 것을 총괄적으로 움직이고 형성하는 추진 세력으로 나타난다. 결과적으로 마귀의 유혹은 1장에서 다룬 바 있는 권세들에게 있어서 중심적 우선권자인 예수님 앞에서 행해진다. 광야에서 예수님은 그의 모든 권세를 동원한 '지배 체제'와 대면하셨고, 그것은 예수님께 생존, 지배, 폭력과 우상화의 길을 택하라고 유혹한다.

시험을 받으시는 기사에서 이러한 유혹에 대한 예수님의 "아니다.”라는 대답이 그곳에 울려 퍼지고 있다. 그의 복종과 신실함은 주로 ‘저항’의 형태를 취한다. 복음서 스토리의 초기에서는 예수님의 사역의 적극적인 방향을 찾기 어렵다. 오히려 우리는 예수님께서 ‘행하지 않으실 것’을 먼저 대하게 된다. 우리는 메시야는 그런 분이 ‘아니시며’, 그런 형태를 취하지 ‘않으실’ 것이며, 마지막에는 그것을 추구하지 ‘않으실’ 것이라는 말씀을 발견하게 된다. 세례를 받으신 직후에 예수님의 사역은 권세들에 대한 저항으로부터 시작되며, 세상을 움직여 가고 죽음으로 인도해 가는 세상의 통치자들과 권세들에게 “아니요!”라는 말로부터 시작하신다.[4]

　하나님께 순종하시면서 예수님께서는 마귀의 세 가지의 독특한 유혹에 대해 “아니다.”라고 대답하시는데, 그 마귀는 세상 권세들의 근본적 우선권을 나타낸다.[5] 첫째, 예수님께서는 그의 힘을 자신의 ‘권력 유지’(survival)를 위해 사용하기를 거부하셨다. 예수님은 오랜 금식으로 굶주리셨고 마귀는 그런 예수님께 “이 돌”(누가복음 4장에서는 단수가 사용된다.)[6]을 떡이 되게 하라고 유혹한다. 즉, 그의 권력을 자기 자신의 필요를 채우는 데 사용할 것과 자기 자신의 건재함을 확고히 보여줄 것을 요청한다. 매번 그러시지만 예수님은 신명기의 말씀을 인용하여 “사람이 떡으로만 살 것이 아니라 하였느니라.”고 대답하신다. 광야에서 만나를 먹고 살았던 이스라엘 백성들과 같이 예수님께서는 하나님께 의존하고 순종하는 것은 자신의 생존을 추구하는 것보다 더 중요한 것임을 확증하신다. 사실 사람들은 “단지 떡이 없어 죽음”의 고통을 당할 수도 있다. 그것은 오늘날의 소비 사회에서는 더욱 분명한 사실이다.[7] 예수님께서 자신의 생존에 최고의 우선권을 두고 자신의 필요를 충족하기 위해 그의 권력을 사용하는 것에 대해 “아니요!”라고 대답하신 것이다.

둘째, 마귀는 예수님께서 세상의 방식 – '지배'와 '폭력'의 방식 – 을 따라 세워지는 정치적 제국 건립을 위해 그의 권세를 사용하도록 초대한다.[8] 마귀에게 절하고 '지배 체제'의 방식을 따르게 되면 세상을 어지럽게 하는 마귀에게 주어진 세상의 모든 권세를 예수님이 걸머쥘 수 있다는 유혹이었다. 마귀는 예수님에게 다가와 속삭인다. "당신이 만약 당신의 권세를 다른 이에게 넘겨주고 나라들이 가지는 그 칼을 손에 잡는다면 모든 나라의 왕국은 당신의 것이 될 것입니다. 생물학적 무기를 손에 넣으십시오. 그리고 모든 군대를 흩으시고, '스타워즈' 미사일 방어 시스템이 가동되도록 명령하십시오. 모든 나라는 당신의 것이 될 것입니다. 만약 당신이 이 세상의 권력의 수단인 지배와 폭력의 수단을 사용하기만 하면 온 세상은 당신의 것이 됩니다."

그러나 예수님께서는 다시 "아니다."라고 대답하신다. 이러한 방식으로 마귀에게 절하는 것은 우상숭배가 될 것이다(권력자들, 특히 국가는 언제나 사람들에게 어떤 것을 요구한다). 이러한 방식을 취하는 것은 예수님으로 하여금 하나님의 방식이 아니라 세상의 방식을 따르라는 것이 된다. 그래서 예수님께서는 지배와 폭력의 방식(path)을 거부하신다. 사실 이러한 방식에 대한 예수님의 "아니요!"는 예수님의 시험받으신 스토리 가운데 계속해서 나타난다. '지배 체제'에 대항하여 예수님께서 사용하신 – 앞으로도 계속해서 사용하실 – 유일한 '무기'는 하나님의 말씀이었다. 예수님께서 잡으실 유일한 '칼'은 "성령의 검, 곧 하나님의 말씀"(엡 6:17)이었다. 예수님께서는 심지어 마귀의 권세를 무너뜨리시는 일에 있어서도 폭력, 혹은 지배의 수단을 이용하여 그의 힘을 나타내지 않으셨다. 오히려 마틴 루터의 유명한 찬송인 "내 주는 강한

성이요"에 나오는 그 믿음으로 사셨다. "이 땅에 마귀 들끓어 우리를 삼키려 하나 겁내지 말고 섰거라. 진리로 이기리로다. 친척과 재물과 명예와 생명을 다 빼앗긴대도 진리는 살아서 그 나라 영원하리라." 예수님께서는 폭력과 지배의 방식에 대해서 "아니다."라고 대답하셨다.

그때 마귀는 마지막 유혹을 위해 성경말씀을 인용하고 있다. 이것은 권세자들도 하나님의 뜻에 반대하면서도 성경을 이용할 수 있다는 것을 깨우쳐 준다. 시편 91편 11~12절 말씀을 인용하면서 마귀는 예수님에게 너 자신의 최종적인 목적을 위해서 하나님을 이용하라고 유혹한다. 자기의 성공과 인기를 위해서는 하나님을 도구로 이용하라는 유혹이었다.[9] 많은 사람들이 보는 앞에서 성전 꼭대기에서 뛰어내리면 하나님의 천사들이 보호할 것이고, 그렇게 되면 예수님이 누구인지를 사람들에게 극적으로 증명해 보일 수 있을 것이라고 했다. 뿐만 아니라 예수님은 많은 사람들에게 그들이 원하는 메시야의 모습을 보여줄 수 있을 것이고 불필요한 오해와 반대를 피할 수 있을 것이라고 했다. 그래서 마귀는 비웃듯이 예수님께 말했다. "자, 예수님, 하나님께서 당신을 보호하실 것입니다. 성경에서 그렇게 말씀하고 있지 않습니까? 당신의 개인적 목표를 이루기 위한 수단으로, 단지 이번 한번만 하나님을 이용해 보세요." 이러한 방법은 언제나 세상의 권세자들이 사용하는 것 중의 하나였다. 예를 들어 국가는 전쟁이 진행되고 있을 때 국민들의 지지를 받기 위해 얼마나 자주 하나님을 찾으며, 그분을 그들의 목표를 이룰 수 있도록 도와주시는 충실한 고용인(servant)으로 만드는가? 자본가 중심의 체제는, 심지어는 교회 안에서조차도 얼마나 자주 신의 재가(sanction)를 요구하는가? 이것은 권세자들이 살아 계신 하나님을 자신의 목표에 종속시킴으로써 자신들을 우상으로 만드는 하나의 방식이다.[10] 그러나 예수님께서는 다시 그러한 자기 우상화에 대해서 "아니다."라고 대답하신다. 이러한 방식으로 하나님을 시험하지 말라고 하시면서 그의 목표를 이루기 위해 결코 하나님을 수단으로 사용하지 않으셨다.

다소 예감이 좋지 않은 내용으로 누가는 그 스토리의 결론을 짓는다. "마귀가 모든 시험을 다 한 후에 얼마 동안 떠나니라"(4:13). 예수님께서 시험을 받으시는 스토리에 대한 전조(前兆)가 보이는 결론은 시험받으심과 십자가 사건 사이에 중요한 연결점을 제시하고 있다는 점이다. 마귀가 다시 돌아오게 될 "적절한 시간"(opportune time)은 예수님의 수난과 십자가에 달리심의 때이며, '지배 체제'가 그러한 말들로 단순히 시험하는 때가 아니라 행동으로 직접 그분을 공격하는 때가 될 것이다. 누가가 제시하는 예수님의 시험받으신 스토리의 마지막 구절은 이와 같이 일종의 경고로서 작용하고 있다. 즉, "시험받으심에서 십자가에서 죽으심까지의 독특한 스토리를 떠나서는 십자가를 이해하려고 하지 말라. 예수님의 생애와 죽으심 사이에는 필수적인 내러티브 연결이 있다. 하나님과 죄인인 각 개인 사이의 마술적인 거래 정도로 십자가의 가치를 떨어뜨릴 수 없다." 이런 사실들이 강조되고 있다. 오히려 세상 권세에 대한 예수님의 저항은 그의 십자가의 죽음으로 이어지고 십자가에 결정적인 의미를 제공한다.

예수님의 시험받으시는 스토리에서 복음의 드라마는 권세자와 예수님에 의해서 슬쩍 드러나게 된다. 그들의 영역에서 권세자들은 그들의 방식에 "아니요!"라고 외치는 것 때문에 예수님을 십자가에 못 박아야 했다. 어떤 대가를 지불하여서라도 그들 자신의 '권력 유지' 의향 때문에 결국 그 권세자들은 그들의 가장 기본적 가치에 도전하는 그분을 죽일 수밖에 없었다. 그들 자신의 목적을 위하여 하나님까지도 이용하여 자신들을 '아이돌'로 만들기 위해 그 권세자들은 자신들의 주장을 잘못된 것으로 명확히 규명하면서 오직 하나님만을 섬기고 있는 그를 십자가에 못 박아야만 했다. 예수님의 편에서 생각해 보면 그분은 시험받으시던 광야에서 이미 십자가의 길에 올라선 것이었다. 권력 유지와 지배, 폭력, 우상화의 방식을 거부함으로 십자가의 처형의 그 통로에 첫발을 내려놓은 것이다. 만약 예수님께서 권력 유지의 방식을 택하셨다면 그는 십자가 처형을 피할 수 있었을 것이다. 만약 예수님께서 폭력적 지배의 방식을 선택하셨다면 그는 십자가에서 죽지 않으셨을 수도 있었다. 만약 예수님께서 그의 목적을 위해 하나님을 이용하였다면 – 신실함 위에 효율성을 올려놓으면서 – 그는 결코 골고다에서 그렇게 끝나지 않았을 것이다.

예수님의 시험받으신 스토리에서 우리는 근본적인 갈등을 감지하게 되는데, 그것은 하나님의 방식과 권세자들의 방식, 그리고 생명의 방식과 죽음의 방식 사이에 존재하는 갈등으로, 결과적으로 "적절한 시간"에 십자가에서 끝나게 될 갈등이다. 십자가에 못 박히심은 우연히 된 것이 아니며, 예수님의 생애와 그분의 사역과는 분리된 마술적 업무 처리(magical transaction)가 아니었다. 십자가는 세상의 죽음의 권세자들에 대한 예수님의 저항의 직접적인 결과였다.

# 예수님의 사역과 세상 권세들

## 설교

시험받으신 이후의 사역 가운데서 예수님께서는 십자가로 인도해 갈 저항의 길을 계속해서 걸어가신다. 실질적으로 도처에서 '지배 체제'의 방식에 대한 대안을 계속해서 선언하셨고 구현하셨다. 광야에서 시험받으실 때 말씀을 의존하셨던 것처럼 광야에서 돌아오셔서 그분은 즉각적으로 세상에 뛰어들어 새로운 질서를 선포하시기 시작했다(마 4:17, 23, 5:1~7:28; 막 1:14~15; 눅 4:16~30). 예수님께서는 권력자 집단(hierarchy)과 지배 권세(domination)와 깊이 관련된 전통적 언어 – "하나님의 나라/천국" – 를 사용하셨음에도 불구하고 그의 선포와 사역은 복음의 정치적인 특성을 존속시키면서 폭력과 지배와의 연관을 토대부터 흔들어 놓으시면서 그 언어의 근본을 완전히 뒤집어 생각하게 만들었다. 예수님께서는 그분의 말과 행위에 있어서 '지배 체제'에 대해 예외 없이 도전하셨고 그것을 전복하셨다.[11]

그의 사역을 시작하시는 설교였던 산상설교(마 5:1~7:27)와 나사렛에서의 설교(눅 4:16~30)에서 예수님께서는 그분을 통해 "가까워 온" 새로운 실제에 대해 담대하게 선포하신다. 그분은 그의 삶과 사역에서 "실천하실" 하나님의 말씀을 설교하셨다.[12] 팔복설교(마 5:3~12)는 산상설교의 문을 여는 서론이며, 나머지 설교에서 제시되는 실질적 가르침의 상황을 제공하는 새로운 종말론적 질서(new eschatological order)를 선언하셨다. 예수님께서는 거기에서 '지배 체제'의 우선권을 뒤집어 놓으신다. 거기에서 제시되는 일련의 종말론적 축복(도덕적 명령이 아니라) 가운데 예수님께서는 새 질서에서의 복은 자신의 힘을 폭력과 지배를 통하여 다른 사람들에게 뽐내며 사용하는 사람에게 주어지는 것이 아니라 "심령이 가난한 자", "애통하는 자", "온유한 자", "의에 주리고 목마른 자", "긍휼히 여기는 자", "마음이 청결한 자", "화평케 하는 자", "의를 위하여 박해를 받는 자"에게 주어진다는 사실을 강조하신다. 사실 팔복은 "'지배 체제'에 대한 조직적이고도 명백한 거부"를 제시한 것이었다.[13] 이러한 선언을 하시면서 예수님께서는 새로운 질서(new order)를 구상하실 뿐만 아니라 새로운 실재(new reality)를 세상에 활짝 펼치고 계신다. 산상설교와 같은 그런 말씀은 다시는 없을 것이다.

그 설교의 나머지 부분에서 예수님께서는 이러한 새로운 실재 가운데 사는 새로운 공동체의 확고한 실천에 대해 기술하시는데, 윙크는 이것을 "지배하지 않으시는 하나님의 새로운 질서"(God's Domination-Free Order)라고 칭한다.[14] 이 새로운 공동체에서 화해는 복수를 앞서 달리게 되며(마 5:21~26), 여성들은 더 이상 물건(objects)이나 소유물로 취급되지 않는다(5:27~32). 원수를 사랑하는 것과 비폭력적 저항은 '타자'에 대한 폭력적 지배를 대체한다.[15] 종교적 행위는 우월감이나 경쟁의 원천이 되어서는 안 된다(6:1~8). 부에 대한 욕구가 삶을 움직여 가는 동기가 되어서는 안 된다(6:19~34).[16] 사회적으로, 정치적으로, 종교적으로, 또한 경제적으로 예수님께서는 '지배 체제'와 그것을 움직여 가는 정신을 완전히 뒤집어 놓으셨다.

누가에 나타나는 예수님의 시작 설교는 종종 "나사렛 선언"(Nazareth Manifesto)으로 불리기도 한다. 마찬가지로 예수님께서는 모든 선포와 그의 말씀을 청취하는 자들에게 "너희 귀에 응하였느니라."(is being fulfilled)고 말씀하시면서 새로운 질서를 선언하신다. 선지자들의 덮개를 손에 쥐시고 이사야 61장 말씀을 끌어오시면서 예수님께서는 가난한 자들에게 복음을, 포로된 자들에게 자유를, 사로잡힌 자들에게는 해방을, 눈먼 자들에게 다시 보게 함을, 눌린 자들에게 자유롭게 함을, 그리고 주님의 은혜의 해를 선포하셨다(눅 4:18~19). 이러한 모든 선포는 문자적으로, 육체적으로 치유의 필요와 억눌림과 사로잡힘으로부터의 해방을 위한 몸부림으로부터의 회복을 필요로 하는 사람들에게 주어진 말씀으로 이해할 수 있다. 그러나 동시에 예수님의 말씀은 영적 차원에서의 지배자들과 대면하신다.

앞서 1장에서 언급한 것처럼 권세자들은 사람들을 맹목적으로 숭배하게 하고 위압하는 방식을 따라 사람들을 사로잡으려고 한다. 예수님께서는 그러한 사로잡음으로부터의 해방을 선언하신다. 권세자들은 우리의 비전 – 우리의 상상력 – 을 치워 버림으로 우리로 하여금 그들의 방식이 유일한 것이라는 망상에 사로잡혀 살게 하려고 하며, 다른 대안에 대해서는 마음에 품지도 못하게 하려고 한다. 그러나 예수님은 권세자들이 보지 못하도록 만들어 버린 사람들에게 새로운 시각 – 새로운 상상력 – 을 회복시키시겠다고 선언하신다. 특히 우리의 자본주의 체제에서 권세자들은 실재의 상품화와 부의 축적을 통하여 지배를 공고히 해 가려고 한다. 그러나 예수님은 자본보다 사람을 우위에 두시면서 희년을 선포하신다. 희년이 되면 부는 재분배되고 사람들은 인간의 삶을 왜곡하고 악의 원천을 섬기도록 부풀리는 모든 몰이(drive)로부터 자유를 누리며 살게 하신다.[17]

그리고 예수님께서는 거기에서 멈추지 않으신다. 이어지는 그의 숙고에서 예수님께서는 사람들을 사로잡고 '외국인들'을 모욕하고 억압하게 만드는 종교적, 인종적 우월감과 관련한 모든 관념도 전복시키신다. 당시 사람들이 가지고 있는 성경으로부터 사렙다 과부와 시리아의 나아만 장군의 이야기를 직접적으로 인용하시면서 예수님께서는 그의 청중이 '외부인'에게 – 심지어는 적국의 사람들에게까지 – 허락하시는 하나님의 자비를 직접 볼 수 있도록 초청하신다. 세상에서 지배와 폭력의 중심 원천의 하나인 인종적, 종교적 우월감을 꺾으신다. 그 우월감은 세르비아에서부터 팔레스타인까지, 그리고 북 아일랜드에서 뉴욕 시에 이르기까지 그곳에서 자행되는 '인종 청소'와 종교적 폭력 행위를 통한 현대의 움직임이 대 파괴에 열을 올리게 만들었다.[18] 놀랄 것도 없이 여기에서 그의 청중은 '지배 체제'에 사로잡혀 있었음이 분명했다. 그들의 우월감을 약화시키는 사람을 그들은 제거하려고 했다. '지배 체제'에 대한 예수님의 도전은 후에 세상 권세자들로 하여금 그를 십자가에 못 박게 한다. 바로 그 스토리의 시작 부분에서 예수님의 메시지는 군중의 폭력에 대한 응답으로 주어진다.

산상설교에서와 같이 나사렛 선언에서 예수님께서는 인간의 몸을 입으시고 세상에 뛰어드셔서 새로운 질서의 형태를 선언하신다. 이 두 설교에서 예수님께서는 "지배, 분리, 우월감의 모든 인식할 수 있는 지주"에 대해 도전하시며 세상의 폭력적 지배의 방식에 대한 대안을 제시하신다.[19] 후에 누가복음에서 예수님은 새로운 공동체의 세상 지배로부터 자유로운 속성(dominion-free character)을 수립하시는데, "존재하는 권세자들"과는 근본적인 차이가 있었다. 최후의 만찬에서 예수님의 제자들은 누가 제일 높으냐를 따지면서 이러한 권력에 사로잡혀 있는 모습을 그대로 드러냈다. 이러한 그들의 요청에 응답하시면서 예수님께서는 제자들에게 그가 세우고 계시는 새로운 공동체에 대해 정확하면서도 실질적인 진술을 제시한다.

또 그들 사이에 그 중 누가 크냐 하는 다툼이 난지라. 예수께서 이르시되 이방인의 임금들은 그들을 주관하며 그 집권자들은 은인이라 칭함을 받으나 너희는 그렇지 않을지니 너희 중에 큰 자는 젊은 자와 같고 다스리는 자는 섬기는 자와 같을지니라. 앉아서 먹는 자가 크냐? 섬기는 자가 크냐? 앉아서 먹는 자가 아니냐? 그러나 나는 섬기는 자로 너희 중에 있노라(눅 22:24~27).

음식을 나누는 자리에서 예수님께서는 "섬기는 자"로서 그의 몸과 피를 주시면서 그의 제자들에게 직접적으로 새롭고 세상 지배에서 자유로운 특성을 가진 공동체에 관해 가르치신다. 예수님께서 '지배 체제'가 작동하는 세상 한복판에 그 공동체를 세워가고 계셨다. 사실 그 음식 자체는 "다른 사람을 주관하는" 세상의 권세자들에게 예수님께서 제시하신 정치적, 사회적, 경제적, 그리고 종교적 대안의 중심적인 이미지이며, 중심적인 구현이었다.

### 식탁 교제

예수님의 최후의 만찬은 독립된 단독의 사건이 아니었다. 오히려 그것은 그의 생애를 통하여 수립하시려는 급진적 '식탁 사역'의 극점에 해당한다. 예수님의 스토리 정황에서 제자들과 나누신 예수님의 최후의 만찬은 '지배 체제'에 대한 그분의 강한 도전을 위한 상황을 제시하며, 그 음식이 그의 사역을 통해 그분이 구현하시려는 권세의 급진적 반전을 위한 이미지를 형성한다는 사실은 놀랍지 않다. 그의 생애를 통해 식탁 교제는 예수님께서 세상의 지배와 폭력의 권세자들에게 도전하시는 견고한 실천의 하나를 제공한다.

우리들 모두에게는 예수님의 식탁 교제가 지니는 급진적 특성을 감지하는 것은 어렵지 않다. 2장에서 언급한 대로 예수님의 문화에서 음식은 거대한 종교적이고 사회적 의미를 담고 있는 공적 의례였다. 식탁 교제는 종교적 순수성을 보호할 뿐만 아니라 사회적 지위를 증강할 수 있는 일이었다. 이러한 종교적이고 사회적 차원은 아주 밀접하게 관련되어 있었다. 음식은 분리의 의례, 즉 내부자와 외부자, 정한 자와 부정한 자, 그리고 존경받는 자와 멸시당하는 자를 구별하기 위해 수립된 실천이었다.

종교적 측면에서 선하고 관찰력이 예리한 한 유대인은 정결하지 않은 '음식'을 먹는 것을 피하였을 뿐만 아니라 부정하다고 여겨지는 '사람'들과는 식탁 교제 나누기를 피하였다. 식탁 교제는 공동체의 가장 친밀한 형태였고, 정결하지 않은 사람들과의 친밀감은 오히려 그 자신의 오염이 될 수도 있었다. '경건한' 사람들은 '죄인들'과 함께 먹지 않았다. 후기 기독교에서와는 달리 1세기 팔레스틴에서 죄인들은 사적인 죄책감으로 인해 고통당하는 사람들이 아니라 사회적 주변인 그룹이었다. 세리들과 같이 경멸받는 직업에 종사하는 사람들, 간음한 자와 창기, 횡령자, 그리고 살인자와 같이 극악무도한 부도덕의 죄를 범한 사람들, 종교적 권위의 기준에 의해 주어진 율법을 지키지 못한 사람들, 그리고 사마리아인이나 이방인과 같이 인종적, 종교적으로 정결하지 못한 사람들이 그런 그룹이었다.[20] 그러나 그러한 종교적, 사회적 분리는 식탁에서 손과 손을 잡게 했다.

사도행전 10장 1~48절에 나오는 베드로와 고넬료의 스토리에 이러한 이슈가 아주 크게 나타나고 있음을 알 수 있다. 거기에는 하나님의 비범한 행위가 나타나는데, '정결하지 않은' 음식을 먹으라고 베드로에게 강권한 말씀을 따라 베드로의 비범한 변화에 대해 기술하고 있다. 베드로의 이러한 식탁 행동에 대한 바울의 설명이 정확한 것이라면, 유대인의 전통과 예상이라는 상황에서 보면 베드로가 그러한 극적인 변화를 유지한다는 것은 심히 어려운 일이었다(갈 2:11~21 참고). 유사하게 음식에 대한 바울의 고민은 우상에게 드려진 음식에 대한 것이었는데, 식탁에서의 실천은 초기 기독교의 문화에 있어서 중요한 역할을 하였음을 보여준다(고전 8:1~13).

예수님의 식탁 교제와 대면하였을 때 종교적 권위가 강하게 다시 작용하였음은 의심의 여지가 없다(막 2:16). 다른 사람과 음식 나눔을 통해서 예수님께서는 정한 자와 부정한 자 사이의 구분을 내려놓으셨고, 세상의 한복판에서 대안 공동체를 구현하셨다. 예수님은 모든 '음식'은 정한 것이며, 사람 입으로 들어가는 어떤 것이 그를 부정하게 하는 것이 아니라고 주장하신다(막 7:14~23). 뿐만 아니라 예수님은 부정하다고 여겨지는 '사람'들과도 함께 잡수셨다. 그들의 부정함 때문에 공동체에서 배제된 사회적 주변인들인 "세리들과 죄인들"과 함께 식탁 교제를 나누셨다. 실로 예수님은 분명하게 사마리아인과도 함께 잡수셨다. 수가성의 한 우물가에서 그는 공개적으로 한 사마리아 여인에게 마실 물을 요청하셨다. 그녀는 마을 사람들에게까지 내침을 받았던 주변인이었다. 그 여인과의 긴 대화를 가지신 것, 그 자체가 제자들에게는 충격적인 사건이었다. 그 대화 후에 예수님께서는 "이틀 동안" 사마리아인들과 함께 머무셨으며, 아마도 그들과 함께 식사를 하셨음에 틀림이 없다 - 사마리아인들에게 먹을 음식을 사셨을 가능성도 있다(요 4:1~42). 죄인들과의 식탁 교제는 아마도 예수님의 사역의 가장 중심적인 특징이었다.[21] 그러한 식탁 교제를 통하여 예수님께서는 정한 자와 부정한 자, 뛰어난 자와 열등한 자의 경계를 허무셨고, 그는 세상을 침입해 들어오시는 새로운 질서의 표징을 구체화하셨다. 그런 현상에 대해 종교지도자들이 항의했던 것은 아주 자연스러운 일이었고, 그것은 그들을 아주 불쾌하게 만든 사건이었다.

그러한 음식 나눔의 교제는 로마 세계의 경외와 부끄러움의 거대한 문화에 대해서도 도전이 되었다. 앞장에서 언급한 것처럼 그 문화에서 음식 – 특히 저녁 식사 – 은 사회적 현장과 의례에서 가장 중요한 일이었다. 부유한 사람들은 만찬을 열어 그것을 필요로 하는 사람들에게 베풀고는 했다. 음식은 자신의 부와 지위를 과시하듯이 진열되었으며, 기대되는 장래 보상을 위하여 손님을 환대하도록 기획되었다. 이러한 식사에서 가장 중요한 요소는 사회적 지위나 명성이 다소 낮은 사람들이 참석했다는 점이다. 그들은 다른 장소에 위치했으며 조금 질이 떨어지는 음식이 주어졌는데, 그들에 대한 대접을 조금 낮게 하여 상석에 앉은 사람들이 더 환대를 받고 있음을 강조하기 위해서였다. 종종이 모든 것은 거리의 음식을 먹는 곳에서 공개적으로 행해졌다. 그리하여 통행인들이 그것을 보고 언급할 수 있도록 하였다. 요약하면 음식은 영광과 부끄러움을 중요하게 생각하는 문화에서 사회적 계급제도를 증강하기 위하여 주어졌던 공적인 사건이었다.

이러한 사회 제도가 주는 압력은 예수님의 식탁 교제의 과격한 특성이 드러나면서 초기 교회의 삶에서 작용하였음을 알 수 있다. 고린도전서 11장 17~34절에서 바울은 정확하게 고린도교회 그리스도인이 이러한 문화적 실천에 익숙해짐과 분투하였음을 볼 수 있다. 공동체의 식사에서 부자들이 최고의 음식을 받고 음료를 들었지만 – 그들이 필요한 것보다 더 많은 것을 받았다면 – 가난한 자들은 음식을 적게 받거나 거의 받지 못하였다. 지배 문화의 영광과 부끄러움을 중요하게 생각하는 식탁 의례가 기독교 공동체의 대안적 식탁 실천을 완전히 사로잡아 버렸다. 일상의 식사는 사회적으로, 계급적으로 구분하는 원천이 되었다. 바울은 그의 독특한 방식으로 그러한 형태에 대해 완곡하게 비난한다. "내가 명하는 이 일에 너희를 칭찬하지 아니하나니 이는 너희의 모임이 유익이 못되고 도리어 해로움이라. 그런즉 너희가 함께 모여서 주의 만찬을 먹을 수 없으니"(고전 11:17, 20).

바울의 비판에는 예수님의 식탁 교제, 특히 그의 제자들과 함께하셨던 최후의 만찬(고전 11:23~26)이 그 바탕을 이루고 있었다. 바울은 예수님의 식탁 친교가 당시 문화적 특징이었던 영광과 수치의 분파적이고 억압적인 계급 제도에 대한 저항의 행동이었음을 잘 이해하고 있었다. 그러한 실천은 그 문화의 핵심에 서 있었는데 사회적, 경제적 관계에 대한 함축적 의미를 가지고 있음을 바울은 이해하고 있었다. 예수님께 식탁은 이 세상에 그분이 가져오려고 했던 새로운 질서의 핵심에 있었던 사랑을 구체화하는 자리였음을 바울은 이해하고 있었다.[22] 그 식탁은 희년 식탁이었다. 그곳에서 지배와 종속의 사회적 패턴은 깨뜨려지고 새로운 공동체가 구현된다. 식탁 교제는 세례 공동체의 새로운 삶을 구체화한다. 그 안에는 "유대인이나 헬라인이나 종이나 자유인이나 남자나 여자나 다 그리스도 예수 안에서 하나"가 된다(갈 3:28). 요약하면 바울은 초대교회 공동체의 생활에서 예수님의 식탁 교제를 신실하게 수행하는데, 특별히 '지배 체제'에 대한 인간의 마음과 생각을 노예로 만들기 위해 매일의 의례 실천을 사용하여 온 세상의 권세에 직면하여 저항을 실천한 것이었다. 식탁 교제에서 예수님께서는 새롭고, 비폭력적이며, 지배로부터 자유로운 질서를 '수립'하시는데, 그분의 설교와 가르침에서 '선포하신' 것이었다.

## 축귀와 치유

예수님께서는 그분의 축귀와 치유를 통하여 유사한 종류의 것을 제정하시기 시작한다. 그것은 세상 가운데 하나님의 새로운 창조의 시작을 구현하는 것이었으며, 이 세상 가운데서 역사하는 죽음의 세력 위에 역사하시는 예수님의 권위를 드러내는 것이었다. 예수님의 축귀는 사람들을 붙잡고 있는 죽음의 권세에 그분이 관여하신 가장 직접적인 본보기일 것이다. 월터 윙크가 언급한 대로 "신약성경 상황에서 나온 축귀는 사람, 조직, 사회를 악에 묶여 있음으로부터 구해 내시려는 행위이며, 그 피조물에 본질적인 온전성을 회복하려는 행위이다."[23] 축귀는 세상 권세자들이 사람, 조직, 사회를 붙들고 있는 영적인 사로잡힘을 다룬다. 그러한 축귀는 예수님께서 그의 제자들에게 전달해 주셨던 그분의 메시야적 선교의 중심 특성이었다. 그것은 권세자와 예수님과의 묵시적 투쟁 중에서 가장 중요한 요소였다.[24] 사실 예수님의 존재 그 자체가 사탄의 권세를 공개적인 자리로 이끌어 낸다.[25] 예를 들어 예수님께서 종교권위자들의 '공간'을 위협하시면서 처음 회당에 들어가셨을 때 귀신이 모습을 드러내는데, 그의 권위가 "서기관보다 더 놀라운 가르치심을 통해 지배적인 유대 사회질서를 단단히 묶고 있는"(막 1:21~28) 것을 나타내면서 그리하신다.[26]

예수님의 축귀는 개인적이었을 뿐만 아니라 정치적이었다.[27] 예수님께서 개별적인 사탄의 세력과 대면하셨을 뿐만 아니라 사람들을 붙잡고 있는 거대한 사회적이고 정치적 권세와 대면하셨다. 그분은 "권세와 사회적 세계에서의 소외의 구조"의 영성에 도전하신다.[28] 예를 들어 예수님께서 거라사인의 귀신들린 사람을 쫓아내신 것(막 5:1~20)은 로마 제국의 억압의 영을 쫓아내고 계심을 상징적으로 나타내셨다. 그것은 지금 대표적인 한 사람에게 구현된 것이었다. 귀신들린 사람은 '레기온'(군대)에 사로잡혀 있었다. 그것은 로마 군대 단위의 기술적 이름이었다. 무덤 사이에서 묶인 쇠사슬을 계속 깨뜨리면서 그 귀신들린 사람은 억눌림으로부터 자유롭게 되기를 바라는 그 공동체의 억제된 바람을 무의식적으로 행동화한다. 동시에 귀신들린 사람은 그 공동체가 경험하고 있는 울적한 폭력에 대한 희생양을 제시한다. 그는 계속해서 돌로 자기 몸을 쳐서 멍들게 하고 있는데, 그동안 사회가 희생자에게 뒤집어씌우면서 – 때로는 그에게 돌을 던짐으로 – 그 폭력을 억제해 왔던 희생양 메커니즘을 그에게도 허락할 것을 예수님께 계속해서 간청하고 있다. 요약하면 귀신들린 자는 외적인 모습에서 억압의 영을 보여주고, 억압된 자는 공동체의 마음을 사로잡고 있는 자유에 대한 갈망을 드러낸다. 그리고 사람들 사이에 서 계시는 그분은 그들의 폭력적 분노를 잠재우고 공동체 안에 질서를 유지하신다.

거라사인의 귀신들린 자에 대한 예수님의 축귀는 이와 같이 "공적인 상징적 행동"이었다. 그것을 통해 예수님께서는 무서운 지배력으로 그 공동체를 사로잡고 있는 로마의 제국주의 권세와 대면하셨다.[29] 더욱이 이 축귀 사역을 통해 예수님께서는 공동체의 자기 폭력을 위한 통로가 되어 있는 그 사람을 자유롭게 하시기 위해 희생양을 사용하는 메커니즘이 가지고 있는 보다 심각한 폭력에 대해서도 도전하신다. 예상대로 귀신들린 사람이 이제는 제정신으로 돌아왔다는 소식을 들었을 때 그 공동체의 사람들은 전혀 기뻐하지 않았으며, 오히려 예수님께 그 마을을 떠나달라고 요청한다. 그들의 사로잡힘은 아주 깊었기 때문에 그것으로부터 해방될 수 있다는 사실 자체를 그들은 전혀 상상할 수 없었다. 그들은 자유를 갈망하기보다 오히려 사로잡혀 있는 것이 더 익숙하고 편하게 생각되었다. 더욱이 거기에 그들의 희생양이 없다면 혼돈의 잠재적 가능성만 있을 뿐이다. 왜냐하면 로마를 대항할 그들의 폭력을 투사할 채널이 없다면 공동체 안에서 통제할 수 없는 방식으로 폭력은 분출될 것이다. 이와 같이 예수님의 축귀는 로마 제국 안에 사람들을 사로잡고 있는 억압의 영에 대해 특별히 도전할 뿐만 아니라 희생양을 요구하는 폭력의 영에 대해서도 도전한다.[30]

체드 마이어즈(Ched Myers)에 따르면, 마가복음에는 이 축귀 사건이 회당에서의 예수님의 축귀(막 1:21~28) 사건과 병행구를 이루면서 제시되는데, 세상 권세들에 대한 예수님의 도전의 시작을 나타낸다. 마가복음에서 예수님은 그의 사역이 세상의 통치자들과 권세들에 대항하는 일임을 강조하시면서 이러한 두 축귀 사건과 관련하여 그의 사역의 '장'(space)을 마련하신다. 예수님께서 회당에 나타나셨을 때 – 그곳은 종교적 권위자의 제도적 공간이었다 – 귀신이 나타나 그분의 거룩한 이름을 부르며 다스려 주시기를 간청한다. 유사하게 예수님께서 처음 이방인의 땅에 나타나셨을 때도 로마 제국주의의 권세를 대표하는 사탄이 다시 나타나서 그의 이름을 부르며 다스려 주시기를 구하고 있다. "거기 존재하는 권세자들"은 예수님께서 그런 현상에 대해 취하신 위협을 인지하면서 즉각적으로 그들의 권위 아래 그분의 모든 사역을 두려고 했다. 두 가지 예에서 예수님께서는 이 귀신의 권세를 상징적이며 정치적 행위로서 쫓아내셨다. 마이어즈는 다음과 같이 주장한다.

군사적 용어를 통해 풀어내면서 [이 두 축귀 사건은] 로마 제국의 팔레스틴 성채의 상징적 방어선을 결정적으로 깨뜨리신다. 서기관 제도(scribal establishment)와 이스라엘의 로마 주둔군의 정치적이고 관념적인 권위 - 당시 식민지의 공동 통치의 두 가지 중심 요소였다 - 가 거부되고 있다. 내러티브의 공간은 유대인과 이방인에게서 온전히 시작된 왕국의 사역을 위해 깨끗하게 정비되었다.[31]

예수님의 사역의 가장 중심에는 이렇게 축귀 사역이 있었다. 그것은 육체적이고 영적 차원에서 사람들을 노예로 만들어 버린 정치적이고 제도적인 권력을 포함하여 그들을 사로잡아 버린 권세들로부터 사람들을 자유롭게 하는 것이었다.

초대교회는 예수님의 사역에서 축귀의 중요성을 잘 이해하고 있었으며, 그들의 삶 가운데서 그것을 수행하였다. 축귀는 귀신에 사로잡힌 개인을 위한 특별한 예식이었을 뿐만 아니라 세례 의식의 기본적 측면이 되었다. 공동체 식사(community meal)는 권세자에 대해 계속되는 저항의 행위로서 예수님의 식탁 교제를 진척시키고 있었다. 그렇게 해서 교회 공동체에 들어오는 입교 의식에는 '지배 체제'에 사로잡혀 있음으로부터 사람들을 자유롭게 하는 예수님의 축귀 사역이 수행되었다. 초대교회는 '세상'(kosmos)이 하나님과 반대 입장에 있다고 이해했다.[32] 그리스도인들은 광야에서 마귀가 세상의 모든 왕국을 "내게 넘겨준 것이므로"라고(눅 4:6) 예수님께 했던 말을 기억하고 있었다. 요한일서 기자가 초기 그리스도인 공동체의 통찰력을 잘 요약해 준다. "온 세상은 악한 자 안에 처한 것이며"(요일 5:19b). 결과적으로 세례를 통해 새로운 창조 가운데서 다시 태어난 신자는 먼저 사탄의 권세 - 그것의 완전한 형태는 '지배 체제'인데 - 를 그들 안에서 거절하여 쫓아내야만 했다.

　세례를 받은 후에도 정례적으로 축귀 행동이 이어졌는데 극적인 형식에서가 아니라 공동체의 계속되는 기도 생활 가운데서 주어졌다. 윌리엄 스트링펠로우가 지적한 대로 주님의 기도는 그 자체가 축귀의 행위이다. "반복해서 주님의 기도문을 암송하거나, 아니면 예배의 자리에서 그것을 암송하는 많은 사람들이 그것을 인식하든, 그렇지 않든지 간에 기도 끝부분에서 하나님의 이름을 부르며 "모든 악에서 구하옵소서." 혹은 "악한 이로부터 구하옵소서."라고 기도하는 것은 축귀 행위를 구성한다."[33] 교회는 세상의 통치자들과 권세들에 저항하는 살아 있는 대안 공동체로 그 자신을 이해하고 있었다. 이와 같이 교회는 그것을 둘러싸고 있는 사회의 "집단적 사로잡음"에 속박되지 않고 자유를 누리며 살기 위해 계속해서 투쟁해야만 했다.[34]

　예수님의 축귀 사역과 같이 그분의 치유 사역 역시 개인을 위한 행동이었을 뿐만 아니라 세상에서 역사하는 죽음의 권세에 대한 도전을 나타내는 보다 깊은 차원을 포함한다. 그러한 죽음의 권세는 육체적인 차원에서 역사할 수도 있고, 사회적인 차원에서 역사할 수도 있다. 예수님께서는 그의 치유 사역을 통해 사람들의 육체적 건강을 회복시켜 주시기도 하시고, 이방인들과 정결치 못한 사람들을 공동체와 사회 가운데 세우시는 회복을 주시기도 하셨다. 예컨대 예수님께서 한센병환자를 만지셨을 때 그분은 지금 공동체로부터 분리되어 있음으로 인해 많은 사람들에게 살아 있으나 죽은 것과 같이 되어 버린 배제의 시스템에 도전하셨다.

　비슷하게 예수님께서 야이로의 집에 가실 때 길에서 혈류병(유출병) 걸린 여인이 예수님을 만짐으로 고침받은 사건을 통해 여정이 잠시 멈추어졌을 때 예수님은 지배와 종속이라는 시스템에 기초한 전체 사회 질서를 저지하고 계셨다(막 5:21~43). 여인의 치유는 육체적 차원뿐만 아니라 영적 차원에서 이루어졌다. 그 여인을 위해 멈춰 서신 다음에 예수님께서는 사회적으로, 종교적으로 뛰어난 사람인 회당장에게 우선권을 주지 않고, 궁극적 주변인 – 종교적으로, 경제적으로, 사회적으로 – 인 그 여인에게 우선권을 주신다. 예수님께서는 그녀가 자신의 스토리를 말할 수 있는 공간을 활짝 열어놓으셨고, 그의 믿음을 통해 그녀는 자신의 치료를 이루었다고 선언하신다. 주님은 믿음의 공동체의 온전한 일원이 되었다고 확인해 주시면서 그녀를 '딸'이라고 부르셨다. 또한 그녀를 믿음의 본보기로 삼으셨는데 모든 사람들과 회당 관계자들이 본받아야 할 대상으로 제시하신다. 나중 말씀에서 나오는 야이로의 딸이 죽음에서 살아난 것처럼 사실 그 여인도 죽음으로부터 일어난 것이었다. 이 세상의 죽음의 복합적 권세 위에 계시는 그러한 권위는 예수님의 치유의 근본적인 중요성이었다. 그러한 치유 사건에서 하나님의 다스리심은 권세자들에게 도전하고 계셨다.

요한복음은 나사로를 살리신 기사에서 예수님의 치유의 중요성을 보여주는데, 그것은 복음서에서 예수님의 치유의 절정을 잘 보여준다(요 11:1~44).[35] 이 기사에서 예수님께서는 그의 모든 치유 사역에 함축되어 있는 것 – 죽음의 권세 위에 있는 그분의 권위 – 을 드러내신다. 추가적으로 이 기사를 통해 죽음의 권세 위에 있는 예수님의 권세의 정치적 함축 의미가 분명해진다. 죽은 나사로를 살리신 결과로 당국자들은 예수님과 나사로를 모두 죽이려고 했다(요 11:53, 12:10). 얼핏 보기에 이러한 반응은 아주 이상하게 느껴진다. 죽음의 세력에 대한 예수님의 권세는 모든 사람들에게 분명 복된 소식이 되었다. 그러나 1장에서 언급한 것처럼 죽음은 세상 권세자들의 가장 궁극적인 제재(the ultimate sanction)였다. 예수님께서 죽음을 다스리시는 그분의 권세를 드러내시면서 나사로를 일으키심으로, 권세자들이 사람들 위에 군림하여 휘두르는 궁극적 제재를 제거하셨다. 사람들이 더 이상 죽음을 두려워하지 않는다면 세상 권세자들은 그들의 궁극적 통제 수단을 상실하게 된다. 진정한 자유는 가능성이 된다. 이와 같이 처음 제자들이 예수님의 '부활'을 전했다는 것 때문에 체포되었다는 것은 놀라운 일이 아니다(행 4:1~3). 권세자들에게는 죽은 자의 부활보다 더 큰 위협은 없었다. 그래서 그들은 (어리석게도) 이러한 방식으로 권세자들을 위협하는 그분을 죽음으로 몰아넣었다.

예수님의 사역은 이렇게 세상의 통치자들과 권세자들을 향한 전적인 도전과 대안을 포함하고 있었다. 권세자들의 마수로부터 자유롭게 사셨으며, 지배와 죽음의 방식에 대한 급진적 대안을 정립하셨다. 윙크는 그것을 다음과 같이 요약하고 있다.

> 예수님의 사역을 다시 돌아보면 기운을 돋우는 맑음과 함께 배어나오는 것은 그분의 비전의 포괄적 특징(comprehensive nature)이다. 그는 낡은 옷에 새로운 조각을 갖다 붙이고 새 포도주를 낡은 부대에 넣는 것에 열중하지 않았다(막 2:21~22). 그는 율법을 잘 읽어서 거기에서 어떤 대안을 가져오려고 했던 개혁자가 아니었다. 억압적인 권세를 다른 어떤 것으로 바꾸려고 했던 혁명가도 아니었다(막 12:13~17). 그는 혁명 너머에서 행동하고 계셨다. 그분은 억압 그 자체의 기본 전제(presupposition)와 구조(structure)에 대해 맹렬하게 비난하셨다.[36]

예수님께서 깊은 차원 그 자체만으로 권세자들을 위협하셨기 때문에 그들은 예수님을 대항하는 행동을 할 수밖에 없었고, 그들의 생존과 존재하는 지배를 위협하는 그러한 행위에 대해 가만히 앉아서 허락할 수는 없었다. 결과적으로 그들은 예수님을 반대하기 시작하며 그들의 근본적인 행동 양식인 폭력의 수단을 사용하여 그를 죽이려고 한다. 그러나 그의 죽음을 통해 예수님께서는 실제로 그 권세자들에 대한 가장 심오한 도전 – 폭력을 늘 그들의 방책으로 삼는 것에 대한 도전 – 을 수행하신다.

## 십자가와 세상 권세들

헤롯의 권력 유지를 위해 생명의 위협을 받으셨던 출생으로부터 예수님을 사람들이 낭떠러지로 끌고 가 그곳에서 떨어져 죽게 하려고 했던 나사렛에서의 그의 첫 설교에 이르기까지, 그리고 그에 대한 마지막 음모가 진행되게 했던 나사로의 치유에 이르기까지 권세자들은 예수님을 죽일 방도를 계속해서 찾고 있었다. 그들의 권력 유지와 지배가 위협을 받을 때 권세자들은 거기에 대해 하나의 궁극적인 응답을 제시하는데, 그것은 폭력과 죽음을 통해 그 위협을 제거하는 것이었다. 예수님도 예외는 아니었다.

십자가 처형은 세상의 통치자들과 권세들의 작품이었다.[37] 신약성경은 이 점을 아주 많은 곳에서 다루고 있다. 복음서에서 심원한 실재는 예수님의 죽음에 대해 단순화하여 어떤 개인이나 그룹에 책임을 물을 수 없다. 보다 큰 것이 작용하고 있었다. 예를 들면 빌라도는 예수님이 어떤 중대한 범죄를 자행했다는 것을 찾지 못하였기 때문에 그분을 풀어주려고 했다. 예수님의 죽음에 대해서 "손을 씻으려고" 했다. 그럼에도 불구하고 그는 예수님의 십자가형을 승인한다. 그는 그의 강함보다는 약함을 통해 거기에 공모하고 있었다. 그의 직위를 침해하는 정치적 권세가 그를 사로잡고 있었으며 그는 그것에 사로잡혀 가고 있었다. 그의 직위를 유지할 수 있는 모든 가능성을 점치고 그의 통치를 계속하기 위해서였다.

심지어 극단적으로 단순화시켜 종교지도자들에게 책임을 돌릴 수도 없었다. 의심할 바 없이 종교지도자들은 예수님의 십자가 처형에 결정적 역할을 하였다. 그러나 그들은 자신들보다 더 큰 제도와 세상 권세에 사로잡혀 있었다. 그것들은 빌라도와 같이 개인에게 작용한 것처럼 그들이 섬기는 제도의 하수인들에게도 작용한다. 귀신에 들린 사람은 자신을 넘어 "집단의 영"(mob spirit)이었는데, 그것은 군중을 사로잡았고 예수님을 십자가에 못 박으라고 소리지르게 했다.[38] 전체 예수님의 수난 내러티브에는 개인을 넘어선 어떤 것이 작동하고 있으며, 세상의 죽음의 영이 예수님을 십자가 처형으로 나아가게 만드는 사건을 격려하고 있었다. 사도 바울은 예수님의 죽음에 대한 권세자들의 역할에 대해 종합적으로 잘 설명하고 있다. "이 지혜는 이 세대의 통치자들이 한 사람도 알지 못하였나니 만일 알았더라면 영광의 주를 십자가에 못 박지 아니하였으리라"(고전 2:8).

권세자들이 예수님에게 접근하여 활동할 때도 그분은 명시적으로, 그리고 지속적으로 그들의 폭력적 방식으로 그들에게 응답하지 않으셨다. 예수님은 군대를 동원하는 방식도 거부하셨으며 보다 강력한 폭력적 지배의 방식으로 그 폭력적 지배와 싸우기를 거절하셨다. 예수님께서는 의도적으로 비폭력의 방식을 선택하신다. 왜냐하면 이 세상에서의 하나님의 통치 – 하나님의 평화의 목적 – 는 폭력적 수단으로 성취될 수 없기 때문이다. 더군다나 예수님께서 폭력적 방식의 선택을 거부하신 것은 결국 십자가형으로 이어지지만 그것은 세상의 권세에 대한 가장 심원한 도전이었으며 하나님의 통치를 결정적으로 증언하시고 구현하신 것이었다.

앞에서 언급한 대로 예수님께서 폭력과 지배의 방식을 택하시기를 거부하신 것은 광야에서 마귀에게 시험을 받으실 때부터 시작되었다. 마귀는 예수님께 만약 '지배 체제'의 방법과 수단을 단지 취하기만 한다면 세상의 모든 왕국을 주겠다고 했다. 그러나 예수님께서는 그 제안을 과감하게 거절하셨다. 후에 사탄은 가이샤랴 빌립보에서 예수님께서 처음으로 수난을 예고하셨던 바로 그 순간에 정확하게 다시 나타나는데, 그의 모습을 드러내지 않은 채 베드로라는 인물을 통해 그 모습을 드러낸다(막 8:31~33). 십자가에 달리신 메시야에 대한 관념은 아무리 생각해도 이해할 수 없는 일이었다. 많은 사람들은 승리하신 군사적 메시야를 기대하고 있었다. 십자가에 메시야가 달린다는 것은 달라도 너무 다른 캐릭터였다. 그래서 예수님께서 당대의 권세자들에게 죽임을 당하실 것이라는 말씀에 베드로는 예수님을 붙들고 항변했다. 그러나 예수님께서는 "사탄아, 내 뒤로 물러가라."고 말씀하시면서 베드로를 꾸짖으신다. 군사적 옵션을 취하라는 시험이 베드로를 통해서 그 머리를 드러내고 있었는데 사실 베드로는 실제로 사탄이라고 칭해질 수 있는 '지배 체제'에 깊이 사로잡혀 있었다. '지배 체제'의 정신은 실로 광범위하고 완전하게 그 둥지를 틀고 있어서 심지어는 예수님의 제자까지도 지배와 폭력의 방식에 대한 대안을 생각할 수 없게 만든다. 그러나 여기에서 광야에서와 같이 예수님께서는 그 유혹에 대해 거부하시면서 다른 길을 택하신다.

수난 내러티브 그 자체가 폭력의 길에 대한 예수님의 거절과 통치자들과 권세들에 대한 그분의 도전을 추적하고 있다. 예를 들어 수난 내러티브 시작 부분에서 예수님께서는 겸손하게 나귀를 타시고 예루살렘에 승리의 입성을 하신다. "길거리 연극"(street theater)에서 공연된 정교하게 편성된 작품에서 예수님께서는 권세와 지배에 대한 세상의 이해와 메시아에 대한 종교 공동체의 기대에 대한 도전도 함께 담아내는 패러디를 보여준다.[39] 그리고 예수님께서는 사람들이 예루살렘의 해방을 위한 마지막 전투가 있을 것으로 기대하였던 전통적인 지점인 감람산에서부터 그 여정을 시작하신다. 이 전통적 지점으로부터 예수님께서는 그분의 '마지막 출정'을 시작하신다. 그러나 그러한 규정을 따라 행동하기 시작했을 때 일들은 아주 이상하게 진행된다. 예수님께서 추구하셨던 규정은 전쟁을 위한 무기가 아니라 당나귀와 망아지였다. 예수님은 무장하지 않으신 채로 당나귀를 타시고 예루살렘에 입성하시는데 사실 그분은 그 기이한 행동을 통해 그 도성을 접수하신 것이다.

결국 예수님께서 그 도성에 들어가셨을 때 승리하고 오는 국가적 영웅을 위한 거창한 군사적 행진의 모든 덫을 오히려 즐기셨다. 사람들은 그 사건에 온통 사로잡혀 있었고 승리의 군사적 리더가 기대하는 모든 것을 행하고 있었다. 그들은 존경과 찬사의 상징으로 예수님이 나아가시는 길에 종려나무 가지와 겉옷을 펼쳤다. 그리고 그들은 "호산나! 주의 이름으로 오시는 자에게 복이 있도다." "하나님이 구원하신다." "왕 만세!"라고 외쳤다. 예수님께서는 환호하는 군중 사이를 지나 당나귀를 타고 가셨다.

그러나 그 모든 시간에 그분은 세상의 권세자들과 지배자들, 권력자들의 생각을 어렵지 않게 파헤치고 있다. 그의 연극(theater)은 정치적 풍자의 뛰어난 한 작품이었다. "승리의 입성"을 통해 예수님께서는 세상의 모든 권세자들과 영광과 지배를 누리기 위한 그들의 허식을 비아냥거리고 있으며, '지배 체제'의 방식에 대안을 설정하신다. 그분은 그의 권위를 통해 다른 사람을 지배하는 왕으로 오신 것이 아니라 지배를 거절하시고 다른 사람을 섬기시는 종으로 오셨다. 허세를 부리는 부자로 오신 것이 아니라 가난한 자와 자신을 동일시하는 분으로 오셨다. 그는 능력 있는 전사로 오신 것이 아니라 폭력에 의존하기를 거절하시는 분으로 오셨다. 예수님께서는 그 도시의 한복판에서 전복적이면서 비폭력적인 하나님의 통치를 구체화시키고 계셨다.

수난 내러티브의 마지막 부분에서 예수님께서는 이와 동일한 행로로 계속해서 나아가신다. 스토리가 진행되는 동안 예수님께서는 명시적으로, 그리고 반복적으로 군사적 선택을 거절하신다. 이 세상에 하나님의 뜻을 펼쳐 가시면서 폭력의 사용을 거절하신다는 의미였다. 당연히 "저항해야 했던" 체포되시던 필연적인 순간에도 예수님께서는 그러한 선택을 거절하신다. 예를 들어 마태복음에는 한 제자가 칼을 들어 대제사장의 종의 귀를 베었을 때 오히려 예수님께서 그 제자를 꾸짖으시며 말씀하신다. "네 칼을 도로 칼집에 꽂으라. 칼을 가지는 자는 다 칼로 망하느니라." 그것은 예수님께서 폭력의 방식을 취할 수 없어서 그리한 것이 아니었다. 다음 구절에서 주님은 계속해서 그렇게 말씀하신다. "너는 내가 내 아버지께 구하여 지금 열두 군단 더 되는 천사를 보내시게 할 수 없는 줄로 아느냐? 내가 만일 그렇게 하면 이런 일이 있으리라 한 성경이 어떻게 이루어지겠느냐?"(마 26:51~56) 예수님께서는 이렇게 의도적으로 비폭력의 방식을 선택하셨다. 왜냐하면

하나님의 목적은 폭력적 수단을 통해 이루어질 수 없기 때문이다.

재판을 받으시면서 예수님께서는 하나님의 방법을 추구하셨고, 폭력적 수단을 사용하는 것을 거절하신다. 요한복음에서는 그가 유대인의 왕인지를 묻는 빌라도의 질문에 대해 이렇게 대답하신다. "내 나라는 이 세상에 속한 것이 아니니라. 만일 내 나라가 이 세상에 속한 것이었더라면 내 종들이 싸워 나로 유대인들에게 넘겨지지 않게 하였으리라. 이제 내 나라는 여기에 속한 것이 아니니라"(요 18:36). 예수님께서는 이 세상에 속하지 않은, 하늘 어디엔가 있는 '영적' 왕국을 주장하려고 하셨던 것이 아니었다. 오히려 예수님께서 "이 세상에 있지만 세상에 속하지 않은" 왕국을 선언하셨다. 그분은 그의 권세가 세상의 권세가 의존하는 폭력 위에 기초를 두지 않았다는 사실을 선언하신다. 사실 폭력과 비폭력 사이의 차이는 '이 세상의 왕국'과 예수님께서 시작하신 통치 사이에 존재하는 중심적인 차이였다.

결국 십자가 그 자체는 권세와 지배에 대한 세상적 이해를 완전히 전복시키신 사건이었다. 예수님의 왕관은 가시 왕관이었다. 그가 입으신 옷은 조롱받으신 이유 중의 하나였다. 그의 왕좌는 십자가였다. 복음서에서 가장 심원한 아이러니 가운데 하나는 십자가에 달리셨을 때 그의 머리 위에 붙은 명패에 "유대인의 왕"이라고 쓰여 있었다는 점이다. 그 희생자는 보좌에 앉으신 것이다. 세상의 불의의 희생자는 역설적인 지배자였다. 어떤 대가를 지불해서든지 자신들의 권력과 지배를 유지하려는 권세자들의 추구 때문에 희생당한 사람이 사실 진정한 군주였다. 권세자들의 폭력은 하나님께서 규정하신 것을 통해 완전히 전복되는데, 그것은 폭력을 행사하는 사람들을 통해서가 아니라 그것의 희생자가 되신 분을 통해 규정하셨다. 더 이상 그러한 희생양, 부당한

폭력은 세상에서 하나님의 제재를 요구할 수 없게 되었다.[40]

더욱이 그의 '보좌'에 매달려 예수님께서는 '지배 체제'에 대한 그의 궁극적이고 가장 완전한 저항을 구체적으로 구현하시는 말씀을 하신다. "아버지, 저들을 사하여 주옵소서. 자기들이 하는 것을 알지 못함이니이다"(눅 23:34). 이 말씀을 통해 예수님께서는 가장 깊은 차원에서 세상의 권력자들의 지배의 '영'에 저항하셨다. 비폭력적인 저항도 다른 사람들 '위에' 군림하는 승리를 추구한다면 그 지배에 참여할 수 있지만, 그러나 그것은 예수님께서 여기에서 거절하지 못하실 만큼의 다른 사람들 위에 있던 바로 그 승리였다. 그분은 사람들과 싸우신 것이 아니라 사람들을 사로잡고 그들을 지배의 공범이 되게 만드는 세상의 권력과 싸우셨는데, 그들은 종종 그들이 무엇을 행하고 있는지도 잘 인식하지 못하고 있었다. 에베소서 6장 12절의 말씀에서와 같이 예수님의 싸움은 "혈과 육을 상대하는 것이 아니요, 통치자들과 권세들"을 상대로 한 것이었다. 그래서 비폭력적 저항의 절정의 순간에 십자가 위에서 예수님께서는 십자가 처형에 참여하고 있던 바로 그 대적들을 용서하시고 그들과의 화해를 구하고 계셨다. 다른 사람들을 반대하고 지배하는 방식으로 비폭력적 저항을 사용하는 것까지도 결국에는 거절하신다. 그의 저항의 목적은 세상의 권세자들에게 사로잡힘과 공모로부터 사람들을 해방시키시는 것이었다. 그분의 목표는 서로 화해하고 권세자들로부터 자유롭게 사는 사람들의 공동체를 세우는 것이었다. 십자가에서의 그분의 말씀을 통해 예수님께서는 비폭력적 저항까지도 지배의 영으로부터 자유롭지 못하다는 사실을 우리에게 상기시키신다. 또한 다른 사람을 지배하려고 드는 어떤 형태의 저항도 거부하신다. 십자가 위에서 예수님께서는 지배자들의 정치적, 제도적 표명

(manifestations)에 대해 저항하셨을 뿐만 아니라 우리들 안에 생생하게 존재하고 있고 세상 권세 안에 가장 깊이 사로잡힘을 만들어 가는 지배의 '영'에 대해 저항하셨다.[41]

얼핏 보기에는 본인이 기술했던 정신과 대조되는 것 같은 구절을 골로새서 기자를 통해서 듣게 되는데 그는 예수님께서 십자가에서 세상 권세를 이기셨다고 선포한다. 골로새서 2장 15절에서 우리는 예수님께서 "통치자들과 권세들을 무력화하여 드러내어 구경거리로 삼으시고 십자가로 그들을 이기셨느니라."고 전한다.[42] 역설적이게도 이것은 전쟁에서 승리하고 정복한 군대와 백성들을 이끌고 거리를 행진하는 개선 행진의 이미지이다. 이제 적들은 '무장 해제'가 되었고 그들의 패배를 공적으로 인정하는 본보기를 보여준다. 그러나 이러한 군사적 지배를 머리에 쏙 그려내도록 가르치면서 골로새서 기자는 이 승리가 바로 '십자가 위에서' 일어난 것임을 단언한다. 군사적 옵션을 취하기를 거절하신 십자가의 죽으심을 통해 예수님께서는 생명의 방식으로 죽음의 권세를 이기셨다.

예수님의 십자가의 죽음은 권세자들의 거짓과 주장을 폭로하신다. 그들은 – 비록 맹목적인 숭배를 요구하는 그들의 요청에도 불구하고 – 결코 하나님께서 세우신 세상의 대리자가 될 수 없음을 드러내신다. 그들은 세상에서 생명의 대리자들이 아니라 하나님의 방법에 대항하는 자들이며 죽음의 조달자들(purveyors)이다. 십자가 위에서 우리는 죽음의 권세자들로 우리 앞에서 사실적이고 공적으로 '행진하는' 세상의 통치자들과 권세자들을 보게 된다. 그리고 그것은 공적으로 그 방식을 드러내지만 권세자들은 실제적으로는 '무장 해제' 되었다. 그러나 그들은 더 이상 우리를 미혹시키지 못한다. 왜냐하면 그들이 자신들의 통치를 유지해 왔던 '도구'(mirrors)가 제거되었기 때문이다. 그들은 이제 그들의 약속과 주장으로 우리를 속이지 못한다. 왜냐하면 우리는 그들의 진면목을 보았기 때문이다. 그들은 이제 곤룡포가 없는 황제가 되었다. 그들의 마수와 권세로부터 자유롭게 되기 시작했다. 십자가 위에서 예수님께서는 '이미' 세상의 권세를 이기셨으며, '지배 체제'의 노예가 되었던 것으로부터 인간을 자유롭게 하셨다. 폭력과 지배의 방식에 묶여 있던 우리를 이제 해방시키셨다.

마틴 루터 킹 목사의 비폭력적 운동은 골로새서 기자가 주장한 것을 구체적으로 볼 수 있게 해 주는 실례이다. 백인 권력자들이 행진하는 사람들에게 물 호스를 들이대고 경비견을 풀어놓았을 때 – 그 장면은 텔레비전을 통해 크게 보도되었다 – 백인 인종차별주의의 실상이 사실적으로, 그리고 공개적으로 드러나고 있었고, 그들은 모든 미국인들 앞에서 '행진'하고 있었다. 예수 그리스도의 복음에 깊이 몰두했던 킹 목사는 지금 그들이 행하고 있는 것을 정확하게 알고 있었다. 그리고 그는 크게 외쳤다. "그들로 하여금 그들의 개를 취하게 하고 호스를 잡으라고 하라. 우리는 그들의 하나님과 피를 뿌리는 세상 앞에 그들을 서게 하리라. 또한 그들로 흑인 형제들의 악취를 맡게 하리라." 그는 계속해서 말한다. "이 이슈를 표면에 드러나게 하고 모두가 그들을 볼 수 있는 공개적인 곳에 그들이 드러나게 하는 것"이 필요하다.[43] 그리고 킹 목사의 행진은 어느 정도는 성공적이었다. 일단 노출이 되기 시작하자 많은 사람들 위에 군림하던 인종우월주의의 권세는 그 힘을 잃어가기 시작했다.

이것이 십자가 위에서 일어난 일이었다. 예수님께서는 권세를 노출시키셨고, 그러한 노출과 함께 우리가 골로새서에서 읽게 되는 것처럼 그들을 무장 해제시키셨고, 그들의 손아귀로부터 그들을 해방시키셨다. 길 베일리(Gil Bailie)가 쓰고 있는 대로 "주님의 십자가의 죽으심은 사탄의 권세를 결정적으로 드러내 무너뜨리셨으며 역사적 새 장을 활짝 열어놓으셨다. 그 새로운 장에서 이 권세자들 – 그것들 위에 기초한 사회적, 심리학적 구조 – 은 점차적으로 합법성을 잃어가게 되었으며, 십자가에 달리신 분은 점점 모든 사람들을 그에게로 이끌어 내신다."[44]

예수님의 십자가에서 죽으심은 세상의 통치자들과 권세자들에 대한 비폭력적 저항의 행위였다. 그것은 예수님께서 세상 권세로 인해 어려움을 당한 희생자와 유대감을 가지고 함께하시는 저항의 행동이었다. 십자가의 길은 통치자들과 권세자들에 대해 반대하는 길이다. 거기에서 예수님께서는 권세자들의 맹목적인 요구뿐만 아니라 그들의 권력 유지와 통치를 확고히 하기 위한 폭력 의존에 대해서도 도전하신다.[45] 예수님께서 제자들에게 "자기 십자가를 지고 나를 따르라."고 말씀하셨을 때, 그분은 교회가 이 비폭력적 저항의 길을 따라 나아가도록 부르신 것이다. 예수님께서는 삶의 짐을 지는 것과 자기 부정을 실천하라고 부르셨을 뿐만 아니라 '지배 체제'에 저항하는 방식을 따라 살라고 부르셨다. 그분은 수동적으로 폭력을 받아들이면서 살거나 남용하면서 살라고 우리를 부르신 것이 아니라 그들의 폭력적 수단을 의지하지 않으면서 적극적으로 지배의 권세에 저항하도록 부르셨다.[46] 예수님께서는 고난 자체를 위하여 고난을 당하며 살라고 우리를 부르신 것이 아니라 폭력의 희생자들과 깊은 유대감을 가지고 설 때, 그리고 그들의 억압에 대해 비폭력적 저항에 관여하게 될 때 초래하게 될 고통을 감내하라고 우리를 부르셨다. 십자가에서 권세자들을 폭로하심으로 예수님께서 이러한 제자도를 따라 살도록 우리를 자유롭게 하실 첫걸음을 떼어놓으셨다.


## 부활과 세상 권세들

우리가 에베소서 1장 20~23절에서 읽는 대로 예수님께서는 십자가에서뿐만 아니라 부활하심을 통해 권세자들을 이기셨다. "그의 능력이 그리스도 안에서 역사하사 죽은 자들 가운데서 다시 살리시고 하늘에서 자기의 오른편에 앉히사 모든 통치와 권세와 능력과 주관과 이 세상뿐 아니라 오는 세상에 일컫는 모든 이름 위에 뛰어나게 하시고." 골로새서 1장 15절과 같이 여기에서 다시 예수님께서 세상의 권세자들을 '이미' 이기셨음이 강조된다. 그러나 말씀에는 예수님의 승리가 그의 십자가에서 죽으시는 순간에 이루어진 것이 아니라 그의 부활과 승천의 순간에 이루어졌음이 강조된다. 그가 죽은 자들로부터 부활하셨을 때 예수님께서는 죽음의 권세를 이기시고 그들 "보다 위에" 자리를 잡고 계신다. 그분은 지배와 죽음의 수단을 통해서가 아니라 새로운 생명의 힘을 통해 모든 권세를 이기신다.

십자가에서 죽으심이 권세자들의 거짓과 겉치레를 노출하셨다면, 부활은 그들의 궁극적인 제재와 위협을 다룬다. 죽음의 권세는 이제 극복되었으며 죽음은 이제 그 쏘는 것을 상실했다(고전 15:54~57). 십자가에서 죽으심이 권세자들과 그들의 요구에 관한 망상으로부터 우리를 자유하게 하셨다면 부활은 우리를 죽음의 공포로부터 자유하게 한다. 권세자들은 이제 더 이상 그들의 길이 생명의 길이라고 생각하도록 우리를 속이지 못하게 되었을 뿐만 아니라 그들의 궁극적인 제재인 죽음으로 우리를 위협할 수 없게 되었다. 부활은 십자가의 길을 하나님의 방식으로 확증해 줄 뿐만 아니라 우리가 "십자가를 지는 것"과 주님을 따르는 것을 방해하던 죽음의 공포로부터 교회를 자유롭게 한다. 십자가에서 죽으심과 부활을 통해 예수님께서는 '이미' 세상 권세를 이기셨으며, 사로잡힘으로부터 교회를 자유하게 하신다. 주님께서는 그리스도인들이 바로 여기에서 살 수 있는 새 창조를 이미 시작하셨다.[47]

그러나 세상을 간단하게 살펴보면 드러나는 것과 같이 그것이 전체적인 스토리는 아니다. 십자가와 부활을 통해 궁극적인 승리가 이루어졌지만 권세자들은 세상에서 마치 부상당한 짐승이 격렬하고도 폭력적으로 날뛰는 것과 같이 죽음의 일들을 계속해서 도모하고 있다. 표면적으로는 십자가와 부활은 아주 작은 부분만 변화시킨 것처럼 보이며 새 창조는 아주 멀리 있는 것처럼 보인다. 그렇지 않았다면 요한계시록이 잘 그려주고 있는 대로 권세자들의 분노는 예수님의 사역을 통해 더 거세졌을 것이다.

> 내가 또 들으니 하늘에 큰 음성이 있어 이르되
> 이제 우리 하나님의 구원과 능력과 나라와
> 또 그의 그리스도의 권세가 나타났으니
> 우리 형제들을 참소하던 자
> 곧 우리 하나님 앞에서 밤낮 참소하던 자가 쫓겨났고
> 또 우리 형제들이 어린양의 피와
> 자기들이 증언하는 말씀으로써 그를 이겼으니
> 그들은 죽기까지 자기들의 생명을 아끼지 아니하였도다
> 그러므로 하늘과 그 가운데에 거하는 자들은 즐거워하라
> 그러나 땅과 바다는 화 있을진저

이는 마귀가 자기의 때가 얼마 남지 않은 줄을 알므로

크게 분내어

너희에게 내려갔음이라 (계 12:10~12)

믿는 자들을 향한 '지배 체제'의 영적 권세는 예수님의 죽으심과 부활을 통해 깨뜨려졌지만[48] 세상의 통치자들과 권세자들은 그들의 사망의 일을 계속하고 있다. 사람들은 여전히 권세자들의 손아귀에서 고통을 당하고 있으며, 권세자들을 의존하도록 만들며, 그들의 주장과 약속, 그리고 위협에 사로잡혀 살게 만든다. 제자도를 수행하는 것은 승리의 삶보다는 십자가를 지는 것과 같이 어렵기만 하다. 예수님의 권세를 따라 자유롭게 된 교회도 돌은 이미 굴러갔음에도 불구하고 죽음의 무덤 가운데서 머무는 방식을 선택하기도 한다. 사실 1장에서 언급한 대로 20세기의 공포는 세상의 통치자들과 권세자들에 대한 신약성경의 이해에 다시 관심을 기울이도록 하고 있다. 신학자들과 성서신학자들이 제시한 대로 예수 그리스도의 생애와 죽으심, 부활을 통해 시작된 새 창조는 '이미'(already)와 순전한 '아직'(not yet)의 특성을 가지고 있다.

이러한 '아직'의 특성은 고린도전서 15장 24~28절에 분명하게 나타난다. 그 말씀에 의하면 권세자들에 대한 예수님의 궁극적 승리는 하나님의 목적의 마지막 성취의 때인 '마지막'에 이루어질 것이다. "그 후에는 마지막이니 그가 모든 통치와 모든 권세와 능력을 멸하시고 나라를 아버지 하나님께 바칠 때라"(24절).[49] 하나님의 목적이 최종적으로 성취될 때 권세자들의 죽음의 방식은 마침내 무너지고 우리는 승리하게 될 것이다. 바울이 언급하고 있는 대로 분명하게 이 권세의 마지막은 죽음으로 다스려지게 될 것이며, 모든 권세의 일들 배후에 작용하고 있던 힘과 궁극적 실재, 제재 등은 그렇게 무너지게 될 것이다(고전 15:26). 바울이 제시하고 있는 대로 이미 십자가와 부활을 통해 승리가 주어졌음에도 불구하고 권세자들에 대항하는 몸부림은 계속되게 된다. 그리스도인들은 이러한 '이미'와 '아직' 사이에 존재하는 긴장 가운데서 살아간다. 즉, 그리스도인들은 함께 존재하는 '두 세계' - 예수 그리스도에 의해서 시작된 새 창조와 권세자들에 의해서 영속되고 있는 '지배 체제' - 가운데 존재하는 긴장 가운데서 산다. 스트링펠로우가 제시하고 있는 대로 기독교의 제자도는 새 예루살렘과 바벨론 사이에 존재하는 갈등을 추구하며 산다.[50] 모든 순간에서 그리스도인들은 자신의 십자가를 지고 새 창조의 "사회적 반전"을 삶으로 살아내도록 부름을 받았다.[51]

그러나 그리스도인들은 권세들이 마지막에는 구속을 받게 될 것이라는 약속의 말씀에 의지하며 그 긴장 가운데서 살아가면서 이러한 실천에 관여한다. 그것이 그리스도 안에서, 그리스도를 통하여, 그리고 그리스도를 위하여 지은 바 된 대로 권세자들은 궁극적으로는 변화될 것이며, 공동체 안에 인간 생명을 유지하도록 세움 받았다는 진정한 사명으로 돌아오게 될 것이다. 인간 존재는 스스로 변화되거나 권세들이 '기독교화'될 것이라는 크게 기대할 수 없는 상황에서도 우리는 하나님께서 그 권세를 변화시키시며 예수 그리스도를 통해 결국에는 그분의 역사를 이루실 것이라는 희망을 가지고 살아간다. 죽음의 권세에 대면하면서 이 약속에 더욱 견고하게 서서 교회와 특히 교회의 설교는 저항의 방식을 취하게 된다.

# 3장 미주

1 Walter Wink, *Engaging the Powers: Discernment and Resistance in a World of Domination* (Minneapolis: Fortress Press, 1992), 48.

2 예수님의 사역에 대한 나의 논의는 총망라한 것이라기보다는 제안적인 내용을 담고 있다. 예수님의 중심 활동인 설교와 가르침, 식탁 교제, 축귀, 치유 등의 예수님의 중심 사역이 세상의 통치자들과 권세들에게 완전한 도전을 제시한다는 방식을 강조하려고 했다. 이것은 예수님의 사역을 이해하는 유일한 방식이라는 것을 주장하려는 것이 아니다. 내가 그리려고 하는 그림과 반대되는 내용을 보여주는 성경의 말씀을 부인하는 것도 아니다. 그럼에도 불구하고 신약성경의 대부분은 내가 여기에서 탐구하고 있는 틀을 가지고 완벽하게 읽을 수 있다고 생각한다. 이 장의 많은 부분을 할애하고 있는 권세들과 대면하시는 예수님의 사역에 대한 보다 광범위한 설명을 위해서는 Walter Wink, *Engaging the Powers*, 107~37쪽과 Ched Myers, *Binding the Strong Man: A Political Reading of Mark's Story of Jesus* (Maryknoll, N.Y.: Orbis Books, 1988) 등을 참고하라. 유사한 강조를 하고 있는 최근의 설교학적 기독론에 대해서는 L. Susan Bond, *Trouble with Jesus: Women, Christology, and Preaching Jesus Christ: An Exercise in Homiletic Theology* (Philadelphia: Fortress Press, 1988)와 *The Mystery and the Passion: A Homiletic Reading of the Gospel Traditions* (Minneapolis: Fortress Press, 1992) 등을 참고하라.

3 Wink, *Engaging the Powers*, 9, 57, 58, 90.

4 스트링펠로우는 세상의 통치자들과 권세들에 대한 그리스도인의 저항은 역시 "아니요!"로부터 시작된다고 주장한다. William Stringfellow, *An Ethic for Christians and Other Aliens in a Strange Land* (Waco, Tex.: Word Books, 1973; 3d paperback ed., 1979), 155쪽을 보라.

5 예수님이 받으신 유혹에 대한 마태의 설명에서도 비슷한 내용이 나오지만 여기에서는 본인의 강조점을 따라 주로 누가의 기록을 사용하였다. 누가복음 4:1~13, 마태복음 4:1~11을 참고하라.

6 역주/ 개역개정판 성경에는 이것을 복수로 번역했다. 누가복음 4:3을 참고하라.

7 예수님은 사람들이 떡이 필요하지 않다고 말씀하신 것이 아니라 '오직' 떡으로만

사는 것이 아니라고 말씀하신다. 이 점에 있어서 예수님의 저항은 오늘날 세상에서 수많은 사람들이 대면하는 떡에 대한 합법적인 필요가 소용없다고 말씀하신 것이 아니었다. 생존의 여러 형태는 권세자들의 유혹과는 아주 다를 수 있다. 소비주의 사회와 존재의 상품화가 죽음으로 이끄는 방식에 대해서는 John. F. Kavanaugh, *Following Christ in Consumer Culture (Still)* (Maryknoll, N.Y.: Orbis Books, 1991), 3~19; 38~53쪽을 보라.

**8** 마귀의 시험의 순서는 마태복음과 누가복음을 비교해 볼 때 약간 다르게 나온다. 두 복음서에는 두 번째와 세 번째 시험이 서로 바뀌어 있다.

**9** 마귀의 성경 사용과 하나님을 자신의 최종 목적을 위해서 이용하라는 이 유혹은 다른 두 유혹을 밑받침하는 핵심 유혹이었기 때문에 누가에게 있어서 이것은 절정에 해당하는 유혹(climactic temptation)이다.

**10** 체드 마이어즈가 다소 다른 접근을 취하지만 그는 이러한 유혹이 자기 우상화의 가장 근본적인 방식 중의 하나라고 주장한다. Ched Myers, *Who Will Roll away the Stone? Discipleship Queries for First World Christians* (Maryknoll, N.Y.: Orbis Books, 1994), 140쪽을 보라.

**11** 이 부분은 윙크와 마이어즈의 연구에서 많은 부분을 가져왔다.

**12** 요한복음의 첫 장이 분명하게 제시하고 있는 것처럼 예수님의 말씀과 삶은 통일성을 이루고 있다. 예수님은 하나님의 말씀을 선포하셨을 뿐만 아니라 말씀 그 '자체'이셨다. 하나님의 말씀을 통하여 세상을 창조하신 것처럼(창 1장) 새 창조는 말씀을 통하여 세상으로 침입해 들어오신다(요 1장).

**13** Wink, *Engaging the Powers*, 112.

**14** 위의 책, 107~37. 이러한 질서의 경제적 측면을 강조하면서 체드 마이어즈는 하나님의 "위대한 경제"(Great Economy)라고 부른다. Myers, *Who Will Roll the Stone?*, 168~70쪽을 참고하라.

**15** 월터 윙크가 설득력 있게 주장한 대로 마태복음 5:38~42에 나오는 행동들("네 오른편을 치거든 왼편도 돌려대며", "속옷을 가지고자 하는 자에게 겉옷까지 가지게 하며", "억지로 오리를 가게 하거든 그 사람과 십리를 동행하고")은 수동성에서 나온 행동이 아니라 비폭력적 저항의 행동이다(Walter Wink, *Engaging the Powers*, 175~89).

**16** 이러한 경제적 차원에서의 실천은 비폭력의 필수적인 요소이다. 르네 지라르가 주장한 대로 탐욕적이고 겉치레의 경쟁과 욕망이 사회의 폭력의 핵심에 놓여 있다. René Girard, *The Girard Reader*, ed. James G. Williams (New York: Crossroad, 1996), 9~65쪽을 참고하라. 마태복음 6:19~34에서 예수님께서는 그러한 욕망을

하나님을 신뢰함으로 바꾸셨으며 하나님의 새로운 질서를 추구하신다. 역시 폭력과 삶의 일용품화에 대한 카바나의 논의를 참고하라. Kavanagh, *Following Christ*, 43~53.

17 초기 그리스도인들은 예수님의 새로운 질서가 가지는 희년의 특성을 잘 이해하고 있었다. 사도행전 2장과 4장은 초기 그리스도인 공동체가 가진 것을 함께 나누는 실천을 통해 그 실재 가운데 그 질서를 가져오려고 했던 방식에 대해 설명해 준다 (행 2:44~45, 4:32, 34~37).

18 오늘날 세상에서의 인종과 종교적 '소속'과 폭력의 관계성에 대한 뛰어난 설명을 위해서는 Michael Ignatieff, *Bold and Belonging: Journeys into the New Nationalism* (New York: Farrar, Straus and Giroux, 1995)을 보라.

19 Wink, *Engaging the Powers*, 110.

20 위의 책, 115.

21 위의 책.

22 최후의 만찬에서 예수님께서는 그를 배반하고 팔려고 했던 대적에게도 떡을 주신다. 그의 사역 가운데서 종교지도자들과도 식사를 함께하셨다. 이것은 실로 급진적인 식탁 교제였다.

23 Walter Wink, *Unmasking the Powers: The Invisible Forces That Determine Human Existence* (Philadelphia: Fortress Press, 1986), 59. 사탄의 권세에 대한 윙크의 완벽한 취급에 대해서는 *Unmasking the Powers*, 41~68쪽을 보라.

24 Myers, *Binding the Strong Man*, 143.

25 Wink, *Unmasking the Powers*, 59.

26 Myers, *Binding the Strong Man*, 141~42.

27 Stringfellow, *Ethic for Christian*, 144~46, 149~51

28 Myers, *Binding the Strong Man*, 143.

29 위의 책, 193.

30 여기에서 제시된 간략한 이 설명은 Wink, *Unmasking the Powers*, 43~50쪽에 나오는 보다 완전한 설명을 바탕으로 한 것이다. Myers, *Binding the Strong Man*, 190~94쪽에 나오는 설명도 함께 참고하라. 마이어즈가 "정치적 상징 행동"으로서의 축귀에 대해 관심을 기울이고 있는 반면에, 윙크는 이 사건에 대한 르네 지라르의 해석에서 끌어내면서 희생양 주제를 보다 완벽하게 발전시킨다. 그들의 입장 차이에도 불구하고 두 사람은 예수님의 축귀 현상이 가지는 정치적, 사회적 차원을 강조한다.

31 Myers, *Binding the Strong Man*, 194.

32 Wink, *Engaging the Powers*, 51~59.

33 Stringfellow, *Ethic for Christians*, 150. 마태복음 6:9~13을 보라.

34 "집단적 사로잡음"의 실재에 대해서는 Wink, *Unmasking the Powers*, 50~52, 64~68쪽을 보라.

35 Stringfellow, *Ethic for Christians*, 49.

36 Wink, *Engaging the Powers*, 136.

37 속죄에 있어서 승리자 그리스도 모델(Christus Victus model of the atonement)은 예수님의 죽음과 부활을 통치자들과 권세들과의 관련 하에서 다루고 있는 고전적인 관점이다. 여기에서 제시되는 본인의 해석은 이 모델의 일반적인 윤곽을 따랐다. 속죄에 대한 승리자 그리스도 모델에 대해서는 Gustaf Aulén, *Christ Victor: A Historical Study of th Three Main Types of th Idea of the Idea of the Atonement*, trans. A. G. Herbert (New York: Macmillan, 1931)를 참고하라. 승리자 그리스도 모델에 대한 현대적 취급에 대해서는 J. Denny Weaver, "Atonement for the Nonconstantinian Church," *Modern Theology*, 6 (July 1990): 307~23쪽과 Gayle Gerber Koontz, "The Liberation of Atonement," *Mennonite Quarterly Review*, 63 (April 1989): 171~92쪽을 참고하라.

38 권세와 "집단의 영"에 대해서는 Wink, *Engaging the Powers*, 9쪽을 참고하라.

39 "길거리 연극"에 대한 이미지는 Myers, *Binding the Strong Man*, 294쪽에서 가져왔다.

40 르네 지라르는 핍박자의 관점보다는 희생자의 관점을 지지하면서 복음의 스토리가 희생과 희생양 메커니즘에 대해 도전하고 있다고 주장한다. 이러한 지라르의 논의를 더 정확하게 살펴보기 위해서는 René Girard, "Mimesis and Violence," in *The Girard Reader*, 9~19쪽을 보라.

41 비폭력적 저항조차도 지배의 형태를 취하는 방식에 대해 통찰력 있는 논의를 살펴보기 위해서는 Jim Douglass, "Civil Disobedience as Prayer," in *Peace Is the Way: Writings on Nonviolence from the Fellowship of Reconciliation*, ed. Walter Wink (Maryknoll, N.Y.: Orbis Books, 2000), 149~52쪽을 참고하라.

42 예수님께서는 궁극적으로 세상 권세를 이기셨다. 그러나 여기에서 말하는 '승리'는 월터 윙크가 주장한 대로 지배를 위한 승리가 아니라 형질 전환(transformation)의 승리였다. 세상 권세자들에 대한 비폭력적 승리는 궁극적으로 그것의 본래의 소명을 회복시키신 것이다. Walter Wink, *Naming the Powers: The Language of Power in the New Testament* (Philadelphia: Fortress Press, 1984), 50~55. 추가적으로

권세자들의 승리는 앞의 단락에서 살펴본 대로 다른 인간 존재의 지배와는 구분되어야 한다.

**43** Richard Lischer, *The Preacher King: Martin Luther King Jr. and the Word That Moved America* (New York: Oxford University Press, 1995), 157. 역시 Wink, *Unmasking the Powers*, 64~68; Stringfellow, *Ethic for Christians*, 150~51쪽도 참고하라. 윙크와 스트링펠로우는 그러한 행동을 공적이고 '집단적'(collective) 축귀로 주장한다.

**44** Gil Bailie, *Violence Unveiled: Humanity at the Crossroads* (New York: Crossroad, 1995), 226. 베일리는 요한복음 12:31~32에 대해 이렇게 주석을 덧붙인다. "이제 이 세상의 심판의 때가 되었다. 이제 이 세상의 지배자들은 쫓겨날 것이다. 그리고 내가 땅에서 들림을 받을 때 내가 모든 사람들을 나에게로 인도하리라." 베일리의 점진적 진보에 대한 강조를 이슈로 받아들이며 권세에 대한 신비성을 제거하는 그의 통찰은 중요하다. 진보와 묵시적 신앙 사이의 긴장관계에 대해서는 Ched Myers, *Who Will Roll the Stone?*, 389~402쪽을 보라.

**45** 십자가형은 반역에 대한 형벌이었다. 예수님께서는 제자들의 메시야 고백이 있은 직후 처음으로 제자들에게 앞으로 있을 수난에 대해서 알리셨다. 사실 메시야 고백 그 자체가 로마 제국에는 반역의 행위였다. 예수님을 제국의 상황에서 공적으로 메시야로 고백하는 것은 십자가의 길을 받아들이는 것이었다.

**46** 예를 들어 "너의 십자가를 지라."는 예수님의 부르심은 여성들에게는 학대가 있는 상황으로 들어가서 예수님의 이름으로 그 학대를 "짊어지라."는 부르심이다. 그러한 해석은 본문을 사탄이 그러했던 것처럼 왜곡시키는 것이다. 그것은 기독교 신학조차도 '지배 체제'에 의해 오염되었다는 점을 뚜렷하게 상기시켜 준다. 십자가는 적극적인 저항을 포함하는데 폭력에 의존하지 않고 그리한다. 십자가의 길은 여성들에게 학대받는 상황에서 학대를 자행하는 가해자를 공적으로 노출시키고, 죽음의 권세에 의해 지배받고 있는 그런 관계 가운데 놓여 있는 사람들을 자유케 하는 데에 필요한 조치와 단계를 취하면서 그 학대에 대해 '저항'하도록 부르신다. 여성과 억압받는 그룹에 대한 영속적인 폭력에 대한 십자가의 구속론과 십자가의 효용에 대해서는 Joanne Carlson Brown and Rebecca Parker, "For God So Loved the World?" in *Christianity, Patriarchy, and Abuse: a Feminist Critique*, ed. Joanne Carlson Brown and Carole R. Bohn(New York: Pilgrim Press, 1989), 1~30쪽과 Nacy J. Duff, "Atonement and the Christian Life: Reformed Doctrine from a Feminist Perspective," *Interpretation*, 53 (January 1999); 21~33쪽, 그리고 Bond, *Trouble with Jesus* 등을 참고하라. 본인의 접근이 이러한 논문에서 제시하고 있는 모든 이슈를 다 다루고 있는 것은 아니지만 그러한 학대 관계를 영속시키

는 것에 대한 십자가의 효용에 대해 도전하고 싶었다. 가정 폭력에 관한 설교에 대한 중요한 논의를 살펴보기 위해서는 John S. McClure and Nancy J. Ramsay, eds., *Telling the Truth: Preaching about Sexual and Domestic Violence* (Cleveland: United Church Press, 1998)를 참고하라.

**47** 요한복음은 예수님께서 '새 창조'를 시작하셨다는 사실을 강조한다. 요한복음은 첫 창조에 대한 스토리를 담고 있는 창세기 1장 말씀으로부터 시작한다. 예수님의 부활의 관점에서 요한복음은 창세기 2장에 나오는 이미지로 관심을 돌린다. 그것은 에덴동산에 있는 남자와 여자에 대한 이미지였는데 새로운 창조가 도래하였음을 의미한다(요 20:11~18).

**48** 요한계시록 12장에서 마귀가 하늘로부터 쫓겨난 이유가 바로 이것이다. 성도들 위에 군림하는 사탄('지배 체제'의 영)의 영적인('하늘에 속한') 권세는 이제 무너졌다. 이와 같이 그들은 죽음을 두려워하지 않고 그들의 증언을 계속했다. 중요한 것은 요한계시록 12장에서 마귀의 권세를 무너뜨린 것은 어린 양의 피와 성도들의 증언이었다는 점이다.

**49** 윙크가 논의한 대로 이 본문에서 권세자의 '파괴'는 지배와 폭력뿐만 아니라 그들이 창조된 목적과 소명의 변질에 대한 것이었다. Wink, *Naming the Powers*, 50~55쪽을 보라.

**50** Stringfellow, *Ethic for Christians*, 25~64.

**51** Myers, *Who Will Roll the Stone?*, 401.

# 4장

## 설교의 윤리
### : 비폭력적 저항

*An Ethic of Preaching*
*: Nonviolent Resistance*

신실한 설교자는 침묵하지 않고 담대하게 증언한다.
그는 예수 그리스도 안에서 임하시는 하나님의 통치를 선포하고
세상의 권세에 맹종하는 죽음의 방식을 노출시키며
새로운 창조세계에 대한 비전을 제시한다.

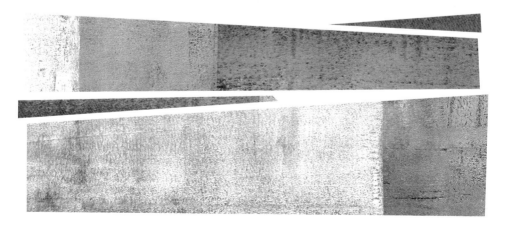

# 4장

• • •

# 설교의 윤리: 비폭력적 저항
## An Ethic of Preaching: Nonviolent Resistance

대부분의 목회자들이 설교 가운데 참여하는 관계자(participants)를 생각할 때 세상의 통치자들과 권세자들이 인간 삶에 있어서 거대한 역할을 수행하고 있음에도 불구하고 그것들은 거의 주목을 받지 못한다. 일반적으로 설교에 있어서 다른 세 관계자가 논의의 대상이 되는데 설교자, 회중, 그리고 하나님이다. 설교의 역사를 통해서 볼 때도 설교에 있어서 이 세 관계자가 늘 논의의 대상이 되었으며 설교 사역에 있어서 그들의 역할은 시대마다 다르게 인식되었다. 19세기 후반부의 반세기 동안과 같이 어떤 시대에는 설교자에 대한 관심이 높았다. 설교자의 권위는 하나, 혹은 다른 차원에서 가장 중심적 자리를 차지하였다. 그것이 강단에 선 설교자의 직위 때문이든, 카리스마에서 오는 것이든 중요한 요소로 작용한다. 19세기 자유주의에 대한 반향으로 나온 신정통주의가 지배하던 시기에는 '하나님' – 혹은 하나님의 말씀 – 이 설교 사건에서 중심적 자리를 차지한다. 설교자는 "옆으로 비켜나고" 말씀이 그 자리를 차지한다. 설교자들이 그 결과와 효율성에 관여하지 않았기 때문에 회중이 약간의 관심을 받기도 한다. 보다 최근에는 하나님의 말씀을 강조하는 신정통주의와 그보다 앞서 설교자의 권위에 우선권을 두었던 흐름에 대한 반향으로 설교학에서는 '청중'에 더 강조점을 두게 되었다. "청중 중심의 설교"(congregation-centered preaching)는 현대 설교학 사고의 분명한 특징이 되었다.[1]

이러한 다양한 강조와 윤곽에도 불구하고 세 부류의 주요 관계자는 동일하게 설교자, 청중, 그리고 하나님으로 남아 있다. 설교 실천을 위한 세상의 통치자와 권세자의 의미는 관심을 받지 못했다.[2] 그러나 종종 외면받고 있긴 하지만 이러한 권세가 다양한 방식으로 인간 삶을 형성하고 있으며, 기독교 설교의 주요 윤리적 상황에 대해 신중하게 주의를 기울이는 것은 당연한 일이다. 이러한 사실이 오늘날에는 자주 고려되지는 않지만 초기에는 깊이 인식되고 있던 사항이었다. 예를 들어 권세자들의 행동은 에베소서의 설교의 이해를 함축성 있게 알려준다. 그 서신서에서 우리는 다음의 말씀을 읽게 된다. "우리의 씨름은 혈과 육을 상대하는 것이 아니요, 통치자들과 권세들과 이 어둠의 세상 주관자들과 하늘에 있는 악의 영들을 상대함이라"(엡 6:12). 이러한 실재에 대해 응답하면서 에베소서 기자는 교회가 공격용 무기인 "성령의 검, 곧 하나님의 말씀"(6:17)을 가지고 있다는 사실을 알려준다. 이러한 관점에서 보면 설교는 세상의 통치자들과 권세자들에 대한 우주적 전투(cosmic battle)를 포함한다. 그들은 설교가 진행되는 상황에서도 아주 활동적으로 일하고 있다.

위대한 개혁자였던 마틴 루터도 설교 가운데 통치자들과 권세들이 행하고 있는 중심적 역할 – 실로 위험한 역할 – 을 수행하고 있다는 사실을 강조한다. 이사야 40장 6절에 대해 그는 주석에서 다음과 같이 언급한다.

> 설교 사역이 얼마나 어려운 일인지, 실로 하나님의 말씀을 설교하는 것은 지옥과 사탄의 진노 아래 자기 스스로를 끌어다 놓는 일이나 다름없다. 따라서 그 일은 이 세상의 모든 권세 아래 스스로를 놓는 것을 의미한다. 사탄의 여러 이빨 아래 자신을 던져 넣는 일은 인생에서 가장 위험한 일이다.[3]

이런 극적인 용어를 통해 설교의 사명을 기술하는 설교자는 오늘날 주류층에서는 거의 찾아보기 어렵다. 일면 루터가 사용한 이러한 용어는 해묵은 것이며, 과학과 모더니티의 전제들에 익숙한 현대 설교자들은 사탄에 대해서 거의 언급하지 않으며, 특히 사탄의 여러 이빨에 관해서는 거의 언급하지 않는다. 그러나 보다 깊은 차원에서 루터는 우리가 오늘날 많은 교회에서 듣는 설교보다 더욱 극적인 무엇인가로 설교를 이해하고 있다. 바울에게서와 마찬가지로 루터에게 있어서 설교는 "성령의 검"인 말씀을 가지고 통치자들과 권세들과 대면하는 것이다.

윌리엄 스트링펠로우는 미국의 교회들에서 권세와 하나님의 말씀 사이의 이러한 대면이 상실된 것에 대해 안타까워한다. 그는 이렇게 쓰고 있다. 미국의 '거대한' 윤리적 이단(heresy)이 "하나님과 [인간] 사이에서 역사의 전체 드라마가 일어나고 있다고 주장하는 데 놓여 있다. 그러나 성경적으로, 신학적으로, 그리고 경험적으로 진리는 전혀 그렇지 않다. 이 역사의 드라마는 하나님과 [인간]들 사이에서, 그리고 통치자들과 권세자들 사이에서 일어난다."[4]

유사한 안타까움은 설교와 관련하여 제기될 수 있다. 스트링펠로우와 함께 본인은 최근 몇 년 동안 있었던 거대한 '설교학적' 이단은 복음의 전 드라마가 하나님과 인간 사이에서 일어난다고 가정하는 것이라고 생각한다.[5] 권세자들의 공격성과 사람들의 도덕적 사로잡힘은 적절한 관심을 끌지 못했다. 결과적으로 설교는 윤리적으로 순진하고 단순한 것이 되었으며, 세상에서 인간 삶을 형성하기도 하고 파괴하기도 하는 셀 수도 없는 세력 앞에서는 말씀을 제대로 전할 수 없게 되었다. 이어지는 장에서 권세자들의 행위가 설교가 행해지는 주요한 윤리적 상황이 되었을 때 야기되는 설교학적 함축적 의미를 탐구하게 될 것이다. 이러한 상황에서 이 장에서 논의하고 있는 대로 설교 그 자체는 비범한 윤리적 함축적 의미(implications)와 함께 수행하는 행위가 된다.

## 중요한 윤리적 선택으로서의 설교

세상의 통치자들과 권세들에 직면하여 수행해야 하는 설교의 윤리적 의미는 무엇인가? 이것은 본 장에서 살펴보게 될 중심적인 질문이다. 본인은 이 질문을 특별한 방식으로 제기하려고 한다. 이 점에 대해 본인은 설교의 '내용'(what of preaching) – 우리가 말하는 것, 우리가 선포하는 메시지 – 이 아니라 설교라는 행위가 갖는 '의미'(that of preaching) – 예수님께서 하늘의 메시지를 전하는 수단으로 설교를 선택하셨고, 교회가 오고 가는 시대에 이 행위를 계속해 왔던 바로 그 기본적인 사실 – 에 관심을 두었다. 그래서 이 질문은 다음과 같이 바꾸어 볼 수 있다. 설교 그 자체의 바로 그 행위 가운데 독특한 고유의 윤리가 존재하는가?

설교가 가지는 윤리적 의미를 이해하는 이러한 방식은 설교와 윤리의 관계성을 앞서 탐구했던 보다 전통적 방식과는 다르게 진행될 것이다. 앞서 본인은 설교를 위한 윤리 – 특별히 성품윤리 – 에 대해 다양한 접근 방식들이 가지고 있는 의미에 대해서는 살펴본 바가 있다.[6] 거기에서 지배적인 질문은 "신학적 윤리학이 설교의 이론과 실제에 대해 어떤 방향성을 제시할 수 있을까?"였다. 이것은 분명 의미 있고 중요한 질문이며, 우리가 그 물음에 대한 답을 찾아감으로써 윤리와 설교라는 두 영역에 대해 보다 많은 것을 배울 수 있다.

그러나 이 장에서는 그 질문을 바꾸어서 교회의 윤리(church's ethic)를 위한 설교의 실천이 가지는 의미를 탐구하려고 한다. "윤리학이 설교에 어떻게 활기를 불어넣는가?"를 묻기보다는 "교회의 선포 행위인 설교가 어떻게 교회의 윤리적 성찰(reflection)과 도덕적 삶에 활기를 불어넣는가?"라는 물음이다. 그것을 이전과는 좀 다른 방식으로 탐구하면서 여기에서 본인은 "설교의 윤리"(ethic of preaching)를 추구한다. 이 구절에서는 설교가 소유격(the genitive)으로 쓰이지만 그것을 주격으로 이해하면서 추구하려고 한다. 즉, 여기에서 발전시키려고 하는 "설교의 윤리"라는 구절에서 '설교'는 주어(subject)이며 윤리학이 목적어(object) – 그 반대의 관계가 아니라 – 로 사용된다. 여기에서 제기되는 또 하나의 질문은 "선포의 행위로서의 설교가 과연 교회의 특별한 윤리를 구체적으로 표현하는가?"이다.

이 질문은 거대한 함축적 의미를 가지고 있는데, 특히 개혁교회 전통에 서 있는 사람들에게는 특히 그렇다. 개혁교회 전통은 설교와 하나님의 말씀을 듣는 것은 교회됨의 하나의 '표지' – 교회가 교회됨을 구성하는 실천의 하나 - 를 나타낸다. 하나님의 말씀의 선포인 설교가 없는 곳에는 교회가 존재할 수 없다. 이 장에서 제기한 물음은 이러한 주장에 대한 당연한 결과이다. 설교의 실천에서 고유의 윤리가 존재한다면 그때 그 윤리는 교회의 교회됨을 형성하는 '표지'가 될 수 있다. 이것을 삼단논법 형식으로 추론해 보면 논지는 다음과 같이 만들어진다.

> – 만약 설교의 실천이 교회의 교회됨의 표지를 형성한다면,
> – 그리고 설교의 실천에 있어서 특별한 고유의 윤리(ethic inherent)가 있다면,
> – 그때 설교에 있어서 고유의 윤리는 믿음의 공동체로서의 교회를 구성하는 '표지'가 될 수 있다.

이 논리가 가능하다면 나의 질문은 아주 중요한 것이 되며, 나의 결론은 특별히 개혁교회 윤리와 다른 측면을 보여주게 될 것이다.

설교의 실천에 있어서 고유한 윤리가 존재하는가? 에베소서 2장 17절은 이 질문에 대한 좋은 출발점을 제시한다. "또 오셔서 먼 데 있는 너희에게 평안을 전하시고 가까운 데 있는 자들에게 평안을 전하셨으니." 존 하워드 요더는 그의 책, *He Came Preaching Peace*(평화를 설교하러 오신 주님)에서 위의 구절을 주석하면서 다음과 같이 쓰고 있다. "이 성경구절이 본래 의미하였던 것은 말씀이라는 본래적 의미에서 예수님이 설교자였다는 말이 아니다. 오히려 그의 생애와 죽음은 메시지를 성육화하고 있다는 말이다. 즉, 세상에서의 그의 전인격적 존재가 '평화'(peace)라는 말로 설명되는 삶의 새로운 상태를 전달하고 있었다는 말이다."[7]

요더의 설명은 나름대로 의미가 있다. 예수님께서는 "이 세상에서의 전인격적 삶을 통해" '평화' - 샬롬 - 라는 말[8]로 설명되는 삶의 새로운 상태를 구체화하셨다. 그러나 요더는 예수님의 "구두로 전하신 말씀 사역"(verbal ministry)과 그의 생애와 죽음을 통한 메시지의 성육화 사이에 명확한 구분을 만들면서 중대한 실수를 하고 있다. 구두로 전하신 예수님의 말씀 사역은 사실 예수님께서 그의 메시지를 성육화하신 주요 방법들 중의 하나였다. 복음을 전하신 예수님의 설교 사역은 복음 그 자체와 분리될 수 없다. 즉, 그분의 선포 행위는 예수님께서 이 땅에서 행하신 복음의 일부분이었고 한 꾸러미였다. 실로 예수님의 설교는 샬롬의 새로운 상태를 전하려고 하셨던 이 땅에서의 그의 전인격적 삶의 중심에 자리잡고 있었다.

요더는 에베소서가 확증한 내용의 특별한 함의, 즉 "(예수께서) 오셔서…… 평안을 '전하셨으니'"라는 말씀이 담고 있는 의미를 간과하고 있다. 이 구절은 단지 예수님께서 선포하셨던 메시지, 즉 하나님의 통치하심으로 자유하게 하는 질서를 전하시는 복음(the good news of God's domination-free order)에 대해 진술한 것을 의미하지 않는다. 그 구절은 예수님께서 하나님의 평화로운 통치를 우리 가운데 진전시키고 구현하기 위해 선택하신 '수단'(means)을 주목하게 한다. 예수님께서는 당시 '지배 체제'의 수단을 선택하지 않으셨으며 강압적인 방식도 택하지 않으셨다. 어떤 이들은 주님께서 그렇게 해 주시기를 간절히 원하고 있었지만 주님께서는 무기나 전쟁의 방식도 선택하지 않으신다. 앞장에서 언급한 대로 광야에서 그런 방식을 선택하도록 유혹을 받으셨지만 주님께서는 억압과 지배의 방식도 선택하지 않으신다. 간단히 말해서 예수님께서는 폭력의 방식을 선택하지 않으셨다. 시험을 받으신 광야에서부터 시작하여 십자가에 이르시기까지 예수님께서 사용하셨던 유일한 검은 "성령의 검"인 하나님의 말씀이었다.

이러한 예수님의 선택은 폭력적 지배와 억압에 대한 분명한 대안이었음을 나타낸다. 창조 스토리에서 처음으로 드러나는 것처럼 말씀은 세상 가운데서 역사하시는 하나님의 방식이었다. 창세기 1장에서 하나님께서는 말씀으로 천지를 창조하셨으며, 말씀으로 말미암아 세상이 거기에 있게 되었다. 그리스도인들에게 이러한 단언은 익숙한 신앙고백이 되었다. 그러나 창조에 대한 이러한 이해는 창세기가 기록되던 당시의 문화적 풍조(cultural ethos)를 형성하였던 폭력적 창조신화(violent myths of creation)에 대한 직접적인 도전이었음을 나타낸다. 예를 들어 바벨론 창조신화인 '에누마 엘리쉬'(Enuma Elish)에 따르면 천지창조는 폭력의 행위였다. 마르둑(Marduk)이라는 신은 우주의 혼돈(chaos)을 주도하는 모든 신들의 어미이며, 자신의 시신으로부터 세상을 만드는 티아마트(Tiamat)라는 여신을 죽여 각을 뜬다.[9] 월터 윙크는 이러한 창조신화에 대해 다음과 같이 쓰고 있다. "질서의 세계는 무질서의 수단을 통해 세워진다. 창조는 창조 이전에 존재한 원수를 눌러 이긴 폭력적 승리에 의해 이루어진다. 악의 근원은 모든 만물의 근원에 선행한다. 티아마트로 상징되는 혼돈(chaos)이 바벨론의 신인 마르둑으로 대표되는 질서(order)보다 선행한다. 다시 말해 악이 선보다 선행하며 폭력은 신성(godhead) 안에 내재되어 있다."[10]

그러나 이와는 대조적으로 성경의 창조 스토리에서는 선하신 하나님께서 폭력적 방식이 아닌 말씀을 통하여 '보기에 좋으신' 세계를 창조하신다. 하나님과 그분의 피조물(하나님의 형상대로 지음 받은 인간을 포함하여)에는 그 어떤 악이나 폭력은 내재하지 않는다. 단지 악과 폭력은 인간의 죄를 통해 세상에 들어왔다.[11] 태초부터 하나님의 말씀은 폭력적 지배 위에서 역사했다. 그리고 말씀을 통해 첫 창조를 시작하셨듯이 하나님은 예수님 안에서 말씀을 통한 새 창조(new creation)를 시작하셨다. 요한복음은 이러한 연결을 명확히 증거하고 있는데, 특별히 예수님의 인성과 그분의 설교 사이의 분리될 수 없는 관계를 분명히 하고 있다. "태초에 말씀이 계시니라. 말씀이 육신이 되어 우리 가운데 거하시매"(요 1:1a, 14a). 창세기의 창조 스토리가 바벨론의 창조신화에 대한 비폭력적 대안(nonviolent alternative)으로 제시된 것처럼 예수님께서도 "보상적 폭력의 신화"(myth of redemptive violence)를 영속화시키는 당시의 통치자들과 권세자들의 방식에 대해 비폭력적 대안을 정립하신다.

자크 엘룰(Jacques Ellul)이 진지하게 논의한 것처럼 언어(말)로서의 하나님의 말씀이 갖는 본질적 특성은 엄밀히 말해 폭력의 수단과 도구에 대한 대안으로 나타난다. 말씀은 사람들에게 결정과 선택, 그리고 표현의 자유를 허용한다. 말씀은 상호 의존(mutuality), 즉 말하고 듣는 사람의 참여를 요구한다. 말씀은 '타자' – 듣는 사람 – 를 객체나 상품으로 만들어 버리는 것 – 그것은 기술문명이나 자본주의의 권세가 가지는 특성이다 – 을 거부한다. 오히려 상호간의 참여와 응답을 독려함으로써 말씀은 사람들로 하여금 객체보다는 주체가 될 수 있는 기회를 인식할 수 있도록 만들어 준다.[12]

말씀은 그것의 성과를 인위적으로 지배하거나 통제하지 않는다. 그렇기에 하나님의 말씀은 진리를 추구함에 있어서 세상에서 아주 연약한 방식이다. 왜냐하면 말이란 "내뱉어지는 순간 공중에 흩어지며" 그것을 말하는 사람은 그 결과와 반응을 인위적으로 조작할 수 없기 때문이다.[13] 그럼에도 불구하고 하나님께서는 확실한 억압이나 구속의 방법을 사용하지 않으시고 말씀을 통해 일하신다. 그리고 말씀이 육신이 되었듯이 예수님께서도 그의 삶을 통해서뿐만 아니라 하나님의 통치의 수단으로서 가장 특별하게 선택하신 설교 가운데서 이러한 방식을 구체화한다.[14] 진실로 주님의 인성을 둘러싼 모호함과 그의 방식에 대한 궁극적인 배척 가운데서 예수님께서는 세상 속에서 일하시는 하나님의 방식인 '말씀'의 연약함을 몸소 구체화하셨다. 그렇기에 예수님께서 선택하신 선포의 행위인 설교는 그분의 전인격적 삶과 일치하였으며 폭력적 통치와 특별히 세상의 권세자인 자본주의와 기술문명이 통치하는 사회를 수용하고 지배하는 특별한 형식에 대해서도 깊이 도전하고 있음을 보여준다.

예수님께서 취하신 선포의 방식인 설교는 단지 폭력에 대한 대안을 보여줄 뿐만 아니라 "침묵(silence)에 대한 거부"도 보여준다. 제인 톰킨스(Jane Tompkins)가 서구의 장르에 대한 그의 책, West of Everything (서구의 모든 것)에서 언급한 것처럼 침묵은 폭력 – 그리고 지배와 통치 – 의 한 형태가 될 수 있다.[15] 톰킨스에 따르면 서구의 소설과 영화는 우리 시대의 현대 폭력의 문화에 빛을 비추고 있다. 그가 논의한 것처럼 더 중요한 것은 이러한 장르가 침묵과 폭력을 말하는 것(speech)에 대한 직접적 대안으로 제시된다는 점이다. 19세기 대표적인 여성 문학에 대한 의식 있는 거부로서 서구 사회는 19세기 여성 문화의 '언어적 참여'(wordness)에 대한 대안을 제시하고 있다. "조직된 종교와 19세기전 여성 문화, 그리고 그들에게 전해졌던 모든 설교와 소설"에 대한 대안이 제시되었다.[16] 서구 사회에서 남성들의 침묵은 이러한 여성들의 활동에 대한 암묵적 거부를 나타내고 있었는데, 그 여성들은 주로

'언어'에 의존하고 있었다. 장르의 관점에서 보면, 언어는 만족스러운 효과가 없는 것으로 이해가 되었으며 갈등을 해결하는 방식으로서의 평화와 연합에 대한 부정적 관점과 연결된다.[17] 언어에 대한 대안, 즉 침묵의 동료는 총(gun)이었다. 톰킨스는 침묵과 폭력 사이에 존재하는 연결점을 오웬 위스터(Owen Wister)의 *The Virginian*(버지니안)[18]에 대한 논평에서 다음과 같이 요약적으로 제시한다.

> 여성들은 절제에 대해서 말하고 또 말했다. 그것이 그들이 행했던 '모든 것'이었다. 그것은 결코 총싸움으로 연결되지 않았다. 한편 그들의 재잘 거림은 그들의 남편들로 하여금 도무지 참을 수 없어 미칠 지경이 되게 만들었다. 그들로 하여금 술에 취하게 만들었고, 그것에 대해 말할 수 없었던 남자들로 하여금 별 느낌이 없이 덤덤하게 만들었다. 그래서 버지 니안과 트램퍼스(Trampas)[19] - 그가 길에서 지나친 적이 있는 적 - 는 거의 말을 나누지 않는다. 그들은 서로 의사소통을 할 수 없으며, 그러므로 그 들은 언젠가 서로 죽이게 될 것이다. 그들의 침묵은 그들의 심각함과 존 엄과 실재, 그리고 갈등의 불가피성을 의미한다. 침묵은 숙달(mastery)의 표지이며 그들은 이제 손에 총을 들고 나가게 된다. 그들은 서로 대화하 면서 논쟁점을 풀어가기보다는 싸우다가 결국 죽임을 당하게 될 것이다.[20]

톰킨스의 통찰력의 관점에서 집단 학살이 일어나고 사람들은 그 살인 자에 대해 "나는 그가 혼자 사는지 잘 몰랐고, 자신을 스스로 돌보았던 것도, 누군가와 전혀 말을 나누지 않고 살았던 것을 전혀 몰랐어."라고 누군가가 말을 할 때 별로 놀라지 않게 될 것이다.[21] '지배 체제'에서 침 묵과 폭력은 종종 함께 간다. 예수님께서는 설교를 선택하시면서 이 두 가지를 함께 거부하고 계신다.

다른 각도에서 월터 브루그만은 침묵과 폭력의 연결성을 논의하고 있다.[22] 폭력은 우리 시대의 문화 속에 담겨 있는 삶의 근본적 담론(fundamental cultural narrative of our time)이라고 규정하면서 브루그만은 침묵을 폭력의 깊은 다른 뿌리들 가운데 한 줄기라고 예증한다.[23] '지배 체제'는 피해자들과 대적자들을 침묵하게 함으로 그들의 죽음의 방식을 추구한다. 왜냐하면 침묵은 치명적인 현 상태를 더욱 치명적으로 이끄는 방법들 중 하나이기 때문이다. 게이나 레즈비언 그룹이 인식한 대로 "침묵은 곧 죽음이다." 누군가 정치적, 사회적 힘의 구조(systems)에 의해 침묵을 강요당할 때 만약 자신들의 목소리가 중요하게 수용되지 않거나 들려지지 않는다고 느낄 때 그들은 단순히 폭력의 피해자에 그치는 것이 아니라 그들 자신이 미래의 또 다른 폭력의 가해자가 되곤 한다. 왜냐하면 그들의 억압에 대한 억눌린 감정은 지금은 표현되지 않지만, 언젠가 결국에는 폭발하게 되며 또 다른 폭력적 상황을 낳기 때문이다.[24]

그러한 침묵에 대한 대안으로서 월터 브루그만은 "폭력에 대한 침묵(silence of violence)과 침묵이라는 폭력(violence of silence)을 깰 수 있는 선포"(speech)를 제안한다.[25] 진실한 선포(truthful speech)는 희생자들에게 침묵을 강요하는 억압적 구조가 자행하는 폭력에 대한 대안이 된다. 이 진실한 선포는 '지배 체제'에 대한 비폭력적 저항의 수단이 된다. 이와 같이 예수님의 설교는 침묵에 대해, 그리고 그 침묵이 야기하고 만들어내는 폭력에 대한 대안을 제공한다.

예수님께서는 평화를 "설교하시기 위해" 오셨다. 이러한 주장이 가지는 윤리적 의미는 세상의 통치자들과 권세들의 상황에서 이해될 때 과장되지 않을 수 있다. 예수님께 있어서 설교는 당시 권세들이 취한 방식들, 즉 폭력적 지배자들의 수단에 대한 분명한 대안이었다. '지배 체제'가 취하는 방식과는 다르게 설교는 하나님의 '평화'(Shalom)의 최종 '목적'(end)과 윤리적으로 일치하는 '수단'이었다. 설교라는 바로 그 행위 – 설교를 하나의 수단으로 선택하신 것 – 는 "보상적 폭력의 신화"(myth of redemptive violence)에 대한 반대이면서 대안으로 작용한다. 설교 그 자체는 '지배 체제'의 가치와 수단에 대한 비폭력적 저항의 실천이었다.

예수님은 평화를 "설교하시기 위해" 오셨다. 그 외의 다른 접근 방식들은 예수님께서 세상 가운데 구현하고 촉진시키고자 추구하셨던 하나님의 샬롬과는 상반된 것이었다. 이러한 수단들은 주님께서 일하신 목적 – 사랑스러운 공동체 – 과는 대립되는 방식이다. 우리는 폭력과 억압의 방식을 통해서는 자유케 하시는 하나님의 질서 – 상호 의존(mutuality), 정의 (justice), 평화(peace)의 공동체 – 에 참여할 수 없다. 또한 우리는 폭력적 수단을 통해서는 "먼저 하나님의 통치를 구할 수" 없게 된다. 결코 우리가 원치 않는 '악'(evil)을 자행하면서는 "평화의 새로운 차원"으로 나아갈 수 없다.

예를 들어 여러 사람들이 언급한 것처럼 어떤 점에서 보면 히틀러는 2차 세계대전에서 승리했다. 왜냐하면 그를 무너뜨리기 위해 미국은 히틀러가 자행한 것과 같은 방식을 도입하였으며 그와 같이 되었기 때문이다. 무엇보다 미국은 독일의 도시들에 폭탄을 투하하였으며 그들이 증오한다고 외쳤던 폭력의 방식을 똑같이 취하면서 결국에는 히로시마와 나가사키에 원자폭탄을 사용한다. 그리고 모든 영역에서 가시적으로 무기 경쟁을 주도하면서 이전에 자행한 폭력이라는 길목으로 계속해서 치닫는다.[26] 반대로 압제와 폭력의 힘을 빌리기를 거부하였던 예수님의 설교는 그 자체가 "평화의 새로운 상태"를 구현하는 것이었다. 설교는 윤리적으로 하나님의 샬롬의 목적과 일치하는 수단이었다.

사실 예수님의 인성 안에는 수단과 목적 사이의 구분이 더 이상 이루어지지 않았다. 예수님의 인성 안에서 수단과 목적은 함께 무너져 내린다. 예수님은 하나님의 새로운 질서라는 목적을 위해서 일하셨을 뿐만 아니라 오늘 여기에서 그 질서를 작용하는 실재로 만들면서 그 질서 자체를 구현하신다. 그리스도 안에서 하나님의 통치는 우리에게도 다가오게 되었다. 자크 엘룰은 그것을 다음과 같이 서술한다.

> 그리스도인들에게는 목적과 수단 사이의 분리는 더 이상 의미가 없다…….
> 우리의 출발점은 하나님의 역사 가운데서 목적과 수단의 동일시이다. 이와 같이 예수 그리스도께서 이 땅에 강림하시고 현존하심으로 하나님의 나라는 우리 가운데 "임하게 된다." 이러한 공식은 목적과 수단 사이에 존재하는 관계성을 아주 정확하게 표현해 준다. 예수 그리스도께서는 [인간의] 구원과 하나님 나라의 수립을 위해 그의 성육신을 통해 하나님의 수단을 나타내신다. 그러나 예수 그리스도가 계신 그곳에 역시 이 구원의 역사가 있으며 하나님 나라가 존재한다…….  이러한 하나님의 역사하심 가운데서 수단은 목적의 실현된 실재(realized presence)로 나타난다. 시간의 종말(end)의 때에 '오게' 될 목적, 즉 하나님의 나라는 하나님의 수단 – 유일하시고 독특하신 중보자 – 이 존재하게 될 때 이미 현존하게 된다.[27]

이러한 수단과 목적 사이에 존재하는 관계성에 대한 이해를 통해 예수님께서 설교를 '수단'으로 택하심은 보다 중요한 의미를 가진다. 예수님의 설교는 이 세상 가운데 존재하는 하나님의 샬롬의 존재를 구현하

는 주요 방법들 가운데 하나이다.[28]

예수님께서는 평화를 "설교하시기 위해" 오셨다. 이러한 수단을 선택함에 있어서 윙크의 "제 3의 방식"이라고 지칭했던 것을 예수님께서는 사용하신 것인데 그것은 복종(passivity)이나 폭력을 포함하지 않는다.[29] 한편 설교는 권세자에 대한 복종의 방식이 아니라 '저항'의 방식이다. "성령의 검"의 이미지는 우연한 것이 아니다. 예수님께서는 설교를 통해 세상의 권세들에 대해 적극적으로 도전하셨고 참여하셨다. 사람들을 사로잡고 있는 세상의 권세가 취하는 속임수에 직면하여 예수님께서는 권세자들의 거짓을 폭로하시고 사람들에게 그들의 그러한 방식에 대하여 대안을 제시하면서 진리의 말씀을 선포하신다. 그의 설교를 통해 예수님께서는 권세자들과 연루되는 것을 거부하셨을 뿐만 아니라 그러한 '제도'에 의한 희생자들과의 연대를 선언하셨다. 진실한 설교를 통해 예수님께서는 죽음의 권세로부터 사람들을 풀어놓기를 원하셨다. 예수님께서는 생명의 권세를 불어넣으신 것이다. 그렇게 예수님께서는 그것이 때로는 갈등을 만들어 내기도 하고, 십자가로 연결되기도 했지만 계속해서 설교하셨다. 설교의 방식은 폭력에 반대하는 것이지만 복종의 방식은 아니다.

한편 예수님의 방식은 믿음을 강요하는 방식이나 폭력적인 지배의 방식이 아니었다. 예수님께서는 그분이 반대하시는 악의 방식이나 폭력의 길을 취하지 않으신다. 오히려 예수님께서는 자신의 방식을 "성령의 검"으로 제한하신다. 그의 말씀을 듣는 사람들의 자유를 존중하셨으며 그들이 하나님의 말씀에 지배받는 수동적인 객체가 되기보다는 응답하는 주체로서의 역할을 수행할 수 있도록 지지하셨다. 그로 인해 주님은 배척을 받으셨고 십자가에 못 박힘을 당했지만 그럼에도 불구하고 그런 자세를 포기하지 않으셨다. 예수님께서는 설교를 중요하게 생각하셨다. 왜냐하면 그것은 주님께서 시작하신 하나님의 평화로운 통치와 윤리적으로 일치하는 수단이었기 때문이다. 예수님께서는 설교를 통해 복종과 폭력의 방식을 피하시고 "제 3의 방식"에 집중하셨다. 이러한 제 3의 방식을 추구하시면서 예수님께서는 능동적으로 권세에 대해 관심을 가지셨으며, 동시에 세상을 지배하는 "폭력의 악순환 구조"를 깨뜨리셨다. 제 3의 방식은 권세자들을 이기고, 사람들을 억압하는 그들의 절대 권력을 깨뜨리며, 저항과 새롭게 함을 위한 공간을 창조한다.

더욱이 설교를 폭력적 지배에 대한 대안으로 이해한 것은 예수님에게만 해당하지는 않는다. 사도 바울 역시 설교를 그러한 대안으로 이해하였다.[30] 다메섹 도상에서 일어났던 바울의 변화는 사실 폭력의 방식에서 선포의 방식으로 선회한 것으로 이해할 수 있다.

사도행전에 나타나는 다메섹 도상에서 있었던 사건을 통해서 보면 사울이 "주의 제자들에 대하여 여전히 위협과 살기가 등등"하였는데(9:1), 그것은 앞서 스데반을 돌로 죽인 사건에서 그것들이 구체적으로 나타났다(8:1). 종교적, 인종적 우월감에 사로잡혀 사울은 폭력적인 지배의 방식을 취하였다. 그는 적이라고 생각되는 존재를 아예 없애려고 했다. 폭력의 수단을 사용하여 예수님의 제자들에 의해서 야기되는 혼돈을 끝내려고 했다. 그것이 혼돈으로부터 질서를 가져오는 방법이라고 생각했다. 그러나 다메섹으로 가는 길목에서 그는 살아 계신 예수님을 만나게 된다. 그분은 그에게서 박해받고 있는 분으로 그에게 다가오셨다. "사울아, 사울아, 네가 어찌하여 나를 박해하느냐?……나는 네가 박해하는 예수라"(9:4~5). 사울은 그의 폭력의 희생자의 말을 들고 있었다. 그리고 여기에서 그의 삶의 변화를 경험한다.

이러한 변화는 세 가지 방식으로 바울의 사역을 형성한다. 첫째, 종교적, 인종적 우월감을 통해 만들어진 장벽이 허물어졌다. 이때로부터 바울은 예수님의 이름으로 이방인들에게 복음을 전하는 선교사가 된다. 유대인과 이방인 사이의 화해 – 그것은 지배 체제에 의해 구분된 다른 그룹에도 적용되는데, 예컨대 노예와 자유자, 남자와 여자 등도 포함한다 – 는 그의 사역의 주요한 요점이 된다. 둘째, 바울의 "사회적 위치"가 박해자로부터 박해의 희생자로 바뀌었다. 바울은 즉각적으로 그가 핍박해 왔던 그리스도인들 사이에서 그의 새로운 삶을 시작한다. 그가 핍박했던 사람, 아나니아로부터 세례를 받고 안수를 받았으며, 그리고 그의 손이 얹어졌을 때 그는 새롭게 보게 된다. 바로 이 시점에 바울은 희생자의 유리한 지점(vantage point)에서 그의 사역을 열어간다. 마지막으로 바울은 폭력의 수단에서 돌이켜 설교라는 수단으로의 전환을 이룬다. 사울이 "위협과 살기가 등등하여"라는 스토리로부터 시작하지만 그것은 바울이 복음을 선포하는 것으로 끝을 맺는다. 그가 세례를 받고 안수와 성찬을 받은 다음에 바울이 수행하였던 첫 번째 사역은 설교였다(9:17~20). 설교는 이후에 이어지는 바울의 사역에서 폭력에 대한 대안이 되었다. 십자가에 대한 말씀은 바울의 메시지의 중심을 이룬다. 십자가는 예수님께서 지배 체제에 의해 희생자들과 함께 연대하신 자리가 되었으며, 지배와 복종, 억압하는 사람과 희생자의 실재를 만드는 세상의 권세자들에 대한 예수님의 비폭력적 저항을 궁극적으로 구현하신 것이다.

폭력으로부터 설교로의 이러한 전환의 중요성은 갈라디아서 1장에서 그가 경험한 변화에 대한 바울의 설명에서 좀 더 선명하게 나타난다. 바울은 자신이 그의 대적이라고 생각하는 사람들을 폭력적인 방식으로 핍박하였다는 사실을 강조한다. "내가 이전에 유대교에 있을 때에 행한 일을 너희가 들었거니와 하나님의 교회를 심히 박해하여 멸하고"(1:13).[31] 그리고 그가 아라비아와 예루살렘에서 그의 사역을 준비하면서 잠정적으로 머물렀던 기간을 언급한 다음에 그가 도착하였던 새로운 지역에 대해 언급한다. "그 후에 내가 수리아와 길리기아 지방에 이르렀으나 그리스도 안에 있는 유대의 교회들이 나를 얼굴로는 알지 못하고 다만 우리를 박해하던 자가 전에 멸하려던 그 믿음을 지금 전한다 함을 듣고"(1:21~23). 하나님의 말씀의 선포가 박해하던 행위를 대체하고 있다. 설교가 폭력적인 지배의 방식을 대체하고 있다. 바울의 변화는 예수님의 사역에 있어서 설교의 역할을 잘 반영하고 있다. 설교는 세상의 통치자들과 권세들에 대해 비폭력 저항의 방식을 의도적으로 취하고 있다. 그것은 세상의 죄와 죽음의 권세로 사로잡혀 있는 사람들을 자유케 하는 방식이다. 그러므로 바울은 그러한 권세들로부터 사람들을 자유케 하는 하나님의 말씀의 역할을 강조한다. 그는 갈라디아서에서 이렇게 밝히고 있다. "그리스도께서 우리를 자유롭게 하려고 자유를 주셨으니"(5:1a).[32] 다메섹 도상에서 예수님과의 만남을 가진 이후에 바울은 예수님의 제 3의 방식을 취하고 있음을 알 수 있다.

설교는 세상 가운데서 예수님의 제 3의 방식을 유사하게 재정립하도록 우리를 부르신다. 폭력적 지배의 방식을 거절하고 비폭력 저항의 방식이라는 대안적인 윤리적 선택으로 우리를 부르는 설교의 윤리 - 설교의 행위 그 '자체'(That of Preaching) - 는 설교의 실천에 있어서 본질적인 요소이다. 다른 용어로 표현하면 설교의 실천은 예수님의 스토리에 대한 '윤리적 실천'(ethical performance)을 포함한다. 니콜라스 래쉬

(Nicholas Lash)가 주장한 대로 어떤 성경 텍스트는 그것을 "실천으로 옮길 때" 그것의 온전한 의미가 전달되기 시작한다.[33] 연극은 배우들이 함께 어울려 대본을 실제로 연기를 통해 실천할 때 그 의미가 전달되게 된다. 음표는 연주자들이 함께 어울려 연주할 때 그 의미가 전달되게 된다. 래쉬에 의하면 예수님의 스토리는 텍스트의 내용을 이렇게 수행해야 한다는 의미를 가진다. 이러한 스토리에 대한 기독교적 해석은 그것의 '실천'을 요구한다. 즉, 성경에 대한 기독교적 해석은 배우들이 함께 어울려 "맥베드"라는 연극을 해석하는 것과 비슷하며, 데이브 브루벡 쿼오테트(Dave Brubeck Quartet)가 "Take Five"를 해석한 것과 유사하다.[34]

성경 해석에 있어서 가장 중심적인 지주는 최종적으로 기록된 '텍스트'가 아니라는 사실이다. 예를 들어 한편으로는 성경적 텍스트이며, 다른 한편으로는 신학적 텍스트, 혹은 설교 텍스트이기도 하다. 오히려 성경적 해석에 있어서 중요한 지주는 "인간 행동의 유형"인데, 한편으로는 "예수님과 제자들이 무엇을 말씀하셨고, 무엇을 행하셨으며, 무엇에 의해 고통받으셨는가?"와 관련이 있다면, 다른 한편으로는 "그의 순종과 희망을 나누기를 원하는 사람들이 오늘 무엇을 말하고 있으며, 무엇을 행하고 있으며, 무엇에 의해 고통을 받고 있는가?"와 관련이 있다.[35] 이러한 구조 안에서 예수님의 스토리의 가장 중요한 해석은 기독교 공동체의 삶 가운데서 그 스토리의 실천과 관련하여 이루어져야 한다.

설교의 행위는 교회의 성경에 대한 해석적 실천(interpretive performance)에 있어서 중심 역할을 수행한다. 이러한 역할 수행에 있어서 설교는 예수님의 스토리의 필수적이고 현저한 실천을 구체화한다.

특별히 설교는 예수님의 제 3의 방식의 확고한 윤리적 실천을 행동으로 옮기게 되는데, 그것은 세상 통치자들과 권세들에 대한 적극적이고 비폭력적으로 저항하는 방식이며 참여하는 방식이 된다. 교회의 설교는 예수님의 스토리의 핵심에 이러한 윤리적 선택을 재수립한다.

이와 같이 설교는 예수님의 방식에 대한 중요한 도덕적 복종의 행위일 뿐만 아니라 제자도의 행위(act of discipleship)이다. 비폭력의 방법을 통해 하나님의 통치를 구현하셨고 세상의 권세에 대해 도전하셨던 예수님과 같이, 설교자는 세상 권세에 대해 비폭력적 저항에로 참여하도록 부름을 받은 존재이다. 설교자의 메시지 – 설교의 '내용'(what) – 는 예수님의 스토리에 의해서 형성될 뿐만 아니라 설교 그 자체의 실천 – 설교의 '실천'(that) – 도 그 스토리의 실천, 즉 예수님께서 수행하심으로 나타난 하나님의 통치의 구현이다.

신실한 설교자는 침묵하지 않고 담대하게 증언하게 된다. 그는 예수 그리스도 안에서 임하시는 하나님의 통치를 선포하고(announcing), 세상 권세에 대해 맹종하는 죽음의 방식을 노출시키며(exposing), 대안적인 세상 – 새로운 창조세계 – 에 대한 비전을 제시한다(envisioning). 설교자는 때때로 적극적이며 밀어붙이기도 한다. 왜냐하면 기독교의 설교는 수동적 형태(form of passivity)가 아니며, 세상 권세에 대한 적극적인 참여이기 때문이다. 작가이자 텔레비전 해설자인 도로쉬 새뮤얼(Dorothy Samuel)이 주장한 대로, "사도 바울이나 예수님, 그리고 간디나 마틴 루터 킹을 통해 드러난 사랑은 사람들에게 최선의 것을 요구한 강인하고 단호하며 거침이 없는 정직함(honesty)이었으며, 그것은 "어느 누구도 불행하게 만들지 않는" 수동적 묵인이라기보다는 오히려 "세상 권세들에 대해 진리를 말하라."는 퀘이커교도 식의 명령에 의해 보다

더 정확히 표현되는 그런 사랑이다."³⁶

　　그러한 진리를 말하는 설교는 교회 밖의 권세들뿐만 아니라 심지어는 교회 안의 기득권을 누리는 권세들과도 갈등을 야기하게 될 것이다. 그들은 많은 경우에 있어서 "존재하는 권세"에 대한 희생자일 뿐만 아니라 수혜자이다. 평화를 만드는 것과 갈등은 종종 함께 간다. 왜냐하면 진정으로 평화를 만드는 것은 진리를 선포하는 것에서 나오기 때문이다.³⁷ (나사렛에서 예수님께서 첫 설교를 하셨을 때 있었던 일을 생각해 보라. 군중이 그분의 설교를 듣고 분개하여 그를 절벽 아래로 밀어뜨리려고 했다.)

　　설교에 대한 자크 엘룰의 조언은 이것에 대해 고통스러운 사실을 기억나게 한다. "당신이 국가, 부, 도시를 바라보며 설교를 했고, 당신의 설교를 들은 세상의 권세자들이 만약 당신에 대해 아주 호의적이라면 그것은 당신의 메시지가…… 거짓된 것이기 때문이다. 세상이 당신을 참아줄 수 있다는 것은 지금 당신이 말씀을 제대로 선포하지 않는 배신자(traitor)라는 사실을 반증하는 것이다."³⁸ 설교는 예수님의 스토리를 이 세상에 재정립하는 것이다. 그것은 결코 수동적일 수 없게 만들며 갈등을 피할 수 없도록 만든다.

　　그러나 예수님의 제자된 사람으로 서 있는 신실한 설교자들은 수동적 태도를 거부할 뿐만 아니라 갈등과 불신, 버림 받음에 직면해서도 믿음을 강요하지 않으며 폭력적 억압과 지배 방식을 의지하기를 단호히 거부하는 자들이다. 신실한 설교자들은 십자가에서 보이신 예수님의 무력하심(powerlessness), 우리에게는 낯설기만한 그 무력함을 수용하는 자들이다. 결국 그들은 우리의 개인적 설교뿐만 아니라 설교 자체의 실천을 효과적인 것이 되도록 하기 위해 전적으로 하나님을 의지해야만 한다. 말씀이 육신이 되었던 것처럼 설교자의 설교는 효과적인 것이 되기 위해 전적으로 하나님을 의지해야 한다. 그럼에도 불구하고 십자가 위에서 예수님이 그러셨던 것처럼 이러한 무력함을 정확하게 수용함으로써 설교자들은 지배와 억압, 강압과 폭력의 방식들에 맞서 저항할 수 있게 된다.

샤론 웰치(Sharon Welch)의 용어로 표현하면 설교는 통제윤리(ethic of control)보다는 모험윤리(ethic of risk)를 내포한다.[39] 2장에서 언급한 것처럼 통제윤리는 책임 있는 윤리적 행위를 규명하는데, 그것은 미래를 통제할 수 있고 '결과'를 보장할 수 있는 행위로 작용한다. 책임이 있다는 것은 자신이 수행하려는 목표를 이루어 가는 것으로, 그것을 온전히 완수해 간다는 의미이다. 그러한 윤리는 불가피하게 그 결과를 이룰 수 있는 수단을 필요로 하는데, 그것이 바로 폭력적 수단이다. 웰치가 말한 대로 무기 경쟁은 이러한 통제윤리의 가장 기본적인 결과이다.[40] 그러나 모험윤리(ethic of risk)는 윤리적 행위를 통제(control)라는 관점에서 규정하지 않는다. 오히려 윤리적 행위를 권세자들에 맞서 굴하지 않는 저항을 가능케 하는 행위로 규정한다. 웰치에 따르면 "모험 윤리는 우리 중 어느 누구도 가까운 미래, 혹은 심지어 우리 자신의 생애 동안에 있을 결정적인 변화들까지도 보장할 수 없다는 인식에서부터 시작하는 윤리이다. 이러한 모험윤리는 비록 성공이 불가능하게 보일 때에라도 저항하기를 멈추는 것은 곧 죽는 것이라는 중대한 인식에 기초하여 실행된다."[41] 신실함은 결과를 얻는 효율성이나 성공보다 훨씬 더 중요하다. 설교가 때때로 즉각적인 결과를 산출하지 못한다는 것을 잘 아는 우리 모두에게 그것은 복된 소식이다. 그래서 설교자로서 우리는 언제나 소망을 가지고 설교단에 오르게 된다.

설교의 실천이라는 차원에서 보면, 설교자는 세상 가운데서 예수님의 방식, 즉 권세자들에 맞서서 위험하면서도 비폭력적 저항을 수행하도록 부름 받았다. 예수님께서 수립하신 패턴을 따라 도덕적 순종이라는 차원에서 볼 때 교회의 설교는 하나님의 통치를 적대시하는 자들을 대면하여 강압과 지배라는 방식보다는 비폭력적 저항의 궤도를 택한다. 말로 전해지는 다른 메시지와는 달리 설교 그 자체의 실천은 교회가 진리라는 이름으로 폭력에 의존하지 않으며, 오히려 그 진리를 증언하고 선포한다. 진리를 선포한다는 점에서 교회는 폭력적 수단을 통해 믿음을 강요하는 행위를 거부한다. 실로 예수님을 증거하는 행위를 통해 교회가 폭력에 의존하는 것은 우리가 선포하는 그분과 우리가 추구하는 사랑의 공동체와는 전적으로 대립된다는 사실을 기억하게 된다.

자신의 방식을 고수하려고 폭력적 수단들을 동원해 자기 주장을 강요하는 세상에서 설교는 낯설고 기이한 행위임에 틀림없다. 설교는 교회가 권세자들과 대항하며 우리의 확신을 강화한다는 점에서 기괴하고 위험하며, 심지어는 어리석은 수단이다. 왜냐하면 우리의 삶을 지배하는 폭력적 방식들을 통해 미래를 통제하고 조작하려는 세상 속에서, 설교는 그러한 흐름과 반대로 행하는 반문화적 행위이기 때문이다. 그러나 설교는 폭력적인 세상 한가운데서 예수님의 그 낯선 방식을 다시 수행해 간다는 점에서 기이하고 낯선 행위이다.

더욱이 교회의 표지(mark)인 설교의 실천은 세상에서는 기이하고 구별되는 사람들의 모임인 믿음의 공동체를 세우게 된다. 보다 더 특이한 것은 설교의 실천 행위가 비폭력 공동체로서의 교회를 세워간다는 점이다. 비폭력 저항의 윤리는 설교의 실천에 있어서 본질적인 특성이기 때문에 비폭력 저항 그 자체가 교회의 표식, 즉 교회가 세상 속에서, 그리고 세상을 위한 교회가 되는 본질적 측면으로 간주되어야 한다. 다른 방식으로 그것을 표현하면 교회가 세상의 폭력과 지배에 익숙해지면서 거기에 적응해 간다면 우리는 이미 교회가 되지 못하고 있는 것이다. 처음 시작할 때 이러한 논리를 통해 설명했는데 다소 형식적이지 않은 삼단논법을 통해 그것을 이렇게 말할 수 있을 것이다.

- 설교의 실천은 교회로 교회되게 하는 요소를 구성하기 때문에,
- 그리고 비폭력적 저항의 윤리는 설교의 실천에 있어서 본질적인 요소이기 때문에,
- 그러므로 비폭력적 저항은 교회의 '표지'이며 교회를 믿음의 공동체로 세워가는 실천들 가운데 하나이다.

신약학자인 리처드 헤이즈(Richard Hays)는 그의 책, *The Moral Vision of the New Testament*(신약성경에서의 도덕적 비전)에서 이와 동일한 주장을 펼친다. 비록 설교의 실천이라는 주제와 함께 시작하지 않았고 비폭력을 교회의 표지로 언급하지도 않았지만, 그럼에도 불구하고 헤이즈는 믿음의 공동체에 있어서 비폭력의 중심성에 대해 분명히 밝히고 있다. 그는 다음과 같이 주장한다. "예수님의 산상설교에 비추어 볼 때 교회가 비폭력을 구현하는 것은 복음을 증언함에 있어서 교회의 필수불가결의 요소이다."[42] 그리고 헤이즈는 다음과 같이 결론을 맺는다. "비폭력은 교회의 정체성과 관련하여 볼 때 가장 근본적인 것이며 교회의 존재의 이유이다. 왜냐하면 교회가 폭력의 방식을 거부할 때 세상은 복음이 의미하는 바를 알게 될 것이며, 그때 세상은 교회를 통해 재연되는 예수님의 비폭력적 방식을 볼 수 있기 때문이다."[43] 여기서 한 가지 덧붙여야 할 것은 설교의 실천 그 자체는 폭력의 방식 포기를 구체화

하는 것이고 예수님의 비폭력적 방식을 재정립하는 것이라는 점이다. 이러한 설교의 실천을 통해 교회는 세상 속에서(in), 그리고 세상을 위한(for) 비폭력적 저항의 공동체로 세워진다.


## 분명한 모호성

지금까지 본인은 비폭력적 저항의 윤리적 실천(an ethical practice)으로서의 설교라는 다소 독특한 주장을 제시하였다. 그러나 우리가 처해 있는 삶의 실재는 아주 다양하고 복합적이다. 사실 백인, 남성, 중산층, 장로교인인 본인이 설교는 비폭력적 저항의 행위라고 주장하는 것은 적지 않은 위험을 초래한다. 권력과 특권을 누리는 사람들은 비폭력을 혁명가들이 행하는 운동에 대해서 폄하하거나 지금 자신들이 누리고 있는 것들(현상)을 유지하기 위해 이용할 수도 있기 때문이다. 더욱이 그런 사람들은 설교나 데모와 같은 개인 행동에 있어서 비폭력에만 초점을 맞출 수 있다. 반면 그들은 매일의 삶 속에서 표현의 자유를 억누르고 사람들의 생명을 빼앗는 억압적인 사회 구조들 안에 내재된 거대한 폭력에 대해서는 외면하는 경향이 있다. 그러므로 설교가 본연의 모습인 비폭력적 저항의 행위가 되기 위해서 우리는 이러한 현실에 대해 정직하게 대면해야 하며 그 실체가 무엇인지를 명료하게 드러낼 수 있어야 한다.

이것이 우리의 현실이다. 비폭력적 저항의 윤리가 설교의 실천에 있어서 본질적인 요소이지만 교회의 선포는 종종 그러한 윤리를 온전히 수행하지 않고 있다. 비록 직접적인 폭력, 대인 관계에서 나타나는 폭력, 신체적 폭력에 저항하지만 종종 설교는 이미 세상의 지배 행위와 구조(systems)에 참여하고 있으며, 그것은 심리적, 영적, 심지어는 육체적 위압이라는 유해한 형태를 포함하는데 그것은 폭력으로 간주된다. 예를 들어 설교자들은 은연중에든, 혹은 명시적으로든 폭력적 목적을 위해 정기적으로 강단을 이용해 왔다. 기독교 설교의 '내용'(무엇, what)은 존재하는 세상 권세들에 맞선 비폭력 저항의 형식을 취하지 않았음을 종종 보게 된다. 결국 기독교 설교자들은 젊은이들을 십자군 운동에 보내거나 여러 전쟁에 참전하도록 독려하기 위한 수단으로 강단을 사용하기도 했다. 기독교 설교는 노예제도, 인종차별, 여성이나 성적 소수자들에 대한 차별을 지지하였다. 자본주의로 말미암아 파생된 경제적 폭력에 대해서는 거의 저항하지 못하고 오히려 기독교 설교는 경제적 현상의 지지 세력으로 자주 행동해 왔다.

미묘한 차원에서 설교자는 세상의 지배 체제를 지지하고 유지하는 방식으로 언어를 사용해 왔다. 종종 성경이 이를 지지하는 내용을 인용하여 남성은 여성 위에 지배하는 위치에 있을 뿐만 아니라 문화적으로 우월한 민족이 있고 거기에 종속적인 민족이 있다고 주장하면서 수직적 이미지를 강화하는 수단으로 사용하기도 한다. 여성이 종속적인 위치에 있는 것처럼 묘사되거나 여성에 대해서 부정적으로 묘사되는 스토리들은 그것이 가져오는 조직적 폭력과 개인적 학대를 통해 가부장적인 남성 지배를 강화시킨다. 유사하게 어두움의 이미지는 언제나 나쁜 것이며 빛의 은유는 언제나 선한 것이라고 규정할 때 백인우월주의는 경미한 것 같지만 강단으로부터 아주 실제적인 지원을 받게 된다. 앞을 보지 못하는 것과 같은 육체적 장애가 죄와 실패를 나타내는 은유로 깊이 숙고하지 않은 채 사용될 때 우리의 문화를 형성하는 지배와 종속의 다른 형태가 강화한다. 제자 가운데 한 학생이 어느 주일날 행한 그의 설교에서 보지 못함(blindness)을 그의 설교의 중심적이면서도 부정적인 은유로 사용하여 설교한 것에 대해 언급했다. 어느 특별한 주일, 한 시각 장애인이 처음으로 그 교회의 예배에 참여했는데, 그 설교를 듣다가 중간에 일어나 예배당 밖으로 걸어나가는 것을 보면서 그 학생은 무척 당황했다고 한다. 그리고 그는 그러한 은유가 지배와 복종의 문화적 현상을 어떻게 증강시키고 당연한 것으로 받아들이게 하는지를 배우게 되었다고 토로했다.[44]

더욱이 강단에서 어떤 말씀을 배제함으로써 기독교의 설교는 종종 지배와 폭력의 체제 안에서 깊게 곤란에 빠져드는 경우도 있다. 예를 들어 본인이 속한 미국장로교회(PCUSA)는 게이와 레즈비언에게 목사 안수를 주는 것을 거부한다. 그들이 말씀과 성례전을 거행할 수 있는 직무를 수행할 수 있도록 목회자가 되게 해야 한다는 내용을 강단에서 설교하는 것을 받아들이지 않는다. 다른 교단에서는 동일하게 그런 사실을 금지한다. 어떤 교단은 여성은 강단에 설 수 없다고 주장하기도 한다 – 어떤 교단은 여성 안수는 허용하지만 '가장 높은' 강대상은 오직 남자만 올라갈 수 있다고 이해한다. 이러한 상황에서 매주 행해지는 설교는 동성애가 아닌 이성애(異性愛, heterosexual)의 설교자만 감당할 수 있다고 주장할 때, 어떤 주장은 환영하고, 어떤 주장에 대해서는 침묵을 강요하는 죽음과 지배의 권세자들과 이미 결탁한 것이 될 수 있다.

보다 넓은 차원에서 볼 때 기독교 설교는 종종 오늘 우리 사회의 지배와 억압이라는 보다 광범위한 구조적 권세에 참여할 때가 있다. 윌리엄 스트링펠로우가 주장한 대로 설교자와 강단은 단순히 권세자들

의 폭력적이며 파괴적인 역사에서 '벗어날 수는' 없다. 왜냐하면 폭력
은 어디에나 존재하는 특성을 가지고 있기 때문이다.

> 타락이라는 폭력은 '매우' 정치적이다. 그래서 매우 깊숙이 퍼져 있고, 광
> 범위하게 퍼져 있기에 심지어 폭력의 피해자들조차 순수하지 않으며 비
> 폭력을 주장하는 자들조차도 자유롭지 못하다. 어떤 인간도 어떤 폭력에
> 대해 결백한 사람은 없다. 이 세상 어느 누구도 폭력에 관해 순수한 방관
> 자는 있을 수 없다. 이 세상의 그 어떤 피조물도 폭력에 대한 집합적
> (corporate)이며 집단적(collective) 책임으로부터 면제될 수 있는 존재는
> 없다.[45]

보다 특별하게 교회 그 자체는 – 특히 현저하게 백인들로 구성되어 있
고, 부유한 지역에 위치하며, 주요 교단에 속해 있는 교회들 – 지배 체
제의 한 부분으로 남아 있게 된다. 그 교회의 교인들은 그 체제 안에서
주어지는 거대한 특권과 지위를 즐기게 된다. 다른 많은 사람들과 같
이 머스테(A. J. Muste)가 주장한 대로 "기본적인 사실은 우리가 몸담
고 있는 사회의 경제적, 사회적, 정치적 질서가 주로 폭력을 바탕으로
이루어져 있으며, 지금도 그 폭력을 수단으로 하여 확장하고 유지하고
있다."[46] 교회가 이러한 질서와 구조들이 가져다주는 특권과 혜택을 누
리고 있다면 강단을 포함하여 교회는 이미 그 폭력에 연루되어 있는 것
이다. 토마스 머튼은 이러한 관점을 아주 날카롭게 제시한다. 기독교
의 비폭력의 원리에 대해 글을 쓰면서 그는 특권과 권세의 위치에 있
는 그리스도인들을 혼돈스럽게 만드는 모호성에 대해 다음과 같이 제
시한다.

이제 이러한 모든 원리들은 순수하게 정제된 것들이며 우리의 기독교 신앙과 일치된다. 그러나 일단 현재의 '사실들'이라는 관점에서 그 원리들을 보게 되면 우리는 실질적인 어려움에 직면하게 된다. 만약 "복음이 가난한 자들에게 선포된다면," 그리고 기독교의 메시지가 본질적으로 가난한 사람들과 억눌린 사람들, 사회적, 경제적으로 혜택을 받지 못하는 사람들과 인간적으로 말해서 힘없는 사람들을 위한 희망과 구속의 메시지라면 그리스도인들이 이 땅의 부유하고 힘 있는 나라들에 대부분이 속해 있다는 사실을 우리는 어떻게 받아들여야 할까? 세계 인구의 17퍼센트가 세계 부의 80퍼센트를 움직이고 있으며, 추정컨대 이러한 17퍼센트의 대부분은 그리스도인들이다. 비폭력에 관심을 가지고 있는 이러한 그리스도인들은 태어날 때부터 부유한 사람들이 아니었다는 사실은 명백하다. 그럼에도 불구하고 그것을 좋아하든, 그렇지 않든지 간에 세상에 알려진 가장 부유하고 힘 있는 사회의 권세와 특권에 참여하고 있다. 세상에서 가장 최고의 주관적 관심사와 함께 그들은 비폭력에 대한 설교에서 선명하게 드러나는 이러한 분명한 모호성을 어떻게 피할 수 있을까? 이것은 스스로 속이기(mystification)가 아닌가?[47]

그리고 머튼은 다음과 같이 결론을 맺는다. "그리스도인의 굴종을 설교하는 유럽, 혹은 미국교회의 비폭력은 중산층 감정(bourgeois feeling)과 폭력적 대변동에 대항하여 현상을 보존하기 원하는 무의식적 갈망으로 섞음질을 하고 있음을 알 수 있다."[48]

요약하면 비폭력 저항이 선포의 행위인 설교의 실천에 있어서 본질적인 요소라고 한다면 설교자들은 그 비폭력 저항을 실천하게 될 때 피할 수 없는 분명한 모호함이 있다.[49] 설교가 직접적, 대인 관계적, 신체적 폭력들에 대해 대안을 분명하게 제시하는 것이라고 하더라도, 기독교의 설교는 이미 세상에서 죽음과 파멸을 초래하는 심리적이며 영적인 형태의 폭력뿐만 아니라 간접적이며 구조적인(systemic) 형태로 다가와 물리적으로 가하는 폭력에 함축되어 있는 것들과 계속적으로 몸부림치며▪사투를 벌여야 한다. 설교자는 그 자신이 교회의 밖과 안에 존재하는 '지배 체제'의 폭력과 연계된 공범이 될 수 있음을 끊임없이 인식해야 한다. 비폭력 저항의 실천으로서의 설교는 새로운 시대를 향한 종말론적 긴장(eschatological tension) 가운데서 존재하는데, 그것은 세상 가운데 이미 돌입해 들어와 있지만 아직 온전히 성취되지 않은 상태로 있다.

이와 같이 설교의 실천 가운데 본질적으로 내재된 비폭력적 저항의 윤리는 계속적으로 설교자와 회중에게 도전을 주는데, 그들은 언제나 보다 신실하게 그것을 실천해야 한다는 도전 앞에 서 있다. 설교는 근본적으로 비폭력적 저항의 실천이라고 주장하는 것은 도덕적 자기만족이나 위안을 얻기 위함이 아니라 계속되는 자기 성찰에로의 부르심이다. 즉, 설교자와 회중 모두가 설교의 실천이 요청하는 비폭력 저항의 방식 안에서 더 깊어지고 성숙해 가기 위해 노력하고 있는지에 대한 자기 성찰이다. 헨리 나우엔(Henri Nouwen)은 다음과 같이 주장한다.

진정한 저항은 우리가 저항하고자 하는 악에 대해 우리가 이미 동조자가 되어 있음을 겸손하게 고백할 것을 요청한다. 이것은 매우 힘든 일이며 얼핏 보기에는 끝없는 자기 훈련이다. 우리가 "아니요." 라고 말하면 말할수록 우리 안에 퍼져가는 죽음의 실재(presence)를 보게 될 것이다. 우리가 저항하면 할수록 앞으로 저항해야 할 것이 얼마나 많은지를 실감하게 될 것이며, 대항하면 할수록 앞으로 싸워야 할 싸움이 얼마나 더 남아 있는지를 목도하게 될 것이다. 우리의 친밀한 단짝인 이 세상은 진실로

사탄의 영역이라는 것을 깨닫게 된다.[50]

이와 같이 설교가 비폭력 저항의 실천이라는 주장은 피할 수 없는 절박한 소명일 뿐만 아니라 오늘 우리의 현재적 실재이다. 교회의 설교는 설교자와 회중 모두를 비폭력적 저항의 방식 안에서 성숙해 가도록 끊임없이 도전해야 한다. 복음의 메시지뿐만 아니라 설교의 실천 자체는 오늘 그리스도인들이 폭력적 지배로부터 자유롭게 된 삶을 살아가기 시작하도록 부르셨는데, 그것은 예수님께서 십자가와 부활을 통해 우리에게 허락하신 것이다.


## 고결함을 위한 조건: 비폭력적 '저항'

비폭력적 저항의 실천으로서의 설교 사역을 감당함에 있어서 설교자가 고결함(integrity)을 구할 때 그들은 '저항'이라는 말은 명사이며 '비폭력적'이라는 말은 형용사라는 사실을 기억할 필요가 있다. 설교가 비폭력적 저항의 실천이라는 주장에 있어서 필수불가결한 요소는 '지배 체제'에 대한 능동적인 저항이다. 지배자들의 권세에 능동적인 저항을 하지 않는다면 설교는 머튼이 두려워하였던 바로 그것, 현상(status quo)을 보존하려는 무의식적 수단이 될 수밖에 없다.[51] A. J. 머스테가 주장한 대로, "폭력으로 세워진 세상에서 평화주의자가 되기 전에 혁명가가 되어야 한다. 그러한 세상에서 혁명적이지 않은 평화주의자는 명확히 모순이며 기형(monstrosity)이 될 수밖에 없다." 설교자에게 주는 권면도 이와 유사하다. 비폭력적 저항의 실천으로서의 설교가 가지는 긴장감과 모호성 가운데서 설교자는 무엇보다도 혁명적이 되어야 한다. 그렇지 않으면 설교는 '지배 체제'를 강화시켜 주는 것이 될 뿐만 아니라 사실은 설교가 아닌 기형적인 것이 되고 만다.

이러한 '체제'에 대해 저항하는 특권을 즐기는 존재로서의 자신을 인식하는 설교자에게는 그러한 저항은 세상에서 폭력의 희생자들과 연대하여 우리의 주장을 펼쳐야 한다는 점을 포함한다. 그들은 사회적 질서를 유지한다는 명목으로 제도적 폭력의 희생자를 포함한다. "기독교 비폭력의 실천에 있어서 상대적인 충실함을 위한 조건들"에 대한 논의를 할 때 토마스 머튼이 정확하게 이 점을 설명해 준다. 비폭력에 대해 설교하는 것의 모호성에 대한 논의 중에 머튼의 고결함을 위한 두 조건은 혁명적 연대(revolutionary solidarity)의 중심성을 강조한다. 첫 번째 조건에 대해서는 이렇게 진술한다. "비폭력은 무엇보다도 세상의 현재 상태를 변화시키는 것에 초점이 맞추어져야 한다. 그러므로 권력을 바르지 않게 사용하는 것과 함께 모든 비밀스럽고(occult) 무의식적인 묵인을 용납하지 않아야 한다." 두 번째 조건은 특별히 특권을 즐기는 사람들과 관련된 조건이다. 강력한 국가의 국민으로 살아가면서 특권을 누리며 살아가는 그리스도인들의 비폭력적 저항은 자기 자신을 위해서가 아니라 다른 사람을 위해서 – 가난한 사람들과 혜택을 누리지 못하는 사람들을 위해 – 분명하게 행해져야 한다. 비폭력적 저항으로서의 설교는 이러한 두 가지의 조건 하에 행해져야 한다.[52]

자크 엘룰은 그리스도인의 비폭력에 대해서 다루면서 유사한 관점을 제시한다. 폭력은 "어디에나, 모든 시대에, 심지어는 사람들이 그것이 전혀 없는 것처럼 미화하는 곳에서도 발견된다."[53]는 사실을 인식하면서 엘룰은 비폭력이 "순수한 국면"(pure position)에서 이루어지는 것이 아니고 폭력의 체제 안에서부터 나오는 목소리라는 것을 인식하고 있었다. 그럼에도 불구하고 엘룰은 예수 그리스도께서 폭력의 필요성으로부터 벗어나도록 자유롭게 하셨으며, 그것에 투쟁하도록 세워주셨다고 주장한다. 오직 행동 노선 하나만 그리스도인들에게 열려져 있는데 그들은 그리스도 안에서 자유롭게 된 사람이라고 엘룰은 기록하고 있다. 그들은 "폭력에 대항하여 정확하게 투쟁하여야 하는데, '왜냐하면' 그리스도를 떠나서는 폭력은 사람들이 살아가는 모든 관계성 속에서 일반적으로, 혹은 필수적으로 취해지는 형태이기 때문이다. 다시 말해서 보다 완전하게 폭력이 필요하다고 생각하게 되면 그 필요성에 대해 도전하면서 그것을 극복할 만한 그리스도의 주권 가운데서 믿는 자들의 의무도 더 커지게 된다."[54]

기득권을 누리고 있는 우리들에게 이러한 도전은 권세자들의 지배에 의한 희생자들을 위하여 우리의 목소리를 사용하는 것을 반드시 포함되어야 한다. 엘룰은 주장하기를 "억압당하는 자들을 위해 동시에 대변하는 사람으로 행동하지 않고 또한 모든 가용한 비폭력적 수단을 사용하여 옳지 않은 체제(order)에 대해 공격하지 않고서는" 누구나 "비폭력의 담론"에 참여할 수 없게 된다.[55] 엘룰은 주장하기를 모든 불의와 억압의 상황에서 그리스도인들은 결코 폭력으로 그것을 해결할 수 없는 존재들이며, "희생자들을 위한 대리인"으로서 완전하게 그들의 일부가 되어야만 한다. 그는 그리스도인들이 영적 무기를 가지고 있다고 결론을 내린다. 그리스도인들은 불의와 억압의 사례들을 기술해야 하며, 그것들을 자기자신의 것으로 만들어야 하며, 다른 사람들이 그것을 볼 수 있도록 독려해야 한다. 그리스도인들은 자신의 지성을 나눠 주어야 하며, 그들의 영향력과 그들의 손, 그리고 얼굴 없는 대중에게 얼굴이 되어 주어야 한다. 그 대중은 손도 없고 영향력도 행사할 수 없는 존재들이다.[56] 역시 엘룰에게 있어서 '저항'은 명사이며, '비폭력적'이라는 말은 형용사이다.

　세상의 통치자들과 권세 잡은 자들에 대한 비폭력적 저항의 실천인 설교는 침입해 들어오시는 하나님의 통치에 대한 종말론적 긴장 속에서 존재한다. 설교는 이러한 긴장의 모호성 속에서 존재함에도 불구하고 설교 강단이 비폭력적 저항의 실천에 참여할 때 고려해야 할 "고결성의 조건"이 있다. 그 조건은 지배 체제에 대한 역동적 저항과 억눌린 자들과의 연대를 포함한다. 우리가 사는 세상을 형성하고 있는 제도적 폭력으로부터 강단이 완전히 분리될 수 없다. 그래서 언제나 그 안에서부터 폭력에 대해서 기술하는 동안 설교의 실천은 그리스도인들이 그리스도께서 허락하신 자유 안에서 성숙해 가도록 요청하며, 그들은 '지배 체제'가 움직여 가는 세상의 한복판에서 점점 비폭력적 저항의 공동체가 되어간다. 설교가 이러한 도전을 어떻게 수용할 것인가는 다음 장에서 상세하게 다룰 주제이다. 이제 우리는 설교라는 행위가 갖는 '의미'(that of preaching)로부터 설교의 '내용'(what)으로 옮겨가게 된다.

1 Beverly Zink-Sawyer, "'The Word Purely Preached and Heard': The Listeners and the Homiletical Endeavor," *Interpretation*, 51 (October 1997): 342~57.

2 본인이 여기에서 다루고 있는 만큼 상세하게는 아니라 할지라도 여러 학자들이 설교에 있어서 "통치자들과 권세들"의 역할에 대해서 신중하게 다루고 있다. 예를 들어 David G. Buttrick, *Preaching Jesus Christ: An Exercise in Homiletic Theology* (Philadelphia: Fortress Press, 1988)와 *The Mystery and the Passion: A Homiletic Reading of the Gospel Traditions* (Minneapolis: Fortress Press, 1992); L. Susan Bond, *Trouble with Jesus: Women, Christology, and Preaching* (St. Louis: Chalice Press, 1999) 등을 보라. 크리스틴 스미스는 "통치자들과 권세들"이라는 용어를 직접적으로 사용하여 이런 내용을 끌어내고 있지는 않지만 그의 책에서 유사한 이슈를 다루고 있다. Christine Smith, *Preaching as Weeping, Confession, and Resistance: Radical Responses to Radical Evil* (Louisville: Westminster John Knox Press, 1992)를 보라.

3 *WA*, 25, 253. 라틴어를 번역한 후스토 곤잘레스(Justo Gonzalez)와 주디 홀리 (Judi Holley)에게 감사를 드린다. 또한 다음 자료를 참고하라. Heiko Oberman, "The Preaching of the Word in the Reformation," *Harvard Divinity Bulletin*, 25 (October 1960): 9.

4 Bill Wylie-Kellermann, "Listen to This Man! A Parable before the Powers," *Theology Today*, 53 (October 1996): 304쪽에서 인용하였다.

5 현대 설교학 이론에서 개인주의적 특성에 대한 논의를 보기 위해서는 Charles L. Campbell, *Preaching Jesus: New Directions for Homiletics in Hans Frei's Postliberal Theology* (Grand Rapids: Wm. B. Eerdmans Publishing Co., 1997), 117~45쪽을 참고하라. [역주/ 이 책의 번역서로는 이승진 역,『프리칭 예수: 한스 프라이의 탈자유주의 신학에 근거한 설교학의 새 지평』(서울: 기독교문서선교회, 2001)을 참고하라].

6 예를 들어 본인의 논문, "Living Faith: Luther, Preaching and Ethics," *Word and World*, 10 (Fall 1990): 374~79쪽과 "More than Quandaries: Character Ethics and Preaching," *Journal for Preachers*, 16 (Pentecost 1993): 31~37쪽 등을 참

고하라.

**7**  John H. Yoder, *He Came Preaching Peace* (Scottdale, Pa.: Herald Press, 1985), 11.

**8**  샬롬은 평화와 정의를 함께 포함한다. 그는 마틴 루터 킹 목사가 추구했던 "적극적 평화"(positive peace)이다. "진정한 평화는 어떤 부정적인 세력 – 긴장, 혼동, 혹은 전쟁과 같은 – 이 없어짐으로 주어진 것일 뿐만 아니라 어떤 적극적 세력 – 정의, 선한 의지, 그리고 형제애 등과 같은 – 이 있음으로 이뤄지는 것이다. Martin Luther King Jr., "Facing the Challenge of a New Age," in *Peace Is the Way: Writings on Nonviolence from the Fellowship of Reconciliation*, ed. Walter Wink (Maryknoll, N.Y.: Orbis Books, 2000), 180.

**9**  Walter Wink, *Engaging the Powers: Discernment and Resistance in a World of Domination* (Minneapolis: Fortress Press, 1992), 14. 또한 James B. Pritchard, *Ancient Near Eastern Texts Relating to the Old Testament*, 3d ed. (Princeton, N.J.: Princeton University Press 1969), 60~72쪽도 참고하라.

**10**  Wink, *Engaging the Powers*, 14.

**11**  위의 책. 여성 신학자가 쓴 구약성경에 나타나는 폭력에 대해 도움이 되는 논의를 보기 위해서는 Johanna W. H. van Wijk-Bos, "Violence and the Bible," in *Telling the Truth: Preaching about Sexual and Domestic Violence*, ed. John S. McClure and Nancy J. Ramsay (Cleveland: United Church Press, 1998), 21~33쪽을 보라. 또 다른 관점을 살펴보기 위해서는 Gil Bailie, *Violence Unveiled: Humanity at the Crossroads* (New York: Crossroad Publishing Company, 1995), 133~84쪽을 보라. 구약성경은 대부분의 폭력이 늘 정당화되며 통속적인 언어를 통해 그 의미가 손상되는 "진통 가운데 있는 본문"(text in travail)이라고 주장한다.

**12**  Jacques Ellul, *The Humiliation of the Word*, trans. Joyce Main Hanks (Grand Rapids, Michigan: William B. Eerdmans Publishing Company, 1985), 63-67, 38, 45.

**13**  위의 책, 40~41.

**14**  위의 책, 68.

**15**  Jane Tompkins, *West of Everything: The Inner Life of Westerns* (New York: Oxford University Press, 1992). 66. 54. 63~64.

**16**  위의 책. 따옴표 강조는 본인이 한 것이다.

**17**  위의 책, 54.

**18**  역주/ 1962년에 발표된 소설 제목이며 스튜어트 길모어 감독에 의해 같은 제목으

로 영화로도 만들어졌다. 서부 개척 시대에 스티브와 버지니안은 오랜 친구였다. 그러나 둘의 성격은 판이하게 다르다. 스티브는 참을성 없고 모든 것을 쉽고 편하게 해결하며 세상을 살려고 하지만 버지니안은 법을 지키는 것을 소중하게 생각하며 성실하게 목장에서 일하며 살아가는 인물이다. 노름꾼들에게 한 번 공격을 당한 이후 항상 총을 가까이 두고 사는 버지니안은 스티브에게 메디슨 보우 근처의 목장 일을 주며 열심히 노력하며 살아갈 것을 부탁한다. 그러나 그는 그의 권유를 받아들이지 않는다. 어느 날 그들은 그곳에 부임한 동부 출신의 여교사 몰리 우드를 만나면서 동시에 호감을 갖게 된다. 서부의 거친 생활 방식과 사람들의 태도에 문화 충격을 느끼며 살고 있던 몰리 우드는 한 파티에서 버지니안의 호의를 받고서 그에게 호감을 갖기 시작한다. 한편 스티브는 무자비하고 몰인정한 갱단의 두목인 트램퍼스와 손잡고 도적질로 돈을 벌려고 한다. 버지니안은 그에게 범죄의 삶에서 빠져나올 것을 경고하지만 스티브는 코웃음 칠 뿐 들으려 하지 않는다.

19 역주/ 1962년에 발표된 소설, *The Virginian*에 나오는 인물로 폭력과 도둑질을 일삼는 갱단의 두목이다.

20 위의 책, 63~64.

21 Walter Brueggemann, "Preaching a Sub-Version," *Theology Today*, 55 (July 1998): 202.

22 위의 책, 202~204. 또한 월터 브루그만의 "Voice as Counter to Violence," *Calvin Theological Journal*, 36 (2001): 22~33쪽을 보라.

23 Brueggemann, "Preaching a Subversion," 203.

24 앞장에서 언급한 거라사 지방의 귀신들린 자에 대한 논의를 보라. 그러한 억눌린 억압 감정은 희생자의 피를 부르는 또 다른 폭력을 야기한다. James C. Scott, *Domination and the Arts of Resistance: Hidden Transcript* (New Haven: Yale University Press, 1990), 202~27쪽을 참고하라.

25 Brueggemann, "Preaching a Subversion," 203.

26 Wink, *Engaging the Powers*, 197~99; William Stringfellow, *An Ethic for Christians and Other Aliens in a Strange Land* (Waco, Tex.: Word Books, 1973; 3d paperback ed., 1979), 125; Jacques Ellul, *Violence: Reflections from a Christian Perspective*, trans. Cecelia Gaul Kings (New York: Seabury Press, 1967), 79.

27 Jacques Ellul, *The Presence of the Kingdom*, trans. Olive Wyon (New York: Seabury Press, 1967), 79.

28 간디나 마틴 루터 킹을 포함하여 비폭력의 옹호자들은 '목적'과 일치하는 '수단'의 중요성을 일관되게 강조한다. 킹 목사가 쓰고 있는 대로 "건설적인 목적은 파괴적

인 수단에 대해 절대적인 도덕적 정당성을 부여하지 않는다. Martin Luther King Jr., "My Pilgrimage to Nonviolence," in Wink, ed., *Peace Is the Way*, 65~66.

29 예수님이 택하신 "제 3의 방식"에 대해서는 Wink, *Engaging the Powers*, 175~93 쪽을 참고하라.

30 이러한 통찰에 대해서는 나의 학생이었던 캐서린 서머즈 빈(Kathryn Summers Bean)에게서 빌린 것이다.

31 영어 성경 NRSV에서 '폭력적으로'(violently)라고 번역한 헬라어 단어는 하이퍼볼 레(*hyperbole*)인데 이것은 "과도한, 엄청난"(excessive)의 뜻을 가지고 있다. 그럼 에도 불구하고 NRSV는 본문이 함축적으로 담고 있는 의미를 바로 이해하여 번역 한 것이라고 할 수 있다.

32 역시 로마서 6:1~11도 참고하라.

33 Nicholas Lash, "Performing the Scriptures," in *Theology on the Way to Emmaus* (London: SCM Press, 1986), 37~46.

34 역주/ Dave Brubeck Quartet는 1950~60년대에 많은 인기를 누렸던 재즈연주가 그룹으로 리더 겸 피아노 주자인 데이브 브루벡을 주축으로 만들어졌으며, 오랜 기 간 연주해 오는 동안 많은 멤버들이 교체되었다. 주로 피아노, 알토 색소폰, 더블 베이스, 드럼 등으로 구성되었다. 동부의 흑인 중심 재즈 밴드와 대비되는 워스트 코스트 재즈 계열의 밴드였다. 그들의 대표작인 "Take Five"는 과감한 리듬의 혁 명을 도모하였는데 1950년대까지는 주로 4/4, 3/4박자 등을 사용하던 원칙에서 벗어나 9/8박자와 5/4박자 같은 '불편한' 박자도 과감하게 도입, 응용하는 방식으 로 진행되었다. 사람들이 가장 어정쩡하고 난해하게 느낀다는 박자를 이용해 대중 적인 그루브와 멜로디를 동시에 잡아낸 희대의 명곡이라는 평가를 받는다.

35 위의 책, 42.

36 Dorothy T. Samuel, "The Violence in Ourselves," in Wink, ed., *Peace Is the Way*, 241.

37 Stanley Hauerwas, "Peacemaking: The Virtue of the Church," in *Christian Existence Today: Essays on Church, World, and Living in Between* (Durham, NC: Labyrinth Press, 1988), 89~97.

38 Jacques Ellul, *The Meaning of the City*, trans. Dennis Pardee (Grand Rapids: Wm. B. Eerdmans Publishing Co., 1970), 37.

39 Sharon D. Welch, *A Feminist Ethic of Risk* (Minneapolis: Fortress Press, 1990), 23~47. [역주/ 흔히 ethic of risk는 '모험윤리'로 번역되지만 웰치의 의도를 볼 때 'risk'는 단순히 '모험' 정도의 의미로 사용된 것이 아니라 "위험을 감수하는 모험"

정도로 이해해야 정확한 번역이겠으나 일반적으로 여성신학과 기독교 윤리학 진영에서 이 용어를 사용하고 있어 여기에서는 그 용어를 그대로 사용한다. 실제로 웰치는 이 용어를 위험과 희생이 따르지만 그것을 기꺼이 감수하면서 미지의 세계를 향해 나아간다는 의미로 사용한다. 한편 통제윤리는 합리성과 효율성을 강조하며, 책임적 행위는 효과적이고 합리적인 이성에 바탕을 두고 있으며 현실과 권세들에 대해 순응적이다. 기존의 가치와 구조 속에서 통제하는 의미를 통해 도덕적 책임과 행위를 요구하는데, 여기에는 다분히 권위적이고 지배적이며 목적을 이루기 위해 억압과 폭력, 통제를 불사한다. 반면 모험윤리는 성공을 상상할 수 없는 경우에도 정하기를 멈추지 않으며, 그것이 없을 때 인간은 이미 죽은 것이라고 이해한다. 웰치에 따르면 우리가 저항하기를 멈추게 될 이상적 세계를 상상하는 능력을 상실하게 되며, 모든 형태의 삶을 사랑하고 돌보는 능력을 상실하게 된다고 주장한다. 이렇게 모험윤리는 거대한 억압 구조에 항거하며 압도적인 상실과 구조적 악에 대항하여 성공에 대한 보장이 없어도 억압받는 자들과 서로 돌보고 행동하면서 차별 없는 평등한 세상, 전쟁이 멈춘 평화의 세상과 같은 이상적인 목적지에 도달하기 위해 함께 연대하여 저항하고 투쟁하여야 한다고 주장한다].

40 위의 책, 23~47.

41 Welch, *Ethic of Risk*, 20. 스트링펠로우처럼 웰치는 이러한 죽음이 가져올 수 있는 다양한 영역의 형태를 제시한다. 그것들은 육체적 죽음의 공포, 상상력의 죽음, 돌볼 수 있는 능력의 죽음 등을 들 수 있다.

42 Richard B. Hays, *The Moral Vision of the New Testament: A Comtemporary Introduction to New Testament Ethics* (San Francisco: Harper San Francisco, 1996), 329.

43 위의 책, 343.

44 이러한 이슈를 잘 다루고 있는 최고의 책들 중의 하나로 Smith, *Preaching as Weeping, Confession, and Resistance*를 들 수 있다.

45 Stringfellow, *Ethic for Christians*, 128.

46 A. J. Muste, "Pacifism and Class War," in Wink, *Peace Is the Way*, 5. 비폭력적 선택을 거부하는 구조적 폭력에 대해 유력하면서 기본적인 분석을 위해서는 James H. Cone, *God of the Oppressed* (New York: Seabury Press, 1975), 217~25쪽을 참고하라.

47 Thomas Merton, *Faith and Violence: Christian Teaching and Christian Practice* (Notre Dame, Ind.: University of Notre Dame Press, 1968), 20~21.

48 위의 책, 21.

**49** 예수님께서도 그의 설교에서 종종 폭력적 이미지들을 사용하여 호소하고 있음을 보게 된다. 예를 들어 마태복음 13:40~42, 25:31~46; 마가복음 9:42~48; 누가복음 20:9~16 등을 참고하라.

**50** Henri Nouwen, "Saying No to Death," in Wink, *Peace Is the Way*, 143.

**51** Muste, "Pacifism and Class War," 6.

**52** Merton, *Faith and Violence*, 21.

**53** Ellul, *Violence*, 84.

**54** 위의 책, 128.

**55** 위의 책, 172.

**56** 위의 책, 152.

# 5장

## 비전, 윤리, 그리고 설교
### *Vision, Ethics, and Preaching*

예수님께서 권세들을 폭로하시고
그의 생애와 죽음, 그리고 부활을 통해
새로운 창조를 시작하셨다.
그래서 기독교의 설교는 세상 가운데 역사하는
죽음의 세력을 폭로하려고 한다.

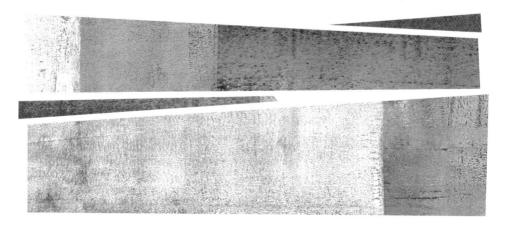

# 5장

• • •

# 비전, 윤리, 그리고 설교
## *Vision, Ethics, and Preaching*

권세자들에 대한 비폭력적 저항의 실천인 설교는 샤론 웰치(Sharon Welch)가 통제윤리보다는 모험윤리라고 지칭한 것을 구현해 간다.[1] 통제윤리는 미래를 조종할 수 있으며 어떤 '결과'를 만들어 낼 수 있다고 이해하면서 책임 있는 윤리적 행동을 규정한다. 책임 있는 존재가 된다는 것은 어떤 사람의 행동의 목표는 마음먹은 대로 얼마든지 수행될 수 있다고 확신하는 것이다. 그러한 윤리는 불가피하게 그러한 '결과'를 확고히 하려는 수단이 되면서 폭력으로 나아가게 되어 있다. 모험윤리에서 윤리적 행동은 주로 결과를 조정하고 성공적으로 세상을 변화시키는 것들에 있지 않다. 오히려 윤리적 행동은 "장차 저항을 가능하게 하도록"[2] 행동하는 것들에 있다.

윤리적 행동으로서의 설교는 동일한 목적을 갖는다. 그것은 권세자들에 대한 더욱 깊은 저항을 가능하게 만들어 가려고 한다. 다른 말로 하면 설교라는 행위가 갖는 '의미'(that) – 설교가 가지는 비폭력적 저항의 행동으로서의 근본적인 특성 - 는 그것이 가지는 윤리적 목적을 형성한다. 공동체가 권세들에 대한 더욱 깊은 저항에 참여하게 만드는 여지와 가능성을 만들어 준다. 이와 같이 윤리적 설교는 세상의 권세들에 직면하여 비폭력적 저항의 공동체인 교회를 세우는 것을 포함한다.[3]

권세들에 대한 더욱 깊은 저항의 가능성을 높여 가려는 실천으로서의 설교는 예수님의 삶과 죽으심, 부활에 의해서 그 형태를 갖게 되는데 그분은 기독교 선포의 핵심에 해당한다. 3장에서 언급한 것처럼 예수님께서는 이 땅에서의 그분의 사역 가운데서 권세들에게 저항하셨고 그들을 향해 새로운 대안을 제시하셨다. 십자가형을 통해 세상 권세를 폭로하셨으며 그것을 이기시고 승리하셨다. 또한 그의 부활을 통해 죽음의 권세에 대한 두려움으로부터 사람들을 해방시키셨다. 그렇게 하심으로 예수님께서는 새로운 공동체가 세상의 통치자들과 권세들에 대한 그분의 저항의 스토리를 계속 이어갈 수 있는 장(space)과 가능성을 만드셨다.[4] 이와 같이 교회 안에서 복음의 선포 - 예수님의 삶과 죽으심, 부활의 선포 - 는 장차 더욱 깊은 저항의 장과 가능성을 만들어 가는 것을 구할 뿐만 아니라 교회를 저항의 공동체로 세워가는 것을 추구한다.

이러한 전체를 지배하는 윤리적 목적은 설교의 '내용'(what) - 설교가 취하여야 할 특별한 형태(shape)와 특징 - 을 형성한다. 두 가지의 일반적 특징이 그러한 설교를 형성하게 된다. 첫째, 설교는 '구속의' 말씀 - 권세자들에게 사로잡혀 있음으로부터 교회를 해방시키는 말씀 - 을 선포하려고 해야 한다.[5] 설교자들은 하나님의 백성들이 예수님의 생애와 죽으심, 부활 사건을 통해 우리에게 주어진 권세로부터의 자유를 향해 나아갈 수 있도록 만드는 설교를 하려고 해야 한다. 이러한 구속적 목적(redemptive purpose)은 권세자들의 횡포 한가운데서 행해지는 설교에 일반적 지침을 제공한다.

권세자들에 둘러싸여 설교자들이 설교 사역을 감당할 때 직면하게 되는 근본적인 문제는 악한 마음이라기보다는 마비된 양심이며, 악의에 찬 행위보다는 사람들의 '사기 저하'(demoralization)가 문제가 된다. 그들은 "제도나 다른 정사를 우상으로 여기며 습관적인 경의를 표하면서 사로잡혀 있고 움직이지 못하는 사람들"이다.[6] 대부분의 주일 아침에 설교자들은 아주 적극적으로 악을 행하려는 계획을 가지고 있는 사람들 앞에서 설교하지 않지만 그들을 사로잡고 있는 죽음의 세력과 결탁되어 있는 사람들을 대면한다. 사실 많은 경우에 있어서 그들은 지금 그들이 걷고 있는 길이 생명의 길이 아니라는 것을 알고 있기 때문에 그들의 공범 관계로 인해 깊이 좌절감을 느끼고 있다.

이러한 상황에서 죄는 본래 우리 자신들의 도덕적 죽음에 있어서 공범 의식을 심어줄 뿐만 아니라 예수 그리스도 안에서 가능해졌고 세례 가운데서 정립된 자유와 생명을 세계를 향해 한 걸음 나아가지 못하도록 하거나 거부하게 만든다.[7] 능동적인 악만큼이나 '약함' 혹은 '무능력'이 문제가 되고 있다.[8] 권세들의 지배력에 있어서 사람들과 종종 교회들까지도 이율배반적이고 비극적이게도 돌이 이미 굴러간 무덤에 갇혀서 살아간다. 이러한 상황에서 구속(redemption)은 묶임으로부터 풀려남이라는 본래적인 함축의미를 가진다. 그리고 설교의 목적은 믿음의 공동체로 하여금 이미 돌이 굴러가 버린 열린 무덤으로부터 걸어나와 지금 여기에서 십자가에 죽으시고 부활하신 그리스도께서 허락하신 길을 따라 살아갈 수 있도록 힘을 공급하는 데 있다. 스트링펠로우의 용어를 빌린다면 설교는 "마음과 양심이 죽은 자를 일으키는"

것을 포함하며, 교회가 죽음에 직면하여 인간적으로 살아갈 수 있도록 힘을 공급해 주는 것을 포함한다.[9]

이러한 구조 안에서 설교에 있어서 윤리적 비평(ethical critique)의 초점이 바뀌게 된다. 설교는 사람들을 대항하는 방향으로 나아가지 않을 것이다. 왜냐하면 우리는 "혈과 육을 적으로 하여 싸우는 것이 아니기" 때문이다. 회중석에 있는 사람들을 적으로 만드는 대신에 설교자들은 사람들을 붙잡고 있는 통치자들과 세상 권세들에 대한 비판에 집중할 것이다. 이제 설교자는 회중을 대항하여 서지 않을 것이며 그들과 함께 권세들에 직면하여 공범이 되고 있는 것에 대해 투쟁하게 될 것이다. 이렇게 하여 모두는 구속에 대한 필요 앞에 서 있게 된다. 설교자는 하나님의 말씀을 빙자하여 "교인들을 때리는 사람이 아니며", 죄책감을 갖게 하는 사람이 아니다. 오히려 설교자는 그 모든 것으로부터 사람들을 자유롭게 하는 사람이며, 가능한 대로 해방에 대한 그들의 갈망을 일깨우는 사람이다. 이와 같이 설교는 단순하게 개인을 비난하고 도전하기 위한 차원을 넘어서며, 사람들을 사로잡고 있는 권세의 실체가 무엇인지를 밝혀내고 그것에 대면하는 방향으로 움직인다.[10] 설교의 '어조'(tone)는 결과적으로 판단하고 분노하는 것보다 공감하고 희망적인 것이 되어야 한다.

다른 방식으로 말하면 이러한 설교에서 '목양적'이라는 말과 '예언적'이라는 말의 구분은 명료하게 되기가 어렵다는 사실을 발견하게 된다. 예언적 설교가 개인을 비난하는 데 초점을 맞추지 않고 사람들을 억압하는 권세의 실체를 규명하고 죽음의 방식에 대해 대안을 제시할 때 그것은 이미 목양적인 설교가 된다. 그러한 설교는 죽음의 세력에 사로잡혀 살아가는 사람들에게 가장 복합적인 목회적 돌봄을 제공하는 것이 된다. 유사하게 권세자들의 세력이 작용하는 그 한복판에서 목회적 설교는 삶의 새롭게 됨을 위해 근본적으로 사람을 자유롭게 하는 데 - 그들에게 구속의 은혜를 제시하면서 - 초점을 맞춘다. 그것은 근본적으로 세상의 통치자들과 권세들과 관련하여 예언자적 폭로하기와 상상하기(prophetic exposing and envisioning)를 요청하게 된다.[11] 이러한 윤리적 설교의 모델에서 가장 심원한 예언적 활동과 가장 깊은 목회적 활동은 목회자와 청중 모두를 위해서 함께 작용한다.

둘째, 앞의 것과 연결하여 보다 큰 구속의 틀 안에서 설교는 저항의 공동체로서 교회를 '세워가는 것'을 추구한다. 설교는 사람들을 사로잡고 있는 권세들에 대해 저항하면서 사람들을 구출해 내서 자유를 누리며 살아가는 공동체를 형성하는 것을 추구하게 된다. 권세와 손을 잡은 설교는 주로 "사회적 이슈에 대한 설교"에 관여하지 않게 되는데, 때때로 그런 설교는 보다 더 중요하게 여겨지기 때문에 설교자들은 그런 설교를 더 선호하게 될 것이다. "사회적 이슈"를 다루는 설교는 윤리적 설교의 가장 일반적인 특징으로 이해할 수 있는데, 한두 가지 방식 때문에 매우 제한적이게 된다.[12]

우선 사회적 이슈를 다루는 설교는 자유주의적 이상론이 지배하는 세상에서는 너무 순진하게 작용한다는 점이다. 그러한 이상론은 만약 우리가 선한 의지를 가진 사람과 함께 일한다면 우리는 모든 사회적 문제를 해결할 수 있다고 주장한다.[13] 그러한 설교는 그들의 물질적 차원과 영적 차원에서 죽음의 힘의 깊이를 제시함이 없이 종종 그러한 이슈들을 표면적으로 다루고 적절한 선택이 무엇인지 분간하려고 하면서 표면적으로 남아 있게 된다. 그러한 설교는 너무 쉽게 그리스도인들이 마치 모든 권세를 다스릴 수 있다고 믿도록 기만할 수 있으며,

우리가 세상을 변화시킬 수 있는 바른 선택을 단순히 만들 수 있는 것처럼 현혹시킬 수도 있다. 종종 이러한 설교는 권세자들의 선결요건(presuppositions)에 묶여 있음으로부터 교회를 자유롭게 세워가려고 하기보다는 죽음의 세상 가운데서 현실적인 선택들과 단순히 타협하려고 한다. 이러한 종류의 설교는 세상의 통치자들과 권세들에 대한 응답으로는 부적절하다.

부가적으로 윤리적 설교에 대한 사회적 이슈 중심 접근 방식은 윤리 영역에 제한된다. 권세자들이 지배하는 세상 한복판에서 설교의 윤리적 차원은 특별한 윤리적 곤경상황에 직면하여 의사결정의 원칙보다 훨씬 더 다양한 차원이 되었다.[14] 서론에서 이미 밝힌 것처럼 프랑스의 르 샹봉(Le Chambon) 지역의 사람들은 그들이 자리잡고 있었던 곳에서 특별한 곤경에 처한 사람들에 대해 의식적으로 윤리적 원칙과 규범을 적용하고 있었기 때문에 2차 세계대전 중에 유대인들에게 피난처를 제공한 것이 아니었다. 오히려 그들에게 그것이 '자연스럽게' 다가왔기 때문에 유대인들에게 피난처를 제공하였다. 세상을 향한 그들의 비전과 늘 그래왔던 것처럼 호의친절에 대한 공공의 실천(communal practices)을 통해 그들은 고난 중에 있는 사람들에게 호의를 베푸는 사람들이 되었을 뿐만 아니라 죽음의 권세에 대면하여 사랑과 소망의 사람들이 되었다.

권세에 직면하여 주로 요구되는 것은 원칙이나 의사결정 규범이 아니라 자신들의 신념을 명확하면서도 구체적으로 구현해 가는 사람들이다. 가장 중요한 윤리적 문제는 저항의 공동체를 매일 새롭게 세워가는 것을 포함한다.[15] 권세자들이 지배하는 한복판에서 사람을 얽매임으로부터 자유하게 함을 추구하고 저항의 덕과 실천을 통해 교회를 세우려는 설교는 어떤 형태이든지 근본적으로 윤리적 설교이다. 전통적인 윤리적 범주를 사용하기 위하여 이러한 상황에서의 설교의 윤리적 요지(thrust)는 결정에 대한 것이 아니라 '성품'에 대한 것이다.[16] 스트링펠로우는 그것을 다음과 같이 적고 있다.

> 그리스도인은, 그리고 교회를 이루는 모든 사람들은 무엇을 행해야 할 것인지에 대해서 염려할 필요는 없다. 오히려 하나님께서 행하신 모든 승리 안에서 살아내는 것이 그 임무이다. 그리스도인들에게 있어서 이러한 이슈는 세상 가운데서 행하는 것이 아니라 세상에서 그는 어떤 존재인가와 관련이 있다. 그리스도인은 어떤 존재인가와 그가 무엇을 행하고 있는가의 사이, 즉 존재와 행위 사이의 중요한 차이점은 존재하지 않는다. 실제적으로 이것들은 같은 것이다.[17]

이렇게 설교가 가지는 윤리적 차원은 전형적인 사회적 이슈 설교보다 광범위하고 깊다. 그것이 각 시대마다 필요하기는 하지만 윤리적 설교는 사람들이 단지 특별한 결단을 하도록 하지 않을 뿐만 아니라 그렇게 하도록 하는 수단으로 사용하지 않는다. 오히려 설교는 믿음의 공동체가 세상을 다르게 보고 다르게 살도록 – 세상과 다른 사람이 되도록 – 오히려 그것을 자유롭게 만든다. 설교의 윤리적 목적은 분명히 구별되는 방식으로 세상을 보고 그 안에서 '이질적인'(alien) 사람으로 살아가는 삶의 형성을 포함한다. 깊은 차원에서 모든 설교는 윤리적 차원을 가진다. 왜냐하면 설교는 근본적으로 저항의 공동체로 매주 새롭게 형성되어 가도록 돕는 행위를 포함하기 때문이다. 또한 사람들이 세상의 권세에 저항할 수 있고 죽음의 세력에 사로잡힘으로부터 해방된 삶을 살아가는 사람들의 공동체인 교회를 세우는 것을 포함한다.

# 산상설교

마태는 산상설교에서 본인이 여기에서 제시하고 있는 윤리적 설교를 정확하게 수행하고 계시는 예수님에 대해서 묘사한다. 죽음의 권세와 대면하셔서 예수님께서는 세상 한복판에서 구속받은 대안적인 사람들(redeemed, alternative people)로 구성된 믿음의 공동체를 세우시고자 하셨다.[18] 더욱이 산상설교에서 예수님께서는 이러한 윤리적 설교에 있어서 두 가지 필수적인 요소인 '비전'과 '실천'을 제시하신다.[19] 산상설교는 팔복에 대한 내용(5:3~12)으로 시작되는데, 그 설교에서 이 세상을 깨뜨리는 새로운 창조의 비전이 제시된다. 팔복은 주로 윤리적 요구가 아니라 오히려 세상에 대안적 비전을 제시하는 종말론적 축복을 담고 있다. 이러한 축복에서 예수님께서는 동시적으로 사람들을 사로잡고 있는 죽음의 권세에 대해 '폭로'하시며(expose) 권세자들이 구축한 실재에 대한 대안을 "비전으로 전달한다"(envision). 예를 들어 예수님께서 "화평하게 하는 자는 복이 있나니 그들이 하나님의 아들이라 일컬음을 받을 것임이요."라고 선포하셨을 때 화평케 하는 자들이 "복되다."라고 일반적으로 말할 수 없는 통제와 폭력으로 형성된 세상을 드러내고 계신다. 동시에 주님께서는 그분의 생애와 십자가의 죽으심, 부활을 통해 세상 가운데 활짝 길을 여신 대안적 실재를 비전으로 전달하신다. 이러한 '폭로'와 '비전 제시'를 통하여 예수님께서는 믿음의 공동체가 세상을 새로운 방식으로 볼 수 있도록 도와주셨으며, 다른 스토리를 통하여 세상을 볼 수 있도록 초대하신다. 예수님께서는 그의 생애, 죽음, 그리고 부활을 통해 그 스토리를 제정하신다.

산상설교의 두 번째 섹션(5:13~16)에서 예수님께서는 세상의 새로운 비전이 아니라 믿음의 공동체 자체의 새로운 비전을 제시하신다. "너희는 세상의 소금'이니'…… 너희는 세상의 빛'이라.'" 직설법 동사와 빛과 소금이라는 두 가지의 강력한 은유를 사용하여 예수님께서는 명령으로 말씀을 주시는 것이 아니라 (비록 다음에 그것이 따라오기는 하지만) 비전으로 전달하신다. 그는 공동체로 하여금 그 자체와 새로운 방식으로 세상 가운데서 그것의 삶을 볼 수 있도록 돕는다. 주님께서는 공동체에게 세상에 '깃들어 있는'(inhabit) 비전을 전달하신다. 그 비전은 세상 가운데 있는 그 공동체에 생명을 불어넣게 될 것이다. 바울 서신과 같이 산상설교는 "긴 관점에서 행동은 상상력이 변화되지 않고서는, 그리고 비전의 앵글이 새로워지지 않고는 오직 표면적으로만 바뀐 것이 된다."는 점을 제시한다.[20]

주님께서는 세상과 공동체에 대한 새로운 비전과 함께 설교를 시작하시면서 설교의 나머지 부분에서 그 공동체의 삶의 형태를 제시하는 일련의 실천의 윤곽을 그려주신다. 그것은 비전 가운데서 살아가는 삶이다. 비전과 은유는 그것만으로는 충분하지 않다. 죽음의 권세는 일단 노출되었고 새로운 창조는 비전으로 제시되었으며, 구체적인 상호간의 실천(concrete communal practices)은 세상 한복판에서 그 비전을 구현하고 지속적인 유지를 위해 필수적이다. 죽음의 세력에 사로잡혀 있던 자리에서 해방된 구속받은 사람들로 살아간다는 것은 세상을 다르게 보며, 그 대안적 비전을 구현하고 확장하는 것을 삶으로 실천하는 것을 포함한다. 현대 성품윤리학자와 같이 예수님께서도 그 비전과 실천은 구별된 사람들인 믿음의 공동체를 세우기 위해 함께 작용한다고 이해하셨다.

예수님의 설교와 같이 저항의 공동체로 교회를 세워가려는 현대 설교도 이러한 두 가지 차원인 '비전'과 '실천'을 포함해야 할 것이다.[21] 이 장에 이어서 6, 7장에서는 세상 권세가 득세하는 한복판에서 윤리적 설교가 가지는 이러한 두 가지 차원에 대해서 살펴보려고 한다. 여기와 6장에서는 비전에 대해 살펴볼 것인데, 그것은 성품윤리에서 적절한 주제가 될 것이며 세상 권세를 폭로하고 새로운 창조의 비전을 제시하려는 설교에서 적절하게 기능하는 요소이다. 7장에서는 윤리와 설교에서 실천의 역할에 대해 논의할 것이다.

## 비전과 윤리

도덕철학과 신학적 윤리에서는 최근 인간의 성품과 덕과 관련한 사안에 대해 점점 관심이 높아가고 있다.[22] 여러 방면에서 윤리적 숙고에 대한 초점은 행동(actions)에서 동인(agents)으로 옮겨져 왔는데 "행동의 형태는 언제나 동인의 형태로부터 비롯된다."라고 한 아퀴나스가 제시한 통찰력과 같은 맥락에서 그런 변화가 일어난다.[23] 많은 도덕철학자들과 기독교 윤리학자들은 무엇을 수행하는 어떤 부류의 사람들로부터 고립된 추상적 행동은 없다고 깨닫기 시작한다. 스탠리 하우어워스는 그의 책에서 다음과 같이 기록하고 있다. "덕성(morality)은 곤경 상황이나 힘든 결단과 관련된 문제가 아니다. 도덕적 자아는 단지 그러한 결단의 총합도 아니다. 성품을 지닌 사람으로서 우리는 뛰어들어야 할 진흙탕과 같은 상황에 직면해 있는 것도 아니다. 오히려 우리가 직면한 '상황'과 그것을 어떻게 이해해야 할 것인가와 관련된 이해 방식은 우리가 현재 존재하는 모습을 기능적으로 나타내는 것이다."[24]

철학자이자 소설가인 아이리스 머독(Iris Murdoch)은 의지의 고립된 행동(isolated acts of the will)으로부터 그것들 사이에서 드러나는 것으로 현대 도덕철학자들의 관심을 돌리게 한 최초의 사람 가운데 하나이다. 그는 다음과 같이 강조한다. "도덕적 삶은 계속적으로 이어지고 있는 무엇이다. 그것은 명시적으로 드러나는 도덕적 선택이 이루어지는 가운데서 마치 스위치를 켰다가 껐다가 하는 것과 같은 무엇이 아니다. 그러한 선택 사이에서 일어나는 것은 실로 중요한 것이 된다.[25] 이와 같이 머독은 도덕철학의 중심에 명백한 선택과 행동보다는 동인의 "계속적인 존재의 바탕"(fabric)에 강조점을 둔다.

윤리에 대한 이러한 접근 방식을 취하면서 머독은 우리가 비전의 은유의 관점에서 도덕성에 관하여 생각할 것을 명시적으로 제안한다.[26] 머독이 주장한 대로 "어떤 사실에 대한 논의 가능한 배경에 대해 이해하면서 선택의 차이와 같이 도덕적 다름"에 대해 주의를 기울이는 접근 방식은

우리가 계속적으로 나타나는 명백한 말이나 내적 표현은 드러나고 윤색되지만 일시적으로라도 상황 가운데서 분리할 수 없는 삶에 대한 자기 숙고나 삶에 대한 복합적 태도로서의 "도덕적 존재"에 대한 논증에 관여할 때 그것은 그 구실이 그럴 듯해 보이지 않는다. 여기에서 주어진 동일한 진실(fact)이 주어지면 도덕적 차이는 선택의 차이만큼 많아 보이지는 않으며 보다 비전의 차이만 큰 것으로 보인다. 다시 말해서 도덕적 개념은 진실의 어떤 부분은 덮인 상태로 놓여 있어 움직일 수 있고 확장할 수 있는 바퀴(ring)와 같지 않고, 형태(Gestalt, 역주/ 지각의 대상을 형성하는 통일적 구조)의 전적인 차이와 같아 보인다. 동일한 세상에서 다른 대상을 선택

할 수 있기 때문만이 아니라 "다른 세계"를 보기 때문에 우리는 다르다.[27]

머독에게 있어서 현실을 보고 세상 속에서 살아가는 방식인 비전은 개인적 선택 위에 우선권을 둔다. 왜냐하면 사람들은 그들이 볼 수 있는 세상 안에서만 무엇을 선택할 수 있기 때문이다.[28] 결과적으로 가장 중요한 도덕적 차이는 "선택의 차이가 아니라 비전의 차이"이다.[29] 머독이 결론을 내리고 있는 것처럼 "선택의 순간에 이르기까지 주의력의 질은 대개 행위의 본질을 결정해 왔다."[30]

이와 같이 머독에게 있어 주의력은 선택과 행동에 선행하는 중요한 도덕적 활동(work)이 되었다. 세상을 바로 보려고 하면 많은 노력을 필요로 한다. 그는 우리가 "바라봄을 통해" 성장해 왔다고 주장한다. "주의력의 과제는 모든 시간에 계속되며 분명히 텅 빈 듯 보이는 순간이나 매일 매일의 순간을 우리는 '주시한다.' 그것은 상상력의 노력에 거의 필적하지 않는 것을 만들면서 그리하는데 그것은 중요한 누적된 결과를 가진다."[31] 선한 삶은 결국 우리의 비전이 훈련을 통해 변화를 이룰 때만 주어질 수 있다.[32] 그러므로 머독에게 비전은 윤리의 중요한 범주이며, 주의력은 선택과 행동에 선행하는 가장 중요한 도덕적 활동이다.

뛰어난 논문인 "또 다른 미국의 르네상스"(The Other American Renaissance)에서 제인 톰킨스(Jane Tomkins)는 현저한 예증과 머독이 '비전'이라는 용어를 통해 의미하는 것에 뛰어난 분석을 제시한다.[33] 그의 논문에서 톰킨스는 19세기 뉴욕 시 찬송가협회(New York City Tract Society)에서 발행한 "방문자"라는 작품에서 죽어가는 젊은 여인을 방문했던 기록을 인용한다.

여러 찬양과 함께 소개된 "방문자"라는 찬양에는 한 [젊은 여인]이 나온다. 그는 친절하게 죄인들의 구세주에게로 인도된다. 그녀의 어떤 친척들은 – 그녀를 결코 친구라고 부를 수 없었는데 – 그녀의 병상에 그 방문자가 다가가는 것을 방해했으며 그녀가 결코 제거할 수 없는 장애물들을 설치해 놓기도 했다. 그러나 하나님께서는 그녀에게 강한 능력을 친히 베푸셨다……. 어느 때는 그녀의 마음속에서 먹구름이 일어났지만 그것은 의의 태양에 의해 오래가지 못하고 쫓겨나갔다……. 남자의 영혼을 시험하는 시간이 이르렀을 때 그녀의 힘은 빠르게 소진되었다. 그리고 그녀의 친구들이 그녀의 곁에 모였다……. 그들이 찬양하기 시작했을 때 그녀의 영은 쇠약해지고 죽어가던 몸에 초자연적인 힘이 채워지고 있는 것 같았다. 놀라움으로 가득하여 그녀는 염려 가운데 허리를 굽히고 그녀를 바라보고 있는 과부인 어머니에게 말하기 시작했다. "나 때문에 울지 마세요. 저는 곧 우리 주님의 품에 안기게 될 거예요." 그녀는 열정적으로 기도했고 주님 안에서 깊은 잠에 빠져들었다.[34]

톰킨스는 이 보고서에 대한 통찰력 있는 분석을 제시하는데 머독의 비전의 중심성에 대한 강조를 분명히 하고 있다.

'감상적인'이라고 우리가 분류하는 소설과 같이 이 내러티브도 삶의 추한 내용은 차단시키고 있으며 경건한 기대의 패턴에 맞게 모든 경험을 중단시켰다. 그 일화는 젊은 여인의 인성과 전력에 아무것도 말해 주지 않는다. 그녀가 고통당하고 있는 병이나 직접적으로 그녀를 둘러싸고 있는 환경에 대해서도 적나라한 사실을 전혀 언급하지 않고 있다. 이러한 사실에 대해 대신에 기독교 경건 – 비참한 죄인에 대한 하나님의 자비, 임종 직전에 회개하며 드린 기도와 눈물, "예수 안에서 잠든다."와 같은 사실을 언급하면서 – 이 마치 만병통치약인 것처럼 설명하고 있다. 이 내러티브의 플랏은 죄에서 구원이라는 미리 정해진 과정을 따르고 있다. 그러나 이 일화에서 현저한 것은 허구의 내용을 그린 것이 아니라 실제적인 보고라는 점이다. 이 사실이 비록 20세기 관찰자가 기록할 수 있는 내용을 많이 간과하고 있다고 할지라도 여기에 나오는 등장인물들은 '찬송가 공의회'가 보았던 것을 충실하게 드러내고 있다. 현대 사회복지가들이 병실의 가구나 그 여인이 어떤 집에 살고 있었으며 이웃들은 어떠했는지, 그녀의 질병은 어떠했으며 그 질병의 역사는 어떻게 되고 치료과정은 어떻게 이루어졌는지에 대해 기술하고, 그녀의 사회적-경제적 배경은 어떠했으며 그녀의 가족들이나 친구들의 경제적 상황은 어떠했는지를 묘사하고 있었다면, '찬송가공의회의 방문자'는 오직 영적인 곤경상황, 그 여인의 초기의 '경고', '그녀의 마음에 매달려 있는 구름들', 그녀의 마음 가운데 있었던 하나님의 역사, 죄로부터 의의 자리로의 전환만을 '보았다.' 현대 관찰자들은 심각한 상태에서 중병의 상태로 악화되어 가다가 결국에는 죽음으로 끝난 그녀의 상태와 같은 선회를 하면서 추락하는 곳에서 일어난 사건을 구조화한다면, 기자들은 연속적인 진보를 반대로 뒤집어 이야기할 것이다. 그 움직임은 '생각 없음'의 자리에서 '확신'으로, 그리고 '위대한 평온, 기쁨과 승리'로 점점 상승구도로 발전되었다고 이해할 것이다.[35]

머독의 말을 빌리면 "우리는 같은 세상에서 다른 대상을 선택하기 때문만이 아니라 우리가 다른 세상을 보기 때문에 다르다." 사람들은 그가 볼 수 있는 세계 안에서만 선택할 수 있다.

기독교 윤리 영역에서는 스탠리 하우어워스가 현대 기독교 윤리에 있어서 성품에 대해 새롭게 강조한 학자로서는 가장 중요한 공헌을 하는데, 그의 초기 작품에서 비전에 대한 머독의 강조를 수용한다.[36] 하우어워스는 그의 책에서 다음과 같이 쓰고 있다.

기독교 윤리는 무엇보다 "그대는 ~을 해야 한다." 혹은 "그대는 ~을 해서는 안 된다."와 같은 사항에 관심을 갖지 않는다. 기독교 윤리의 첫 번째 임무는 우리가 세상에 비전을 심어주는 것을 바로 수행할 수 있도록 돕는 데 있다……. 다시 말해 기독교 윤리의 진취적 정신(enterprise)은 주로 우리가 보도록 돕는 데 있다. 우리가 비전을 줄 수 있는 세상 안에서만 우리는 행동할 수 있고, 우리가 볼 수 있는 훈련이 되었을 때에만 바로 세상에 비전을 제시할 수 있다.[37]

머독에게서와 같이 하우어워스에게도 도덕적 삶은 "분명하게 생각하고 합리적 선택을 하는 것 이상의 차원"을 포함한다. "그것은 세상을 보는 방식이다."[38]

유사하게 하우어워스는 "세상에 참여하는 것"이 도덕적 삶을 가능하게 한다는 중요한 임무(role)를 강조한다. 그리스도인이 된다는 것은 "분명한 결정을 내린다는 것 이상의 것을 포함한다. 그것은 세상에 참여하는 방식이다. 그것은 하나님의 모드로 세상을 보는 방식을 배우는 것이다."[39] 그러나 하우어워스는 머독보다도 분명한 공동의 언어가 그리스도인들이 세상에 참여할 수 있게 훈련시키는 역할을 한다고 강조한다. "우리의 참여는 그것을 형성하는 언어나 은유로부터 분리될 수 없다."[40] 하우어워스에게 있어서 기독교의 비전 – 세상에 그리스도인의 참여 – 은 분명한 형태(shape)를 가지는데 왜냐하면 그것은 특별한 이야기나 독특한 스피치에 의해 형성되기 때문이다.[41] 이 점에 대한 하우어워스의 강조는 설교가 기독교 공동체의 주의력과 비전 형성을 훈련하도록 도와줄 수 있다는 중요한 윤리적 임무를 강조한다.

## 비전과 설교

장래 이어져야 할 저항을 위한 공간을 열어놓으려고 하는 권세들에 대한 비폭력적 저항의 실천으로서의 설교는 근본적인 과제들 중의 하나로서 회중이 세상에 '참여하도록' 돕는 역할을 수행해야 한다. 특별한 선택과 행동을 분석하기 전에 설교는 제일 먼저 사람들로 하여금 기독교의 스토리를 통해 세상을 '볼 수 있도록' 도우려고 해야 한다. 그러한 새로운 비전은 교회를 저항의 공동체로 세우도록 도와주는 중요한 단계이다.

권세들이 지배하는 세상 한복판에서 그렇게 세상에 대한 신실한 주의와 그러한 새로운 비전은 특히 중요하다. 그들의 다양한 전략 - 오락, 언어와 이미지, 비밀 엄수, 부정적인 규약, 그리고 긍정적인 강화 - 을 통해 권세들은 사람들을 무지 가운데 묶어 놓으려고 하며, 그들을 거부로 몰아가거나(그들이 실제로 보았던 것을 무시하거나 정당화하거나 잊어버리도록 만들면서) 무감각 속에 그들을 가라앉게 만든다. 권세자들은 사람들을 속이려고 든다. 그렇게 하여 그들의 방식을 세상의 '상식적인' 비전으로 만들어 간다.[42] 비전이 요한계시록과 같이 묵시문학에서 중요한 역할을 하고 있다는 것은 전혀 놀라운 일이 아니다. 요한계시록의 저자는 그 말씀을 통해 세상의 통치자들과 권세들의 물질적이고 영적인 실재(realities)가 지배하는 세상에 사로잡힘으로부터 사람들을 해방시키려 함을 볼 수 있다.[43]

윌리엄 스트링펠로우는 권세들에게 저항하며 인간적으로 살기 위해서는 그리스도인들이 세상에 대해 주목하는 것이 얼마나 중요한가를 잘 이해하고 있다. 그에게 있어 '분별능력'(discernment)은 교회에 주신 성령님의 가장 기본적인 선물이다. 그것은 그리스도인들로 하여금 하나님의 살아 있는 약속의 말씀이 역동적으로 세상 가운데 화육화되도록 독려하며 죽음의 권세를 노출시키고 견책할 수 있게 한다.

> 분별하는 표징은 타락의 시기에 구원의 노래를 인식함으로써 일반적으로 발생하는 것들 중에서 현저한 것이 무엇인지를 이해할 수 있어야 한다. 묵시적이고 종말론적인 함축의미들 안에서 일상적 사건을 해석할 능력을 가지고 있어야 한다. 또한 다른 이들이 과정, 혹은 결과를 발견한 곳에서 죽음의 전조들을 볼 수 있는 능력을 가지고 있어야 한다. 그러나 동시에 다른 사람들이 혼돈과 낙망할 일들에 몸을 맡기고 서 있는 그곳에서 부활의 실재와 희망의 징후를 볼 수 있는 능력도 가지고 있어야 한다.[44]

스트링펠로우의 입장을 따르는 빌 윌리-켈러만(Bill Wylie-Kellermann)의 용어를 빌리면 분별능력이라는 선물은 "나라와 제도와 다른 피조물 안에 스며 있고 사람들을 사로잡고 있는 죽음의 권세를 하나님의 사람들로 하여금 분별하고(distinguish) 인식하며(recognize), 판정하고(identify) 폭로하며(expose), 공표하고(report) 저지할(rebuke) 수 있도록 해 준다. 특히 예수 그리스도 안에서 현저하게 구현된 하나님의 말씀이 모든 생명 위에 스며들어 있다고 주장한다."[45]

더욱이 스트링펠로우는 그러한 분별능력은 성령님의 역사를 통해 "성경의 세계" 가운데로 잠입해 들어갈 것을 요청한다고 이해한다. 실로 스트링펠로우에게 있어서 그러한 성경 안에로의 잠입 그 자체가 "저항의 근원적이고 실질적이며 필수적인 방책"이다.[46] 그리스도인들은 죽음의 권세가 난무하는 세상 한복판에서 십자가에 달리시고 부활하셔서 지금도 살아 계신 예수님의 사역 분별하기를 배우는데, 그들이 세상의 가치와 우선권에 따라 성경을 해석하기보다는 성경의 렌즈를 통해 세상을 보려고 할 때 그리한다.[47]

성경에로의 그러한 잠입을 통해 본인이 자주 언급했던 것처럼 교회는 "묘사적 상상력"(figural imagination)을 발전시키게 된다.[48] 교회는 성경 이야기의 패턴이나 인물을 통해 세계를 보게 되는데, 특히 성경 이야기의 가장 중심적인 원형(archetype)으로 작용하고 있는 예수님의 스토리를 통해 그리한다.[49] 묘사적 상상력의 관점에서 보면 세상의 통치자들과 권세들을 포함하여 현대 하나님의 백성들의 세계는 성경의 내러티브에서 구분되는 사건, 사람, 제도, 메타포를 통해 제시된다. 성경적 스토리는 현재와 미래를 향하여 움직이며, 하나님의 백성들의 기억은 교회의 비전을 형성한다.

사실 통치자들과 권세들을 향한 예수님의 저항이라는 렌즈를 통해서 현대 세계를 보는 것은 그 자체가 묘사적 상상력의 행위이다.[50] 교회는 예수 그리스도의 십자가와 부활이라는 표상(figure)을 통해 현대 세계를 '읽는다.' 그것들은 죽음의 권세를 노출시키며 이기게 한다. 오직 이러한 방식으로 교회는 스트링펠로우가 제시하는 분별에 참여할 수 있게 되는데, "일상에서 일어나는 현저한 것"을 이해하기, "타락의 시대에 구원의 이야기"를 인식하기, "묵시적이고 종말론적 함축의미에 담긴 일상적인 사건"을 해석하기, "다른 이들이 진보와 성공을 발견하는 곳에서 죽음의 가능성"을 인식하기, "다른 이들이 혼동과 절망으로 인도하는 곳에서 부활, 혹은 소망의 실재의 징후"를 보기 등이 그것이다. 그러한 분별능력은 묘사적인 상상력이 수행하는 일로 성경의 세계에로의 잠입을 통해 고양된다.

스트링펠로우에게 있어서 말씀에로의 그러한 완벽한 잠입은 세상의 통치자들과 권세들에게 저항하려고 하는 설교자들에게는 필수적인 일이다. 스트링펠로우는 다음과 같이 조언한다.

> 혼돈의 한복판에서 하나님의 말씀을 경축하라. 한창 바벨탑이 세워지는 곳에서 진리를 선포하라. 하나님의 말씀의 진리와 가능성과 효력으로 소란함과 화려한 수사, 죽음의 기만을 대면하라. 하나님의 말씀을 알고, 가르치고 교육하며, 그 말씀을 설교하라. 또한 말씀을 옹호하며 화육화하라. 또한 말씀을 행하며 삶으로 살아내라. 한걸음 더 나아가 하나님의 말씀 안에서 죽음의 세력과 그것이 자행하는 것과 농간을 노출시키라. 또한 그 거짓을 꾸짖으며 사탄의 권세를 쫓아내고, 그 사로잡고 있는 것들을 정화하라. 마음과 양심이 죽은 사람들을 일으켜 세우라.[51]

스트링펠로우가 인식한 대로 이 말씀은 그의 설교를 통해 권세자들에게 저항하려는 설교자들에게 주는 큰 약속이며 희망이다. 설교자를 포함하여 교회와 사람들은 세상의 통치자들과 권세들에게 사로잡혀 있을 수 있지만 하나님의 말씀은 결코 매이지 않는다. 하나님의 말씀은 어떤 것에도 묶이지 않으며 역동적이다. 계속하여 권세를 폭로하며 세상 가운데 새 창조를 가져온다. 권세들과 직면할 때 설교자들은 그들이 하나님의 말씀을 결코 묶어 놓을 수 없다는 약속의 말씀을 의지한다.

그러므로 기독교 설교의 중심에는 이 말씀 ─ 십자가에서 죽임을 당하시고 다시 사신 예수님 ─ 이 계신다. 그분의 생애와 죽으심, 그리고 부활을 통해 세상의 통치자들과 권세들은 폭로되었으며 정복되었으며 새로운 창조(그것이 종종 우리에게는 감추어져 있지만)는 타락한 세상의 한복판으로 파고 들어간다. 기독교 설교는 예수 그리스도의 선포로 시작된다. 그 선포 가운데서 이 새로운 실재가 세상에 "침입해 들어오며", 그리고 철저하게 변화시킨다. 교회에 대한 새로운 인식이 이러한 사건으로부터 태동되게 되며, 교회는 이제 세상을 새로운 방식으로 보게 된다.[52] 분별능력이라는 선물은 묘사적 상상력을 통해 형성되는데, 그리스도인들로 하여금 세상 가운데서 역사하시는 십자가에서 고난을 당하시고 부활하신 예수님을 볼 수 있게 해 주며 이 스토리를 통해 세상에 주의를 기울이게 해 준다.[53]

윤리적 설교는 세상 가운데 있는 교회의 비전을 새롭게 하려고 하는데 예수님의 선포로부터 흘러나오며 그것으로부터 결코 분리될 수 없다. 연못에 돌멩이가 던져질 때 거기에서 일어나는 파문처럼 윤리적 설교는 예수 그리스도를 통해 시작된 새로운 실제로부터 하나님의 백성들의 새로운 비전으로 옮겨간다. 예수님의 중심적인 선포로부터 설교자들은 세상에 참여하는 사역을 수행하게 되며 사람들이 새로운 방식으로 세상을 볼 수 있도록 도와준다. 묘사적 상상력을 사용하여 설교자들은 권세들과 대면하여 예수님의 사역을 계속해 간다.

예수님께서 권세들을 폭로하시고, 그의 생애와 죽음, 그리고 부활을 통해 새로운 창조를 '시작하셨다.' 그래서 기독교의 설교는 세상 가운데 역사하는 죽음의 권세를 '폭로하려고' 한다. 또한 새로운 창조에 대한 비전을 제시하는 것은 예수님의 스토리로부터 나와 세상에 신실하게 참여하며, 그리고 권세자들이 득세하는 세상의 한복판에서 교회의 윤리적 비전을 형성하도록 도와주는 기독교 설교의 중요한 역동성을 제공한다. 그러한 설교는 구속의 말씀을 증거하는데, 사람들을 자유하게 하며 앞으로 이어지는 저항을 위한 공간을 만들어 가도록 도와준다. 이러한 종류의 설교는 종종 "위험하고, 즉흥적이며, 무너지지 쉬우며, 미약하며, 어리석은" 저항의 형태로 보일 수 있다.[54] 왜냐하면 그러한 설교에 담겨 있는 하나님의 말씀은 그럼에도 불구하고 약속과 희망으로 가득 차 있기 때문이다.

더욱이 많은 권세자의 책략이 가지는 언어적인 특성 때문에 하나님의 말씀의 대안적 스피치로서의 설교는 특별히 저항의 중요한 형태가 될 수 있다. 강력한 방식으로 비전과 언어를 연결하면서 월터 윙크가 그것을 선명하게 제시하는데, "악은 육체적 현상이라기보다는 그것 자체가 말씀을 가져오며 하나님의 말씀에 따라 파괴할 수 있는 그것 자체가 영적 구조물이다. 우리는 근본적인 은유를 통해 세상을 이해하게 되는데 그것의 변형보다 더 혁명적인 것은 없다."[55] 그 희망의 말과 함께 이제 교회의 비전을 재구성하는 구체적인 설교학적 방법들에 눈을 돌려 논의를 계속해 보자.

# 5장 미주

1  Sharon D. Welch, *A Feminist Ethic of Risk* (Minneapolis: Fortress Press, 1990).

2  '저항'이라는 단어를 사용할 때 그것은 수동적인 철수가 아니라 능동적인 참여 (engagement)를 포함한다. 저항과 변형(transformation) 사이의 차에 대해 도움이 되는 논의를 살펴보기 위해서는 Christine M. Smith, "Preaching as an Art of Resistance," in *The Arts of Ministry: Feminist-Womanist Approaches*, ed. Christie Cozad Neuger (Louisville, Ky.: Westminster John Knox Press, 1996), 45~46쪽을 참고하라. 크리스틴 스미스가 기록하고 있는 대로 "변화된 세계는 그러한 [저항의] 사역을 형성하는 궁극적인 희망이지만 그것들을 둘러싸고 있는 억압의 고통 가운데서 들려오는 소리를 설교자가 주의하여 듣는다면, 투쟁, 생존, 그리고 저항의 언어는 고발과 희망의 메시지에 스며들어 있는 것으로 그것은 변형의 언어는 아니다. 변화시킬 힘이 있는 언어(transformative language)는 어떤 특권과 힘의 수단을 당연한 것으로 받아들이는데, 그것은 억압받는 사람들의 생생한 실재를 정확하게 묘사하지도 못하며 반영하지도 못한다"(46쪽). 스미스는 억압받은 사람들에게 초점을 맞추고 있음에도 불구하고 특권을 누리고 있는 회중에게조차 저항의 언어는 변화의 언어가 행하는 것보다도 정사와 세상의 권세자들이 자행한 중대한 범죄에 대해 보다 심각하게 다룬다. 추가적으로 저항에 대한 강조는 권세자의 궁극적 변형이 우리의 것이 아니라 하나님의 작품이라는 것을 기억나게 하는 데 사용된다.

3  웰치는 저항의 공동체를 세우는 것에 깊은 관심을 기울인다. Sharon D. Welch, *Communities of Resistance and Solidarity: A Feminist Theology of Liberation* (Maryknoll, N.Y.: Orbis Books, 1985). 유사하게 크리스틴 스미스도 다음과 같이 기록한다. "설교가 저항의 사역이 될 때 사람들은 모양을 만들고(shaping) 형성하는 것(forming)에 참여한다. 저항의 사역은 모든 교회가 저항의 공동체가 되어야 한다는 사실을 알려주며, 그렇게 될 수 있도록 도와준다." Smith, "Preaching as Art of Resistance," 46.

4  Nancy J. Duff, "The Significance of Pauline Apocalyptic for Theological Ethics," in *Apocalyptic and the New Testament: Essays in Honor of J. Louis Martyn*, ed. Joel Marcus and Marion Soards, *Journal for the Study of the New*

Testament: Supplement Series 24 (Sheffield: JSOT Press, 1989), 285쪽을 참고하라. 또한 권세자들이 통치하는 삶의 한복판에서 저항의 공간을 만들어 가는 것에 대한 철학적, 사회학적 설명을 위해서는 David Toole, *Waiting for Godot in Sarajevo: Theological Reflections on Nihilism, Tragedy, and Apocalypse* (Boulder, Colo.: Wetview Press, 1998), 179~204쪽과 James C. Scott, *Domination and the Arts of Resistance: Hidden Transcripts* (New Haven, Conn.: Yale University Press, 1990) 등을 참고하라.

5  본인은 이미 많은 특권을 누리고 있는 계층에 속해 있으며, 북미의 중심 교단에 속한 교회의 상황에서 이것을 쓰고 있기 때문에 "억압으로부터의 해방"이라는 표현보다는 "사로잡힘으로부터의 구속"이라는 언어를 사용하였다. 해방의 언어는 권세자들로부터 실제로 억압을 당하고 있는 사람들을 위해 남겨두어야 할 표현이라고 믿는다. 그러나 본인은 특별한 계층의 사람들이 모인 교회 안에 있는 사람들도 세상 권세에 사로잡혀 있을 수도 있으며, 그들도 그러한 억눌림으로부터 구속이 필요하다고 생각한다. 악의 세력에 대면하여 구속적 행위로 설교를 이해한 것에 대해서는 Christine M. Smith, *Preaching as Weeping, Confession, and Resistance: Radical Responses to Radical Evil* (Louisville, Ky.: Westminster/John Knox Press, 1992), 7~9쪽을 참고하라.

6  William Stringfellow, *An Ethic for Christians and Other Aliens in a Strange Land* (Waco, Tex.: Word Books, 1973; 3d paperback ed., 1979), 29~30. 특권과 영향력을 가지고 있는 사람들의 도덕적 사로잡힘에 대해서는 같은 책, 28쪽을 참고하라.

7  로마서 6:1~11을 참고하라. 여기에서 죄는 주로 사람들을 사로잡는 힘이며 단지 내적이고 개인적 차원의 일이 아니다. 그럼에도 불구하고 인간 존재는 그들의 사로잡힘에 대해 책임이 있다. 사로잡힌 자가 된다는 것은 사람들에게 회개와 저항으로 부르시는 부름으로부터 사람들을 자유롭게 만들지는 않는다. 사람들을 사로잡는 힘으로서 죄를 묘사한 것을 살펴보기 위해서는 Duff, "The Significance of Pauline Apocalyptic," 282~85쪽을 참고하라.

8  세상 권세에 대한 최근의 책에서 마르바 던은 권세와 관련하여 약함의 역할에 대해서 통찰력 있는 연구를 제시한다. 권세자 앞에서 인간의 약함은 저항 행위에 있어서 우리의 힘이 아니라 하나님의 능력을 의지해야 한다는 점을 상기시켜 준다. 본인은 여기에서 던이 제시한 것보다 능력입음에 대해서 강조하였다. 하나님을 의존함에 대해 우리를 상기시켜 주는 그의 주장은 아주 중요하다. Marva Dawn, *Powers, Weakness, and the Tebarnacling of God* (Grand Rapids: Wm. B. Eerdmans Publishing Co., 2001)를 참고하라. 바울 서신에 대해 기념비적인 초기

작품에서 크리스터 스텐달은 바울의 저작에서 약함이 죄보다 더 중심을 이루고 있다고 주장한다. Krister Stendahl, *Paul among Jews and Gentiles, and Other Essays* (Philadelphia: Fortress Press, 1976), 40~52쪽을 참고하라.

**9** Stringfellow, *Ethic for Christians*, 143.

**10** 이와 같은 설교는 개인에게 말하는 것을 배제한다. 무엇보다도 악하고 용납할 수 없는 개인적 행동이 있다. 그리고 사람들에게는 이것에 대한 책임이 지워질 필요가 있다. 예를 들어 배우자를 학대하는 사람을 단순히 어떤 권세에 사로잡혀 있다고 옹호하면서 너그럽게 받아줄 수는 없다. 왜냐하면 그는 그의 그러한 행동에 대해 책임이 있기 때문이다. 그럼에도 불구하고 배우자 학대는 수많은 사람이 남성은 여성들을 지배하는 것을 당연한 것으로 여기는 강력하게 확립된 권세의 체제 가운데서 행해지고 있다. 이러한 거대한 세상의 통치자들과 권세들로부터 벗어나 개인을 학대하는 것에 대해 단순히 말하는 것은 배우자 학대가 안고 있는 깊은 심연과 악행에 대해서 정확하게 언급하지 못하게 될 수 있다. 이러한 점에서 학대자는 죽음의 세력에게 사로잡혀 있는 것으로부터 벗어날 필요가 있다.

**11** 다음 장에서 폭로하고 상상으로 보여주는 것에 대해서는 보다 상세하게 언급하게 될 것이다.

**12** 본인이 "설교와 윤리"에 대한 책을 집필하고 있다는 이야기를 할 때마다 설교자들의 즉각적인 반응은 거의 동일했다. "아주 잘된 일이군요. 우리는 사회적 이슈를 다루는 설교에 대한 어떤 지침이 필요합니다."

**13** Stanley Hauerwas and Jeff Powell, "Creation as Apocalyptic: A Homage to William Stringfellow," in *Radical Christian and Exemplary Lawyer*, ed. Andrew W. McThenia Jr. (Grand Rapids: Wm. B. Eerdmans Publishing Co., 1995), 36.

**14** 스트링펠로우는 명확하게 윤리에 대한 결정론적 접근 방식(decisionist approach)을 거부하였다. Stringfellow, *Free in Obedience* (New York: Seabury Press, 1964), 127쪽을 참고하라. '곤경'이나 '결정론적' 윤리의 한계에 대해서 살펴보기 위해서는 Edmund L. Pincoffs, *Quandaries and Virtues: Against Reductivism in Ethics* (Lawrence, Kans.: University Press of Kansas, 1986)를 참고하라. 역시 Charles L. Campbell, "More than Quandaries: Character Ethics and Preaching," *Journal for Preachers*, 16 (Pentecost 1993): 31~37쪽을 참고하라. 다른 관점, 즉 억압받는 아프리카계 미국인 여성의 관점에서 케티 캐논도 '결정론적' 윤리가 부적절하다는 점을 주장한다. 권세자들에 의해 억압받는 사람들을 위해서 요구되는 것은 그 억압의 한복판에서의 삶에 대해 타협할 수 있는 덕의 탐구이다. Katie G. Cannon, *Black Womanist Ethics*, American Academy of Religion Academy Series, no. 60 (Atlanta: Scholars Press, 1988)를 참고하라. 본인은 권

세자들과 특권층에 의해서 억압을 당하면서 그들에게 온전히 사로잡혀 고통을 경험하는 사람을 동일시하기를 원치 않지만 이 두 경우에 있어서 결정에 대한 좁은 시각은 적절하지 못하다고 생각한다.

**15** 여기에서 본인은 사회적 이슈를 설교하는 것에 대해 반대하는 것이 아니다. 의심할 것도 없이 권세자들에게 직면하여 있는 시대에서 그것은 절대적으로 필요하다. 그러나 권세자들이 지배하는 세상 한복판에서 설교의 윤리적 차원은 상황에 따라 사회적 이슈를 설교하는 것보다 훨씬 더 광범위한 의미를 담고 있다.

**16** '성품'(character)이라는 용어는 다른 것보다 특별한 방식으로 삶을 성사시킬 수 있게 만드는 특별한 덕목을 따라 그것을 성취해 가는 특정인의 자격과 관련되어 있는 말이다. 이것은 다음 장에서 좀 더 깊이 살펴보게 될 것이다.

**17** Stringfellow, *Free in Obedience*, 114. 스트링펠로우는 성품윤리를 발전시키지 않았다. 오히려 이런 사항에 대한 그의 연구에서 성품윤리에 대한 방향을 제시하고 있을 뿐이다.

**18** 산상설교를 위해서는 마태복음 5:1~7:27을 보라. 역시 누가의 기록도 참고하되, 누가복음에서는 산상설교가 아니라 "평원에서의 설교"였다. 누가복음 6:17~49을 참고하라.

**19** 좀 더 분명하게 되겠지만 여기에서는 '비전'이라는 단어를 은유적으로 사용하였다. 신체적 시각을 뜻하는 말로가 아니라 세상에 '존재하는'(inhibiting) 방식과 관련된 용어로 사용하였다. 따라서 종종 비전에 대한 동의어로 '상상력'(imagination)이라는 용어를 사용하기도 했다. 비전에 대한 대안적인 용어로 '보지 못함'(blindness)이라는 용어를 사용하지 않으려고 했다. 기독교적인 비전의 반대되는 개념으로 본인은 여기에서 무감각, 상상력의 결핍, 혹은 죽은 것 같은 비전 등을 사용하였다.

**20** Charles Cousar, "The Theological Task of 1 Corinthians: A Conversation with Gordon D. Fee and Victor Paul Furnish," in *Pauline Theology*, vol. 2, ed. David M. Hay (Minneapolis: Fortress Press, 1993), 97. 윤리적 삶에 있어서 비전의 중요성에 대한 성경적 주장을 더 살펴보기 위해서는 Walter Brueggemann, *Living toward a Vision: Biblical Reflections on Shalom* (Philadelphia: United Church Press, 1976)을 참고하라. 최근에 이것은 다음 제목으로 개정되어 출판되었다. *Peace* (St. Louis: Chalice Press, 2001).

**21** 크리스틴 스미스 역시 기독교 목회와 설교의 두 가지 중요한 차원으로 "종말론적 비전"과 "해방의 프락시스"(liberating praxis)를 강조한다. Smith, "Preaching as Art of Resistance," 41쪽을 참고하라.

**22** 성품윤리 영역에 있어서 현대적인 연구 목록은 아주 많이 있다. 예를 들어 Iris

Murdoch, *The Sovereignty of Good* (London: Routledge and Kegan Paul, 1970; reprint, London: Ark Paperbacks, 1986); Stanley Hauerwas, *Vision and Virtue: Essays in Christian Ethical, Reflection* (Notre Dame, Ind.: Fides Publishers, 1974; Reprint, Notre Dame, Ind.: University of Notre Dame Press, 1981); *A Community of Character: Toward a Constructive Christian Social Ethic* (Notre Dame, Ind.: University of Notre Dame Press, 1981); idem, *The Peaceable Kingdom: Primer in Christian Ethics* (Notre Dame, Ind.: University of Notre Dame Press, 1983); Alsdair MacIntyre, *After Virtue: A Study in Moral Theory*, 2d ed. (Notre Dame, Ind.: University of Notre Dame Press, 1984); Jean Porter, *The Recovery of Virtue: The Relevance af Aquinas for Christian Ethics* (Louisville, Ky.: Westminster/John Knox Press, 1990); Paul J. Wadell, *Friendship and the Christians Life* (Notre Dame, Ind.: University of Notre Dame Press, 1989); Nancey C. Murphy, Brad J. Kallenberg, and Mark Thiessen Nation, eds., *Virtues and Practices in the Christian Tradition: Christian Ethics after MacIntyre* (Harrisburg, Pa.: Trinity Press International, 1997) 등을 참고하라. 이 장과 다음 이어지는 세 장에서 권세자들에 대한 비폭력적 저항으로서의 설교와 관련하여 성품윤리가 가지는 주요 차원 - 비전, 실천, 우정, 그리고 덕 - 에 대한 논의를 계속할 것이다.

23 Thomans Aquinas, *Summa Theologiae* 2, 8.2, a. 24, ad 2.

24 Hauerwas, *Community of Character*, 114~15. [역주/ 이 책은 문시영에 의해 『교회 됨』이라는 제목으로 번역되었다].

25 Murdoch, *Sovereignty of Good*, 37.

26 위의 책, 15.

27 Iris Murdoch, "Vision and Choice in Morality," in *Christian Ethics and Contemporary Philosophy*, ed. Ian T. Ramsey (London: SCM Press, 1966), 203; 강조는 본인이 붙인 것이다.

28 Murdoch, *Sovereignty of Good*, 37.

29 Murdoch, "Vision and Choice," 213.

30 Murdoch, *Sovereignty of Good*, 67, 37.

31 위의 책, 31, 43. 머독에게 있어서 현실에 대한 예술가의 사심 없는 주의력은 이상적인 비전의 모범으로 작용하게 된다. 그러한 충실한 주의력은 '타인'의 독특성을 존중하게 되며, 자기 중심성의 세계로부터 동인을 끌어온다. 또한 망상(fancy)과 환영(illusion)으로부터 자유롭게 한다. 같은 책, 34, 66.

32 Hauerwas, *Vision and Virtue*, 44.

33 Jane P. Tompkins, "The Other American Renaissance," in *Sensational Designs: The Cultural Work of American Fiction, 1790-1860* (New York: Oxford University Press, 1985), 147~85. 이 책에서 여성주의 문학 학자인 톰킨스는 미국의 감상주의적 픽션 작품을 문화적 특성을 따라 분류하는 탐구를 제시한다.

34 위의 책, 151.

35 위의 책, 151~52. 강조의 표시는 본인이 붙인 것이다. 찬송가공회의 방문자가 세상을 보는 방식은 다양한 측면에서 머독이 적절한 주의력과 이상적인 비전으로 붙잡고 있는 것에 반대되는 방식으로 나타나고 있음을 알 수 있다.

36 하우어워스는 머독의 작품의 영향에 대해서 언급하고 있다. "도덕적 삶의 현저한 특징인 비전에 대한 그의 강조는 덕에 대한 최근의 설명에서 빠진 것이 무엇인지를 정확하게 깨우쳐 주었다"(*Peaceable Kingdom*, xxiii). 머독과 하우어워스는 루드비히 비트겐스타인의 작품으로부터 영향을 받고 있다. 세상을 보는 것에 대한 비트겐스타인의 윤리적 강조에 대해서는 James C. Edwards, *Ethics without Philosophy: Wittgenstein and the Moral Life* (Tampa: University Presses of Florida, 1982)를 참고하라.

37 Hauerwas, *Peaceable Kingdom*, 29. 하우어워스는 반복적으로 "우리가 볼 수 있는 세상에서만 행동할 수 있다."라는 사실을 강조하고 있다. 역시 Stanley Hauerwas, *Against the Nations: War and Survival in a Liberal Society* (Minneapolis: Winston Press, 1985), 53, 55와 idem, *Vision and Virtue*, 2, 33쪽도 참고하라. 하우어워스는 머독보다 기독교 비전의 내러티브 형태를 더 강하게 강조한다. 뿐만 아니라 비전이 훈련되는 공동의 상황과 실천에 대해서도 더 많은 강조를 한다. 덕에 대해 머독이 플라톤적 구조에서 주장을 펼치고 있다면 하우어워스는 아리스토텔레스의 이해를 따르고 있다. 하우어워스의 관점을 따르면서 본인은 여기에서 비전의 형성에 있어서 상호 행동의 역할에 대해 강조하고자 한다.

38 Hauerwas, *Vision and Virtue*, 36.

39 위의 책, 45~46.

40 위의 책, 46.

41 Hauerwas, *Peaceable Kingdom*, 29~30. 철학자들 역시 언어와 비전 사이의 연결성을 강조해 왔다. 비트겐스타인의 작품에서 언어와 윤리적 비전 사이의 연결성에 대해 살펴보기 위해서는 Janet Martin Soskice, *Metaphor and Religious Language* (Oxford: Oxford University Press, 1985)를 참고하라. 특히 57~58쪽을 참고하라.

**42** 권세자들이 사람들의 비전을 형성해 가는 방식에 대해 살펴보기 위해서는 Walter Wink, *Engaging the Powers: Discernment and Resistance in a World of Domination* (Minneapolis: Fortress Press, 1992), 87~104쪽을 참고하라.

**43** 최근의 몇 주석가들이 논의하고 있는 것처럼 요한계시록은 억압과 박해를 당하고 있는 그리스도인을 위해 기록되었을 뿐만 아니라 권세자들의 지배 방식에 순응하고 있는 교회를 위해서도 기록되었다. Wes Howard-Brook and Anthony Gwyther, *Unveiling Empire: Reading Revelation: Then and Now* (Maryknoll, N.Y.: Orbis Book, 1999)쪽을 참고하라.

**44** Stringfellow, *Ethic for Christians*, 138~39. 루이스 마틴은 이러한 종류의 비전과 묵시문학의 특징이라는 '이중 초점'에 대해서 언급한다. "바울의 용어에서 이중 초점 렌즈를 통해 보는 것은 옛 시대에 묶여 있으면서 하나님의 침입해 들어오시며 해방시키시는 새로운 창조를 함께 보는 것이다." J. Louis Martyn, *Theological, Issues in the Letters of Paul* (Nashville: Abingdon Press, 1997), 284. 역시 James F. Kay, "The Word of the Cross at the Turn of the Ages," *Interpretation*, 53 (January 1999): 44~56쪽과 Duff, "Significance of Pauline Apocalyptic," 286쪽을 참고하라. 폭로와 비전을 제시하는 것에 대한 본인의 강조는 더욱 선명해지면서 이중 초점의 비전과 아주 유사한 것임을 알 수 있다.

**45** Bill Wylie-Kellermann, "Not Vice Versa. Reading the Powers Biblically: Stringfellow, Hermeneutics, and the Principalities," *Anglican Theological Review*, 81, 4 (1999): 665.

**46** Stringfellow, *Ethic for Christians*, 120.

**47** 스트링펠로우는 권세자들이 그들 자신의 목적을 위하여 성경을 제멋대로 사용하려고 하는 방식에 대해 날카롭게 인식하고 있었다. 그는 그리스도인들이 미국식으로 성경을 해석하기보다는 성경적으로 미국을 이해할 필요가 있다고 강경하게 주장한다. Stringfellow, *Ethic for Christians*, 13쪽을 참고하라. 역시 Bill Wylie-Kellermann, "Not Vice Versa," 665~82쪽도 참고하라.

**48** 묘사적인 성경 해석과 묘사적 상상력에 대해서는 Charles L. Campbell, *Preaching Jesus: New Directions for Homiletics in Hans Frei's Postliberal Theology* (Grand Rapids: Wm. B. Eerdmans Publishing Co., 1997), 99~100, 184~85, 250, 57쪽 등을 참고하라.

**49** '원형'이라는 용어는 Justo L. Gonzalez and Catherine Gunsalus Gonzalez, *The Liberating Pulpit* (Nashville: Abingdon Press, 1994), 101쪽에서 빌려온 것이다. 많은 용어들이 사용되었지만 '원형'이라는 용어는 성경 이야기의 패턴을 규정함에

있어서 예수님의 중추적 역할을 가장 선명하게 제시해 주고 있다. 이 용어는 심리학자 융의 원형 이해와 혼동되어서는 안 된다.

50 Gonzalez and Gonzalez, *Liberating Pulpit*, 103~4. Wylie-Kellermann, "Not Vice Versa," 668~69. J. Denny Weaver, "Atonement for the Nonconstantinian Church," *Modern Theology*, 6 (July 1990): 307~33.

51 Stringfellow, *Ethic for Christians*, 143.

52 Duff, "Significance of Pauline Apocalyptic," 281.

53 폭로와 비전 제시하기는 쉽게 구분될 수 있는 것이 아니다. 세상의 권세자들의 술수가 폭로될 때마다 새로운 창조에 대한 대안의식이 존재하게 된다. 또한 새로운 창조에 대한 비전이 제시될 때 죽음의 권세에 대한 함축적인 폭로와 비판이 주어진다. 이 두 가지를 구분하는 것은 단지 강조를 위한 것이다. 추가적으로 이에 대해서는 다음 장에서 보다 분명해질 것이며, 폭로와 비전 제시하기의 묘사적 패턴은 예수님에게만 제한되지 않고 구약에서 이미 존재하던 것들이다.

54 Stringfellow, *Ethic for Christians*, 119.

55 Walter Wink, *Naming the Powers: The Language of Power in the New Testament* (Philadelphia: Fortress Press, 1984), 88.

# 6장

## 폭로하기와 비전 전달하기
### *Exposing and Envisioning*

광범위한 방식으로
설교자들은 세상의 통치자들과 권세들에 대해
그들의 죽음의 방식을 폭로하고
하나님의 구속하시는 창조사역에 대한
비전을 제시하면서 저항한다.

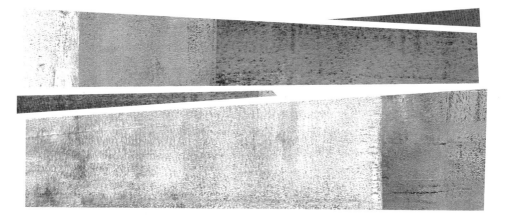

# 6장

• • •

# 폭로하기와 비전 전달하기
## *Exposing and Envisioning*

비전은 치유한다. 우리가 타락하였다는 것, 즉 그 상태를 단지 인식하는 것은 구조적인 변화에 영향을 주기에 충분하지 않다. 그러나 그것은 가치 있는 전제 조건이다. 예언적이 되는 것(드러내는 것)은 언제나 지배자에 대한 저항이다. 부정적 사회화와 내면화된 억압은 영분별에 있어서 결코 완성될 수 없는 임무이다. 이러한 분별능력을 배양하기 위하여 보이지 않는 것을 볼 수 있는 눈이 필요하다. 미망(delusion)의 저주를 피하고 무너뜨리기 위하여 억압으로부터 자유롭게 하시는 하나님의 새로운 질서에 대한 비전과 그것을 실천하는 방식을 가질 필요가 있다.[1]

구속적 설교는 세상의 통치자들과 권세들에 저항하도록 하기 위해 교회를 자유롭게 하려는 것으로 이중의 움직임에 참여하는데, 권세자들의 사망의 방식을 폭로하는 것과 하나님의 새로운 창조에 대한 비전을 제시하는 것이 그것이다. 앞서 언급한 인용에서 월터 윙크가 제시한 대로 설교자가 "미망의 저주를 깨뜨리는 것"을 도울 수 있으며 회중이 세상을 새로운 방식으로 보며 그 안에서 그 방식을 따라 살 수 있게 할 수 있다면 그러한 '드러냄'(unveiling)과 비전 제시는 아주 중요해진다. 폭로하기와 비전 제시하기가 동전의 양면과 같은데 – 현존하는 권세자들의 죽음의 방식을 사람들이 볼 수 있도록 동시에 돕는 것이 없다면 하나님의 새로운 창조에 대한 비전을 거의 제시할 수 없게 된다 – 여기에서 차례로 각 움직임에 대해 살펴보게 될 것이다. 설교자들이 권세자들의 환영에 창조적으로 대처할 수 있는 확실한 방식과 교회를 위한 대안적 비전을 제시하는 것에 초점을 맞추어 진행하게 될 것이다.

## 폭로하기

바벨탑을 축조하는 세상의 한복판에서 구속적 기독교 설교는 죽음의 세력을 폭로한다. 설교자는 그러한 권세가 무엇인지 '규명하고'(name) 그것의 실체를 '드러낸다'(unveiling). 예수님의 십자가와 같이 이러한 권세에 대한 베일을 벗기는 것은 그들의 거짓된 주장들과 죽음을 가져오는 거짓말의 덮개를 벗기는 것인데, 죽음의 얽매임으로부터의 인간적 자유의 시작을 표시한다. 이러한 폭로는 권세자들이 마치 세상에 생명을 주는 신적 대표자인 것처럼 생각하도록 현혹하는 '거울들'(mirrors)을 제거한다. 마치 왕복을 안 입은 벌거벗은 황제와 같이 권세자들이 그렇게 행동하는 것에 대해 폭로하게 된다. 근엄하게 야심을 가지고 통제하는 방식에 크게 의존하는 사람들에 대해 무장해제시키면서 모욕을 주는 방식으로 사람들을 통제하는 것에 대해서도 폭로한다.[2]

"바벨탑이 세워지는 한복판에서 진리를 말하라."고 한 스트링펠로우의 도전이 이러한 폭로에 중심적인 요소를 이루고 있음을 알 수 있다. 앞서 언급한 것처럼 권세자들은 죽음의 방식이 마치 일반적 상식인 것처럼 보이게 세상을 형성해 간다. 그것을 폭로하는 것은 설교자들이 무시, 부인, 무감각을 차단할 것을 요청하며, 창조적이고 강력한 방식으로 진리를 선포할 것을 요청한다. 설교자들은 벌거벗은 황제가 차려입은 "새로운 임금님의 옷"에 대해 "벌거벗었다."라고 외쳤던 아이의 자리를 만드는 존재인데, 군중이 알기 쉽게 말해 주고 그들을 거짓으로부터 자유롭게 만들면서 그리한다.

테러리스트들이 세계무역센터와 펜타곤을 공격한 사건이 있은 후 남아프리카의 그리스도인으로 듀크대학교에서 목회학을 가르치는 피터 스토레이(Peter Storey)가 남아프리카에 있는 그의 집에서 "미국에 있는 친구들에게" 보내는 공개편지를 썼다. 그 편지에서 스토레이는 설교자들이 권세자들을 폭로하는 중요하면서도 어려운 역할에 대해 강조한다.

미국의 설교자들은 남아프리카의 '인종차별 정책'(apartheid) 아래 있는 사람들이나 공산 치하에서 억압을 당하고 있는 사람들보다 훨씬 더 어려운 임무를 가지고 있다. 우리가 관여하고 있는 분명한 악을 가지고 있다. 당신들은 빨강, 흰색, 노란색의 신화가 지배하던 시대로부터 당신들의 문화의 포장을 벗겨내야 한다. 대부분의 미국인들은 친절, 긍휼, 그리고 돌봄과, 미국제 권력이 지구상의 가난한 사람들에게 직접적으로 그리고 간접적으로 감행했던 무자비한 방식 사이에 커다란 간격이 있음을 폭로해야 하고 대면해야 한다. 당신들은 사회적 제도가 어떻게 죄를 범하도록 용인하고 있는지 선한 사람들로 하여금 볼 수 있도록 도와주어야 한다. 그

의 나라가 바르고 선하다고 믿는 사람들 사이에서 이러한 일을 수행한다
는 것은 결코 쉬운 일은 아니다. 그러나 그것은 그들의 미래를 위해서뿐
만 아니라 우리 모두를 위해서 필요한 일이다.[3]

오늘 세상 가운데서 역사하는 죽음의 권세를 폭로한다는 것은 설교학
적 저항에 있어서 중요한 움직임이다.

### 직접적 담화(Direct Speech)

설교자는 아주 다양한 방식으로 세상 권세들의 실체를 폭로할 수
있다. 무시, 부인, 무감각에 대해 역점을 두고 다루는 구속적 말씀
(redemptive word)을 전하면서 설교자는 무엇보다도 그 권세에 대해 명
확하게 규명해 주는(name) 분명하고 직접적 담화(direct speech)의 형태
를 취할 필요가 있다. 사람들이 진정으로 무시당하는 곳에서 그것에
대한 분명한 규명이 필요하다. 실제적으로 부인하는 곳에서 직접적 담
화는 이미 존재하는 깊은 지식에 대해 가볍게 두드리게 될 것이며, 또
한 표면에 그것을 제공함으로 더 이상 부인할 수 없게 만들 수 있다. 그
렇게 규명하는 일은 사회적 이슈 설교의 유형에 아주 유사할 수 있다.
그러나 그 목표는 실제로 훨씬 더 폭넓고 깊을 수 있다. 그 목표는 한
이슈에 초점을 맞추지 않고 죽음의 권세를 폭로하는 데에 초점을 맞추
게 되는데 그 권세가 가지는 정신(spirituality)를 포함하여 폭로한다. 그
렇게 함으로써 사람들로 하여금 새로운 방식으로 삶을 살아갈 수 있는
힘을 공급하기 위함이다.

이렇게 권세가 가지는 억압과 폭력에 대해 폭로함에 있어서 설교
자들은 세속적 사회 분석에서 도움을 받을 수 있는데, 그러한 연구들은

권세자들이 현세적, 영적 차원에서 지배하는 세상의 베일을 거두고 드러내는 데 도움을 주기도 한다. 예를 들어 몇 년 전 노숙자들에 대한 조엘 블라우(Joel Blau)의 책, *The Visible Poor*(가시적 빈곤층)을 읽었다. 책의 첫 부분에서 블라우는 사회학적 "처우 제한의 원칙"(principle of less eligibility)에 대해 점검하고 있다. 이러한 단순한 원리는 복지 혜택을 필요로 하는 사람들은 직장 생활을 하고 있는 사람들보다 삶의 낮은 표준을 가져야 한다는 입장을 견지한다.[4] 블라우는 이러한 원리를 제도적으로 구현하려는 시도는 최근 몇 십 년 동안 노숙자들을 양산하는 데 일조하고 있다고 주장한다.

> 이러한 원리가 미국의 사회보장정책에 깊이 뿌리를 내리고 있다. 가장 최근에 그것이 이행되고 있는 것을 보면 역사적 패턴과 아주 일치하는데 특히 그것은 매우 가혹하다. 현재적인 경제 변환점에서 가난한 노동자의 삶의 표준이 점점 기울어지고 있다고 증언한다. 1960년대 사회보장제도(웰페어) 수혜자들은 낮은 임금을 받는 노동자보다 훨씬 적게 받으면서 주택 보조를 받았다. 그러나 1970년대에 이르면서 주택 값이 상승하기 시작하면서 사회보장제도 수익은 가난한 노동자의 줄어드는 수입에 상응할 정도로 줄어들었다. 그렇게 되면서 노숙자가 늘어날 수 있는 위험에 노출되었으며, 가난한 노동자들은 서서히 늘어나고 웰페어 수급자는 급속히 상승하게 된다. 1960년대 가난한 노동자보다 적게 준다는 것은 가난한 가정을 만들게 되며, 1980년대에는 그들을 종종 거리로 내몰게 된다는 사실을 의미한다.[5]

블라우가 제시한 이러한 내용은 세상의 통치자들과 권세들이 자행한다는 사실을 묘사하기보다는 미국의 사회정책이 가지는 전통적 원리를 묘사하고 있다. 신약성경으로 좀 더 깊이 잠입해 들어가는 설교자는 적게 수혜를 받게 하는 원리는 개인이나 특별한 기구에 속한 것보다는 더 많은 부분에서 세상의 통치자들과 권세들을 노출시키고 있음을 분간할 수 있다. 이러한 원리는 그것이 가지는 제도적이고 영적 차원에서 권세자들이 작동하는 것에 대해 잘 드러낸다. 이러한 사회적 소외계층이 혜택을 적게 받게 되는 원리는 사람들이 값싼 노동력을 요구하는 경쟁적인 자본주의 경제 구조 안에서 사람들이 숨 쉬고 살아가는 분위기를 형성하는 감추어진 '상식'의 전제(presupposition)를 개방하도록 인도한다. 그것은 은혜보다는 보상과 처벌이라는 시스템을 따라 형성된 문화적 정신을 폭로한다. 또한 그것은 인간의 필요에 대한 긍휼(compassion)과 분배 정의에 의해서보다는 수직적이고 경제적 계급화에 의해 움직여지는 사회의 실상을 면면히 드러낸다. 추가적으로 그것은 이러한 정신이 공적 정책 안에 제도적으로 구현된 견고한 방식을 분석할 수 있는 렌즈를 제공한다. 결국 그것은 권세자들이 특권층의 사람들의 정신을 사로잡고 그들을 비도덕화하는 견고한 하나의 방식을 제시한다. 사회적 소외 계층이 적게 수혜를 받도록 하는 원리에 의해서 형성된 그러한 정신과 제도는 특권층의 사람들로 하여금 참되고 생명을 함께 나누는 긍휼과 연대의 관계를 가능하게 만들기보다는 고통받는 사람들에 대해서 우세하며 경쟁적인 기준 가운데서 특권층을 분리되게 만든다.

이러한 예에서 보듯이 분명하게 기술된 사회학적 원리는 복음과 관련하여 새로운 방식으로 세상을 분석하고 이해할 수 있도록 도와주는 강력한 방식이었다. 본인의 관점은 비록 그것이 종종 도움이 되는 것은 분명하지만 설교자들이 기술적이고 사회학적 용어나 상세한 사회학적 분석을 강단에서 사용해야 한다는 말이 아니다. 이러한 단일의, 그리고 분명하게 설명된 원칙이 하나님께 대한 반역적인 권세의 정신 (spirituality)과 제도에 의해서 지배를 받고 있는 세상을 규명하고 폭로하는 것이 되어야 한다는 것이 나의 관점이다. 그 세상은 의심할 필요가 없이 교회 회중석에 있는 많은 특권층의 사람들의 전제를 형성하고 우리 사회에서 "사회보장제도 수혜자"를 희생양으로 삼는 것에 공헌해 왔다.[6]

강단에 올라갈 때 그렇게 규명하는 것(naming)은 사회학적 이론이나 용어를 상세하게 제시할 필요는 없다. 이러한 상황에서 세상의 권세를 폭로하는 것은 기교적인 부분은 줄이고 보다 극적인 부분은 살려야 하는데, 민속 문화를 마비시키는 방식으로 분석하기보다는 보다 많은 질문과 대화를 살리려고 해야 한다. 예를 들어 본인의 제자인 제인 페헤이(Jane Fahey)는 최근의 설교에서 이러한 직접적 담화의 방식을 활용하여 무시와 부인을 넘어 나아갈 수 있도록 그의 회중을 초대하는 방식으로 권세를 선명하게 규명한다.

페헤이는 요한계시록 7장 9~17절을 본문으로 한 설교에서 우리의 삶을 형성하고 있는 "제국의 신화"(myths of empire)의 베일을 벗겨내려고 시도한다. 커피숍에서 만난 한 남자와의 특별한 만남에 대한 이야기로부터 설교를 시작하면서 세상의 권세를 직접적으로 노출하는 방식을 사용한다.

한 열흘 전, 다음 강의를 기다리면서 커피숍에서 잠시 휴식을 취하고 있었는데 그때 한 남자가 내가 무슨 일을 하는 사람인지 질문을 해 오는 바람에 독서하고 있던 것이 잠시 방해를 받은 적이 있습니다. 그와 잠시 대화를 나누는 동안 처음에는 분명한 이유 없이 (자신의 이름을 말하면서 내게 자신을 소개한) 그 남자는 베트남 전쟁 참전용사라고 자신을 소개했습니다. 그가 지금까지 무슨 일을 해 왔으며 그의 열망이 무엇인지에 대해 이야기를 나누면서 그는 울기 시작했습니다. 당황하는 내게 그것에 대해 구태여 사과할 필요는 없다고 말했습니다. 그러면서 눈물로 자신의 경험을 나누기 시작했습니다. 그는 18살의 위생병으로 베트남 전쟁에 참전했다고 했습니다. 월남전에서 소대의 부상당한 두 동료를 구하지 못한 것에 대해 지금도 깊은 죄책감을 가지고 있다고 했습니다. 그의 눈물이 거의 마를 즈음 그러한 기억들이 얼마나 자신을 힘들게 하는지 모른다고 말하면서 또 울기 시작했습니다. 그날 오후 30분 정도의 대화를 나누는 동안 저는 제 마음도 참담했지만 이 남자가 말로 다 표현할 수 없는 비참함으로 가득 채워진 삶을 살았다는 생각이 들었습니다. 그리고 그때 이후 자신의 내적인 문제로 가득한 현실과 싸워야 했던 한 50대의 남자가 내 앞에 떨며 서 있는 것을 보았습니다.

그렇게 우리는 국가적으로 집합적인 삶(collective national life)을 살고 있으며, 그것을 형성하는 신화를 깊이 생각하게 되었습니다. 그 신화는 그 남자의 삶과 그가 베트남 전쟁에서 돌보았던 다른 사람의 삶을 형성하고 있었습니다. 그것은 권세와 폭력에 관한 신화였으며, 세상이 평화롭게 되는 것, 즉 세상의 참살이(wellbeing)는 "서구의 민주주의 가치"를 위협하는 것으로 생각되는 모든 것을 강력히 제거할 필요가 있다고 정치적으로 화려하게 포장된 신화입니다. 본인이 생각하기에는 나라와 함께 베트남 전쟁의 결과로서 주어진 이러한 신화에 대해 약간은 비판적입니다. 그러나 참살이의 세계로 나아가는 길에 대한 이러한 신화는 어떤 점에서 강력한 영향력을 가지고 있습니다. 오직 이제는 그러한 수사학이 공산주의의 확산을 방지하는 데 유용하게 활용되고 있으며, 자유무역시장 자본주의의 확산을 확신하도록 만드는 세계화의 도구로 유용하게 활용되고 있습니다.

예를 들어 뉴욕타임즈 칼럼니스트인 토마스 프리드만이 그의 책, *The Lexus and the Olive Tree*(렉서스와 올리브 나무)에서 제시한 진술을 한번 깊이 생각해 보십시오. "세상의 보이지 않는 손은 보이지 않는 움켜짐(fist)이 없이는 결코 작용하지 않는다. 맥도널드의 움켜짐은 F-15 전투기 생산업체인 맥도넬 더글라스(McDonnell Douglas)가 없이는 성장할 수 없었다. 실리콘밸리의 테크놀로지를 위해 세상의 안전을 지켜가는 보이지 않는 움켜짐은 미 육군, 공군, 해군과 해병대라고 불린다……. 의무를 수행하는 미국이 없이는 아메리칸 온라인(American Online, 역주/ 미국의 인터넷 회사)은 있을 수 없다." 군대의 역할에 대해 무엇을 생각하든지 간에 (저 자신이 세계대전의 참천 용사의 딸이며 손녀입니다.) 군대의 주요 임무는 미국의 다국적 기업의 성장을 가져오게 하는 것이라는 제안에서 우리 모두는 잠시 생각을 내려놓아야 합니다.[7]

설교의 이 부분에서 페헤이는 그들의 "보상적 폭력의 신화"(myth of redemptive violence)와 지배를 통해 우리를 사로잡고 있는 경제적, 군사적, 정치적 권세의 거대한 형태를 폭로하면서 교회를 지배하고 있는 "침묵을 깨뜨린다." 더욱이 그는 이러한 권세자들 사이에서 국가적인 경제 우세를 추구하면서 복잡하게 엉켜 있는 합작에 대해 언급한다. 또한 그는 죽음의 권세를 형성하고 증강시키는 공적 수사학(public rhetoric)의 역할에 대해서도 강조한다. 여기에서 그의 관점은 요한계시록 본문을 충실하게 다루면서 특별한 '사회적 이슈'에 대해서 다루는 것이 아니라 오히려 '노출된 제국'에 대해 하나님의 말씀을 전하며 하나님의 백성들로 하여금 새로운 명료함을 통해 세상 권세자들이 작용하는 방식을 볼 수 있도록 도와주는데, 인간 삶에 대한 그들의 영적인 차원에서의 영향력을 포함하여 도와주고 있다.[8] 그러한 직접적이고 용기 있는 스피치는 세상의 죽음의 '바벨탑'의 한복판에서 강하게 요구된다. 그러나 그러한 스피치는 강단으로부터 사라졌다.

### 기억(Memory)

직접적으로 세상의 권세를 폭로하는 것은 역사에 다시 비전을 제시하는 형태를 취할 수 있는데, 그것은 기억을 새롭게 구성하는 것을 포함한다.[9] 세상 권세자들에게 인간이 사로잡혀 있는 것은 종종 과거의 실재들(realities)에 대해 무시와 부인하는 것으로 나타날 수 있다. 특히 특권층에 속한 사람들은 세상의 권세자들이 양산하는 고통의 역사를 잘 알지 못하거나 그것을 부인해 버리도록 조종을 당하게 된다. 여기에서 무능함은 기억상실증(amnesia)의 형태를 취하게 되는데, 사람들은 그들의 특권을 세워준 역사에 의해 사로잡힘이 없이 그들의 삶을 계속 유지해 갈 수 있는 방안을 추구하게 된다. 체드 마이어즈는 다음과 같이 그의 책에서 쓰고 있다.

폭력의 순환구조를 깨뜨리기 위하여 현재의 권력과 관계에 변화를 주기를 원하는 사람은 반드시 역사를 다루어야 한다. 현재 상태에 만족하는 사람들은 역사를 멀리 떼어놓으며, 단편적인 것으로 만들어 버리며, 접근하기 어려운 것으로 만든다. 이와 같이 "제국의 장소"(locus imperii)를 지배하는 문화가 지니는 '공적인' 역사적 내러티브는 크게 선택적이며 우리를 어리둥절하게 만든다. 눈물의 여로(the Trail of Tears), 중간항로(Middle Passage), 중국인 이민 배척법(anti-Chinese immigration laws), 혹은 하와이 강제 합병[10]과 같은 부끄러운 역사의 이야기는 우리의 역사 인식에서 빠져 있었다. 그 역사적 사실에 대한 인식은 그 사실이 단지 영웅적인 이야기들이며 고도로 미화된 신화로 인식되었다. 즉, 델라웨어 주를 건넜던 워싱턴 대통령, 게티즈버그에서 울었던 링컨 대통령, 이오 지마(Iwo Jima)에서 미국 국기를 세우는 해병대 병사들[11]에 대한 이야기들이 그것이다. 기억상실증은 부인하는 것의 도구로 작용한다.[12]

기억상실증과 "역사로부터의 단절"(disconnection)은 세상의 권세자들이 사용하는 중요한 협력자들(allies)이다.[13] 세상의 권세를 폭로함에 있어서 이와 같이 설교자들은 역사를 다시 돌아보는 것 – 다시 비전을 제시하는 것 – 이 필요한데 기억을 재구성하고 회중을 기억상실증으로부터 자유롭게 하기 위해서이다.

성경은 이러한 "위험한 기억"의 중요성에 대해서 분명하게 언급한다. 단지 성경을 읽기만 해도 믿음의 공동체는 권세자들에 의해 야기된 고통과 죽음을 기억하도록 만들어 주는데, 그것은 예수님의 십자가 처형에서 가장 예리하게 드러난다. 성경의 독자들은 강력하게 "역사를 만들어 가는 사람"(makers of history)이 아니라 권세자들의 손에서 억압을 받아온 사람들로 정기적으로 자신의 정체성을 갖도록 부름을 받는다. 신명기 5장 12~15절에 기록된 대로 십계명의 다섯 번째 계명은 이스라엘 백성들이 번영과 특권의 유혹에 직면하여 억압과 해방의 역사를 기억하도록 부름 받았음을 알려주는 하나의 예리한 예를 제시해 준다. 신명기에서 안식일 준수의 근본적 이유는 제 7일에 하나님께서 쉬셨다는 보다 익숙한 내용과 연결시키는 것이 아니라 다른 것과 연결시키고 있는데, 다음의 말씀에서 그것을 확인할 수 있다.

네 하나님 여호와가 네게 명령한 대로 안식일을 지켜 거룩하게 하라. 엿 새 동안은 힘써 네 모든 일을 행할 것이나 일곱째 날은 네 하나님 여호와의 안식일인즉 너나 네 아들이나 네 딸이나 네 남종이나 네 여종이나 네 소나 네 나귀나 네 모든 가축이나 네 문 안에 유하는 객이라도 아무 일도 하지 못하게 하고 네 남종이나 네 여종에게 너 같이 안식하게 할지니라. 너는 기억하라. 네가 애굽 땅에서 종이 되었더니 네 하나님 여호와가 강한 손과 편 팔로 거기서 너를 인도하여 내었나니 그러므로 네 하나님 여호와가 네게 명령하여 안식일을 지키라 하느니라.

여기에서 안식일 준수는 노동의 문제와 관련되어 있다. 그것은 이집트에서 그들의 노예 생활과 하나님께서 능력의 손으로 그들을 해방하셨음을 계속해서 사람들이 기억하게 하는 것과 불가분적으로 관련되어 있다. 노예 노동의 고통과 해방의 기쁨을 기억하면서 이스라엘 백성들은 그들의 오늘의 상황에서 노동을 수행하는 새로운 방식을 요청받고 있다.[14]

이스라엘의 안식일과 관련하여 그러한 기억함은 오늘의 교회를 위한 중요한 예전적이고 설교학적인 실천을 제시한다. 고통과 억압의 역사를 기억하는 것은 세상 권세의 거짓을 폭로하고 사람들을 무지와 기억상실증으로부터 건져내게 만드는 구속적 설교(redemptive preaching)를 위한 하나의 강력한 방법이 될 수 있다. 본인이 진행했던 학교 강의에서 다큐멘터리 영화인 *Uprising of '34*(1934년도의 파업)[15]을 시청하였다. 그 다큐는 1934년에 있었던 전국 방직공장 노동자의 이야기를 들려주는데, 그것은 "기득권을 가진 권력자들"에 의해 무참히 짓밟힘을 당하는 노동자들의 이야기이다. 그것은 아주 대단한 이야기로, 그 파업에 참여했거나 그것에 의해 영향을 받은 사람들의 이야기만을 담아냈다.

그 다큐는 세상의 통치자들과 권세들이 지니는 역동성에 대해 깊은 통찰력을 주는 사례를 연구할 수 있도록 해 준다.

그러나 가장 놀라운 것은 강의에 참석했던 학생들의 반응이었다. 그들의 대부분은 미국의 동남부에서 성장한 사람들이었는데, 그곳은 파업의 중심지였으며 파업에 대한 폭력적 반응이 일어났던 지역이었다. 학생들은 다큐를 시청하면서 파업이 일어났던 지역과 그곳의 이름, 그리고 다큐에서 언급된 장소들이 자신들에게 익숙한 곳임을 잘 알고 있었다. 종종 눈물이 가득 고인 눈으로 그 화면을 바라보면서 그 사건과 개인적으로 깊이 연관되어 있음을 깨닫게 되었다. "저는 사우스캐롤라이나 호네아 패스(Honea Path)의 저 길 바로 아래서 자랐어요." 그곳은 파업에 참가한 노동자들에게 폭력을 가장 심하게 휘둘렀던 지역이었다. "제가 대학에서 받은 장학금이 방직공장 노동자들에게 돌아가야 할 돈에서 주어졌음을 알게 되었어요." "저는 맥퍼슨 부대(Fort MacPherson) 부근에서 차를 타곤 하는데 바로 그곳이 파업 참가자들이 억류된 곳이었어요. 그곳은 우리 신학교에서 불과 몇 마일 떨어져 있지 않은 애틀랜타 바로 이곳이에요." "권세자들을 지지하는 교회들이 우리 교단에도 참 많이 있었군요." 그러나 그때 아주 중요하면서 충격적인 깨달음이 왔다. "저는 이 파업에 대해서 아무것도 듣지 못했어요. 저는 그것이 일어났는지조차도 모르고 살고 있었어요. 제가 자랐던 고향에서 아주 가까운 곳에서 일어난 이 사건에 대해서 왜 아무도 우리에게 이야기를 해 주지 않았을까요?"

권세자들은 1934년 방직공장 파업의 실재에 대해 침묵하도록 조정해 왔다. 그것을 전혀 알지 못하고 있었던 자신들의 무지에 대한 학생들의 인식은 비틀려 있었고 자신들에 대해 실망하고 있었다. 분노와 눈물은 일반적인 반응이었다. 그럼에도 불구하고 이러한 고통을 통하여 – 그들이 알고 있었던 세상에 대한 상실감과 같은 것을 경험하면서 – 그들은 세상을 다르게 보기 시작했다. 죽음의 권세는 폭로되었고, 과거에 대해서 빛이 비추어지면서 새로운 시각을 갖게 되었다. 학생들은 이야기 – 기억함 – 를 통해 세상에서 보고, 살면서 변화된다. 그들의 삶은 변화되기 시작했다. 기억하는 행위는 권세자들을 폭로하는 중요한 방식이다. 설교자들이 그러한 기억함이 만들어 낼 수 있는 깊은 슬픔을 인지할 필요가 있는데, 그들은 그 다큐의 마지막 부분에서 제시된 신랄한 표현에 대해 주의를 기울일 필요가 있다. "세상 권세에 대한 인간의 투쟁은 잊어버림에 대항하여 기억하기 위한 투쟁입니다." 그러한 기억은 설교자들이 세상의 통치자들과 권세들을 폭로하고 더 나아가 계속 저항하는 하나의 방법이다.

### "큰 그림들"(Big Pictures)

권세자들이 폭로를 당하게 되는 또 다른 방식은 강력하고 극적인 이미지를 통해서 이루어지는데 그것은 권세자들이 요구하는 것을 차단하며 그들이 어떠한 존재인지를 노출시킨다. 설교자들은 권세자들이 제시한 것에 대해 대항적인 이미지를 제시한다. 로마 천주교의 단편 작가인 플래너리 오코너(Flannery O'Connor)가 색다른 자신의 이야기와 기이한 인물에 대해 쓰고 있는 것처럼 "충격적인 것을 통해 당신의 비전을 분명하게 만들어야 한다 – 듣지 못하는 이들에게 소리치고, 거의 보지 못하는 사람들을 위해서 크고 깜짝 놀랄 만한 그림을 그려라."[16] 다시 말해 권세자들에 의해 그들의 상상력이 무디어지고, 몹시 괴롭힘을 당하는 사람들을 위해 설교할 때 우리는 큰 그림을 제시하며 설교해야 한다.

요한계시록 기자는 비전의 사람으로 이러한 폭로의 종류에 참여한다. 제국이 그들을 둘러싸고 강요하는 모든 주장과 요구들에 직면하여 요한계시록 기자는 제국을 짐승이라는 은유를 사용하여 폭로한다. 제국은 폭력을 사용하여 사람들을 파괴한다. 또한 그것은 사람들을 죽음의 방식들을 신뢰하도록 부추기는 우상숭배 사회(whore)이다. 제국이 가지고 있는 신적 강요(divine claims)와 죽음으로 이끌어 가는 실재(deadly realities)를 보다 극적으로 폭로하는 것은 요한계시록이 사용한 은유적 비전을 통한 방식보다 더한 것이 있다고 상상하기는 어렵다.

> 내가 보니 바다에서 한 짐승이 나오는데 뿔이 열이요 머리가 일곱이라. 그 뿔에는 열 왕관이 있고 그 머리들에는 신성 모독 하는 이름들이 있더라. 내가 본 짐승은 표범과 비슷하고 그 발은 곰의 발 같고 그 입은 사자의 입 같은데 용이 자기의 능력과 보좌와 큰 권세를 그에게 주었더라. 그의 머리 하나가 상하여 죽게 된 것 같더니 그 죽게 되었던 상처가 나으매 온 땅이 놀랍게 여겨 짐승을 따르고 용이 짐승에게 권세를 주므로 용에게 경배하며 짐승에게 경배하여 이르되 누가 이 짐승과 같으냐? 누가 능히 이와 더불어 싸우리요 하더라(계 13:1~4).[17]

제국의 통치 아래서 고통스러운 억압을 당하고 있는 사람들과 제국의 회유 앞에서 만족스러워 하고 수용하면서 그 자리를 지키고 있는 교회에 대해 요한계시록은 극적이고 은유적으로 그 권세를 폭로하려고 하였으며 교회를 그 제국의 지배로부터 자유롭게 하려고 했다.[18]

이와 아주 유사한 방법으로 존 스타인벡은 뱅크를 '몬스터'(Monster)라고 지칭하고 자본을 위해서는 게걸스러운 탐욕을 가진 존재로 묘사하면서 자본주의의 권세를 폭로하고자 했다. 스타인벡도 유사하게 기술과학의 권세에 대해서도 강탈자의 이미지를 통해 폭로하고 있다. 그는 기술적으로 우월한 트랙터가 온 땅을 장악하는 모습을 통해 죽음의 권세를 묘사한다.

> 트랙터가 빛나는 날개바퀴를 돌리면서 땅을 갈고 있을 때 – 아니 그것은 땅을 갈고 있는 것이 아니라 수술을 하고 있었으며, 땅을 잘라서 오른쪽으로 밀어놓고 두 번째 줄에서는 또 그것을 잘라 왼쪽으로 갈라놓았으며 땅을 잘라서 광을 내고 있었다. 날개바퀴 뒤로 끌어당기고 쇠로 된 이빨은 써레질을 계속하면서 작은 흙덩이를 잘게 부수어서 땅을 부드럽게 갈아엎고 있었다. 써레질을 계속 해 가는 그 뒤에는 씨를 뿌리는 사람들이 길게 늘어서 있다. 주물공장에서 똑바로 세워진 12개의 굽어진 쇠로 된 살들이 돌아가고, 기어를 통해 움직여지는 유기물이 조직적으로, 자동적으로 움직이면서 파괴해 간다.[19]

보다 최근에 경제학에 대한 그의 저서들이 널리 읽혀지고 있는 윌리엄 그라이더(William Greider)는 유사한 은유를 통해 세계화된 자본주의를 묘사하고 있다.

> 새로 발명된 놀라운 기계를 상상해 보라. 강하면서도 유연한 그 기계는 마치 파괴하듯이 작물을 거두어들인다. 그것은 거대하고 기동성이 있다. 마치 현대 농업 현장에서 사용되는 기계와 아주 유사하지만 그것보다는 훨씬 더 복잡하고 강력하다. 열린 전 영역을 달리며 비슷한 경계선을 달리고 있는 이 놀라운 기계를 생각해 보라. 맹렬한 추진력으로 들판을 건너면서 경작하고 울타리를 다 무너뜨린다. 그것을 바라보는 것만으로도

즐거운 일이지만 한편으로는 두려움도 갖게 만든다. 그렇게 계속되는 동안 기계는 거대한 부의 건초더미를 무너뜨리고 무너진 밭고랑 뒤에 남겨놓은 것들도 다 뒤엎어놓았다.

이제 그 기계 위에 타고 있는 능숙한 솜씨를 가진 사람을 상상해 보라. 그러나 바퀴 주변에는 아무도 없다. 사실 이 기계는 바퀴를 가지고 있지 않으며 속도와 방향을 결정짓는 내부의 어떤 조정자도 없다. 그러나 그것은 자기자신을 앞으로 나아가게 하는 힘을 가지고 있으며 자신이 원하는 입맛대로 움직인다. 그리고 그것은 점점 가속되고 있다.[20]

그라이더는 여기에서 세계화된 자본주의를 인간적으로 관리되거나 관심을 갖는 시스템으로가 아니라 비인간적인 기계로 묘사한다. 그것은 자신이 가지고 있는 "조병(躁病)의 논리"(manic logic)에 의해 움직여지며 열중하고 있다. 이 은유는 마음을 어지럽게 하며 우리의 눈을 열어줄 뿐만 아니라 세계화된 자본주의를 지배 권력으로 폭로하며 우리가 새로운 방식으로 그것을 볼 수 있도록 도와준다. 그러한 강력한 은유와 이미지를 사용하는 것은 세상의 권세들의 실체를 폭로하고 그것에 대해 저항할 수 있도록 사람을 세우는 일을 도와준다.

### "급진화된 순간들"(Radicalizing Moments)

세상의 권세들의 실체를 폭로하는 다른 방식은 크리스틴 스미스가 "급진화된 순간들"이라고 부른 것을 나누는 것을 통해 이루어진다.[21] 그러한 순간은 개인적인 경험인데, 설교자들은 그러한 경험을 통해 권세자들을 폭로한다. 또한 그것을 통해 새로운 방식으로 세상을 볼 수 있게 만들어 준다. 그러한 경험을 나누는 것은 설교자들에게는 아주 중요하다. 그들이 세상의 권세를 폭로할 수 있도록 도와주기 때문만이 아니라 그것을 통하여 설교자들은 회중과 함께 설 수 있기 때문이다. 설교는 자신이 세상 권세자와 공범으로 연관되어 있으며 그의 비전이 바뀌었을 때 일어나는 그 순간을 하나하나 열거하는 것이다. 부가적으로 그러한 "급진화된 순간"을 나누는 것은 "폭로하는" 행위를 매일의 삶 가운데로 옮겨가게 한다. 세상 권세들의 실체는 거대하고 극적인 수단을 통해서뿐만이 아니라 일상적이고 매일의 사건 가운데서 권세들이 어떻게 역사하는지를 분간하는 것을 통해 구체적으로 드러나게 된다.

위에서 언급된 설교 인용에서 제인 페헤이가 베트남전 참전 용사와 나눈 대화는 급진화된 순간의 아주 좋은 예시이다. 보다 최근에 다른 설교자가 그러한 급진화된 순간을 나누는 것을 설교에서 들은 적이 있다. "아모스와 함께한 저녁식사"라는 제목의 설교에서 애틀랜타의 센트럴 장로교회 담임목사인 테드 워드로우(Ted Wardlaw)는 경제적 특권을 누리는 사람들이 군림함으로 야기된 인간이 당하는 고통의 상황을 폭로하려고 했다. 설교의 마지막 부분에 이르면서 그는 다음의 이야기를 나누었다.

딸들이 태어나기 전에 우리는 아직 텍사스 주에서 살고 있었습니다. 그때 케이와 저는 스페인 식민지 시절의 분위기가 물씬 풍기는 멕시코 남쪽의 오아사카(Oaxaca) 시에서 짧은 휴가를 보내기 위해 그곳에 갔습니다. 빛나는 산들에 둘러싸여 그리 멀지 않은 곳에 황폐해진 옛 인디언 문화 유적들이 있었고 금도금한 교회당의 번쩍임과 넓은 도시 광장, 고색창연한 건축물과 놀라운 도자기 공예들이 자리잡고 있었습니다. 우리는 그렇게 그곳에서 일주일을 보냈습니다. 우리는 마치 귀족처럼 살았습니다. 그 여행을 위해 저축해 놓은 돈뭉치를 가졌기 때문이 아니라 주어진 범위

내에서 모든 것을 가진 것처럼 그렇게 보냈기 때문입니다. 멋진 호텔, 깜짝 놀랄 만한 레스토랑에서의 굉장한 식사들도 값이 저렴했습니다.

어느 날 오후, 관광을 마친 다음에 우리는 그 도시의 주 광장의 작은 카페에 앉아 와인을 마시고 있었습니다. 아마 우리는 약간의 소파이피야(Sopaipillas)[22]도 먹고 있었던 것 같습니다. 우리 옆 테이블에는 우리 또래의 다른 미국인 부부가 자리를 하고 있었습니다. 그들은 한동안 그곳에 앉아 있었습니다. 그냥 느낌에 그들은 이미 여러 병의 와인을 마신 것으로 보였습니다. 그들의 대화 내용이 무엇이었는지 모르지만 아주 많이 지쳐 보였습니다. 그리고 그들은 구걸하고 있는 거지들로 가득 채워진 사람들에게 관심을 두면서 두리번거리기 시작했습니다. 놀랍게도 그들의 테이블로 여러 명의 아이들을 손짓하여 불러들였습니다. 이 아이들은 광장에서 구걸하고 있었고, 용돈을 만들기 위해 시크릿(Chiclets) 껌을 팔고 있었습니다. 그런데 이 부부는 그들에게 제안을 했습니다. 광장을 할 수 있는 한 많이 돌면 한 바퀴 돌 때마다 얼마의 페소(peso)를 주겠다고 그 남자는 제안을 했습니다. 그렇게 해서 그곳에서 와인을 마시며 우리가 누리는 혜택에 취하여 있을 때 그 가난한 아이들은 광장을 돌고 있었습니다. 마치 상단에 달려 있는 먹이를 얻기 위해 쳇바퀴를 돌리는 생쥐와 같이 아이들은 필사적으로 달리고 있었습니다. 그것을 지켜보면서 우리 옆 테이블에 앉아 있던 그 부부는 웃고 있었습니다. 우리는 거기에 앉아 있었고, 그 아이들은 광장을 달리고 또 달리고 있었습니다. "더 빨리 달려!" 그 남자는 계속해서 소리를 질렀습니다. "달리기를 멈추면 안 돼!" 그는 그 아이들에게 고함을 쳤습니다. 잠시 후 손에 가득 쥐어질 페소를 기대하며 아이들은 그 광장을 달리고 또 달리고 있었고, 작은 축제가 우리들 앞에서 시작되었지만 마치 썩은 과일과 같은 냄새는 온 세상을 진동시키고 있었습니다.[23]

이 설교를 들었을 때 그 이야기는 나로 하여금 슬픔을 느끼게 하며 고백하게 만들었고 몹시 고통스럽고 마음을 산란하게 만들었다. 이제 동일한 방식으로 내가 즐기는 축제를 더 이상 바라볼 수 없었다. 그러한 "급진화된 순간"을 나눔은 오늘 세상 가운데서 역사하는 죽음의 권세를 폭로하는 신랄한 방식이며 회중으로 하여금 저항을 향한 고백을 갖도록 움직이게 한다.[24]

## 해학극(Burlesque)

월터 윙크가 세상의 권세를 폭로하는 마지막 방식을 제시하는데, 그것은 예수님의 산상보훈으로부터 끌어온 '해학극'이었다. 권세자들은 겉으로 고결함으로 위장하고 서 있기 때문에 해학극이나 풍자하는 것(lampooning)보다 빠르게 그 실체를 드러내는 것은 없다.[25] 마태복음 5장 40절에 대한 그의 해석에서 윙크는 "너의 속옷 역시 주어라."라는 예수님의 명령이 해학극의 특성을 가지고 있다고 주장한다.[26] 당시 상황은 경제적 영역의 권세를 쥐고 있는 자들이 가난한 자들을 착취하였기 때문에 그들에게 남아 있는 것은 달랑 옷 몇 벌뿐이었다. 법정에서 그들의 겉옷마저 내놓아야 한다고 요청받았을 때 예수님께서는 속옷도 역시 주어버리라고 권면했다고 윙크는 주장한다. 즉, 경제적 구조의 희생자들은 다른 상환 청구권이 없었는데, 이제 그들은 속옷까지 벗어주고 홀랑 벗은 몸으로 법정을 걸어나간다. 이러한 방식으로 희생자들은 도덕적 대리인으로서 자신의 지위를 존속시킬 뿐만 아니라 그 구조가 안고 있는 근원적 잔인함을 폭로한다. 또한 "정의, 법, 질서에 대한 요구를 해학적으로 제시한다."[27] 그 사람이 벗은 몸으로 법정을 걸어나갈 때, 그리고 사람들이 도대체 무슨 일이 일어난 것이냐고 사람들이 묻기 시작할 때 억압하는 경제 시스템 그 자체가 발가벗은 상태로 드러나게 되며, 그 실체가 선명하게 폭로되게 된다. 그 경제 시스템은 "부자들에 의해 바짝 마르기까지 쥐어짜야 할 스펀지"와 같은 존재로 가난한 사람들을 취급한다.[28] 그의 설교에서 이러한 윤리적 선택사항을 제시하면서, 예수님께서는 자신이 스스로 당시의 경제 시스템에 대한 설교학적 해학극에 적극 참여하신다.

현대 설교자들은 이러한 해학극에 유사하게 참여할 수 있다. 본인이 들었던 그러한 해학극에 대한 최고의 예 중의 하나는 동료인 앤나 카터 플로렌스의 "단지 '아니요'라고 말하는 여자"(The Woman Who just Said 'No')[29]라는 설교에서 찾을 수 있었다. 그 설교는 에스더서에 나오는 왕비 와스디의 이야기에 초점을 맞추고 있다. 플로렌스는 주장하기를 그것은 교회를 위한 "위험한 기억"이 되는데, 교회가 자신의 스토리가 종종 기억되어야 하고 다시 비전을 제시하는 것이 되어야 한다는 사실을 일깨워 준다. 그 설교의 시작 부분에서 플로렌스는 해학극의 방식으로 그 스토리를 다시 들려준다.

와스디는 에스더서의 첫 부분에서 오직 한 번 등장하는 인물입니다. 왜 이것이 교회학교 자료로도 자주 사용되지 않는지에 대한 답을 우리는 가지고 있습니다. 우리가 읽은 내용은 아마도 고대 세계에서 있었던 큰 궁중의 파티를 언급하고 있는 것 같습니다. 여기에서 사용한 '파티'라는 단어는 성대한 종교적 축제(fiesta)나 밤 축제(soiree)를 의미하지 않습니다. 이것은 왕이 직접 초대하여 벌어진 거대하고 떠들썩한 댄스파티(brawl)와 같은 것을 의미하기 위해서 이 단어를 사용하였습니다. 우리는 지금 "에니멀 하우스"(Animal House)[30]를 말하고 있으며, "테일훅"(Tailhook)[31]을 말하고 있는 것입니다. 187일 동안 계속된 흥청망청했던 유흥에 대해 말하고 있는 것입니다.

여기 그 스토리가 있습니다. 아하수에로 왕은 에티오피아에서 인디아까지 거대한 영토를 다스리던 왕이었습니다. 그는 127개 주에서 그를 위해서 충성스럽게 일하는 관리들과 지방관, 군인들과 제후들을 위해 파티를 열기로 작정했습니다. 그러나 그 파티의 목적은 그들의 노고에 "감사하기 위한 것"이 아니라 그들에게 영화로운 나라와 부함과 위엄의 혁혁함을 "과시하기 위한 것"이었습니다. 왕은 그 파티에 참석한 모든 사람들로 하여금 그의 왕궁의 위엄과 화려함에 취할 수 있도록 하기 위함이었습니다. 그것을 위해 6개월의 시간이 필요하다고 생각하였던 것입니다. 그가 그것을 행했던 것은 바로 그런 이유였습니다. 그래서 그들이 그들의 일터를 떠나 바벨론의 수도에서 6개월 동안 이어지는 파티에 참석하게 했습니다. 거기에 무슨 의제가 있었던 것도 아니고 실컷 먹고 마시고 감동을 받으면 되었습니다. 그들은 그곳에 있었고 그렇게 파티에 탐닉하고 있었습니다. 파티가 있었던 그 6개월 후에 왕은 그것만으로는 불충분하다고 생각했습니다. 더 많은 사람들이 감동하게 하기 위해서 무엇인가가 필요하다고 생각했고 그래서 새로운 사람을 데려오게 했습니다. 파티의 마지막 일주일을 위해 수도에 있는 모든 사람을 초대하였습니다. 오늘 본문은 온 도시 사람들이 아무런 제약도 받지 않고 포도주를 마셨다고 전합니다. 왕은 왕궁의 모든 관리들에게 각 사람이 자기 마음대로 할 수 있게 하라고 명령을 내렸기 때문이었습니다.

왕국의 나머지 사람들은 군대와 정부 관리들이 6개월 동안 특별 휴가를 떠난 상황 가운데 어떻게 대처해야 했는지를 알고 있었을 뿐입니다. 업무를 수행하는 사람은 없고, 대부분의 세금은 이 여흥을 위한 경비로 사용되었습니다. 그것은 '바른' 일은 아니었지만 '재미있는' 일을 수행하고 있는 것이라고 판단했던 사람은 오직 왕뿐이었습니다. 그래서 왕궁에서의 그 파티가 187일 동안이나 계속되었다는 것은 그리 놀랄 만한 일이 아닌 것처럼 보입니다. 그렇게 오랜 파티에도 불구하고 왕은 자신이 소유한 모든 것을 다 보여주었다고 생각하지 않았습니다. 왕은 자기의 "왕후와 첩"을 보여주지 않았습니다. "'그것'은 아주 재미있는 일이 될 것이다!" 당시에는 남자와 여자가 따로 살았다는 점을 염두에 두어야 할 것입니다. 그렇습니다. 왕과 내시를 제외하고는 아무도 왕후와 첩(수많은 첩들이 있었습니다.)을 보는 것이 허락된 사람은 없었습니다. 생각해 보십시오. 전혀 문제가 되지 않을 내시들을 제외하고는 왕의 여자를 볼 수 있는 사람은 없었습니다. 그의 신하들을 감동시킬 수 있다면 이러한 행동을 하는 것을 자랑스럽게 생각했던 사람은 왕이었습니다. 그는 신하들을 황홀하게 만드는 왕비 와스디로 하여금 왕후의 관을 정제하고 왕 앞으로 나오도록 하였습니다. 그렇게 하여 "그의 아리따움을 뭇 백성과 지방관들에게 보이게" 하기 위함이었습니다. 그것은 기본적으로 왕이 와스디 왕비가 다른 것은 착용하지 말고 '오직' 왕후의 관만을 정제하고 나오도록 했다는 의미입니다. 왕은 자신이 배설한 음식과 포도주를 실컷 먹고 마시면서 6개월을 보낸 이 모든 남자들이 왕후를 오랫동안 바라보도록 하고 싶었던 것입니다. 오직 왕만이 바라볼 수 있었던 것을 볼 수 있게 하면서 '이것은' 그들이 절대로 가질 수 없는 오직 유일한 것임을 기억하게 되길 원하였습니다.

여기에서 이야기의 아주 위험한 부분이 나옵니다. 남성 호르몬의 일종인 데스토스테론으로 가득 채워 줄 분위기를 만들고 싶었음에도 불구하고 왕후 와스디는 왕이 원하는 것을 오직 복종해야만 했지만 그렇게 하지 않았다는 사실입니다. 왕 앞에 나아오는 것은 오직 왕의 직접적인 명령을 받을 때만 가능한 일이었습니다. 자존심을 내려놓고 마치 가족들의 안위를 위하여 스트립쇼를 하지 않으면 안 되었던 데미 무어가 그랬던 것처럼 왕후는 그녀의 옷을 벗어야 했지만 그렇게 하지 않았습니다. 와스디 왕비는 감히 왕에게 "아니요."라고 말했던(just say no), 아마도 기록에 남은 첫 번째 여인일 것입니다. "아니요! 당신의 욕심을 위해서 나를 나타내 보이기 위해서 나가지 않을 것입니다. 아니요! 당신의 동료들 앞에서 당신의 얼굴을 세워주기 위해 나의 고결함을 잃지 않겠습니다. 아니요! 당신이 내게 행하라고 명하신 것은 무엇이든 행하지는 않겠습니다. 187일 동안이나 취한 상태에 있는데 취중에 내린 명을 결코 행하지 않을 것입니다."

이에 대한 왕의 반응은 예견할 만한 것이었습니다. 그는 창피를 당하여 대노하였습니다. 그는 왕국의 모든 남자들 앞에서 굴욕감을 느끼면서 대노하였습니다. 그 이야기는 널리 퍼져 나갔습니다. 페르시아의 여인들과 미디어는 그것을 들었고 에티오피아와 인도의 모든 여인들도 왕후 와스디가 왕에게 "그것은 못하겠습니다."라고 말한 것을 배우고 있었습니다. 그들도 그렇게 해야 한다는 생각을 가지고 있었습니다. 이윽고 왕좌가 있는 방에서 킬킬거리게 되었던 남자들은 이제 더 이상 그렇게 할 수 없게 되었습니다. 그들은 지금 왕후 와스디의 예가 제국의 여인들 사이에서 반역의 물결이 조수처럼 번지게 될 것을 발견하게 되었습니다. 고결한 부인들은 어디에서나 "그것은 못하겠습니다."라고 말할 수 있는 대단한 가능성을 발견하게 되었습니다. 온 왕국의 질서는 무너지고 있었습니다. 이러한 때에 무엇을 할 수 있겠습니까?

왕과 관리들, 그리고 현인들은 그들의 머리를 함께 맞대게 되었습니다. 그들은 물었습니다. 법에 의하면 왕의 명령에 복종하지 않은 왕후 와스디에게 무엇을 행할 수 있을까요? 그들은 결정합니다. "왕후를 폐위하여야 한다. 왕후 와스디를 폐위하고 남편의 명령에 따르지 않는 여인들도 폐위하여야 한다. 그리고 와스디 왕후의 자리에 다른 왕비를 간택하여 세워야 한다. 그리고 신께서 폐위되는 그녀와 함께 그녀에 대한 기억조차 사라지게 해야 한다."

한편으로는 남자들이 성공한 것으로 보였습니다. 와스디는 제거되었고 왕후 간택령이 내려져서 모든 젊은 처녀들이 나아오게 되었습니다. 그리고 결과적으로 그들 중의 한 명이 왕의 폐위된 왕비에 대한 기억으로부터 벗어나게 할 수 있을 것입니다. 그렇게 하여 에스더가 왕비가 되었습니다. 교회가 관심을 갖는 한은 에스더서의 실제 이야기에 가까워질 수 있을 것입니다. 또 한편으로 교회는 왕과 그 모든 현인들의 의견에 동의할 수도 있을 것입니다. 교회는 와스디에 대한 모든 기억을 사라지게 해 왔습니다.

그러나 다른 차원에서 와스디의 이야기는 지워질 수가 없습니다. 그녀의 위대한 "아니요!"(great No)의 메아리는 모든 성경에 울려 퍼지고 있습니다. 와스디는 교회의 시각에서 보면 그것을 듣는 사람들에게 단지 에스더서의 서론에 불과하다고 생각할 수도 있습니다. 그러나 성경에서 그녀는 왕궁에 있었던 많은 사람들과 왕, 그리고 고관들, 에스더 왕비의 마음에까지 살아 있습니다.[32]

예수님과 같이 와스디는 그녀가 당하는 고통을 통하여 왕권과 가부장 제도의 실체에 대해 폭로한다. 해학극을 수단으로 하여 플로렌스는 가부장 제도를 폭로하고, 그것을 무장해제시키면서 저항을 위한 새로운 공간을 만들어 준다. 부가적으로 그 스토리의 리텔링 방식을 통해 플로렌스는 "본문 그 자체"가 이러한 종류의 해학극에 정확하게 참여하도록 제시한다.

이러한 코믹한 해학극 스타일은 세상의 권세의 실체를 폭로하는 데 하나의 강력한 방식이 될 수 있다. 대담한 유머의 사용을 통해 설교는 권세자들이 사용하는 방식인 논리적 결론을 드러낼 수 있다. 또한 그들의 가면을 벗김으로 그들의 실상을 보게 하며 가장하는 허세를 들추어낼 수 있고, 그들의 폭거로부터 예배자들을 자유케 만들 수 있다.

자본주의나 개인주의와 같은 문제를 다루는 엄숙하고 거만한 설교 대신에 설교자들은 권세자들의 합리적 요구를 호되게 풍자하면서 때때로 권세에 대한 깜짝 놀랄 정도로 코믹하고 해학적인 묘사를 제시할 수도 있다. 그때 말씀이 가지는 되찾는 힘, 즉 구속적인 힘(redemptive power)이 작동할 수 있는 여지를 만들 수 있다. 그것은 설교를 듣는 청중을 위해서뿐만 아니라 권세자들 자신을 위한 것이 된다.[33]

직접적 담화이든 다른 것, 즉 보다 창조적 접근 방식을 통해서든 세상 권세에 대면하는 설교자들은 그것을 폭로하는 방식들을 발견하게 될 것이다. 그때 그러한 저항은 실로 연약하고 부질없어 보이며 어리석은 행동으로 보일 수도 있다. 종종 설교자들은 심한 반대에 직면하기도 하고 갈등을 겪을 수도 있다. 또 다른 차원에서 설교자는 새로운 세대가 태어나기 전에 죽어야 하는 그러한 상황과 세상에 대해 슬픔의 눈물과 탄식을 간직한 목회자가 되어야 할 필요가 있다. 그러한 설교는 언제나 상상력과 긍휼, 용기를 요구받게 된다. 그럼에도 불구하고 설교자는 진리를 말하고 세상 권세를 폭로하도록 부름을 받았다. '바벨탑'처럼 우뚝 서 있는 세상의 한복판에서 그러한 진리 말하기는 세상의 구속을 위해서뿐만 아니라 교회의 비전과 생명에 있어서 필수적인 요소이다.


## 비전 전달하기

설교자들에게는 세상의 통치자들과 권세들을 단순하게 폭로하고 세상에서의 그들의 죽음의 방식을 노출시키는 것만으로는 충분하지 않다. 설교자들이 폭로하기를 멈춘다면 예수 그리스도의 생애와 죽으심,

부활을 통해 세상 가운데 시작되게 되었고 역사의 완성의 순간을 향해 움직여 가게 될 복음의 복된 소식을 거부하는 것이 될 것이다. 모든 설교자들이 행하는 것이 세상의 통치자들과 권세들을 폭로하는 것이라면 회중은 절망 가운데 빠지게 될 것이며 권세자들이 자행한 중대한 범죄에 의해 압도되면서 저항의 삶을 유지하는 데 필수적인 희망을 갖지 못하게 될 것이다. 그러한 결과는 2장에서 언급했던 대로 권세자들이 바라는 바이며, 그들은 사람들을 사로잡아 모든 저항은 소용없는 것이라는 느낌을 갖도록 만듦으로 그들의 마음을 마비시키려고 한다.

결과적으로 권세자들이 지배하는 세상에서 설교 가운데 일어나고 있는 다른 움직임은 죽음의 세력이 지배하는 세상에서 청중으로 하여금 "부활의 증거들"을 분간할 수 있도록 도와주고 권세자들이 지배하는 세상에서 사람들로 하여금 대안들을 상상할 수 있도록 만들어 줌으로써 새로운 창조에 대한 "비전 전달하기"를 들 수 있다. 팔복설교에서 예수님께서는 세상에 있는 죽음의 방식들을 폭로하셨으며, 동시에 새 창조의 비전을 심어 주셨다. 그렇게 함으로써 설교 가운데서 폭로하기와 비전 전달하기는 함께 손을 잡고 간다. 죽음의 권세자들의 방식을 폭로하는 것은 필연적으로 세상에 침입해 들어오며, 온전함 가운데서 다가오고 있는 새 창조에 대한 비전 제시를 동반하게 된다. 그러한 비전 제시는 사람들을 죽음에 대한 두려움으로부터 자유롭게 만들며, 세상 안에서 세상을 위한 새로운 삶을 살도록 힘을 공급해 주는 소망을 제시한다.

## 비유들의 예시

예수님의 비유들은 권세자들에 대한 설교학적 저항의 중요한 예시를 제시하는데, 그것들은 세상을 재건설하고 죽음의 방식에 대한 대안적 비전을 제시함으로 그러한 기능을 수행한다. 내러티브 형식 안에서 비유들은 월터 브루그만이 시인으로서의 설교자가 되어야 한다고 주장한 그것을 수행한다. 브루그만은 이렇게 주장한다. "시인으로서의 설교자는 정착된 실재(settled reality)를 흔들어 놓고, 하나님의 말씀을 듣는 공동체 안에 새로운 가능성을 불러일으키는 소리(voice)이다. 설교는 위험하지만 절대 필요한 스피치라는 특성을 가진다. 성경 본문과 설교가 가지는 시적 언설(poetic speech)은 당연하게 받아들여지는 것을 넘어서서 세상에 대한 예언자적 해석(prophetic construal)이다."[34] 종종 현대 설교학 진영에서 교화적인 특성으로 사용하기도 하지만 비유는 저항의 전복적 행위이다. 그것은 청중으로 하여금 세상을 급진적으로 새로운 방식으로 볼 수 있도록 초대한다.[35]

길버트 메일라엔더(Gilbert Meilaender)는 설교와 윤리에 대한 그의 평론을 선한 사마리아인 비유에 대한 논의와 함께 시작한다. 그는 비유가 사람들로 하여금 새로운 세상에 대한 비전을 가질 수 있도록 초청할 뿐만 아니라 그 안에서 살아가도록 초청하는 방식에 대한 강조로 결론을 맺고 있다. "그 사마리아인의 행동에서 찾아볼 수 있는 가장 특징적인 측면은 그것이 이 세상에서 흔히 보는 방식이 아니었다는 것이다……. 그 메시지를 들으면서 우리는 진정으로 이 세상 밖의 자리로 나아가게 된다. 혹은 더 좋은 쪽으로 생각하면 우리는 하나님께서 새롭게 빚으신 새로운 모습으로 성숙해 가기 위해 이 세상과 함께 죽음의 세력에 대항하게 된다."[36] 메일라엔더가 제시한 대로 이 비유 가운데서 예수님께서는 그의 청중 앞에서 새로운 실재(reality), 즉 하나님의 현재적이고 다가오는 통치라는 관점에서 세상의 비전을 간직하고 있는데 그 통치는 예수님 자신이 구현하신 것이다.

유사하게 린더 켁(Leander Keck)은 비유와 세상을 보는 새로운 방식에 연결을 시도한다. 켁에 따르면 하나님의 통치는 "모든 사람의 현재를 재조직화한다." 또한 비유들은 그 재조직화를 촉진시키는 하나님의 통치의 비전을 선물한다.[37] 비유들은 "자명한 것이 아니라 비유를 통해서, 혹은 비유와 함께 보면 볼 수 있는 것에 의존하게 된다. 오직 비유를 통해 그것이 지로(指路)하는 것이 적절히 보이게 한다."[38] 청중은 비유를 통해 바라보게 되며 새로운 방식으로 세상을 보게 된다. 종종 분열시키고 과장된, 그리고 기상천외한 특징을 가질 수 있지만 "비유는 새로운 방식으로 전체를 다시 생각하도록 하는 요청에 넉넉히 사로잡힐 수 있게 하는 방식으로 청중에게 형상화된 행동(imaged action)을 제시하는 하나의 은유이다."[39] 비유들은 궁극적으로 청중이 실재를 정확히 볼 수 있도록 도전한다. 그것은 새롭고 다른 세계를 구축하는데, 그것은 권세자들이 지배하는 죽음의 세계에 대한 대안으로 작용한다. 그 세계는 믿음의 공동체가 살아내야 할 세계이다.

더욱이 비유는 예수 그리스도의 생애, 죽으심, 부활과 분리되어 존재할 수 없다. 궁극적으로 예수님의 스토리 그 자체가 세상을 다시 구축하는 "중심 비유"(master parables)이다. 말로 표현된 비유는 그 안에서 이해되어야 한다.[40] 켁이 그의 책에서 언급하고 있는 대로 "예수님의 모든 것이 하나님 나라에 녹아 있고, 그 하나님의 나라는 하나님의 통치하심의 성취에 모이지고 있다. 전체적으로 보면 새로운 방식으로 하나님 나라를 지로하신 분은 바로 예수님이셨……. [예수님께서는 사람들을 초대하시는데] 그를 통해 하나님 나라를 들여다볼 수 있도록 초대하신다. 결과적으로 그의 청중은 예수님께 응답하지 않고서는 하나님 나라에 응답할 수 없게 된다."⁴¹ 세상 속에 침입해 들어오는 하나님의 통치 – 새로운 창조 – 는 예수님으로부터 분리할 수 없다. 그분의 생애와 죽으심, 부활 가운데서 새로운 창조는 현존하며 다가온다. 예수님 자신이 청중과 함께 새로운 실재에 대면하시는데 세상을 바라보는 그들의 방식에 도전한다. 켁이 제시한 대로 신약성경의 중심에는 예수 그리스도의 생애, 죽으심, 그리고 부활하심에 구현된 실재에 대한 새로운 비전이 놓여 있다. 일부는 비유를 통해 그것을 말씀하시기도 하셨다. 이러한 점에서 비유는 산상설교에서 제시된 팔복과 유사하게 기능하고 있다.

보다 최근에 체드 마이어즈(Ched Myers)는 비유가 저항과 비전 전달의 행위로 작용하는 방식을 구분하여 설명하는데 존재하는 세상 권세에 대해 확고한 정치적 대안으로 제시된다. 예를 들어 마가복음 4장 3~8절에 나오는 씨 뿌리는 농부의 비유는 복음의 선포와 관련된 비유로 흔히 읽혀지지만, 마이어즈에 따르면 그것은 역시 1세기 팔레스틴의 가난한 소작농들을 억압하는 경제적 권세자들에 대한 전복적인 도전(subversive challenge)으로 제시된 비유이다. 비유의 마지막 부분인 "더러는 좋은 땅에 떨어지매 자라 무성하여 결실하였으니 삼십 배나 육십 배나 백 배가 되었느니라."는 말씀은 "경작지 종말론"(agrarian eschatology)을 나타낸다. 거기에서 축복은 깜짝 놀랄 만한 추수의 형태로 제시되고 있다. 그러한 축복은 1세기 팔레스틴의 경제적 현실과는 극명하게 대조되는 형태로 주어진다. 당시 팔레스틴은 "부요한 지주들은 추수 때에 언제나 충분한 수익을 얻는 반면, 땅을 빌려 농사를 지어야 하는 소작농들은 경제적 보장이 억압되어 있다."⁴²

이러한 상황에 대항하면서 '토지 주인'에게가 아니라 '씨 뿌리는 사람'에게 주어진 놀라운 추수에 대한 약속은 세상의 통치자들과 권세들을 전복하는 새로운 실재(new reality)를 비전으로 제시한다. 마이어즈가 제시한 대로 이러한 약속은 "상징적으로 농부와 땅 주인 사이의 예속된 관계를 극적으로 흔들어 놓고 있다. 그러한 흑자와 함께 농부는 자신들이 먹을 것도 생겼고, 소작료도 지불할 수 있게 되었고, 십일조도 내고, 빚도 갚을 수 있게 되었을 뿐만 아니라 땅을 사고 그의 종속관계를 영원히 끝낼 수 있게 되었다. 예수님께서는 '하나님 나라는 이것과 같으니……'라고 말씀하셨다. 이것은 팔레스틴 농부가 경험하고 있는 사회적 상황의 지평을 결정짓는 소출과 관계된 억압적 관계의 철폐에 대한 비전을 제시하고 있다."[43]

　　메일라엔더나 켁이 일반적인 방식을 제시하였다면, 마이어즈는 죽음의 세력에 의해서 지배를 받고 있는 세상의 거친 정치적, 경제적 실재의 한중간에서 중요한 내용을 제시하였다. 비유는 세상의 통치자들과 권세들을 전복시키고 청중을 위해 세상을 "다시 이미지화"한다. 이러한 비유의 목적은 단지 개인이 복음을 경험하도록 하는 것이나 그들의 결정을 돕기 위한 것이 아니다. 오히려 예수님의 이야기와 같이 그것이 한 부분을 차지하기도 하지만 총괄적으로 비유는 권세자들의 세계를 전복시킨다. 그것들은 사람들이 세상에 침입해 들어오는 새로운 창조를 볼 수 있도록 렌즈를 제공하며, 사람들로 하여금 죽음의 권세자들에게 저항하면서 새롭게 비전으로 제시된 실재 가운데서 살 수 있도록 힘을 주려고 한다.

### 부활의 증거들

팔복과 같이 비유는 설교자로 하여금 그들의 설교 가운데 비전을 제시하는 것과 같은 유사한 종류로 초대한다. 그러한 비전 전달하기는 몇 가지의 다른 형태를 취하게 된다. 스트링펠로우의 용어를 빌리면 그 중에 하나의 형태는 "다른 것들이 혼동이나 절망에 빠지게 하는 곳에서 부활, 혹은 희망의 실재의 증거들"(tokens of reality)을 구분하기를 포함한다.[44] 죽음의 권세가 지배하는 세상의 한가운데서 설교자는 세상에 '이미' 침입해 들어오고 있는 하나님의 평화(Shalom)의 섬광(glimpse)에 회중의 주의를 돌리는 존재이다. 그러한 분간을 가능하게 해 주는 기술은 존재하지 않는다. 오히려 기독교의 스토리를 통하여 세상에 계속적인 주의를 기울이도록 만든다. 마치 예수님께서 그의 청중에게 설교와 비유를 사용하여 보다 온전하게 그의 삶과 죽으심, 부활을 통해 세상에 주의를 기울이도록 초대하신 것과 같다. 사실 그러한 "부활의 개개 사례들"은 종종 놀라운 방식으로, 놀라운 장소 - 죽음과 부활이 종종 긴장 가운데 놓여 있는 장소들 - 에서 주어진다.

나 자신의 삶에서 하나님의 평화의 이 섬광은 애틀랜타 길거리의 노숙자들 가운데 나타나고 있었다. 예를 들어 몇 개월 전 노숙자를 목회하는 기독교 공동체인 오픈도어 공동체(Open Door Community) 앞뜰에서 예배를 인도하고 있었다.[45] 애틀랜타의 가장 번잡한 거리 가운데 하나인 폰스 드 레온 길(Ponce de Leon Avenue)에서 자동차들로 무척 붐비고 소음이 가득한 시간에 우리들은 서로 손을 잡고 둥그렇게 서서 하나님을 찬양하고 있었다. 그것은 아주 괴상한 그룹이었는데 나와 같은 자원봉사자 몇 사람을 제외하고 대부분은 노숙자들이었다. 예배의 부름, 기도, 그리고 찬양의 시간을 가졌다. 내가 그들을 바라보았을 때 한 노숙자가 내게 손짓을 하면서 무엇인가를 하고 싶다는 표시를 하면서 자기자신을 가리켰다. 그런 그를 보았을 때 나는 놀랐다. 왜냐하면 그는 듣지도 못하고 말하지도 못하는 사람이었고 늘 특별한 돌봄을 받았던 사람이었기 때문이다. 그러나 그곳에 서 있던 그가 내게 긴박하게 손을 흔들었고 자신이 예배를 인도하고 싶다는 표시를 했다.

나는 그에게 고개를 끄덕여 승낙을 했고 그는 원 가운데로 나왔다. 한참 동안 아무 말 없이 고개를 숙이고 있던 그가 우리를 위해 수화로 찬양하기 시작하였다. 그것은 마치 춤을 추는 것과 같이 놀랍고 아름다웠다. 다른 사람들이 그의 수화의 동작 하나하나를 다 이해하지는 못했지만 그것들 중의 어떤 것은 마치 십자가 위의 예수님을 위한 표지처럼 결코 놓칠 수 없는 것들이었다. 춤을 추듯 그가 수화를 통해 선포한 말씀을 우리 모두는 알 수 있었다.

노숙자 됨(homelessness)이라고 명명된 죽음의 세력에 직면하여 우리 모두는 부활의 증거를 희미하게 감지할 수 있었다. 우리는 잠시 동안 하나님의 자유로우신 통치의 질서를 맛볼 수 있었다. 그것은 사람들을 나누어 놓은 옛 범주들을 무너뜨리고 있었다. 우리 사회가 '부정한 사람'이라고 여기고, 많은 부요한 교회들이 성전에 들어오는 것을 그리 달가워하지 않는 사람이 공동체 예배의 영감 넘치는 인도자가 되었다.

더욱이 그 순간에 '장애인'과 '비장애인'으로 분류하는 모든 것을 완전히 뒤집어 버렸다. 세상의 관점으로 '장애인'으로 분류하였던 그 특별한 노숙자는 그 아침에 가장 중요한 은사를 받은 것이다. 소음으로 가득한 그 길거리에서 나머지 사람들은 들을 수 있게 외치고 있었으며, 우리들의 노력에도 불구하고 종종 차와 사람들의 왕래는 우리를 압도하고 있었다. 그러나 그런 소음은 제대로 들을 수도 없고 말을 할 수도 없었던 우리 친구들에게는 문제가 되지 않았다. 그러한 소음은 그의 찬양을 방해하지 못했다. 또한 그가 제시하는 말씀을 '듣는 것'에 아무런 문제가 없었다. 들을 수도 없고 말할 수도 없던 그 노숙자는 우리를 함께 이끌어 모두에게 복음을 빛나게 하면서 그 원 안의 빛이 되었다. 잠시 그렇지 못했지만 보다 심오한 공동체 안으로 이끌어 들였다. 우리의 예배는 죽음의 세력이 지배하는 자리의 한복판에서 하나님의 사랑스러운 공동체를 섬광처럼 보여주는 부활의 생생한 증거가 되었다.

그 경험은 제임스 콘이 아프리카계 미국인 예배 가운데서 매주 주일 아침에 일어나는 것을 보았던 것과 다르지 않았다. 콘이 주장한 대로 그러한 예배는 침입해 오시는 하나님의 통치의 표징, 죽음의 권세자들에게 직면하여 부활의 섬광 – 예배자들을 위한 경험 – 이 되었다. 콘은 다음과 같이 주장한다.

> 한 주의 6일 동안 백인 사회의 구조에 의해 굴욕을 당하고 억압을 받는 흑인들은 그들의 인간성을 새롭게 규명해 주는 것을 경험하기 위해 매 주일 함께 예배의 자리에 모인다. 토요일에서 주일로의 전환은 단지 일곱째 날에서 한 주의 첫날로의 연대기적 전환이 아니다. 그것은 사람들의 정체성에 급진적 변환(transformation)을 가져오는 시간이었으며 파열(rupture)이었고 카이로스의 사건이었다. 청소부는 집사회의 회장이 되고, 가정부는 여전도회의 회장이 된다……. 모든 사람들은 미스터(Mr.)와 미세즈(Mrs.)가 되며 형제와 자매가 된다. 자아 인식과 그 사회에서 자신의 소명에 있어서 급진적 변화가 만들어지면서 꼴찌가 첫째가 된다. 모든 사람은 거기에서 이름과 사명을 가진 존재(somebody)가 된다.[46]

그러한 부활의 상세한 증거들을 분간하고 나누면서 설교자들은 하나님의 자유로운 통치 질서에 대한 비전을 그의 설교 가운데서 선포하며 또한 회중을 새로운 방식을 따라 그 세계에 참여하도록 도와준다. 뿐만 아니라 콘이 제시한 대로 그러한 부활의 생생한 증거가 '된다는 것'은 교회가 세상의 통치자들과 권세들에 의해 형성된 통치 체제에 저항하며 서갈 수 있는 하나의 방식이다.

### 과장된 상상력(Hyperbolic Imagination)

설교자들이 하나님의 구속하시는 창조에 대해 비전을 전달하는 두 번째 방식은 소위 "선언적 비전"(disjunctive vision)이라고 부르는 것을 통해서이다.[47] 이러한 종류의 비전 전달은 세상에서 '아직' 부활의 생생한 증거를 분별하는 것을 포함하지 않는다. 그러나 대담하게 회중 앞에서 새로운 창조에 대한 비전을 붙잡는 것을 포함하는데, 그것은 현재 여기에서 그에 대한 증거가 보이지 않는다 할지라도 지금 다가오고 있음을 확신하며 감당하는 것이다.[48] 그러한 비전 전달은 "과장된 상상력"을 요구한다. 그것은 권력자들이 제시하는 상상력에 반대되는 대담한 은유를 제공하며, 우리의 근시안적 관점을 열어주며, 무감각으로부터 상상력을 자극한다.[49] 이러한 종류의 스피치는 "과잉의 수사학"(rhetoric of excess) – 개연성이 있는 산문적 표현이 아닌 불가능한 것에 대한 시적 표현 – 을 받아들인다.[50] 그러한 선언적이고 과장된 비전 전달하기는 권세자들에 대한 저항의 행위이다. 그것은 평소대로 비즈니스를 방해하고 본질을 전복한다. 특히 "말하지 않고 적당히 숨어서 진행되는 것과 당연한 것으로 받아들여지는 모든 것을 저항하도록" 우리를 초대하면서 그리한다.[51] 그러한 과장된 상상력은 "비유들과 고난을 통한 예수님의 승리의 내러티브가 가지는 논리적, 혹은 비논리적 내용을 통해 전달되는데, 그것은 세상을 있는 그대로 볼 수 있게 해 준다. 그러나 부가적으로 분명하게 존재하지 않는 것을 볼 수 있게 한다. 즉, 그것이 될 수 있는 것과 그리고 당연히 지니게 되는 의미를 볼 수 있게 한다."[52]

성경에는 이러한 종류의 과장되고 선언적인 비전 전달하기로 가득하다. 앞서 살펴본 대로 씨 뿌리는 사람의 비유는 그러한 과장(hyperbole)으로 결론을 맺는다. "30배, 60배, 100배를 거두는" 놀랍고 선언적인 추수의 비전을 곤궁하고 노예처럼 도제살이를 하고 있는 농부들을 위해 제시한다. 그러한 하나님의 평화(샬롬)에 관한 비전은 예언자들의 말씀에서도 역시 발견된다.

> 그 때에 이리가 어린 양과 함께 살며
> 표범이 어린 염소와 함께 누우며
> 송아지와 어린 사자와 살진 짐승이 함께 있어
> 어린 아이에게 끌리며
> 암소와 곰이 함께 먹으며
> 그것들의 새끼가 함께 엎드리며
> 사자가 소처럼 풀을 먹을 것이며
> 젖 먹는 아이가 독사의 구멍에서 장난하며
> 젖 뗀 어린 아이가 독사의 굴에 손을 넣을 것이라
> 내 거룩한 산 모든 곳에서 해 됨도 없고
> 상함도 없을 것이니
> 이는 물이 바다를 덮음 같이
> 여호와를 아는 지식이 세상에 충만할 것임이니라(사 11:6~9)

가장 거대한 과장의 비전의 하나로 제시되면서 요한계시록이 성경의 결론의 내용으로 제시된 것은 놀라운 일이 아니다. 황제에 의해 박해받는 고통과 황제에 순응하면서 형성된 무감각에 직면하면서 요한계시록은 기록하고 있는 비전의 사람을 다음과 같이 선언한다.

> 또 내가 새 하늘과 새 땅을 보니
> 처음 하늘과 처음 땅이 없어졌고 바다도 다시 있지 않더라
> 또 내가 보매 거룩한 성 새 예루살렘이
> 하나님께로부터 하늘에서 내려오니
> 그 준비한 것이 신부가 남편을 위하여 단장한 것 같더라
> 내가 들으니 보좌에서 큰 음성이 나서 이르되
> 보라 하나님의 장막이 사람들과 함께 있으매
> 하나님이 그들과 함께 계시리니
> 그들은 하나님의 백성이 되고 하나님은 친히 그들과 함께 계셔서
> 모든 눈물을 그 눈에서 닦아 주시니
> 다시는 사망이 없고
> 애통하는 것이나 곡하는 것이나 아픈 것이 다시 있지 아니하리니
> 처음 것들이 다 지나갔음이러라 (계 21:1~4)

이러한 선언적 비전은 우리 시대에도 울려 퍼지고 있는데 마틴 루터 킹 목사의 유명한 연설인 "나에게는 꿈이 있습니다"에서 가장 대표적으로 들려온다. 워싱턴 D.C.에 존재하는 권세자들의 면전에 서서 인종차별이 극심하게 일어난 현실에서 연설을 하면서 킹 목사는 다음과 같은 결론적인 비전과 함께 앞으로 이어질 저항을 위한 여지를 만들고 있다.

나에게는 꿈이 있습니다. 언젠가 조지아 주의 붉은 언덕에서 전에 노예였던 이들의 후손들과 전에 노예 주인이었던 이들의 후손들이 형제애를 함께 나누는 식탁에서 함께 앉아 식사를 하게 되는 꿈입니다.

나에게는 꿈이 있습니다. 언젠가 불의의 열기로 인해 땀을 흘리고, 억압의 열기로 인해 땀을 흘리게 되는 미시시피 주까지도 자유와 정의의 오아시스로 바뀌는 꿈입니다.

나에게는 꿈이 있습니다. 나의 네 명의 어린 아이들이 그들의 피부색으로가 아니라 그들의 인품이 어떠한가에 따라 판단을 받는 나라에서 살게 될 것이라는 꿈이 있습니다. 오늘 나에게는 꿈이 있습니다!

나에게는 꿈이 있습니다. 언젠가는 사악한 인종차별주의자들이 있는 앨라배마 주, 연방정부의 법과 조치를 따르지 않겠다는 발언을 서슴치 않고 내뱉는 주지사가 있는 앨라배마 주, 언젠가는 바로 그 앨라배마 주에서 어린 흑인 소년들과 흑인 소녀들이, 어린 백인 소년들과 백인 소녀들과 형제자매로서 손을 맞잡을 수 있을 것이라는 꿈이 있습니다. 오늘 나에게는 꿈이 있습니다.

나에게는 꿈이 있습니다, 언젠가 모든 골짜기들은 돋우어지고, 모든 언덕과 산들은 낮아지고, 거친 곳은 평평해지고, 굽은 곳은 펴지고, 주님의 영광이 나타나 모든 육체가 그것을 함께 보게 될 날이 있을 것이라는 꿈이 있습니다.[53]

그의 연설의 이 비범한 내용을 담고 있는 섹션에서 킹은 백인들의 인종차별주의가 지니고 있는 권세의 실체를 폭로하면서 미래에 대한 선언적 비전을 제시한다. 그는 이사야 40장 3~5절과 누가복음 3장 5~6절에서 인용한 "새로운 출애굽"의 상을 통해 그의 비전을 상상을 통해 보여준다. 최근에 사람들로 하여금 권세자들에게 저항할 수 있도록 해방시키는 그러한 비전 전달의 가능성이 보다 더 분명하게 나타나게 하는 곳은 없는 것 같다.

　광범위한 방식으로 설교자들은 세상의 통치자들과 권세들에 대해 그들의 죽음의 방식을 폭로하고 하나님의 구속하시는 창조 사역에 대한 비전을 제시하면서 저항을 시도한다. 폭로하기와 비전 전달의 다양한 전략을 통해 설교자들은 죽음의 권세에 대해 교회가 계속해서 저항할 수 있는 여지를 만들어 가도록 돕는다. 그러나 그러한 폭로하기와 비전 전달하기는 그들만의 힘으로는 불가능하다. 부가적으로 설교자들은 그들의 비전을 배양해 주고 교회가 그 비전 가운데서 살아갈 수 있도록 만들어 주는 공동의 실천(communal practices)에 참여해야 한다.

# 6장 미주

1 Walter Wink, *Engaging the Powers: Discernment and Resistance in a World of Domination* (Minneapolis: Fortress Press, 1992), 103~4.

2 Walter Wink, *Naming the Powers: The Language of Power in the New Testament* (Philadelphia: Fortress Press, 1984), 55~60; John Howard Yoder, *The Politics of Jesus: Vicit Agnus Noster* (Grand Rapids: Wm. B. Eerdmans Publishing Co., 1972), 147~50쪽 등을 참고하라.

3 Peter Storey, "Letter from South Africa," http://www.divinity.duke.edu/nesbox/WTC/Crisis-Storey.html (접속일 2001. 10. 15).

4 Joel Blau, *The Visible Poor: Homelessness in the United States* (New York: Oxford University Press, 1992), 12.

5 위의 책, 12.

6 분명히 이러한 분석에 있어서 많은 책들이 도움을 주었다. 본인이 세상 권세의 특징을 다루면서 인용한 책들 자체가 중요한 사안들을 폭로하고 있었다. 크리스틴 스미스의 책, *Preaching as Weeping, Confession, and Resistance: Radical Responses to Radical Evil* (Louisville, Ky.: Westminster John Knox Press, 1992)은 참으로 중요한 분석을 제시해 주었다. 특권층의 회중을 위한 설교에 대해서는 Mary Elizabeth Hodgood, *Dismantling Privilege: An Ethics of Accountability* (Cleveland: Pilgrim Press, 2000)가 유용하다.

7 Jane Fahrey, "The Liturgy of Our Lives," Central Presbyterian Church, Atlanta, Georgia (May 6, 2001)에서 선포된 설교문이다.

8 Wes Howard-Brook and Athony Gwyther, *Unveiling Empire: Reading Revelation Then and Now* (Maryknoll, N.Y.: Orbis Books, 1999)를 참고하라.

9 기억과 비전은 서로 밀접하게 연관되어 있다. 종종 우리의 기억력은 우리가 세상을 어떻게 바라볼 것인지를 형성한다. 그러한 기억함의 중요성을 살펴보기 위해서는 Sharon Welch, *Communities of Resistance and Solidarity: A Feminist Theology of Liberation* (Maryknoll: Orbis Books, 1985), 32~54; Ched Myers, *Who Will Roll Away the Stone? Discipleship Queries for First World Christians* (Maryknoll:

Orbis Books, 1994), 111~57; Wink, *Engaging the Powers*, 243~57쪽 등을 참고하라.

10 역주/ "눈물의 여로"(Trail of Tears)는 1830년대 미국의 원주민인 인디언들을 조지아 주와 앨라배마 주 등에서 오클라호마로 강제로 집단 이주시킨 사건으로 그 도중에서 15,000명이었던 체로키 부족 중 약 4,000명이 병과 굶주림으로 숨졌다. "중간항로"는 아프리카 서안과 서인도 제도를 잇는 항로로 노예 수송을 단축하기 위한 목적으로 만들어진 것으로 노예 무역에 많이 이용되었다. "중국인 이민 배척법"은 하와이나 캘리포니아 골드러시로 인해 광산노동자나 철도공사를 위해 받아들였던 중국인 이민자들이 급증하자 그들을 규제하기 위하여 1862년 제정된 반쿨리 법(Anti-Coolie Act), 1882년 제정된 중국인 배척법(Chinese Exclusion Act) 등을 포함하여 다양한 이민법이 제정되어 그들의 이민과 시민권 취득을 금지하는 등 60여 년간 아시아인들을 규제하고 차별하였던 반이민법이었다. "하와이 강제합병"은 본래 독립국가였던 하와이에 이민을 간 미국인들을 중심으로 합병운동이 일어나면서 미국인들이 중심이 된 공화국을 세우고 이 공화국이 자신들을 합병해 달라고 요청하여 미국이 이를 받아들이는 식으로 합병이 이루어졌다. 1897년 6월에 미국인을 중심으로 하여 합병 요청이 있었고, 1898년 7월에 미국 의회가 비준하여 1900년 4월에 조약이 공식적으로 효력을 발생한다.

11 역주/ 이것은 1945년 2월 23일에 조 로젠탈(Joe Rosenthal)이 찍은 사진으로 2차 세계대전 중 이오 지마 전투에서 수리바치(Suribachi) 산 정상에 미국 국기를 세우는 모습을 찍은 것이다. 이 사진으로 로젠탈은 나중에 퓰리처상을 수상한다. 이 사진에 나오는 6명 중에 3명의 해병대원들은 며칠 후 전투에서 전사한다. 이것은 나중에 조각상으로 만들어져 미국의 워싱턴 D.C.의 앨링톤 국립묘지에 놓여진다. 이오 지마는 화산섬으로 일본과 마리아나 제도 사이의 중간에 위치한 섬이며, 태평양 전쟁 말기에 미 해병대가 이 섬에 상륙하였고 일본군 부대가 전멸한다. 이 전투에서 미군은 6,800여 명이 전사하였다.

12 Myers, *Who Will Roll the Stone?*, 117.

13 위의 책.

14 비록 본문이 그 단계까지는 받아들이지 못하고 있지만 이 말씀의 논리적 궤도는 모든 노예 노동자들을 해방하게 하라는 내용으로 이해할 수도 있다.

15 *Uprising of '34*, 조지 스토니(George Stoney)와 주디스 헬팬드(Judith Helfand) 제작 및 감독, 1995. [역주/ 이 작품은 미국의 대공황기인 1934년에 일어난 남부 방직공장 노동자들의 총파업에 대한 이야기를 들려주는 깜짝 놀랄 만한 다큐이다. 방직공장 노동자들의 도전적 자세는 수년 동안 노동자 공동체를 규정지었던 공장 소유주들의 지배 체제에 도전하였다. 이 다큐는 계급, 인종, 미국 전역의 노동자 공

동체의 힘을 심도 있게 그려내면서 시청자들로 하여금 이러한 이슈들이 오늘 우리에게 어떤 영향을 끼치고 있는가를 깊이 숙고하도록 초대한다].

**16** Flannery O'Connor, *Mystery and Manners: Occasional Prose*, ed. Sally Fitzgerald and Robert Fitzgerald (New York: Farrar, Straus & Giroux, 1961), 34.

**17** 요한계시록 전반을 통하여 나타나는 폭력적인 이미지에도 불구하고 짐승의 실체를 폭로하고 그것의 존재 양식에 대해 드러내는 것은 궁극적으로는 죽임을 당하신 어린양(십자가에 달리신 예수님)이시다. 말씀 가운데서 그 어린양의 가장 중심적인 역할은 짐승의 패배를 묘사하는 폭력적 이미지에 대해 계속적인 대안적 증언(countertestimony)을 제시하시는 분으로 서신다.

**18** 권세의 실체를 폭로하고 새로운 창조에 대한 비전을 제시하기 위하여 또한 비유들이 사용되었는데, 여기에는 강력한 이야기들과 이미지들이 포함되었다.

**19** John Steinbeck, *The Grapes of Wrath*, Penguin Great Books of the Twentieth Century (New York: Penguin Books, 1999), 36.

**20** William Greider, *One World, Ready or Not: The Manic Logic of Global Capitalism* (New York: Simon & Schuster, 1997), 11. 하워드 브룩과 귀더는 오늘날의 세계화된 자본주의는 요한계시록에서 묘사되는 짐승과 같은 특성을 가지고 있다고 묘사한다. Howard-Brook and Gwyther, *Unveiling Empire*, 236~77을 참고하라.

**21** "급진화된 순간들"이라는 표현은 Smith, *Preaching as Weeping, Confession, and Resistance*, 8쪽에서 빌린 것이다.

**22** 역주/ 칠레나 아르헨티나와 같은 남미 국가에서 먹는 밀가루 반죽으로 사각형을 만들어 튀긴 디저트 음식이다. 주로 꿀을 얹어 먹는다.

**23** 2001년 7월 22일에 조지아 주 애틀랜타에 위치한 센트럴 장로교회(Central Presbyterian Church)에서 데오도르 워드로우(Theodore J. Wardlaw)가 행한 설교, "아모스와 함께한 저녁식사"(Dinner With Amos)의 일부 내용이다. 썩은 과일의 이미지는 그 설교 가운데 반복적으로 들려졌는데, 그것은 권세자를 폭로하는 데 유용하게 활용되었다.

**24** 고백에서 저항으로 나아가는 움직임에 대해서는 Smith, *Preaching as Weeping, Confession, and Resistance*, 3~6쪽을 보라.

**25** Wink, *Engaging the Powers*, 179.

**26** 위의 책, 177~79. 역시 Walter Wink, "Neither Passivity nor Violence: Jesus' Third Way," *Forum*, 7 (March-June, 1991): 12쪽을 참고하라.

**27** Wink, "Jesus' Third Way," 12.

**28** 위의 책.

**29** 이 설교는 에스더 1:1~2:4을 본문으로 하고 있다. "아니요."라는 말에 대한 플로렌스의 강조는 중요하다. 윌리엄 스트링펠로우는 우리가 권세자들의 면전에서 할 수 있는 저항의 첫 마디는 "아니요."라고 주장한다. William Stringfellow, *An Ethic for Christians and Other Aliens in a Strange Land* (Waco, Tex.: Word Books, 1973; 3d paperback ed., 1979), 155~56쪽을 참고하라. 본인이 앞의 3장에서 살펴본 것처럼 유사하게 예수님께서도 광야에서 시험하는 마귀에게 "아니요."라고 말함으로부터 그의 사역을 시작하셨다.

**30** "에니멀 하우스"(동물농장)는 1978년에 나온 존 랜디스(John Landis) 감독의 코미디 영화 제목으로 풍자적인 내용을 담고 있는 영화이다. 이것은 페이버대학 (Faber College) 학장에게 맞서는 남학생 동아리 그룹에 대한 이야기로, 학장은 문제 동아리를 해체시키기 위하여 음모를 꾸미는데 그것도 모르고 그들은 흥청망청 술파티를 계속한다는 내용으로부터 시작된다.

**31** 1989년에 방영된 미국 TV 시리즈 드라마이다.

**32** Anna Carter Florence, "The Woman Who Just Said 'No,'" *Journal for Preachers*, 22 (Advent 1998): 37~39.

**33** 권세자들은 쉽게 파괴되거나 과격하게 내던져지지 않기 때문에 본래의 목적에 충실하도록 만드는 구속의 방식이라는 가능성이 제시되곤 한다. Wink, "Jesus' Third Way," 12; idem, *Engaging the Powers*, 73~85쪽을 참고하라. 윌리엄 스트링펠로우 역시 권세자들의 구속적 차원에 깊은 기대를 걸었다. 예를 들어 그의 책, *Free in Obedience* (New York: Seabury Press, 1964), 73쪽을 참고하라.

**34** Walter Bureggemann, *Finally Comes the Poet: Daring Speech for Proclamation* (Philadelphia: Fortress Press, 1989), 4. 역시 Walter Brueggemann, "Preaching as Reimagination," *Theology Today*, 52 (October 1995): 313~29쪽도 참고하라.

**35** 현대 설교학 진영에서 비유의 교화적 특성(domestication)으로 이해한 자료로는 Susan Bond, "Taming the Parable: The Problem of Parable as Substitute Myth," in *Papers of the Annual Meeting of the Academy of Homiletics* (1999), 167~77쪽을 참고하라. 저항의 전략으로서의 비유에 대해서는 David Toole, *Waiting for Godot in Sarajevo: Theological Reflections on Nihilism, Tragedy, and Apocalypse* (Boulder, Colo.: Wetview Press, 1998), 235~41쪽을 보라. 비유가 가지는 전복적인 특성에 대해서는 William R. Herzog Ⅱ, *Parables as Subversive Speech: Jesus as Pedagogue of the Oppressed* (Louisville, Ky.: Westminster John Knox Press, 1994)를 참고하라.

**36** Gilbert Meilaender, "The Place of Ethics in the Theological Task," *Currents in*

*Theology and Mission*, 6 (1979): 198~98. 비유가 중요한 통찰력을 제공하고 있음에도 불구하고 메일라엔더는 비유가 윤리에 대한 것은 아니라고 주장한다. 그러나 사람들이 세상을 새로운 방식으로 볼 수 있도록 돕는 것이라고 앞서 언급한 것처럼 정확히 말하면 비유는 윤리가 가지는 보다 근본적인 차원 – 주의와 비전 – 에 대한 것인데, 그것은 결단과 행동의 기초가 된다.

**37** Leander E. Keck, *A Future for the Historical Jesus: The Place of Jesus in Preaching and Theology* (Philadelphia: Fortress Press, 1981), 225, 247.

**38** 위의 책, 244.

**39** 위의 책, 245, 247.

**40** 예수님의 스토리로부터 결코 비유가 분리될 수 없다는 점에 대해서는 본인의 다음의 책을 참고하라. Charles L. Campbell, *Preaching Jesus: New Directions for Homiletics in Hans Frei's Postliberal Theology* (Grand Rapids: Wm. B. Eerdmans Publishing Co., 1997), 177~80.

**41** Keck, *Future for the Historical Jesus*, 245. 마가복음 4:11에서 예수님께서는 제자들에게 이렇게 말씀하신다. "하나님 나라의 비밀을 너희에게는 주었으나 외인에게는 모든 것을 비유로 하나니." 물론 예수님 자신이 바로 그 비밀이시다. Paul J. Achtemeier, *Invitation to Mark* (Garden City, N.Y.: Image Books, 1978), 70. "예수님을 설교하는 것"과 "하나님 나라를 설교하는 것"을 구별하는 것은 적절해 보이지 않는다.

**42** Ched Myers, *Binding the Strong Man: A Political Reading of Mark's Story of Jesus* (Maryknoll, N.Y.: Orbis Books, 1988), 176.

**43** 위의 책. 강조 부분은 본인이 붙인 것이다. 이것에 대한 보다 폭넓은 논의를 살펴보기 위해서는 Toole, *Godot in Sarajevo*, 236~41쪽을 참고하라.

**44** Stringfellow, *Ethic for Christians*, 139.

**45** 오픈도어 공동체와 애틀랜타의 노숙자들에 대한 보다 상세한 정보를 위해서는 Stanley P. Saunders and Charles L. Campbell, *The Word on the Street: Performing the Scriptures in the Urban Context* (Grand Rapids: Wm. B. Eerdmans Publishing Co., 2000)를 참고하라.

**46** James Cone, "Sanctification, Liberation, and Black Worship," *Theology Today*, 35 (1978-79): 140.

**47** "선언적 비전"에 대한 아이디어는 James F. Kay, "Preaching in Advent," *Journal for Preachers*, 13 (Advent 1989): 11~16쪽에서 인용한 것이다.

48 위의 책, 14.

49 "과장된 상상력"에 대해서는 Stephen H. Webb, "A Hyperbolic Imagination: Theology and the Rhetoric of Express," *Theology Today*, 50 (April 1993): 56~67쪽을 보라. "큰 그림"(big pictures)에 대한 플래너리 오코너의 견해는 여기에 함께 반영되었다. 오코너의 잘 알려진 단편 이야기인 "계시록"(Revelation)은 이러한 종류의 비전 전달에 있어서 아주 뛰어난 본보기이다. Flannery O'Connor, "Revelation," in *Everything That Rises Must Converge* (New York: Farrar, Straus & Giroux, 1965), 191~218쪽을 보라.

50 Webb, "Hyperbolic Imagination," 67.

51 위의 책, 62.

52 위의 책, 64.

53 Martin Luther King Jr., *A Testament of Hope: The Essential Writings and Speeches of Martin Luther King, Jr.*, ed. James Melvin Washington (San Francisco: HarperSanFrancisco, 1986; 1st HarperCollins paperback ed., 1991), 219. 많은 아프리카계 미국인 지도자들이 지적해 온 것처럼 킹 목사의 연설 중 이 부분은 "미국의 꿈"(American Dream)에 대한 킹의 과격한 비판으로부터 주의를 전환하려는 권세자들에 의해 제멋대로 사용되었다. 그것은 그가 세상을 떠난 이후에 점점 더 유명해졌다. 이 연설이 가지고 있는 예언적 비전은 예언자적 분노(prophetic rage)와 떼어놓아서는 안 된다. 그것은 그의 사후에 그의 연설의 많은 부분을 형성했다. 이러한 종류의 비전에 대한 강력한 예를 보기 위해서는 *The Iona Community Worship Book* (Glasgow: Wild Goose Publications 1997), 72쪽에 나오는 "남아프리카로부터의 믿음의 선언"(the Statement of Faith from South Africa)을 보라.

# 7장

## 우리가 실천해야 할 것을 설교하기

### *Preaching What We Practice*

왜곡된 실천들을 폭로하고
신실한 실천을 수행할 수 있도록 양육함을 통해
설교자들은 새 창조 가운데서 살아가는
삶의 비전에 확고한 틀을 제시한다.
비전과 실천이 설교 가운데 함께 주어질 때
설교는 하나님의 백성들을
저항의 공동체로 세우는 수단이 된다.

# 7장

• • •

# 우리가 실천해야 할 것을 설교하기
## *Preaching What We Practice*

최근 기독교 신학계의 경향 가운데 하나는 실천이 신앙 공동체의 삶 가운데서 행해지는 것이라는 인식을 가지면서 그 역할의 중요성을 강조한다.[1] 점차적으로 신학자들과 윤리학자들은 기독교의 신앙이 단지 추상적인 개념이나 개인적 경험의 문제가 아니라 성도들의 믿음의 삶을 형성하는 확고한 공동의 실천(concrete communal practices) 가운데서 구현되어야 한다고 주장한다.[2] 이러한 학자들이 제시한 대로 교회는 기구나 개인들이 모인 단체로가 아니라 하나님의 백성의 성품을 형성하는 일련의 공동의 실천을 수행하는 공동체로 이해할 때 가장 잘 이해할 수 있다.

특히 기독교 윤리 분야에서 결단보다는 성품(character)에 초점을 맞추어 연구하는 윤리학자들은 점점 성도들의 도덕적 형성에 있어서 실천의 중요성을 강조한다.[3] 아이리스 머독(Iris Murdoch)이 초기에 비전의 은유를 통해 성품윤리를 논의하면서 이것을 발전시켰고 영향을 주었다. 최근에는 알래스데어 매킨타이어(Alasdair MacIntyre)가 그의 큰 영향력을 끼친 저작, *After Virtue*(『덕의 상실』)을 통해 도덕적 삶을 형성하는 데 있어서 공동의 실천의 역할에 기독교 윤리학자들이 관심을 갖도록 만들었다.[4] '실천'(practice)은 기독교 윤리의 중요한 범주인 '비전'과 결합된다.

머독과 매킨타이어에게서 영향을 받은 스탠리 하우어워스의 저작에서 비전과 실천의 연결은 아주 명백하게 나타난다. 그는 우리가 볼 수 있는 세상에서 우리는 오직 행동할 수 있다고 강조하면서 역시 실천 – 언어적 측면에서든지 신체적 차원에서든지 – 이 기독교의 비전과 상상력을 형성함에서 중요한 역할을 한다고 강조한다. 신실하게 세상을 보는 것은 그냥 일어나지 않고 우리의 비전을 형성하는 기술과 실천에 있어서 훈련을 요구한다. 예술가의 이미지를 그리면서 하우어워스는 비전의(혹은 상상력의) 메타포를 통한 윤리의 미학적 차원을 강조할 뿐만 아니라 예술가의 비전과 기교의 차원으로까지 발전해 나가는 훈련과 실천의 필요성을 강조한다.[5] 예를 들어 재즈 색소폰 연주자인 존 콜트레인(John Coltrane)은 그의 예술을 통해 표현하기를 원하는 세상의 비범한 비전을 가지고 있다. 그러나 그 비전은 그것의 표현과 마찬가지로 음표와 코드를 수없이 연습하였던 셀 수도 없이 많은 시간들과 결코 분리할 수 없다.[6]

유사한 방식으로 하우어워스는 비전과 실천이 제자도의 삶에서 분리할 수 없는 것이라고 주장한다. "주님의 제자가 된다는 것은 새롭고 변화된 자기 이해의 문제가 아니라 전혀 다른 실천을 하는 다른 공동체의 일원이 된다는 것을 의미한다."[7] 제자도의 실천을 시작하면서 그리스도인들은 특별한 스토리에 의해 형성된 전통 가운데서 살아가게 되는데 독특한 언어와 분명한 기술과 덕과 함께 그리한다. 즉, 그리스 도인들은 세상의 독특한 비전 가운데서 형성된다. 기독교 공동체의 실천을 통해 상상력은 이제 구체적인 형상을 취하게 되며, 성도들은 세상에 참여하게 되고 분명한 방식으로 생명을 유통하게 된다.

> 상상력은 단순히 다른 이미지나 개념보다 더 선호하여 지금 마음에 품고 있는 이미지나 개념의 보관창고가 아니다. 오히려 상상력은 습관과 관계들이 모아진 것인데, 세상의 습관으로부터 분명하게 구분되는 것을 일정한 그룹의 사람들에 의해 수행될 수 있는 것들이다. 예를 들어서 교회의 상상력에 있어서 십자가에 달리시고 다시 사신 주님의 현존 안에서 우리가 함께 나누는 성찬보다 더 중요한 것은 없다. 왜냐하면 바로 그 성찬 안에는 습관과 관계들이 놓여 있게 되는데 세상은 피 흘리는 전쟁으로 인해 야기된 불화의 습관에 대한 대안을 제공받게 된다.[8]

오직 우리가 세상에서 보고 상상할 수 있는 것만 행할 수 있다. 그러나 우리의 비전은 우리의 성품을 형성하는 실천을 통한 결정적인 방식으로 형성된다. 하우어워스는 주장하기를, 윤리적 설교는 죽음의 권세를 폭로하고 새로운 창조에 대한 비전 전달을 감당해야 할 필요성을 가질 뿐만 아니라 그리스도인들이 세상에서 어떻게 보고 살 것인지를 형성해 주는 실천 가운데서 공동체를 세우는 것이어야 한다.

기독교 학문 연구의 다른 영역에서 이러한 비전과 실천의 연결은 아주 신선한 주의를 끌고 있다. 신약학자 매리언 새위키(Marianne Sawiki)는 그의 책, *Seeing the Lord: Resurrection and Early Christian Practices*(주님을 보기: 부활과 초대교회의 실천)에서 신약성경 안으로 들어가 비전과 실천 사이의 이러한 관계성을 추적한다. 새위키에 따르면 초대교회는 세상에서 부활하신 주님을 본다는 것(스트링펠로우의 용어로 하면 "부활의 증거를 분별하는 것")은 그러한 비전을 가능하도록 만드는 일련의 실천을 필요로 한다고 이해했다. 실로 그는 복음서는 그 자체로 기독교 공동체로 하여금 특별한 실천으로 옮겨 갈 것을 명확하게 기록하고 있다고 주장한다. 그 실천은 성도들로 하여금 살아 계신 주님의 임재 앞으로 나아갈 수 있게 만든다. 복음서는 오늘날 많은 교회의 교인들이 묻는 것과는 다른 질문을 가지고 씨름하였다. 즉, 나는 어떻게 하면 부활하신 주님의 임재 가운데로 지금 나아갈 수 있을까? 그에 대한 대답으로 복음서는 예수님의 정체성을 묘사할 뿐만 아니라 세상 가운데서 그분을 알아보고 만나는 데 필요한 실천의 발전을 위한 공동의 요리문답과 같은 것으로 역할을 했다.

마태복음과 누가복음에 관한 글에서 새위키는 비전과 실천 사이의 이러한 필수적인 연결성을 강조한다.

> 이러한 텍스트들은 처음 공동체들이 그것을 이해했던 것과 같이 부활 경험으로 나아가는 수단을 자세하게 열거한다. 그러한 방식으로 부활하신 주님이신 예수님의 정체성을 확인할 수 있게 되는데, 그때 그들 자신의 운명 역시 보다 명료해진다. 자아 인식적으로 텍스트는 말씀을 제시한다. 궁금하게도 신약성경의 말씀들은 말씀이 부활의 가능성을 가늠하는 데 충분치 않다고 주장한다. 텍스트의 불충분성은 다른 조건의 필요성과 연결하여 이해할 수 있다.
>
> 그렇다면 말씀과 함께 주어지는 이러한 다른 조건들은 무엇인가? "누가복음과 사도행전에 따르면" 부활의 가능성을 이해할 수 있게 만드는 것은 공동체에의 참여이다. 그 공동체의 구성원들은 굶주린 사람이 있고, 그들의 굶주림에 대해 그들은 깊이 인식하고 있었으며, 그들의 필요에 응

답하는 공동체가 된다. "마태에 따르면" 요구되는 것은 실천에 대한 분명한 윤리적 가르침을 제시하는 것이다. 이 복음서들은 예수님의 정체성과 중요성을 인식하는 데 필요한 이러한 조건을 명백하게 연결하고 있다. 동시에 그들은 단지 말로 설명하는 정체성의 효과에 대해서는 과소평가하는데, 문서화된 텍스트 가운데서 발견하게 되는 아주 아이러니한 주장들이다.[9]

새위키가 주장한 대로 신약성경 정경의 말씀들은 "어떤 종류의 행동에 영감을 주거나 연결"하려는 의도를 보이고 있다.[10] 그들이 하나님의 말씀을 청취한 후에 그것에 동반되어야 하는 분명한 실천을 통해서 그 의미를 성취하려고 한다. 예수님의 부활에 대한 전적인 담화(talk)는 그러한 실천을 떠나서는 의미를 갖지 않는다. 왜냐하면 기독교 공동체를 위한 부활의 바로 그 '의미'는 믿는 자들을 살아 계신 주님의 임재 가운데로 나아가게 하는 실천을 포함하기 때문이다.[11]

이러한 간략한 개관은 새위키의 복합적인 연구를 정당하게 평가하는 것이 아님에도 불구하고 그가 설교자들에게 제시한 깜짝 놀랄 만한 도전임을 분명하게 할 필요가 있다. 왜냐하면 설교자들은 너무 자주 설교 사역을 수행하면서 실천의 중요한 역할을 간과할 수 있기 때문이다. 설교학적 은유, 비전, 그리고 상상력은 기독교 공동체의 구체적인 실천과 분리될 수 없다. 새위키가 제시한 대로 부활을 선포하는 강단의 설교가 가지는 "진리를 위한 힘"(power for truth)은 특별한 종류의 실천에 회중이 "명백하고 신중하게" 참여하느냐에 "달려 있다" (depend).[12] 만약 설교가 성경에 충실한 것이라면 그 설교는 세상 가운데서 회중이 말씀의 실천을 온전히 수행할 수 있도록 도와주는 것이 되어야 하는데, 그것은 세상에서 "주님을 볼 수 있도록" 만들어 주는 것이 된다. 지금껏 사용해 온 용어로 표현하면, 살아 계신 그리스도의 임재 안에서의 삶을 위해 죽음의 권세들로부터의 구속은 비전과 실천을 함께 견지하는 설교를 요청하는데 그러한 설교를 우리는 산상설교에서 찾아볼 수 있다.

마이클 워런(Michael Warren)도 그리스도인의 삶의 실천과 예배 가운데서 제시되는 세상을 위한 비전 사이의 필수적인 관계성을 동일하게 강조한다. 워런은 비전과 실천 사이의 관계성은 단순히 하나의 방식만이 아니라는 점을 강조한다. 그는 주장하기를, 기독교 비전을 형성하는 예배 – 설교를 포함하여 – 에 관한 순진한 가설은 우리의 삶의 실천 – 세상에서 매일의 삶 가운데서의 실천 – 을 예배의 비전을 왜곡할 수 있는 방식에 대한 인식과 견주어 보아야 한다는 것이다.

> 만약 우리가 예배는 예배자들의 생생한 비전과 동떨어진 활동 '순수' 영역이 아니라는 사실을 받아들인다면, 그리고 예배 가운데로 가지고 들어오는 삶의 실제적 비전은 우리의 삶의 실천 가운데서 수행되는 헌신의 패턴에 의해 영향을 받는다는 사실을 받아들인다면 개인이나 지역 교회가 매일의 삶에서 수행하는 실천은 깊은 고찰을 필요로 한다.[13]

워런은 초대교회의 교리문답교육으로 돌아가서 비전과 실천의 이런 관계성을 추적한다. 초대교회의 삶 가운데서의 실천은 기독교 입교를 위한 초기 과정에서 이해의 영역을 넘어서 가장 중요한 우선권을 가지고 있었다.

삶의 비전은 교회의 진리 주장에서라기보다는 그것이 육성하고 양산하는 삶의 실천에서 확증된다. 그것은 왜 새신자들이 교회의 정식 일원이 되기 위한 초기 준비 절차의 중심적인 특징인 삶의 실천을 수정해야 하는지에 대한 이유였다. 이해하는 것만으로는 충분하지 않다. 그러한 이해의 정확한 실천은 절대 필요한 전제조건이었다.[14]

그는 주장하기를, 회중은 "갈등의 과정"(process of struggle)에 참여하여야 하는데 그들은 "복음과 관점이 그들의 구체적인 삶의 상황에서 삶으로 나타날 수 있는 특별한 실천 패턴을 수용하려고" 해야 한다.[15] 그리고 비전과 실천의 분명한 합류는 그리스도인 공동체가 사람들로 하여금 세상에서 작동하고 있는 죽음의 권세와 싸울 수 있도록 만들어 주는 방식을 따른다.[16]

하우어워스, 새위키, 워런은 설교가 공동의 실천들(communal practices)에 대한 강조와 함께 설교학적 비전과 상상력을 증대시킬 필요가 있다고 제시하는데, 교회는 그러한 실천을 통해 세상에서 죽음의 권세들에 대한 저항을 구현한다.[17] 권세를 폭로하는 것과 새로운 창조에 대한 비전을 전달하는 것은 권세자들이 지배하는 세상에서의 구속적 설교를 위한 필수적인 요소인데 이러한 접근은 교회의 삶을 형성하는 공동의 실천으로 나아감과 동반되어야 한다. 그러한 실천은 교회의 비전을 정립하고 발전시키는 데 필수적일 뿐만 아니라 그러한 실천을 통해 교회 자체도 세상의 통치자들과 권세들에 대한 저항을 구체적이고 공동적으로 구현해야 한다.

사실 권세들에 대한 교회의 저항은 교회의 공동의 실천과 함께 시작된다. 그러한 저항은 주로 일련의 윤리적 규범이나 도덕적 선언, 혹은 결정을 내리는 과정을 포함한다기보다는 오히려 세상에서 죽음의 방식에 대해 확고한 대안을 실천하는 특별한 사람들을 포함한다. 오순절에 성령님의 강림과 함께 세상 가운데 새로운 창조가 시작되었을 때 그 결과로 일련의 확고한 매일의 실천을 구현하는 공동체가 형성되는데, 그것은 세상에 존재하는 권세에 대한 대안을 제시하는 실천이다(행 2:41~47).[18] 오늘날도 마찬가지로 세상의 권세에 대한 교회의 저항의 필수적인 차원은 그것의 독특한 비전을 권세자들의 죽음의 방식에 저항하는 일련의 실천을 통해 구현함에 있다. 낸시 더프가 언급한 대로 옛 시대(Old Age)의 가치에 따라 살아가는 사회 한복판에서 "교회는 새 생명의 '주머니'(pockets)를 제공한다……. 교회는 그들의 방식을 따라 살기를 거절하면서 세상의 통치자들과 권세들과 싸운다."[19] 스탠리 하우어워스가 주장한 대로 권세자들이 지배하는 세상 한가운데서 교회는 단지 윤리를 '갖는 것'은 아니다. 단지 교회는 윤리의 실천 – 윤리를 따라 존재하는 것 – 을 추구한다.[20] 스트링펠로우의 용어를 빌리면 교회는 바벨론의 한복판에서 새 예루살렘을 구현하려고 한다.[21] 산상설교의 은유에서 그것의 특별한 실천을 통해 교회는 세상에서 세상을 위한 빛과 소금이 된다.[22]

헨드릭 벌코프보다 이러한 소명을 보다 분명하게 진술한 사람은 없을 것이다.

> 만약 교회 자체가 저항하지 않고 공격하지 않는다면, 그리고 교회의 삶과 친교 가운데서 사람들이 어떻게 권세자들로부터 자유롭게 살 수 있을 것인가를 보여주는 것이 아니라고 한다면 이 시대의 온갖 우상들을 향한 모든 저항과 공격은 별다른 결실을 얻기 어려울 것이다. 만약 우리의 삶이

우리가 즐겁게 그 줄기로부터 자유롭게 되었다는 것을 보여준다면 우리는 오직 맘몬에 대해 다양한 하나님의 지혜를 설교할 수 있을 것이다. 국가주의를 거부하기 위하여 우리는 사람들 사이에 존재하는 차이를 가슴으로 인식하기를 시작해야 한다. 정의와 자비가 우리 자신의 삶 속에서 우세하고, 사회적 차이점(difference)이 서로 갈라놓는 힘을 잃게 된다면, 우리는 사회적 불의와 공동체의 분열에 대해 저항할 수 있을 것이다. 주(state)나 국가를 향하여 제시되는 통찰력을 가지고 경고하는 말과 행위들은, 교회의 내적인 삶이 그 자체로 "공중의 권세 잡은 자들"에게 하나님의 다양한 지혜를 선포하는 교회로부터 발원되어 나오는 한 의미 있는 것이 된다.[23]

벌코프가 주장한 대로 교회는 단지 말로만이 아니라 세상 속에서 구현해 가는 실천을 통해 권세자들에게 설교한다(엡 3:10). 그 실천은 지배와 죽음의 방식에 대한 대안을 제시하는 것이다. 교회 안에서 행해지는 설교는 권세자들을 대면하여 예수 그리스도를 증언하는 것일 뿐만 아니라 교회가 저항의 공동체로 세워져 갈 수 있도록 도움으로 권세자들에게 광범위하고 구현된 메시지를 선포하는 것이다.[24] 교회의 실천에 주의를 기울이는 것이 그러한 설교에 있어서 필수적인 요소이다.

### 실천들(Practices)

마이클 워런은 설교자들이 다양한 종류의 실천을 분별할 수 있는 실천의 3단계를 규정하는데, 그것들은 설교에서 주어져야 할 것들이다.[25]

1. **교회의 정규적 실천.** 첫 번째이면서 가장 단순한 단계는 "교회됨의 방식으로 지역교회들에 의해서 사용되는 행위의 영역"을 포함한다.[26] 이러한 실천은 교회가 정기적으로, 일반적으로 수행하는 행위들이다. 그것들은 상대적으로 무심코 행해지고 정규적으로 행해지기 때문에 깊은 숙고가 없이 행해지는 것일 수 있다. 주일학교, 팟럭 저녁식사,[27] 정기예배, 그리고 위원회 모임 등과 같은 행위가 이런 차원에 해당된다. 교회의 삶에서 중요한 것들이어서 이러한 행위는 정규적으로 행해진다. 그것은 실제적으로 행하기 원하는 바를 그들이 행하는지를 분별하는 "종교적 의도의 문을 통해 거의 주어지지" 않는다.[28]

2. **무의식적으로, 문화적으로 형성된 실천들.** 실천의 두 번째 단계는 인간의 인지의 가장자리에서 작동하는, 그러나 인간 삶의 형성 — 실로 정신 — 에 복합적인 영향을 가지고 있는 사회적 행위의 영역과 관련이 있다. 이러한 실천들은 '습관'(habitus)의 보다 광대한 구조를 통해 양산되고 그 구조 안에서 작용한다. 그것들은 의문의 여지없이 — 때론 무의식적으로 — 삶 가운데서 '주어진 것'으로 작용하는 사회적으로 형성된 행동의 패턴과 관련이 있다. 그것은 "제 2의 본성"과 같은 것이다.[29] 워런의 말을 빌리면 습관은 "인지(preception), 인식(appreciation), 행동들의 모체(matrix)인데 초기 양육과정으로부터 각 인간의 삶에 기록된 규정들로 작용"한다.[30] 워런이 소비자 중심주의 문화를 위한 개념을 다음과 같이 번역한다. "당신은 쇼핑센터 밖으로 아이들을 데리고 나올 수 있습니다. 그러나 아이들의 마음으로부터 쇼핑센터를 가지고 나오는 것은 쉽지 않습니다."[31] 이와 같이 습관은 완전함으로 나아가는 모든 종류의 실천 — 말하고 옷을 입는 방식으로부터 함께 관계를 갖고 행

동하는 패턴까지 - 을 구성한다. 그것은 문화의 "게임을 위한 느낌"을 사람들에게 주는데 그들로 하여금 온전히, 그리고 무분별하게 "그 게임을 수행할 수 있도록" 해 준다.

이러한 점에서 그것이 만들어 내는 습관과 실천은 앞장에서 기술한 바 있는 권세의 작동과 깊이 연결되어 있다. 사실 습관은 권세의 작동에 전적인 제재를 기술하는 방식을 제공한다. 그것은 정해진 규칙을 따라 우리가 행동 - 실천 - 하는 패턴을 형성하면서 무의식적으로 "우리가 호흡하는 공기"와 같이 된다.[32] 이와 같이 습관에 의해 모양지어지는 실천은 무의식적 차원에 영향을 미친다는 점에서 인간 삶에 강력한 영향력으로 작용하게 된다. 사실 그것이 양산하는 습관과 실천은 정말 침투적이어서 전혀 불가능한 것이 아니긴 하지만 그것을 인지해 낸다는 것이 쉽지 않다.[33] 사회적으로 당연한 것으로 받아들여지는 실천은 종종 분명한 그리스도인의 실천을 무너뜨리기 때문에 설교자의 신중한 주의를 요구한다.

**3. 의도적이고 훈련된 실천.** 워런에 의해서 강조되는 실천의 세 번째 단계는 고도의 의도적이고 훈련된 실천을 포함한다. 알래스데어 매킨타이어의 책, *After Virtue*(『덕의 상실』)에서 발전된 이러한 이해에 따르면 실천은 사회적으로 구축된 협력적인 행위이다. 그 행위 안에서 참여자들은 그 행위에 적합한 탁월성의 특별한 기준을 추구하며 행위에 대한 내재적 선(goods internal)을 즐긴다.[34] 실천에 대한 이러한 이해의 중요성 때문에 이 책에서 제시하는 내용을 깊이 숙고하는 사람들을 위해 보다 상세하게 그것을 살펴보려고 한다.

매킨타이어는 실천의 이러한 단계의 5가지 특징을 제시한다.[35]

**1. 이러한 실천은 사회적으로 조성되는 협동적 인간 활동이다.** 그 것들은 혼자서 수행될 수 없고 비슷한 목적과 함께 다른 이들의 참여를 요구한다. 부가적으로 이러한 행위들은 도전적이 되기에 충분히 복합적이며, 통일된 열정 안에서 어떤 목표를 지향하기에 충분히 통일성이 있다. 이러한 점에서 재즈는 실천이지만 라디오를 듣는 것은 실천이 아니다. 비슷하게 설교는 실천이지만 예배 후에 악수를 하는 것은 실천이 아니다.

**2. 이러한 실천들은 선을 가지는데, 이것은 행위에 대해 내면적이다.** 매킨타이어는 실천에 대한 내면적 선들(goods internal)과 외면적 선들(goods external) 사이의 분명하면서도 중요한 구분을 제시한다. 내면적 선들은 실천을 통해 주어지는 보상인데, 그것은 실천의 탁월함과 직접적으로 관련되어 있으며 오직 참여자들에게만 인식될 수 있고 절실하게 느낄 수 있게 된다. 외면적 선은 실천의 부산물로 주어지는데, 실천 그 자체에 있어서 본질적인 요소는 아니다.[36] 외면적 선들이 중심 관심사가 되는 곳에서 실천은 풍성해진다기보다는 실제로는 상해를 입게 된다. 그것은 권세자들이 그것들을 사로잡고 왜곡시키기 위해 사용하는 수단으로 변질된다.[37]

예를 들어 설교의 실천은 종종 설교자를 위한 신학교 교육과 함께 시작하여 외면적 선들을 가져온다. 본인이 섬기고 있는 곳을 포함하여 많은 신학교들에서 설교학 강의에 성적이 주어진다. 그리고 이러한 성적들은 종종 장학금과 연결된다. 그러나 성적과 장학금은 설교의 실천

**실천과 저항의 설교학**

에 있어서 외면적 선들이다.[38] 외면적 선은 설교자로 하여금 설교자들의 여러 시대 가운데 형성된 설교자의 거대 공동체 안으로 들어가게 만들지 않으며, 또한 설교자들로 하여금 신실한 설교의 기쁨과 도전을 음미하게 만들지도 못한다. 그러한 외면적 선들은 학생들로 하여금 권세자들에 대한 비폭력적 저항의 실천으로서의 설교에 참여하도록 분명하게 독려하지 못한다. 그럼에도 불구하고 성적과 장학금은 학생들이 설교를 배우려고 하는 추진력이 되게 한다. 이렇게 될 때 설교는 경쟁적인 사업(competitive enterprise)이 된다. 학생들은 그것을 통해 협동적인 실천보다는 외면적 선들을 추구하게 되는데, 그 안에서 그들은 탁월성을 함께 추구하게 된다. 신학교에서 성적과 장학금을 위해 서로 경쟁을 하도록 훈련된 학생들이 목회자가 되었을 때, 그들에게 있어 설교가 이제 높은 사례비와 "높은 종탑"을 가진 큰 교회당에서 목회할 수 있게 하는 수단으로 전락하게 되는 것은 놀라운 일이 아니다. 이러한 방식으로 학문적 기관으로서의 신학교의 요구사항들은 설교의 실천의 붕괴에 일조를 하고 있다. 일종의 공공기관(institution)으로서의 교회도 경쟁적이고 경력 모델로 작용하면서 이러한 붕괴를 영속시킨다. 요약하면 신실하게 수행하기 위해서 실천은 외면적 선들보다는 내면적인 차원에의 집중 - 신학교들이 설교자를 훈련하는 방식에 대한 신중한 관계성을 가지고 있다는 사실 - 을 요구한다.

3. 이러한 설교자들은 설교 사역을 수행해 온 사람들의 역사적 공동체에 의해서 결정되는 탁월성이라는 기준을 가지고 있다. 그것이 없이는 내재적 선들은 수행될 수 없다.[39] 실로 탁월성에 대한 의문은 이러한 관점에서 실천의 중심에 언제나 놓여 있다. 탁월성의 기준을 성취

하는 것은 실천이 제공할 수 있는 가장 의미 있는 내재적 선이다. 예를 들어 재즈 연주가가 풍성한 즉흥연주를 했을 때 재즈계에서 형성된 탁월성의 기준에 부합하면서 연주자는 재즈 연주 실천의 내재적 선을 – 그것을 '잘' 수행함으로 – 즐기는 것이다. 이와 같이 신실한 설교자는 그들이 설교 사역을 잘 감당할 때, 그리고 그 실천에 있어서 탁월성의 기준을 향해 나아갈 때 내재적 선을 느끼게 된다. 그들은 설교의 실천에 있어서 내재적 선들을 경험한다.[40]

**4. 그러한 실천들은 조직적으로 확대된다.** 그 실천에 참여하는 사람들은 매년 탁월성을 추구하면서 그러한 기준을 성취하는 참여자들의 능력을 포함하여 실천에 대한 기준을 새로운 방향으로 서서히 발전시켜 간다.[41] 참여자들의 거대 공동체에 달려 있음에도 불구하고 어떤 사람들은 새롭고 신실한 방식으로 실천을 확대해 가는 사람들과 가까이 할 수 있다. 예를 들어 재즈 스토리는 아주 급진적으로 새로운 방향으로 연주(실천)를 확대해 가는 그 실천자들의 이야기이다. 그러한 움직임은 이제 실천에 있어서 보다 거대한 역사를 벗어날 정도로 널리 퍼져 간다. 젤리 롤 모톤(Jelly Roll Morton), 루이스 암스트롱(Louis Armstrong), 듀크 엘링톤(Duke Ellington), 빌리 할러데이(Billie Holiday), 찰리 파커(Charlie Parker), 존 칼트레인(John Coltrane)과 같은 연주자들이 즉각 마음에 떠오른다. 기독교 제자도에 대한 스토리도 실천에 있어서 새로운 차원의 탁월성을 견지하며 살았던 성도들의 삶에 초점이 맞추어져야 한다.[42] 근본적인 기독교의 실천이 공동체의 형성을 포함한다면 새롭고도 신실한 방식으로 실천하는 탁월성을 확장해 간 사람들의 모임인 다양한 기독교 공동체를 살펴보아야 할 것이다.[43] 그러므로 실천은 전통에 그

바탕을 두지만 새로운 방향으로 그 전통을 정기적으로 확대해 간다.

**5. 실천은 덕의 발전과 실천이라는 직접적인 상황을 제공한다.** 이러한 상황에서 '덕'은 기능적인 용어인데, 어떤 선을 이루어 가기 위해 필요한 특별한 자질과 관련되어 있다.[44] 예를 들어 시계는 시간을 정확하게 알려주는 덕을 가지고 있어야 한다. 유사하게 인간의 덕은 사람들로 하여금 실천에 참여할 수 있도록 만들어 주고 실천에 있어서 내면적 선들을 성취할 수 있게 하는 인간적 매개(agency)의 자질인데, 실천을 수행하는 탁월성과 그 실천에 내재되어 있는 삶의 방식의 탁월성을 포함한다.[45] 특별한 실천의 본질은 그것을 위해 요구되는 덕의 본질을 형성한다. 이와 같이 실천은 도덕적 삶을 형성하는 덕을 이해하는데 있어서 결정적인 틀을 제공한다.[46]

이러한 다섯 가지의 특성이 분명해지면서 실천에 대한 세 번째 단계는 일상적인 것도 아니고 그렇다고 깨닫지 못할 내용의 것도 아니다. 교회의 일상적인 실천과 문화에 의해서 형성되는 무의식적인 실천과는 다르게 실천의 이 단계는 의도성(intentionality)과 훈련(discipline)을 요구한다. 워런은 실천의 이러한 다른 차원을 거리를 어슬렁거리며 산책하는 남자와 줄타기를 하는 여자 곡예사의 차이점에 비교한다. 줄타기 곡예 기술은 매킨타이어가 기술한 것과 유사한 훈련된 실천을 통해서 주어진다. 한편 거리를 산책하는 남자는 습관에 의해서 형성되는 교회의 행위들과 무의식적인 사회적 실천으로서든지 간에 이런 종류의 두 가지 실천을 수행하게 된다.[47] 실천의 모든 세 단계는 저항의 공동체로서의 교회를 세워가려고 하는 설교에서 반드시 수행되어야 할 필요가 있다.

## 설교와 실천들

교회의 실천을 형성하는 데 있어서 설교의 역할을 점검하는 일은 다음의 단서(caveat)와 함께 시작된다. 설교와 실천 사이에서 움직임을 만들어 가는 길은 오직 한길(one way)만 있는 것이 아니다. 교회의 계속되는 실천들은 회중이 어떻게 성경을 읽고 예배에 참여하며 설교를 들어야 하는지를 형성해 간다. 그것은 설교가 특별한 실천을 통해 교회를 세워가는 것이라는 것보다 훨씬 더한 의미를 가진다. 사실 이러한 점에서 설교가 가지는 한계는 중요하며, 설교에 관한 책에서 종종 발견하게 되는 것보다 훨씬 더 깊은 설교학적 겸양(homiletical modesty)을 요구한다. 분명한 스피치를 통해 설교가 회중을 세워가는 것을 도울 수 있게 되면서 실천에 대해 말하는 것은 종종 제한된 효력을 가지고 있다. 본질적으로 실천은 끊임없이 확립되고 행해져야만 한다.[48]

인간의 언어적 특성에 대한 복합적 인식과 수사학의 힘에 대한 그의 숙고에도 불구하고 아리스토텔레스는 덕스러운 인간을 형성하는 데 있어서 말의 한계를 잘 이해했다.

> 말이 우리들을 선하게 하는 데 충분하다고 본다면 그것들은 "많은 보상과 위대한 것들을 거두게" 될 것이다……. 그렇지만 말이 분명하게 신사적인 마음을 가진 젊은 남자들을 격려하고 독려하는 힘을 가지고 있고, 덕을 가지고 있어 고상하고 좋은 집안에서 태어난 것처럼 사람의 마음을 호릴 수 있지만 그것들은 선과 고상함으로 사람들을 일반적으로 달려가게 할 수 있는 힘을 가지고 있지는 않다……. 성품 안에 오랫동안 깊이 뿌리박힌 것을 논쟁을 통해 변화시키는 것은 거의 불가능하거나 혹은 최소한 쉽지는 않다.[49]

아리스토텔레스에 따르면 말은 인간의 삶을 형성하는 계속적인 공동의 실천보다 인격을 형성함에 있어서 실제로 강력하지 못하다. 사실 이러한 실천 그 자체는 그것이 손상될 때 수사(修辭)의 실천을 손상할 수 있다. 아리스토텔레스는 수사는 긍정적인 방식으로 '폴리스'(polis)의 실천과 에토스를 형성할 수 있다고 주장하는데, 수사는 유사하게 그것의 효율성에 대한 청렴한 "몸의 역학 관계"(body politic)에 의존한다.[50]

　　마이클 워런 역시 삶의 실천들이 주일 아침 예전에서 말씀과 행동들을 잘못 나타낼 수 있는 방식에 대해 강조한다. 다소 냉담한 예가 되지만 아르헨티나에서 수천의 젊은이들이 '사라진' ─ 살해된 ─ 1970년대와 1980년대 초에 로마 가톨릭 주교와 매년 밀리터리 매스(Military Mass)라고 부르는 축제를 갖기 위해 국가의 장군들이 모였다는 것을 언급한다.[51] 이러한 상황에서 워런은 성찬이 "거짓의 의식"(ritual lie)이 되지 않았는지를 궁금해 한다. "공동체가 의식 공간(ritual space) 밖에서 행하는 것이 복음의 응답신호(countersign)가 될 때 그 의식 공간에서 행해지는 것의 상징 가치(sigh value)는 별로 효과가 없다. 보다 심하게 말해서 성찬이 거짓의 의식이 될 수 있다."[52] 워런은 의식이 사람들을 제자도로 나아갈 수 있게 하는 스스로의 영향력을 가지고 있지만 삶의 실천 역시 예전을 무너뜨릴 수 있는 힘을 가지고 있다는 사실을 교회에게 일깨우기 위해 이런 예를 사용한다.[53] 본서에서 사용해 온 용어를 따라 설명하면 의미 있는 방식으로 우리의 삶의 실천을 형성하는 죽음의 권세는 우리의 예배에 있어서 복합적인 영향력을 행사한다. 워런이 결론을 내리고 있는 대로 "공동체의 예배의 질은 선포된 말씀의 질이나 예배 가운데서 수행된 의식의 질에서 결정된다기보다는 공동체의 삶의 구조, 즉 삶의 실질적인 패턴의 질에 의해서 결정된다. 좀 더 그것을 단순히 말하면 예배의 신성함(sacramentality)과 삶의 실천의 신성함은 서로 분리될 수 없다."[54]

예배 가운데 역사하시는 성령님의 권능을 부인하기를 원치 않으면서 워런은 그럼에도 불구하고 설교자들에게 설교를 포함하여 예전적 스피치의 영향력에 대해 지나친 주장을 하는 것에 대해 경고를 보낸다. 그는 목회자들에게 믿음의 공동체의 실천은 단지 주일날 설교에서만이 아니라 교회 생활에 있어서 계속적으로 주의를 기울여야 한다는 사실을 상기시킨다. 실로 이번 주의 설교와 다음 주의 설교 '사이'에 놓여져야 할 교회의 실천에 대한 관심은 하나님의 말씀을 충실하게 선포하고 들을 수 있게 해 준다.

그러나 이러한 경고에도 불구하고 설교는 죽음의 세력에 대해 저항하도록 만들어 주는 실천을 회중이 효율적으로 감당할 수 있게 세워가는 데 중요한 공헌을 할 수 있다고 믿는다. 설교자는 앞서 언급된 실천의 세 가지의 각 차원에 대해 설교할 수 있다. 간소한 방식으로 제자도의 보다 깊은 차원을 회중 속에 형성해 가는 것에 주안점을 둔 설교를 할 수도 있다. 첫째, 설교는 교회의 정규적인 실천을 보다 집중해서 감당할 수 있도록 도울 수 있는데, 권세자들에 대한 저항의 실천으로 그것을 다시 진술함으로 그리할 수 있다. 둘째, 설교는 스피치에 보다 광대하고 무의식적인 사회적 실천을 가져올 수 있고, 교회의 실천이 죽음의 권세를 수용하고 있는 방식에 대해서 폭로할 수 있다. 결국 교회가 그것을 수용하게 되면 타락한 권력과 같이 행동할 수 있게 만든다.[55] 셋째, 설교는 교회 안에서 제자도의 의도적 실천과 세상 안에서 세상을 위하여 죽음의 권세에 저항하는 방식을 구현하는 공동체의 형성을 촉진하려고 해야 한다. 이러한 접근에 대해 간단하게 살펴보려고 한다.

## 정규적인 것을 재진술하기

사실 정규적으로 행해지는 교회의 많은 실천들은 세상에서 죽음의 권세에 대한 저항의 실천이다. 그러나 이러한 실천들이 정기적으로 행해지기 때문에 회중은 저항의 실천으로서 그것이 가지는 급진적인 특성을 잘 인지하지 못하고 넘어가는 경우가 있다. 저항의 공동체로서의 교회를 세우는 데 설교가 역할을 할 수 있는 중요한 것 가운데 하나가 이러한 실천을 재진술하고 세상 권세에 대면하여 그것의 의미를 강조하는 것이다. 그렇게 하여 성도들이 믿음의 공동체 안에서뿐만 아니라 세상에 대한 교회의 선교 사역에서 보다 의도성을 가지고 실천할 수 있어야 한다. 워런의 이미지를 빌리면 설교는 정규적으로 시행되는 회중의 "어슬렁거림"을 줄타기 곡예와 같이 좀 더 긴장감이 있는 것으로 전환하려고 해야 한다.

### 1) 예배

세상의 통치자들과 권세들의 상황에서 기독교 예배는 근본적으로 저항의 행위이다. 앞서 언급한 것처럼 권세자들이 인간 존재로부터 가장 빼앗기를 원하는 것이 있다면 그것은 우리의 예배이다. 그들은 세상에서 하나님이 세우신 통치자인 것처럼 주장하고 우리가 그들을 섬기게 되면 우리에게 생명을 제공할 수 있는 것처럼 선전한다. 이러한 상황에서 요한계시록에서 구속받은 공동체의 가장 근본적인 실천이 예배였던 것은 놀라운 일이 아니다. 세상의 권세를 폭로하고 이기신 예수 그리스도의 하나님을 찬양하는 것보다 권세자들이 더 관심을 기울이는 전복적인 행위는 없다. 실로 동시적이지는 않지만 요한계시록에서 순교자들이 예배와 저항 사이의 연결점에 대해서 강조하면서 그러한 예배를 올려드린다.

예상한 대로 권세자들이 그들의 지배를 계속 이어가기 위해 음험한 수단으로 훼손하려고 시도하는 그 첫 번째가 예배라는 교회의 실천이다. 종종 예배는 독재적인 집단에서 종종 일어나는 것과 같이 사실상 금지되기도 한다. 미국의 진보적인 사회에서와 같이 어떤 경우에는 권세자들이 "예배의 자유"를 인정하지만 그러한 개인적인 영역으로 그것을 이관시켜 버리기도 하는데 이는 공적 영역에서 과격한 관련을 없애기 위해서이다. 자유주의는 예배를 제멋대로 사용할 수도 있고, 폭정(tyranny)에 효과적으로 만들기 위해 그것이 가지는 힘을 유출할 수도 있다.[56] 사실 오늘날 많은 교회에서 예배의 전복적인 특성을 상실한 이유들 가운데 하나는 권세자들이 미국인들로 하여금 예배를 공적인 영역에서 중요한 함의를 가지고 있지 않는 사적이고 개인적 사안으로 인식하도록 아주 효과적으로 훈련하였기 때문이다. 기독교 예배가 사적인 영역으로 좌천되어 옮겨가게 되었을 때 국가는 쉽게 믿는 자들의 공적 예배를 요구하게 되었는데, 특히 위기나 전쟁의 시기에 예배를 드려달라고 요구하게 되었다.[57]

그러나 사안의 성격상 기독교 예배는 그것이 왜곡될 때조차도 세상의 통치자들과 권세들의 요구에 약간의 저항의 수준을 포함한다. 예배를 위해 함께 모이는 모임에서 비록 현대 중심교단에서도 특별한 그리스도인들이 이 저항의 전통에 동참한다. 주일 아침, 예배의 자리로 나가지 못하도록 만드는 권세자들이 제시하는 셀 수도 없을 만큼 다양한 것 – 따뜻한 침대의 편안함, 운동을 위한 자유 시간, 축구 경기 등 – 이 있지만 그것들에 저항할 뿐만 아니라 그들은 아이돌이 되고자 하는 약소 권세자에게보다는 살아 계신 하나님에 대한 그들의 신실한 충실함을 공적으로 구체화한 것이다. 이러한 실천에 참여하려는 동기가 다양하며 예배에 참여하는 것이 많은 사람들에게 정규적인 것이 되면서 설교자들은 이러한 실천에 대해 다시 진술할 수 있고 예배가 함축하고 있는 저항의 삶을 살 수 있도록 교회를 깨우칠 수 있다. 그러한 재진술은 예배를 되찾도록 도와주는 것이 되어야 하며 예배자들에게 힘을 불어넣어 주는 것이 되어야 한다. 그들이 예배 가운데서 수행해 온 특별한 모험심을 그들에게 불어넣어 주면서 그리해야 한다. 또한 회중을 예배가 가지는 내재적 선들에 대한 더 깊은 의도성과 숙고의 자리로 초대할 수도 있다. 부가적으로 그러한 예배는 성도들을 "공적 영역"에서 역사하고 있는 죽음의 권세를 폭로하는 예전적인 저항(liturgical resistance)의 보다 급진적 행동 – 그리고 공적 축귀(public exorcisms) – 을 준비시킬 수 있어야 한다.[58] 마지막으로 그렇게 재진술을 담는 예배는 희망의 덕을 양성하는 컨텍스트가 되는데, 그러한 덕은 교회로 하여금 예배를 넘어서 그것의 삶을 통해, 그리고 세상을 위해 세상의 권세자들에게 저항할 수 있도록 만들어 준다.

### 2) 청지기직

세상의 권세와 관련하여 재진술을 돕는 다른 실천은 청지기직을 들 수 있다. 미국의 소비 중심주의 문화에서 맘몬(Mammon)보다 사람들의 정신을 사로잡고 있는 더 큰 권세는 없다. 결과적으로 교회가 돈에 대해서 다룰 때마다 그들은 사로잡힘이라는 심각한 문제와 그것으로부터의 해방, 저항에 대해 다루고 있는 것이다. 이러한 상황에서 그것이 중요함에도 불구하고 하나님께 감사를 드려야 한다고 말하는 것으로는 충분하지 않다. 돈과 관련하여 수입의 십일조를 드려야 한다고

아주 편협한 강조를 하는 것과 같이 도덕적 요구와 관심을 돌리는 것
도 적절하지 못하다. 자본의 축적에 의해 그 정신이 형성되고 맘몬에
의해서 그 안전이 보장되는 미국 문화 가운데서 가진 돈을 나눈다는 것
은 근본적으로 저항의 행위이다. 그것은 예수 그리스도의 생애와 죽으
심, 그리고 부활을 통해 성취된 구속 안으로 들어가는 삶의 확고한 수
단이다.

자크 엘룰은 드림과 저항 사이의 이러한 연결고리를 강조한다.

> 돈이 가지고 있는 영적 '권세'를 어떻게 극복할 수 있을까? 더 많은 돈을
> 축적함으로도 아니고 선한 목적을 위해 돈을 쓰는 것도 아니다. 또한 의
> 롭게 되는 것으로도 아니고 돈을 공정하게 취급하는 것도 아니다. '돈의
> 법칙'은 부의 축적과 관련된 법칙이며, 무엇을 사고파는 것과 관련된 법
> 칙이다. 돈이 가지는 영적 '권세'를 극복하는 유일한 길은 그것을 거저 주
> 는 것, 다시 말해 그것을 비신화화하는 것이며 그것의 조종으로부터 우리
> 자신들을 벗어나게 하는 것이다. 이것을 통한 유익은 우리에게뿐만 아니
> 라 모든 사람들에게 발생하게 된다. 돈을 거저 주는 것은 우리를 억압하
> 는 영적 권세에 대해 승리를 얻는 것이다. 믿음의 싸움이 의미하는 것의
> 좋은 보기가 될 수 있다.[59]

엘룰이 주장한 대로 그리스도인들이 돈을 거저 줌으로써 맘몬의 권세
에 저항할 때 돈은 지배보다 은혜의 표징('나눔')이 된다.[60]

이러한 방식으로 청지기직을 재진술하는 것은 교회로 하여금 약
정카드를 작성하고 수표를 써 보내고 하는 것과 같은 정규적인 일을 세
상의 통치자들과 권세들을 향한 저항의 훈련된 실천으로 나아가도록
초대하는 것이다. 그것은 또한 교회의 벽을 넘어서 성도들로 하여금

삶의 현장에서 실천하는 삶을 살도록 그 영역을 확대해 가는 것이다.[61] 예배의 재진술에서와 같이 이러한 변형은 청지기직 캠페인에 대한 전통적 접근에서 발견하게 되는 것보다 훨씬 더 대담하고 극적인 모험에로 성도들을 초대한다. 사실 교회의 정규적인 실천에 대한 재진술은 교회 회중 개개인뿐만 아니라 세상에 대한 교회의 사명도 역시 변형시킬 수 있는 가능성을 가진다. 그것은 제도로서의 교회에는 위험하게 느껴지는 것이 될 수도 있다. 회중의 일원들이 권세에 대한 저항 행위로서의 나눔(giving)의 중요성을 인지하였다면 그들은 아마도 교회가 그 예산을 어떻게 사용하는지에 대해, 특히 교회의 고정 자산에 대해 묻기 시작할 것이다. 재정에 대한 저항의 행동은 교인 개개인의 청지기직에 대한 것으로부터 교회의 맘몬에게 사로잡힘을 포함하여 교회의 청지기직에 대한 것으로 채워지게 될 것이다.[62]

### 적응성에 대해 폭로하기

설교는 역시 교회의 생활에서 권세자들의 정신에 사로잡혀 온 그것의 실천에 대해 폭로하려고 해야 한다. 또한 당연한 것으로 받아들여지는 문화적 실천에 대해서도 그 가면을 벗기려고 시도해야 한다. 특히 "타락한 권세"로서의 '지배 체제'가 우선시 하는 것에 교회 자체가 적응되어 있는 것에 대해 그리해야 한다.[63] 습관 – 우리가 마치 호흡하는 공기와 같이 – 이 되어버린 실천들이 언어보다 훨씬 더 깊이 행해지는 동안 설교는 그것을 폭로하는 데 중요한 역할을 할 수 있다. 사실 설교는 교회 생활의 한 부분인데, 그 스피치가 단순히 당연하게 여겨온 실천을 분명하게 만들기도 하고 혼란케 하기도 할 수 있다. 교회 자체 안에 존재하는 권세의 행위가 경쟁하기도 하고 변화될 수도 있는 그런

자리이다.[64]

　수많은 예들이 주어질 수 있지만 두 가지 정도면 충분할 것이다. 그 중의 하나는 다소 극단적인 것이고, 다른 하나는 다소 미묘한 것이다. 권세자의 영향력이 어떻게 교회의 실천에 몰래 스며들거나 형성되는가에 대한 극단적인 예는 오늘날 많은 교회에서, 특히 도시 교회에서의 안전경비요원이 점점 늘어나고 있는 것도 고려할 수 있다. 많은 회중 가운데서 성도들은 제복을 입거나 종종 무장한 안전경비요원이 지켜보는 가운데서 교회당에 들어간다. 교회에서 그러한 요원들이 있어야 하느냐에 대한 논의가 제기되면서 그에 대한 반응은 다음과 같다. "우리에게는 선택권이 없습니다. 교인들을 위해 안전한 공간을 제공하고 이곳에서 우리의 사역을 계속하기 위해서 우리는 안전경비요원들을 고용해야만 합니다."[65] 확실히 이러한 교회들은 폭력의 위협 앞에 놓여 있는 것이 사실이며, 안전에 대한 관심은 어디에서나 아주 높은 것을 확인할 수 있었다. 실로 그 교회들 자체가 보다 안전하고 편안한 환경으로 교회를 이전하고 싶은 유혹에 저항해야 한다는 점에 대해서는 칭찬을 받아야 한다. 그것 자체가 통치자들과 권세들에 대한 하나의 저항의 형태로 인정받을 수 있다.

　그럼에도 불구하고 교회를 안전하게 보호하려는 이러한 실천은 복음의 메시지를 어기고 있으며, 세상의 죽음의 권세에 대해 세 가지 방식으로 교회를 적응시키고 있음도 사실이다. 첫째, 이것은 가장 분명한 것인데, '지배 체제'의 핵심에 위치하는 보상적 폭력의 신화(the myth of redemptive violence)는 교회의 실천 가운데서 구현된다. 권력자들의 면전에서 비폭력적 증언을 감당하도록 교회가 부름을 받았는데 그 증언에 이것은 반대되는 것이다. 그들은 이제 권세자들의 폭력적 수단에 의해서 자행된 십자가에 못 박히신 그리스도의 몸을 통해 나타나는 기이한 아이러니에 직면하게 된다. 둘째, 안전경비요원에 대한 것은 교회 안에서 작용하는 효율성의 정신을 종종 반영한다. 그 효율성은 폭력의 영, 자본주의, 테크놀로지 등에 의해서 형성된 권세의 주요 특징이다. 보상적 폭력의 신화가 생득적으로 가지고 있는 약속에 이끌려서 교회는 가장 신실한 방식보다는 폭력의 위협에 반응하는 효율적인 방식을 선택하였다. 마지막으로 안전경비요원은 실제로 환대(hospitality)를 베풀어야 할 기독교의 가장 중심적인 실천을 곡해하는 모습을 보여주게 된다. 안전경비요원들은 교회의 구성원들에게 안전하고 쾌적한 (hospitable) 공간을 제공하고 존경스러워 보이고 잘 차려입은 사람들에게 어떤 위협도 가해지지 못하게 하면서, 가난한 노숙자들은 환영하지 않으며 오히려 그들에게 위협을 가하게 된다. 교회는 세상 속에 환대를 확대해 가도록 부름을 받았는데, 그런 환대를 받아야 할 바로 그 사람들은 안전경비요원들에 의해서 내쫓김을 받게 된다.

　　요약하면 안전경비요원을 고용하는 실천은 교회가 세상의 죽음의 세력에 적응되어 있는 경우를 드러내는 사안이라고 할 수 있다. 실로 그러한 안전경비요원은 "필요불가결한 것"이라는 인식은 교회가 벌써 '지배 체제'에 사로잡혀 있음을 나타낸 것이다.[66] 비전과 실천은 똑같이 세상 권세가 제시하는 습관에 사로잡히게 되었고, 교회는 보상적 폭력의 신화에 대한 대안을 상상할 능력마저도 상실하게 되었다. 그러한 상황에서 설교자는 그러한 왜곡된 실천의 문제점을 설교에 담아내야 할 뿐만 아니라 회중에게 대안에 대한 상상력을 불어넣어 줄 수 있도록 도움을 주어야 하며 그것을 실천에 옮길 수 있도록 도와주어야 한다.

　　두 번째의 예는 마르바 던이 강조한 것으로, 다소 미묘하지만 많은 교회의 삶에 동등하게 규범적으로 작용하는 것이다. 이것은 외관상으로 아무런 문제가 없는(왜냐하면 그것은 당연한 것으로 받아들여지기 때문이다.) "다수결의 원칙"의 실천이다. 그것이 아주 수준 높은 '민주적인' 원리로 인정을 받고 있음에도 불구하고 실제로 "다수결의 원칙"은 교회의 삶의 중심이 되는 교제(fellowship)의 실천을 침식시킨다.[67] 안전경비요원을 언급했던 첫 번째 부분에서와 같이 다수결의 원칙은 대부분의 교회들이 효율성의 정신에 적응되어 있는 모습을 보여준다. 효율적으로 운영하는 것이 진정으로 상호간의 통찰과 의견의 합일을 이루기 위해 시간을 갖는 것보다 더 중요하다. 부가적으로 의사결정에 있어서 그러한 접근은 실제로 '지배 체제'의 정신을 형성하고 있는 '승자'와 '패자'라는 근본적 은유를 구현한 것이다. 그 은유가 다수결의 원칙 – 정확히 말하면 '원칙'이 강조되는 "다수결의 '원칙'" – 의 실천에 있어서 근본적인 것이라고 말하면서 스피치에 담아내는 실재가 제시된다. 반대로 의견의 일치를 통한 의사결정이라는 실천은 '지배 체제'의 정신에 대한 저항의 행위로 역할을 하게 된다. 안전경비요원을 고용하는 실천과 같이 이것 역시 설교의 스피치에 담아냄을 통해 폭로될 것이다. 그 과정에서 교회는 의사결정의 보다 신실한 형태로 옮겨가게 될 것이다.

이와 같이 설교자는 예수님의 방식보다는 죽음과 지배 세력에 의해서 형성된 실천이 어떤 것인지를 분간할 수 있도록 하기 위해 교회의 실천에 참여하도록 부름을 받았다. 교회의 훼손된 실천들을 폭로함에 있어서 – 스피치를 통해 공개적으로 그것을 가져오는 것 – 설교자는 단지 교회를 비판하거나 교인 개개인을 '때리는' 것이 아니다. 오히려 당연하게 받아들였던 실천에 대해 교회의 생생한 숙고(reflection)를 가져오면서 설교자는 교회로 하여금 권세자들에게 교회가 사로잡혀 있는 것을 보다 선명하게 볼 수 있도록 만들어 주고, 지배의 방식에 대해 대안을 상상할 수 있도록 제시하며, 예수 그리스도의 생애, 죽음, 그리고 부활을 통해 주어진 자유를 향해 확고한 걸음을 떼어놓을 수 있도록 만들면서 구속의 말씀(redemptive word)을 제시한다. 그러한 분간과 폭로를 통하여 사도행전 2장에서와 같이 성령의 바람이 불어오게 되면서, 세상에 역사하는 죽음의 세력에 저항하는 새로운 실천들을 향해 교회는 움직이게 된다.

### 신실한 실천들을 촉진하기

앞서 제시한 것처럼 설교자가 일단 정규적인 실천을 재진술하고 훼손된 실천들을 폭로하기 시작하면서 그는 이미 대안적 실천에 비전을 전달하고 회중으로 하여금 그것을 삶 속에 구체화하는 차원으로 나아가게 만들기 시작한 것이다. 세상의 통치자들과 권세들에 대한 저항의 행위로서의 예배와 청지기직을 재진술하면서 설교자는 그러한 회복된 실천들에 참여하도록 이끌어 가기 시작한다. 비슷하게 안전경비 요원 채용과 다수결의 원칙 등이 타락한 권세의 방식에 적응된 실천이라는 사실을 폭로하면서 '지배 체제'가 제시하는 실천에 대안을 제공하게 되는 새롭고 회복된 실천들에 대해 필요한 숙고와 대화를 가져온다. 현재의 실천들을 재진술하고 폭로하는 것은 교회의 삶 가운데 새롭고 회복된 실천들을 통해 세상의 권세자들에게 저항하는 여지를 만드는 구속의 말씀으로의 역할을 할 수 있다.

그러나 설교자들은 다음 단계를 취할 필요가 있다. 그들은 교회로 하여금 세상의 죽음의 권세에 저항하는 새롭고 회복된 실천에 참여하도록 초대한다. 설교 가운데서 새로운 창조에 대한 비전으로부터 그러한 비전이 초대하는 특별한 실천들로 나아가게 하면서 설교자는 이러한 초대를 분명한 방식으로 이슈화할 필요가 있다.[68]

그러한 움직임은 현대 설교학 이론에서 널리 퍼져 있는 것은 아니다. 설교에 대한 최근의 접근들은 설교자들로 하여금 설교의 결론을 개방적으로 열어놓음으로 개인들이 스스로 자신을 위한 복음을 경험하고, 그들의 삶을 위해 자신만의 결론을 도출하도록 해야 한다고 권장한다. 그러한 서술적 방식(the indicative)은 맹위를 떨치면서 "행할 것을 사람들에게 말하는 것"은 사실상 아주 싫어하는 것이 되고 말았다. 설교자들은 회중에게 주장하고 요구하는 것을 제시하기보다는 결론의 개방성이라는 특징을 가진 대화에 참여하게 되었다.

분명히 널리 행해지고 있는 이러한 강조에는 타당한 이유가 있다. 인간의 규칙(rule)과 행위를 예수 그리스도를 통해 나타난 하나님의 역사보다 더 앞에 두는 도덕적 설교는 하나님의 은혜로우신 주도권(initiative)을 인간 노력의 짐으로 바꾸면서 복음의 특성에 역행하고 있다. 비슷하게 현대 설교학자들은 그들 자신의 의제를 회중에게 부가하면서 – 이것은 교회에서 너무 자주 일어나는 것인데 – 설교자를 경계하고 있다. 자신의 요구사항으로 회중을 지배하려고 하는 설교자들은 설교 자체를 '지배 체제'에 의해서 조성된 실천으로 만들어 버린다. 여기에서 건강한 한 첩의 의심(a healthy dose of suspicion)을 갖게 되는데 강단에서 설교가 도덕적이고, 권위적이며, 조종하려는 듯한 명령(directives)이 되는 것을 피하기 위해 필수적이다.

그러나 그러한 건강한 의심은 강단에서 강조되어야 할 확고한 실천을 고양하는 방식을 설교자들이 탐구하는 것을 멈추게 해서는 안 된다. 무엇보다도 예수님께서는 실천에로의 이러한 움직임을 여러 차례 강조하셨는데 이것은 산상설교와 관련하여 앞서 여러 차례 언급한 바 있다. 또한 바울은 정기적으로 그의 서신서에서 신학적 비전으로부터 교회의 실천으로 나아가고 있는 비슷한 움직임을 보여준다. 그러한 설교학적 움직임은 복음에 있어서뿐만 아니라 바울에게도 중요한 사안이었다. 왜냐하면 분명한 실천이 교회의 비전을 형성하고 유지할 수 있다고 믿었기 때문이다. 매리언 새위키(Marianne Sawicki)의 용어로 하면 만약 설교자가 이러한 비전에 동반하는 실천으로 향하도록 하지 않은 채로 사람들에게 부활하신 주님의 비전을 나누게 된다면 설교자는 회중에게 거스름돈을 부족하게 내준 것과 같을 뿐만 아니라 사실 복음 그 자체를 온전히 설교하는 데 실패한 것이다. 그 복음은 사람들로 하여금 "주님을 볼 수 있도록" 하기 위하여 실천으로 옮겨가도록 요청한다.

부가적으로 그러한 실천은 은혜와 행위 사이의 이분법을 강조하는 입장에서 제시하는 것과 같이 하나님의 은혜의 반대편에 단순히 놓여 있는 것이 아니다. 은혜가 실천에 힘을 불어넣는 것이라면, 실천은 은혜 안으로 나아갈 수 있게 해 준다. 사실 기독교 공동체의 확고한 실천에 참여하는 것은 의로운 행위의 수단이 아니라 하나님의 은혜 안에 더욱 온전한 의미로 나아가게 하는 수단이 된다. 예를 들어 복음서에서 예수님께서는 처음에 열두 제자들에게 "나를 따르라."고 초대하셨다. 그리고 제자도의 여정이 시작되었을 때 제자들이 그들 자신의 죄의 실재와 하나님의 은혜의 권능에 민감할 것을 요청하셨다.[69] 유사하게 엠마오 도상의 제자들이 부활하신 주님을 궁극적으로 '보고' 새 창조의 권능 가운데 예루살렘(죽음의 장소)으로 돌아갈 수 있었던 것은 한 낯선 사람에게 호의를 베푸는 실천이 주어졌을 때 가능했다. 디트리히 본훼퍼가 옳았다. 은혜는 제자도의 실천과 결코 분리될 수 없다. 이 둘

사이의 관계성은 일방적이라기보다는 오히려 상호적이다.[70]

회복된 새로운 실천 가운데서 회중을 양육하려고 한다면 설교자들은 복음으로부터 나온 것으로 보이는 확고한 실천들을 명명하는 것을 회피해서는 안 된다. 그러나 동시에 특별한 방식으로 이러한 부르심을 수행해야 한다. 아주 일반적으로 설교자들은 권세자들이 지배하는 세상에서 설교하는 것은 '구속적' 행위가 되도록 구하여야 한다는 것을 기억해야 한다. 저항의 공동체를 세워감에 있어서 설교자는 권세자들에게 사로잡혀 있음으로부터 사람들을 풀어놓으려고 해야 한다. 실천에 관한 설교에서 설교자들은 마음속에 구속적 목적을 늘 간직하고 있어야 한다. 그러한 설교는 죄책감을 갖도록 하는 데 기반을 두어서는 안 된다. 그것은 사람으로 하여금 행동을 자유롭게 하도록 하기보다는 오히려 실천할 힘을 없애기 때문이다. 그러한 설교는 두려움을 통해 사람들에게 동기를 부여하려고 해서는 안 된다. 확실하게 하나님의 말씀을 실천하지 않으면 벌을 받게 될 것이라는 두려움을 갖게 하는 것은 복음을 짐으로 변질시키는 것이기 때문이다.[71] 죄책감이나 두려움은 구속적 선포의 목적을 수행하는 데 도움이 되지 않는다.

그러한 설교는 역시 단순한 도덕화의 위험을 피하게 해 주는데, "그것을 통해 사람들은 다른 사람을 위해, 그러나 그 다른 사람들의 영역을 벗어나서 행동을 규정하려고 한다."[72] 설교자가 특별한 실천의 중요성을 분명하게 규정하고 명료화시키려고 할 때, 사람들에게 이러한 실천은 밖으로부터 부과될 수 없고 공동체의 삶 가운데서 자라가야 한다는 것을 주지시켜야 한다. 설교를 통해 신실한 실천을 수행하도록 살피는 것은 윤리적 담화(discourse)를 나누는 공동체 안에서 보다 광범위한 분별 과정을 위해 필요한 부분이다. 회중은 그 안에서 함께 "구체적인 삶의 정황 속에서 복음의 관점(gospel perspective)을 삶으로 살아내는 특별한 형태의 실천을 수용하기 위하여" 몸부림치게 된다.[73] 설교자들은 "씨를 뿌리고" - 그것을 자라게 하시는 것은 성령님의 역사이지만 - 공동체의 보다 광범위한 삶과 대화하고, 그리고 교회의 다른 실천들을 위해 노력하게 된다. 보다 광범위한 이러한 상황에서 설교는 "실천을 위한 학교"로 이해할 수 있는 공동체의 전체적인 삶 가운데서 하나의 독특한 실천으로 - 하나의 중요한 실천임에도 불구하고 - 이해되어야 한다.[74]

그러나 이러한 상황에서 설교자들은 설교를 통해 회중 가운데 독특한 공동의 실천을 규정하고 부양하는 것을 망설여서는 안 된다. 그것은 많은 방식을 따라 수행할 수 있겠지만 여기에서는 회복할 수 있게 하는(redemptively) 설교를 위한 방식을 다섯 가지 정도로 간략하게 정리해 보고자 한다.

**1. 무엇보다도 먼저, 그리고 가장 광범위하게 설교자들은 이러한 실천을 하나님의 은혜로우신 구속의 행동에 대한 감사의 응답으로 제시할 수 있다.** 세상을 구원하심에 있어서 하나님께서는 주도권을 가지고 계시며, 교회의 실천은 하나님께서 행하신 모든 일에 대한 하나님의 백성들의 감사의 응답으로 나타난다. 실천으로 전환되는 이런 종류의 예는 성경에 아주 많이 나타난다. 예를 들어 로마서 12장 1절에서 바울은 이렇게 기록한다. "그러므로 형제들아, 내가 하나님의 모든 자비하심으로 너희를 권하노니 너희 몸을 하나님이 기뻐하시는 거룩한 산제물로 드리라. 이는 너희가 드릴 영적 예배니라." 그리고 바울은 서신서의 나머지 부분에서 하나님의 자비에 공동체가 어떻게 응답할 수 있

을지 다양하면서도 신선한 방법들을 제시한다. 이러한 움직임은 역시 구약성경에서도 전형적으로 나타난다. 출애굽기 20장에는 이스라엘 백성들에게 하나님의 구원에 대한 응답으로 십계명이 제시된다. 계명의 목록은 하나님의 역사하심을 계속해서 상기시키는 말씀과 함께 제시된다. "나는 너를 애굽 땅, 종 되었던 집에서 인도하여 낸 네 하나님 여호와니라." 이런 말씀이 주어진 다음에 하나님께서 그들을 위해서 이루신 구속의 은혜 가운데서 살아가기 위한 실천의 목록이 공동체에 제시된다.[75] 하나님의 은혜로우신 주도권에 기초하여 실천에로 나아가는 이런 움직임은 설교자들로 하여금 도덕화하는 것과 공동체의 제자도의 실천의 동기로서 죄책감과 두려움에 의존하는 것으로부터 지켜줄 것이다.

2. 묵시적인 구조 안에서 그러한 실천은 예수 그리스도 안에서 이 세상에 침입해 들어오고 있는 새 창조에 참여하는 수단으로 제시된다. 자유와 생명의 "새로운 영역"은 예수 그리스도의 생애와 죽으심, 부활을 통해 세상 권세가 지배하는 그 한복판에 활짝 펼쳐진다. 또한 특별한 실천이 새로운 실재를 위한 삶을 살아내기 위한 수단으로 제시된다. 옛 시대의 계속과 그것이 가져오는 고통을 인식하면서 설교자는 옛것의 한복판에서 새로운 가능성을 세상 앞에서 구현하기 위하여 새로운 창조 가운데서 이제 삶을 시작하도록 교회를 초대한다. 예를 들어 사도 바울은 갈라디아서 3장 28절에서 예수님을 통해 활짝 열려진 새로운 세계를 선언하면서 이러한 접근을 취한다. "너희는 유대인이나 헬라인이나 종이나 자유인이나 남자나 여자나 다 그리스도 예수 안에서 하나이니라." 그리고 세례받은 공동체로 하여금 새로운 실재를 삶으로

살아내도록 초청한다. 윤리학자 낸시 더프는 이렇게 말한다.

> 바울은 새 시대가 오기 전에 옛 시대에서 우리가 어떻게 살아야 하는지를
> 보여주는 "중간 윤리"(interim ethic)를 제안하고 있지 않다. 비록 우리가
> 열광주의의 위험성을 인식하고 있어야 할지라도 우리는 그럼에도 불구하
> 고 그리스도의 강력한 도래에 의해 창조된 새로운 시대에 살고 있다. 새
> 로운 시대에 살아감으로서 우리는 더 이상 억압하고 파괴하는 사회적, 정
> 치적 질서로 옛 시대를 구분하지 않는다. 우리는 "전과 같이!"(business
> as usual)라는 구호 아래 움직이는 옛 시대의 기초 위에 세워진 정치적 질
> 서를 거부한다. 왜냐하면 우리는 하나님의 세계에서 그 합법성을 인정할
> 수 없기 때문이다. 바로 그리스도 안에서 창조된 새로운 세계 안에서 교
> 회는 존재하고 행동하도록 부름을 받았다.[76]

회중이 세상 가운데 침입해 들어오는 새로운 실재를 보도록 도와준 다
음에 설교자는 이러한 새로운 실재 가운데서 삶을 살아내는 수단으로
서 특별한 실천들로 나아가고 있다. 이러한 방식을 통한 실천에로의
전환은 번거로운 것이 아니라 구속적인 – 혹은 흥분시키기까지 하는 –
것이 된다.

    3. 보다 미래 지향적인 종말론 안에서 실천은 하나님의 새로운 창
조의 "비전을 향하여 살 수 있도록 하는" 수단으로 회중에게 제시된
다.[77] 묵시문학에서와는 다르게 비전은 미래에 놓여 있으며, 그럼에도
불구하고 하나님의 백성들이 그것을 향하여 살아가려고 하는 것과 같
이 현재에도 영향을 미친다. 파괴적인 무기를 해머로 부숴버리고 그
위에 붉은 색 페인트를 뿌렸던 필립 베리건(Philip Berrigan)과 플로세어

그룹(Plowshare Group)[78]의 급진적인 저항 행위는 죽음의 권세자들이 득세하는 현장 한복판에서 지금 그것을 구체화함으로써 이사야의 샬롬의 비전을 향한 삶의 수단을 나타낸다. "무리가 그들의 칼을 쳐서 보습을 만들고 그들의 창을 쳐서 낫을 만들 것이며 이 나라와 저 나라가 다시는 칼을 들고 서로 치지 아니하며 다시는 전쟁을 연습하지 아니하리라"(사 2:4). 샬롬의 조금 덜 극적인 실천은 이러한 방식으로 이해될 수 있다. 교회가 나그네들에게 호의를 베푸는 실천을 하거나 난민들에게 교회당을 빌려줄 때 그들은 샬롬의 비전을 향한 삶을 유사하게 살고 있는 것이며 그것을 오늘 여기에 실재로 만드는 것이 된다. 다른 사람의 이야기를 들어주는 것과 같이 실로 '사소한' 그런 행동도 하나님의 사람들이 이 비전을 향하여 살아가는 실천으로 보이기도 한다. 급진적인 것이든, 사소한 것이든지 간에 그러한 공동의 실천은 하나님의 다가오는 새 창조의 비전을 향하여 지금 교회가 삶을 살아내는 수단을 제공한다.

**4. 매리언 새위키에 의하면 그러한 실천은 부활하신 주님을 만나게 되는 수단으로 제시되기도 한다.** 새위키의 말대로 복음서의 전형적인 이러한 구조 안에서의 실천은 부활의 약속의 상황에서 제시된다. 주님께서는 죽음의 권세와 공포로부터 우리를 자유케 하시면서 죽은 자들로부터 부활하셨다. 그리스도인의 특별한 실천들은 - 예를 들어 굶주린 자를 먹이고, 나그네들에게 호의를 베푸는 것과 같은 - 매일의 삶속에서 부활하신 주님을 만나뵐 수 있는 수단을 제공한다. 그러한 실천은 죄책감의 짐이나 형벌에 대한 두려움 때문에 만들어지는 것이 아니라 부활하신 주님을 '볼 것'이라는 약속이 그것을 수행하도록 용기

를 북돋우어 준다. 우리는 그분의 임재 안에서 죽음의 권세로부터 해방되어 살아간다.

　이러한 접근은 비전이 실천을 언제나 앞서는 것이 아니며 실천 역시 비전을 실천하는 것이 아니고, 새롭고 보다 신실한 방식으로 세상을 볼 수 있도록 해 주면서 실천이 또한 비전을 형성한다는 사실을 교회에게 상기시켜 주기 때문에 중요하다. 특별한 실천에 참여함을 통해서 부활하신 주님을 "보게 된다."는 약속은 이와 같이 세계 그 자체를 새로운 방식으로 보기 시작하는 약속을 포함한다. 예를 들어 교회가 노숙자들에게 음식을 나누어주고 성찬식에서 부활하신 주님을 뵈올 때 죽음의 권세는 폭로되게 된다. 노숙자를 양산하는 구조를 모두가 보기 시작하며, 노숙자들을 게으른 '부랑자들'이나 '술주정뱅이'가 아니라 그리스도께서 그 안에서 우리에게 오시는 존재로 보기 시작한다.

　**5. 회복할 수 있게 하는 방식으로 실천에 접근하는 마지막 방법은 칭송 ─ 독특한 실천을 놀랍게 수행한 "위대한 믿음의 사람들"(saints)을 칭송하는 것 ─ 을 통해서이다.** 아리스토텔레스도 칭송과 '충고' 사이의 밀접한 연결을 인식하면서 이렇게 주장한다. "칭송과 상담은 공통의 측면을 가지고 있다. 왜냐하면 상담 가운데서 제시되는 것은 칭송의 변화된 모습인 찬사가 된다……. 따라서 칭송하기를 원한다면 당신이 제시하려고 하는 것을 보라. 만약 제시하기를 원한다면 당신이 칭송하려고 하는 것을 보라."[79]

　데이빗 드실바는 히브리서에 대한 그의 연구서에서 이러한 접근을 강조한다. 히브리서 10장 32절에서 12장 3절까지에서 믿음과 견고함의 덕에 있어서 거대한 모델과 같은 사람들을 제시하면서 히브리서 기자는 "그가 충고했던 그 믿음의 길을 구체적으로 구현해 간 사람들을 칭송하는 내용을 담고 있다. 이러한 찬사의 효과는 모방하고 싶어 하는 마음이 일어나게 하려는 데 있었다. 그 말씀을 듣는 청중은 고무되었고 칭송받기에 넉넉한 유사점을 가진 그러한 인물과 같은 덕을 구현하고자 하는 열망을 갖게 된다."[80] 다른 실천들이 그것을 탁월하게 수행해 온 사람의 역사를 가지고 있고 그것을 위한 새로운 기준들을 세워가듯이, 기독교 제자도의 실천에도 그러한 "실천의 거장들"(virtuoso performers)을 가지고 있었으며 우리는 그들을 덕이 높은 성인과 같은 사람이라고 부른다. 그러한 실천자들의 중요성을 인식하면서 히브리서의 설교자는 성도들에게 이런 비슷한 신실함을 불러일으키기 위해 회중 앞에 그러한 사람들의 삶과 실천을 가까이 끌어당긴다.[81]

히브리서의 설교자와 같이 현대 설교자들도 기독교 전통의 역사 가운데 나오는 실천의 거장들의 이야기를 언급할 수 있다. 부가적으로 설교자들은 현대의 덕이 높은 성인과 같은 사람들에게 강조를 두려고 해야 하는데 특히 모범이 될 만한 방식으로 독특한 실천을 구체화한 '일상'의 삶 가운데서 실천을 수행한 사람을 회중에게 소개해야 한다. 마지막으로 설교자들은 과거와 현재의 특별한 기독교 '공동체'의 스토리도 말하려고 해야 하는데, 그 공동체는 함께 어울려 특별한 실천을 탁월하게 수행하여 구체화한 그들의 삶을 보여주는 공동체여야 한다.[82] 그들의 삶과 스토리들을 나누면서 설교자는 사람들을 죄책감을 갖게 하려고 해서는 안 되고 세상의 통치자들과 권세들로부터 자유롭게 된 사람의 가능성을 향해 앞으로 나아갈 수 있도록 해야 한다. 드실바가 주장한 대로 그러한 이야기들이 성도들에게 짐이 되게 할 필요는 없다. 오히려 하나님의 권능과 은혜 안에 토대를 둔 영감이 될 수 있게 해야 한다.

## 성경적 본보기: 위치 변동의 실천

이와 같이 설교자들은 회중 앞에서 죄책감을 유발하거나 부담감을 갖게 하기보다는 용기를 북돋아 주고 회복할 수 있도록 돕는 다양한 방식으로 독특한 실천들을 가까이 끌어안을 수 있다. 이러한 종류의 설교를 위한 풍부한 예는 히브리서 13장 7~16절에서 찾을 수 있는데, 그것은 특권층이 많은 회중이 행해야 하는 중요한 실천에 초점을 맞추고 있다. 12~13절에서는 이러한 실천들이 제시된다. "그러므로 예수도 자기 피로써 백성을 거룩하게 하려고 성문 밖에서 고난을 받으셨느니라. 그런즉 우리도 그의 치욕을 짊어지고 영문 밖으로 그에게 나아가자." 여기에서 히브리서 설교자는 위치 변동의 실천(the practice of dislocation)이라고 부를 수 있는 것에 교회가 참여하도록 초대하고 있다.[83] 교회는 의도적으로, 습관적으로 안전하고 편안한 자리에로부터 예수님께서 "우리가 귀하게 여기는 합성물의 문 밖"에서 고난을 받으신 "깨끗하지 못한" 그런 장소로 나아가도록 부름을 받았다. 그 합성물은 종교, 계급, 인종, 혹은 문화에 의해서 형성된 것이든지 간에 거기에서 벗어나도록 부르셨다.[84]

이러한 위치 변동의 실천은 오늘의 많은 회중에게도 중요하다. 권세자들은 가장자리에 서 있는 사람들의 고통으로부터 편안한 특권층의 사람들을 분리시키려고 애쓴다. 문을 단 공동체와 교회들은 - 그것이 비유적으로든지 혹은 문자적으로든지 - 오늘도 예수님께서 권세자들의 손에 의해 계속해서 "치욕을 짊어지고 계시는" 가난과 억압의 깨끗하지 않은 자리로부터 많은 그리스도인들을 분리시켜 놓는다. 그러한 교회를 위한 가장 중요한 실천들 가운데 하나는 "영문 밖의" 자리로 나아가 그곳에 있는 사람들과 함께 있기 위해 우선 그들의 편안한 자리에서 일어나 나가는 것이다. 그러한 위치 변경을 통하여 특권층의 그리스도인들은 특권층과 억압받는 자들을 갈라놓는 경계를 넘어설 수 있게 되며, 가난한 자들과의 연대를 향해 첫 걸음을 떼어놓는 것이 된다. 그것은 소비자 중심주의 문화에서 '지배 체제'에 급진적으로 항거하는 하나님의 방식이다.[85]

더욱이 그러한 위치 변동은 세상 가운데서 권세자들이 감행하는 일들을 분간하는 과정에 있어서 중요하다. 그들 자신의 사회적 상황을 벗어나 '지배 체제'의 가시적 희생자들과 함께 시간을 보내면서 특권층의 그리스도인들은 새로운 방식으로 소외된 사람들 사이에서 권세자들의 죽음의 활동들을 보기 시작할 뿐만 아니라 그들 자신이 권세자들에게 사로잡혀 살아온 방식을 분명하게 분간하기 시작한다. 편안하고 당연한 것처럼 느껴왔던 삶의 구조들로부터 벗어나는 위치 변동을 통해 특권층의 그리스도인들은 그 주조를 새로운 방식으로 점검하게 될 것이다. 그들이 서 있던 삶의 자리에서 나와 '바깥둘레'에서 보게 되면 모든 것은 다르게 보인다.[86] 옛 경구를 빌려서 표현하면 "물 '밖'에 나온 고기"가 됨으로 특권층의 그리스도인들로 하여금 지금까지 그들이 일상적으로 살아왔고 움직이고 생활해 왔던 그 '물'을 새롭게 음미할 수 있도록 해야 한다. 워런이 주장한 대로 그렇게 될 때 교회들은 "위치 변동의 해석학"을 발전시키기 시작하게 될 것인데, 그것은 권세자들의 역사를 분간하는 데 있어 아주 중요하다.

여기 신실성의 표준은 자기 관심을 통해서가 아니라 경제적인 곤란과 다른 형태의 억압 등의 상황에서 어려움에 빠져 있는 사람들의 필요에 부응하는 것에서 찾을 수 있다. 위치 변동을 수행하는 마음의 자세는 처음에는 나그네로, 이웃이 아닌 사람에게로, 그러나 이제는 하나님의 얼굴을 가지고 있는 인간의 얼굴로 보는가에 달려 있다. 그러한 이웃과의 연대는 함께 있어 결속됨(solidarity)의 행동을 통해 구축된다. 그러한 행동은 편안함에 안주해 있던 사람들을 그것에 대해 깊이 생각하게 하면서 그들의 삶의 구조로부터 위치 변동을 시킨다.[87]

그리스도께서 고난당하시는 장소인 "영문 밖으로" 그리스도인을 부르심을 통해 히브리서의 설교자는 이런 중요한 위치 변동의 실천에로 그리스도인들을 초대하고 있다.[88]

위치 변동의 실천에로 부르시는 히브리서의 초청에서와 같이 설교자가 이러한 실천에 참여하도록 간곡한 권유를 구체화하는 것은 중요한 일이다. 시작하면서 설교자는 먼저 이러한 실천 가운데로 신실하게 나아갈 수 있도록 해 준 "인도하던 자들"(13:7)을 칭송한다. 히브리서의 다른 많은 부분에서 그 '성도들'은 교회로 하여금 신실한 삶을 살도록 일깨워 주었다. 더욱이 이 말씀에서 그 성도들은 전통적인 관점에서도 위대한 인물이었을 뿐만 아니라 사람들이 다 알고 있던 지역교회의 인도자들이었다. 설교자는 지금 선포하고 있다. "하나님의 말씀을 너희에게 일러주고 너희를 인도하던 자들을 생각하며 그들의 행실의 결말을 주의하여 보고 그들의 믿음을 본받으라."

오늘의 회중을 위해 위치 변동의 실천을 잘 수행한 비슷한 거장을 또 들 수 있을 것이다. 예를 들면 드실바는 아시스의 성자 성 프랜시스를 들고 있는데, 그는 기독교 전통에서 견주어볼 사람이 그리 많지 않을 정도로 탁월하게 위치 변동을 실천하면서 "당시의 사회적 구조의 가장자리와 갈라진 틈새에서" 거주했던 한 사람이었다.[89] 도로시 데이 (Dorothy Day)와 가톨릭 워커(Catholic Worker)[90]와 같은 현대의 성도들과 공동체들이 마음에 역시 다가온다. 세상을 둘러싸고 있는 수많은 도시와 마을에서 유사한 국제 공동체들이 위치 변동을 실천하고 있다. 주류의 회중에게도 그러한 삶을 산 위대한 신앙의 사람들은 존재하는데, 그들은 노숙자들과 인생을 보내고, 집짓기 프로젝트에 헌신하며, 교도소의 죄수들을 방문하고, 단기선교 여행을 가기도 하는 등의 실천의 삶을 산 사람들이다.[91] 그러한 위치 변동의 실천은 칭송하고 닮아야 할 신실한 본보기를 제시한다.[92]

　　믿음으로 살았던 위대한 사람들을 칭송하는 것에 부가적으로 히브리서의 설교자는 앞서 언급했던 위치 변동의 실천으로 교회를 부르심에 다른 두 가지의 방법을 도입한다. 무엇보다도 그 부름은 영문 밖에서 예수님을 뵙게 될 것이라는 명료한 약속을 담고 있다. 그리스도인들은 그들의 "신성한 혼합물로 덮여 있는 곳"에서는 예수님을 소유할 수 없었고 예수님을 밖으로 밀어내고 다른 것을 채웠다. 예수님은 "영문 밖에" 계시고 성도들은 그곳에서 주님을 뵙기 위해 영문 밖으로 나아가야 한다. 사실 우리가 하나님의 임재 안으로 나아가는 "거룩한 공간"이 히브리서 본문에는 급진적으로 바뀌고 있다. 거룩한 성전 안이 아니라 "거처 밖"이었다. 하나님 앞으로 가까이 나아가는 것과 예수님을 따르기 위해 거처 밖으로 나아가는 것은 "하나이며 동일한 움직임"이다. 우리의 거처 안에 있고 우리 사회 안에 있는 우리의 공간을 떠날 때 우리는 실제로 거룩한 공간에 들어간다.[93] 새위키의 용어로 하면 위치 변동의 실천은 예루살렘 밖에서 십자가에 달리시고 부활하신 주님과의 만남의 약속을 가져온다.[94] 올랜도 코스타스(Orlando E. Costas)가 쓰고 있는 대로 "부활하신 주님은 역사의 전쟁과 열기로 덮여 있는 곳에, 사회의 비인간적인 공간에 함께 계신다."[95] 위치 변동의 실천에로의 부르심은 "영문 밖에서" 예수님을 만나게 된다는 약속의 상황 가운데 서게 된다.

　　마지막으로, 위치 변동의 실천에로의 부르심은 다가올 새 도성의 비전에 의해서 활성화된다. "영문 밖으로" 나아감을 통해 교회는 더 이상 문이 없고 하나님께서 만유의 주가 되시는 그 도성에 대한 비전을 향해 나아가는 삶을 살게 된다. "그런즉 우리도 그의 치욕을 짊어지고 영문 밖으로 그에게 나아가자. 우리가 여기에는 영구한 도성이 없으므로 장차 올 것을 찾나니"(히 13:13~14). 영문 밖으로 나아가는 교회의 사명은 새 예루살렘 – 새 창조 – 즉 "하나님의 권능으로 세상의 완전한 변형"으로 나가는 도상에서 일어난다.[96] 그 비전과 그것과 함께 주어지는 소망은 현재에 영향을 미치며 교회로 하여금 두려움이나 소심함이 없이 영문 밖으로 예수님에게 나아갈 수 있는 힘을 공급해 준다.[97]

　　히브리서의 이 구절의 결론에서 우리는 비전과 실천의 내적 연결성으로 돌아가게 된다. 이것들은 설교자가 세상의 통치자들과 권세들에 저항하는 공동체로 교회를 세워가려고 할 때 함께 구하여야 하는 것이다. 세상의 권세를 폭로하고 새 창조에 대한 비전을 전달함을 통해 설교자는 하나님의 백성들로 하여금 새로운 방식으로 세상을 볼 수 있도록 돕는다. 정규적인 실천을 재진술함으로 왜곡된 실천들을 폭로하고, 신실한 실천을 수행할 수 있도록 양육함을 통해 설교자들은 새 창조 가운데서 살아가는 삶의 비전에 확고한 틀을 제시한다. 또한 기독교 회중이 하나님께서 예수 그리스도의 생애, 죽으심, 부활을 통해 성취하신 구속의 은혜 가운데 살아가는 삶을 시작할 수 있도록 돕는다. 비전과 실천이 설교 가운데 함께 주어질 때, 그것이 서로에게 정보를 주고 지지하게 될 때 설교는 하나님의 백성들을 저항의 공동체로 세우는 수단이 될 수 있다. 그 저항의 공동체는 세상 안에서, 그리고 세상을 위해 죽음의 세력들에게 대안을 제시하는 사역을 구현해 가게 된다.

# 7장 미주

1 Nancey C. Murphy, Brad J. Kallenberg, and Mark Thiessen Nation, eds., *Virtues and Practices in the Christian Tradition: Christian Ethics after MacIntyre* (Harriburg, Pa.: Trinity Press International, 1997); Dorothy C. Bass, ed., *Practicing Our Faith: A Way of on the Vine: Cultivation the Fruit of the Spirit in Christian Community* (Downers Grove, Ill.: InterVarsity Press, 1999); Miroslav Volf and Dorothy C. Bass, eds., *Practicing Theology: Beliefs and Practices in Christian Life* (Grand Rapids : Wm. B. Eerdmans Publishing Co., 2001). 다음 부분에서 계속 살펴보겠지만 교회의 실천에 대해 고찰하면서 비폭력적 저항의 공동체로서 교회의 삶에 가장 필수적인 요소가 실천이라는 폭넓은 설명을 제공하려고 했던 것이 본인의 의도는 아니다. 그러한 작업을 수행하려고 하면 또 다른 책이 필요할 것이다. 그래서 여기에서는 설교가 교회의 실천을 어떻게 독려할 수 있을지에 대한 방법을 고찰하려고 한다. 설교에서 언급될 특별한 실천은 그날의 설교 본문에 달려 있으며, 회중이 그것을 발견하게 될 특별한 상황과도 관련이 있다. 이러한 상황에서 설교자와 회중은 지배, 폭력, 죽음의 권세자들에 대한 대안을 구현할 실천이 무엇인지 분별하고 그것을 발전시켜 나가려고 해야 한다.

2 이러한 전환은 기독교 신학에서 문화 - 언어적인 부분으로의 전환과 유사하다. George Lindbeck, *The Nature of Doctrine: Religion and Theology in a Postliberal Age* (Philadelphia: Westminster Press, 1984); Charles L. Campbell, *Preaching Jesus: New Directions for Homiletics in Hans Frei's Postliberal Theology* (Grand Rapids: Wm. B. Eerdmans Publishing Co., 1997) 등을 참고하라.

3 예를 들어서 Murphy, Kallneberg, and Nation, *Virtues and Practices*; James William McClendon, *Systematic Theology: Ethics* (Nashville: Abingdon Press, 1986) 등을 참고하라. 5장에서 논의되었고 앞으로도 더 논의하게 될 스탠리 하우어워스의 저작들도 함께 참고하라.

4 Alsdair MacIntyre, *After Virtue: A Study in Moral Theory*, 2d ed. (Notre Dame, Ind.: University of Notre Dame Press, 1984). 머독은 분명하게 실천의 중요성을 인식하고 있었던 것으로 보인다. 실로 그에게 있어서 세상에 적당하게 참여하는 것은 우리가 "훈련받아야 할" 실천의 일종이다. [역주/ 이 책의 번역서로는 이진우

역, 『덕의 상실』 (서울: 문예출판사, 1997)을 참고하라].

5   Stanley Hauerwas, "On Keeping Theological Ethics Imaginative," in *Against the Nations: War and Survival in a Liberal Society* (Minneapolis: Winston Press, 1985), 51~60.

6   콜트레인의 생애와 작품에 대한 뛰어난 설명을 위해서는 Eric Nisenson, *Ascension: John Coltrane and His Quest* (New York: St. Martin's Press, 1993)를 참고하라.

7   Stanley Hauerwas, "The Politics of the Church: How We Lay Bricks and Make Disciples," in *After Christendom? How the Church Is to Behave if Freedom, Justice, and a Christian Nation Are Bad Ideas* (Nashville: Abingdon Press, 1991), 107.

8   Stanley Hauerwas, "Should War Be Eliminated?" in *Against the Nations*, 197. 이 인용 이후의 문단에서 하우어워스는 성찬을 관습과 관계를 포함하는 '실천'으로 설명한다. 실천에 대한 보다 상세한 내용을 위해서는 하우어워스의 최근의 책을 참고하라. Hauerwas, *In Good Company: The Church as Polis* (Notre Dame, Ind.: University of Notre Dame Press, 1995).

9   Marianne Sawicki, *Seeing the Lord: Resurrection and Early Christian Practices* (Minneapolis: Fortress Press, 1994), 83.

10  위의 책, 93.

11  위의 책.

12  위의 책. 새위키는 특별히 가난한 자들을 위한 돌봄과 그들의 슬픔을 함께 나누는 것을 강조한다.

13  Michael Warren, *At This Time, in This Place: The Spirit Embodied in the Local Assembly* (Harrisburg, Pa.: Trinity Press International, 1999), 13.

14  위의 책, 12. 워런은 역시 오리겐을 인용한다. "심원하고 은밀한 신비는 처음 제자들에게 그냥 주어지는 것이 아니라 그들의 삶의 스타일을 교정하는 교육이 먼저 주어져야 한다"(12쪽).

15  위의 책, 56.

16  워런은 교회가 "문화적 전쟁 지역"(zone of cultural contestation)이 되어야 한다고 주장한다. 위의 책, 7~23쪽을 참고하라. 역시 Michael Warren, "The Worshiping Assembly: Possible Zone of Cultural Contestation," *Worship*, vol. 163, no. 1 (1989): 2~16쪽을 참고하라.

**17** 권세에 대한 마르바 던의 최근의 책도 비전과 실천을 역시 연결시키고 있다. Marva Dawn, *Powers, Weakness, and the Tabernacling of God* (Grand Rapids: Wm. B. Eerdmans Publishing Co., 2001). 설교학적으로 수잔 본드 역시 교회의 실천과 하나님 나라(basilia)의 비전의 연결을 주장한다. L. Susan Bond, *Trouble with Jesus: Women, Christology, and Preaching* (St. Louis: Chalice Press, 1999), 특히 151~82쪽을 참고하라.

**18** 이러한 실천은 가르침, 친교, 떡을 뗌, 기도, 표적과 경이로움, 실용적인 재분배, 그리고 예배 등을 포함한다. 마르바 던이 이러한 실천에 대한 상세한 논의를 제시하는데 그의 책을 참고하라. Marva Dawn, *Powers, Weakness*, 78~117쪽을 참고하라. 신약성경에 나오는 공동체의 제자도에 대한 다른 유용한 설명을 위해서는 Gerhard Lohfink, *Jesus and Community: The Social Dimension of Christian Faith*, trans. John P. Galvin (Philadelphia: Fortress Press, 1984), 75~147쪽을 참고하라.

**19** Nancy J. Duff, "The Significance of Pauline Apocalyptic for Theological Ethics," in *Apocalyptic and the New Testament: Essays in Honor of J. Louis Martyn*, ed. Joel Marcus and Marion L. Soards, *Journal for the Study the New Testament: Supplement Series 24* (Sheffield: JSOT Press, 1989), 287.

**20** Stanley Hauerwas, *The Peaceable Kingdom: A Primer in Christian Ethics* (Notre Dame, Ind.: University of Notre Dame Press, 1983), 99~102.

**21** William Stringfellow, *An Ethic for Christians and Other Aliens in a Strange Land* (Waco, Tex.: Word Books, 1973); 3rd paperback ed., 1979), 57~64; Wes Howard-Brook and Anthony Gwyther, *Unveiling Empire: Reading Revelation Then and Now* (Maryknoll, N.Y.: Orbis Books, 1999), 260~77.

**22** 이어지는 것을 보다 분명하게 만들면서 교회의 실천은 교회 공동체를 떠나 세상 안으로 옮겨가야 한다. 실로 교회의 '내적' 실천들은 사람들을 공적 영역에서 권세자들에게 저항할 수 있도록 만든다.

**23** Hendrik Berkhof, *Christ and the Powers*, trans. John H. Yoder (Scottdale, Pa.: Herald Press, 1962), 51.

**24** 파블로 리처드는 세상 권세자들에 대한 그리스도인들의 저항은 실천과 증언을 포함한다고 주장한다. Pablo Richard, *Apocalypse: A People's Commentary on the Cook of Revelation*, trans. Phillip Berryman (Maryknoll, N.Y.: Orbis Books, 1995), 32~33쪽을 참고하라.

**25** 워런 역시 실천에 대한 이해의 4번째인 '프락시스'에 대해서 언급하는데, 그것은

"막시스트들이 이론적 고려와 연결하여 자기 창조(self-creating)와 세계 창조(world-creating) 행위를 규명하기 위하여 사용하던 실천"을 의미하는 것이었다 (*At This Time*, 128). 워런 자신은 직접 이 용어를 사용하지는 않았지만 그의 저작의 많은 부분에서 그는 이런 종류의 실천과 같은 방향으로 움직이고 있다. 워런과 같이 본인은 '프락시스'라는 용어를 도입하지 않는데 그것이 여기에서 본인이 논의하고 있는 교회의 실천 방향을 잘 기술해 줄 수 있음에도 불구하고 그렇게 결단을 했다. '프락시스'는 억압받은 자들의 프락시스와 결합되면서 해방신학에서 분명한 함축적 의미를 수행하기 때문에 주류를 이루는 회중의 실천을 위한 용어로 이것을 사용하지 않기로 결정했다. 권세자들에 의해 억압받는다는(oppressed) 용어보다는 '사로잡힌'(captive)이라는 용어를 사용하여 그러한 회중의 상태를 표현하려고 했다.

26 Warren, *At This Time*, 128.

27 역주/ 주로 미국에서 각자 한 접시씩 음식을 준비해 와서 함께 나누어 먹는 형식의 자유로운 친교를 위한 식사이다.

28 Warren, *At This Time*, 128.

29 실천에 대한 이러한 이해는 프랑스의 사상가인 피에르 부르디외(Pierre Bourdieu)의 저서에서 가져왔다. Pierre Bourdieu, *Outline of a Theory of Practice*, trans. Richard Nice (Cambridge: Cambridge University Press, 1977), 특히 72~95쪽을 참고하라. 본인은 마이클 워런이 그의 책, *At This Time*, 106~11에서 부르디외의 저작에 대한 도움이 되는 설명을 한 것에 주로 의존하였다.

30 Warrens, *At This Time*, 107.

31 위의 책.

32 습관이 기능하는 것에 대한 워런의 묘사는 세상의 권세가 작동하는 것에 대한 상세한 기술처럼 들린다. "태도와 행동의 사회적 편성(social orchestration)은 '지휘자가 없는' 상태이다. 사회적, 경제적 질서의 기능이 대리인으로 작동하면서 개인의 측면에서 보면 이러한 태도를 주입시킨다는 것은 의심할 여지가 없다. 인간은 춤을 추는데 이러한 특별한 춤의 안무 기술법은 사회적으로 결정된다. 습관은 개인적 영향력의 문제가 아니다"(Warren, *At This Time*, 110). 역시 Bourdieu, *Outline*, 72쪽도 참고하라. 부르디외의 필요하면서 보완적인 개념은 '억측'(doxa)에 대한 것이다. 억측은 "문화적으로 추출된, 그러나 말로 표현되지 않는 가설의 모체로 기술되는데, 억측은 습관 속에서 이루어지며, 그 가설은 실천 속에서 구현된다." "특정한 자리에서 습관을 만들어 가는 것은 가설, 혹은 '억측'(doxa)인데, 그것들은 실제적으로 권세자들이 폭넓게 가정하면서 주장하는 의견이다"(Warren, *At This*

*Time*, 108, 111). 또한 습관과 억측은 세상의 권세가 작동하는 물질적이고 영적인 차원을 이해하고 있다. 그것은 무의식적 실천에 구체적으로 나타나는 것과 같다. doxa에 대해서는 Bourdieu, *Outline*, 159~71쪽을 참고하라. [역주/ doxa(독사)는 '억측, 믿음' 등을 뜻하는 헬라어에서 온 말로 파르메니데스의 철학에서는 "사람들이 어떤 현실에 대해 갖는 불확실한 여론으로서 참됨과 대립되는 말"로 설명된다. 플라톤은 이것을 "부단하게 변화하는 현상계에 관한 감각적 인식으로 거짓 지식"을 지칭하는 말로 사용한다. 그래서 doxa가 아니라 episteme(참된 지식)을 추구해야 한다고 주장한다].

33 앞장에서 "권세를 폭로하기"에 대한 논의에서 설교자들이 이러한 습관을 어떻게 인지할 수 있을 것인지를 부분적으로 살펴보았다. 이것을 다음 부분에서 실천이라는 관점에서 보다 상세하게 살펴볼 것이다.

34 매킨타이어가 사용하는 이 용어는 분명하지 않고 오히려 에두르는 특징을 가진다. 그는 실천을 "사회적으로 정당화된 협동적 인간 행위의 모든 정합적, 복합적 형태"로 규정하는데, "그것은 특정 활동 형식에 적합하고 부분적으로는 이 활동 양식을 통해 규명된 탁월함의 기준을 성취하려는 과정 가운데서 인식된다. 또한 탁월함을 성취하는 인간의 힘과 관련된 목적과 선에 대한 인간의 표상이 조직적으로 확장되는 결과를 가져오는 방식으로 실현되는 형식"을 선으로 규정한다(*After Virtue*, 187).

35 실천에 대한 매킨타이어의 이해가 가지는 특징을 4가지로 유용하게 정리한 브래드 칼렌버그에게서 인용하였다. Brad J. Kellenberg, "The Master Argument of MacIntyre's *After Virtue*," in Murphy, Kallenburg, and Nation, eds., *Virtues and Practices*, 21~22쪽을 참고하라. 실천에 대한 매킨타이어의 논의를 살펴보기 위해서는 MacIntyre, *After Virtue*, 특히 181~203쪽을 참고하라.

36 MacIntyre, *After Virtue*, 188~91.

37 위의 책, 194~95. 매킨타이어는 실천들을 제도들(institutions)로부터 구분한다. 그 관습들은 외면적 선들과 필연적으로 관련되어 있다. 실천들은 필연적으로 제도들에 의해(즉, 권세들) 유지됨에도 불구하고 제도들은 실천들을 붕괴하는 경향을 가진다.

38 성적과 장학금은 매킨타이어가 이해한 것처럼 외면적 선들의 여러 중심적 특징을 포함한다. 그것들이 성취되었을 때 그것들은 언제나 누군가의 자산, 혹은 소유가 된다. 그것들은 제한된 공급 가운데 놓여 있게 되며, 누군가가 그것을 더 많이 가지면 가질수록 다른 사람들은 더 적게 갖게 된다. 결과적으로 그러한 외면적 선들은 경쟁의 목표인데 그 안에는 승자와 패자가 존재하게 된다. 내면적 선들(internal goods)은 남을 능가해야 하는 경쟁의 산물일 수 있다. 그러나 단지 개인에게만이

아니라 "그것의 성취는 그 실천에 참여하는 온 공동체에 선이 된다"(MacIntyre, *After Virtue*, 190~91).

**39** 위의 책.

**40** 매킨타이어는 실천에 있어서 두 가지 종류의 탁월성을 제시하는데, 설교자가 산출해 내는 '산물' – 예를 들어 설교문과 같은 – 의 탁월성과 실천에 있어서 본질적인 요소인 삶의 방식의 탁월성이 그것이다. 위의 책, 189~90.

**41** Kallenberg, "Master Argument," 21.

**42** 마이클 워런은 제자도가 여러 실천 내용에 의해서 구성되는 것으로 이해해야 함에도 불구하고 이러한 관점에서 제자도를 실천이라는 차원으로 언급한다. Warren, *At This Time*, 131쪽을 참고하라.

**43** 칼렌버그는 근본적인 기독교 실천은 이러한 보다 거대한 실천에 공헌하는 부가적 실천(subpractices) – 예를 들면 증언, 예배, 긍휼 사역, 통찰력, 그리고 제자도와 같은 – 과 함께 수행하여 공동체를 형성하는 것에 있다고 주장한다. Kallenberg, "Master Argument," 22.

**44** MacIntyre, *After Virtue*, 148~49.

**45** 위의 책, 191~203. 매킨타이어가 그의 책에서 기술하고 있는 대로 "덕은 습득된 인간의 자질(quality)로서 그것을 소유하고 있고 실천하는 능력은 우리로 하여금 그 실천에 내재하고 있는 선들을 성취할 수 있도록 해 준다. 또한 그것의 결여는 결과적으로 그러한 선의 성취를 실제적으로 방해한다." 덕에 대한 매킨타이어의 폭넓은 이해는 세 가지 요소를 포함하는데, 실천, 내러티브, 전통이 그것이다. 덕은 a) 실천을 위한 내재적 선의 성취를 위해 필요한 자질들, b) 전인적 삶의 선에 기여할 수 있는 자질들, c) 계속되는 전통 안에서 소유되고 고양되는 인간 존재와 선을 위해 규제된 자질들이 그것이다. 위의 책, 191~225쪽을 보라.

**46** 강조되는 덕은 특별한 이야기와 공동체가 인생의 목적 – 잘 산다는 것이 무엇을 의미하는지 – 에 대한 공동체의 이해를 형성하는 방식에 달려 있게 된다. 예를 들어 예수님의 스토리를 통해 형성되는 기독교의 덕은 아리스토텔레스가 잘 사는 것이 무엇인지를 강조하면서 사용하였던 헬라어 '폴리스'가 제시하는 덕과는 뚜렷하게 차이가 있다. 기독교의 제자도와 관련하여 실천에 대한 매킨타이어의 이해가 어떻게 독창적으로 발전되고 있는지를 살펴보기 위해서는 Hauerwas, "Politics of the Church," 93~111쪽을 보라. 그것에 대한 또 다른 도움이 되는 설명을 살펴보기 위해서는 Paul J. Wadell, *Friendship and the Moral Life* (Notre Dame, Ind.: University of Notre Dame Press, 1989)를 참고하라. 덕의 발전에 있어서 중요한 역할을 하는 우정에 대해서는 다음 장에서 논의하게 될 것이다.

**47** Warren, *At This Time*, 109.

**48** 이러한 사안에 대한 보다 자세한 설명을 위해서는 Campbell, *Preaching Jesus*, 231~50쪽을 참고하라.

**49** Aristotle, *Nichomachean Ethics*, trans. Martin Ostwald, *Library of the Liberal Arts* (New York: Macmillan, 1986), 1179b4~19.

**50** 위의 책, 1099b30~32, 1179b32~1180a17, 1354a17~1354b16. 역시 Larry Arnhart, *Aristotle on Political Reasoning: A Commentary on the Rhetoric* (Dekalb, Ill.: Northern Illinois University Press, 1981), 6쪽을 참고하라. 실천은 수사학보다 더욱 중요하며 그것은 수사학을 부패시킬 수 있다는 아리스토텔레스의 관점을 강조하고 있음에도 불구하고 아리스토텔레스 역시 수사학은 폴리스의 에토스를 형성하도록 도와주면서 사람들을 형성해 가는 데 공헌할 수 있다고 주장한다. 수사학은 정치적 영역의 에토스에 대한 공헌을 통해 덕스러운 인간을 형성하는 것을 도와준다. Eugene Ryan, "Aristotle's Rhetoric and Ethics and the Ethos of Society," *Greek, Roman, and Byzantine Studies*, 13 (1972), 291~308쪽을 참고하라.

**51** Warren, *At This Time*, 8.

**52** 위의 책, 9.

**53** 워런에 의하면 예전적 스피치(liturgical speech)는 그 스스로 영향력을 가지고 있다. 그것은 "공교롭게도 예수님의 사역 가운데서 그 결과가 무엇이든지 간에 스스로 영향을 끼친다"(위의 책, 9~10). 예전적 스피치가 스스로의 영향력 행사에 실패한다면 그것은 이미 예전적 스피치가 아니다.

**54** 위의 책, 13~14. 다른 예를 위해서는 "부자들의 예배"와 "가난한 사람들의 예배"의 차이에 대한 워런의 논의를 참고하라(같은 책, 19).

**55** 마르바 던은 교회가 타락한 권세로서 어떻게 존재할 수 있고 행동할 수 있는지에 대한 수많은 방식에 대해 논의한다. Dawn, *Powers, Weakness*, 73~122쪽을 참고하라.

**56** Stanley Hauerwas, "The Politics of Freedom: Why Freedom of Religion Is a Subtle Temptation," in *After Christendom*, 69~92.

**57** 예배가 "공적인 영역으로 나갈" 때 그것은 권세자들의 목적을 위해 제멋대로 사용되는 경향이 있다. 2001년 9월 11일, 테러리스트들의 공격이 있은 이후 내셔널 대성당(National Cathedral)에서 있었던 예배는 이러한 점을 보여주는 좋은 경우이다. 성조기가 물결을 이루고, 제복을 입은 군인들과 미국 대통령의 '설교'로 넘쳐나면서 미 의회가 전쟁 노력에 대해 인준을 한 직후에 있었던 이 예배는 미국이 수행

하려는 장래 군사적 행동을 지지하고 축복을 비는 수단 이상의 의미는 없었다. 피터 스토레이가 미국에 있는 그의 친구에게 보낸 편지에 쓴 내용에 잘 나타난다. "'가이사의 떠넘김'(disposal of Caesar, 역주/ 예수님을 십자가에 매달리도록 내어주고 자기는 잘못이 없다고 손을 씻는 행위를 지칭하는 표현)에 관심을 갖지 않은 채로 앉아 있는 교회와 그 목회자를 보는 것이 슬펐습니다. 그것은 교회가 다른 이들과 같이 와서 기도하고, 하나님의 치유와 하나님의 말씀을 통한 인도하심을 구하도록 그의 지도자들을 초청하는 것이 필요한 일이었습니다. 국가 원수에게 강단을 내어주는 것은 신학적으로 완전히 다른 문제입니다. 우리가 읽은 성경의 어떤 부분을 추출해서 사용하면서 전쟁을 위해 국가를 다시 불러모으기 위해 그가 하나님께 예배하는 집을 사용하도록 한 것은 잘못된 일입니다. 제복과 성조기로 하나님의 집이 넘쳐나고 있을 때 하나님의 말씀이 정확하게 읽혀지고 선포되는 것은 어렵습니다. 후에 영국의 한 TV 기자는 말했습니다. '오늘 아침 꼬리를 물고 부시 대통령은 의회에서 먼저 그의 전쟁을 승인받았고 이어서 종교지도자들로부터도 전쟁을 승인받았습니다.' 이러한 행동이 극단적인 모슬렘 근본주의자들인 정치지도자들이 이슬람의 모스크 강단을 사용하여 진술한 내용과 얼마나 많이 닮았는지를 누구나 알 수 있는 내용이 아닙니까?"(Peter Storey, "Letter from South Africa," at http://www.divinity.duke.edu/newsbox/WTC/Crisi-Storey.html; 검색일/2001년 10월 15일)

58 예배에서의 예전적 저항의 행위와 공적 축귀에 대해서는 Bill Wylie-Kellermann, *Seasons of Faith and Conscience: Kairos, Confession, Liturgy* (Maryknoll, N.Y.: Orbis Books, 1991)와 Walter Wink, *Unmasking the Powers: The Invisible Forces That Determine Human Existence* (Philadelphia: Fortress Press, 1986), 64~68쪽, 그리고 Stringfellow, *Ethic for Christians*, 150~51쪽 등을 참고하라.

59 Jacques Ellul, *Violence: Reflections from a Christian Perspective*, trans. Cecelia Gaul Kings (New York: Seabury Press, 1969), 166.

60 Jacques Ellul, *The Subversion of Christianity*, trans, Geoffrey W. Bromiley (Grand Rapids: Wm. B. Eerdmans Publishing Co., 1986), 180.

61 그리스도인들이 권세자들에게 저항하는 행위로 돈을 조건 없이 나눌 때 선을 축적하는 데 사용할 수 있는 돈이 많지 않기 때문에 그들의 삶의 스타일은 불가피하게 보다 더 단순해져야 한다. 단순한 생활 양식을 형성하면서 저항으로서의 청지기직은 간접적으로 성도들로 하여금 소비자 중심주의 문화 가운데서 권세자들에게 저항의 행동을 스스로 할 수 있는 라이프 스타일로 옮겨가게 만든다.

62 분명하게 교회 안에는 재진술되어야 할 다른 많은 실천들이 있다. 예를 들어 세례는 수직적인 지배 구조를 배열하는 현대 문화에 대한 저항의 행위가 된다(갈 3:28).

다른 것들 가운데서도 특히 성찬은 경제적 불평등과 사회에서의 억압에 대한 저항의 행위가 된다(고전 11:17~34). 설교자들은 교회의 모든 전통적인 실천들을 점검해야 하는데, 그것들이 세상의 권세자들에게 저항의 실천을 온전히 수행하고 있는지 그 방식을 분간하기 위하여 그리해야 한다.

63 Warren, *At This Time*, 57, 59.

64 부르디외의 작품에 깊이 의존하면서 주장을 펼쳐가는 워런에 따르면 스피치는 의식 속에 그러한 실천을 가져오도록 해야 하며 그것을 변화시키는 것이 되어야 한다. 위의 책, 110.

65 본인도 애틀랜타의 몇 교회에서 안전경비요원들을 만날 수 있었고, 그 교회 교인들과 이러한 안전경비요원에 대한 논의에 참여한 적이 있다.

66 엘룰이 그의 저작 전반에서 논의하고 있는 것처럼 권세자는 "필수불가결한 것"의 영역을 만들어 낸다. 그것은 복음에 나타난 기독교의 자유에 반대되는 것이다.

67 교제의 실천과 다수결의 원칙을 넘어서는 실천에 대한 마르바 던의 논의를 보기 위해서는 Dawn, *Powers, Weakness*, 94~97쪽을 참고하라.

68 모든 설교가 이런 비전에서 실천으로 나아가야 한다는 사실을 제시하려고 한 것이 아니다. 오히려 회중을 위한 설교 사역에서 이 두 가지 차원이 제시되고, 분명하게 함께 작용하면서 이루어져야 한다는 사실을 강조한 것이다.

69 이것은 공관복음에서뿐만 아니라 요한복음에서도 강조되고 있다. 예수님께서는 제자가 될 만한 사람들에게는 "와서 보라."(요 1:39)고 말씀하셨다. 예수님께서 초대하신 말씀의 순서가 중요하다. 먼저 제자들에게는 따르라('와서')고 말씀하셨고, 그때 그들은 예수님이 누구이신지를 '보기' 시작하였다.

70 Dietrich Bonhoeffer, *The Cost of Discipleship*, rev. ed., trans. R. H. Fuller (New York: Macmillan, 1959)를 참고하라. 장 칼뱅은 그의 『기독교 강요』 4권에서 "은혜의 방편"으로서의 실천에 대해서 논의한다.

71 Duff, "Significance of Pauline Apocalyptic," 290~91. 더프가 주장한 대로 죄의 고백은 진정한 회개에 있어서 필수적이지만 행동으로 옮기게 하는 데 유용한 동기는 아니다.

72 Warren, *At This Time*, 69.

73 위의 책, 56.

74 위의 책, 22.

75 공동의 일련의 실천으로서의 십계명에 대한 연구로는 James William McClendon Jr., *Systematic Theology: Ethics* (Nashville: Abingdon Press, 1986), 177~84쪽

을 참고하라.

76 Duff, "Pauline Apocalyptic," 286~87. 더프는 이 특별한 인용 가운데 권세에 대해서 언급하고 있지는 않지만 그의 논문 전반에서 권세와 관련시키고 있다. 예수님께서 만드신 그 '공간'은 권세자에게 사로잡혀 있던 것에서 풀려나는 자유의 공간이다. 더프는 묵시록이 예수 그리스도 안에서 세상에 침입해 들어오는 새로운 실재와 세상을 보는 새로운 방식을 포함하고 있다고 주장한다. 예수 그리스도 안에서 세상과 그것을 인식하는 우리의 방식은 바뀌게 된다.

77 이 구절은 다음의 책에서 빌린 것이다. Walter Brueggemann, *Living toward a Vision: Biblical Reflections on Shalom* (Philadelphia: United Church Press, 1976). 좀 더 분명히 하자면 이러한 미래 지향적인 종말론은 바로 전에 언급되었던 종말론 이해와 완벽하게, 혹은 쉽게 구분되는 것은 아니다. 차이는 강조의 문제이다.

78 역주/ 1981년 미국의 제너럴 일렉트릭(General Electric)사의 핵미사일 기지에 침입해 2개의 원뿔형기수를 부수고 자료들에 붉은 물감을 쏟아 부으면서 평화를 위한 기도를 했던 반전 행동 단체이다. 뉴욕 출신의 작가이자 시인이며 예수회 신부인 다니엘 베리건(Daniel Berrigan), 볼티모어 요나의 집(Jonah House) 공동설립자이자 신부인 필립 베리건(Philip Berrigan), 뉴헤븐의 평화공동체서약(Covenant Peace Community) 회원인 딘 해머(Dean Hammer), 뉴욕 출신의 대학교수이자 뮤지션인 엘머 마스(Elmer Maas), 선교사이자 노동수사인 칼 카밧(Carl Kabat), 뉴욕 출신의 교사이자 성심수녀회 수녀인 앤 몽고메리(Anne Montgomery), 피츠버그의 토마스 머튼 센터(Thomas Merton Center)의 설립자이자 수녀원장인 몰리 러쉬(Molly Rush), 해군 출신으로 법률가인 존 슈차트(John Schuchardt) 등이 구성원이었는데, 그들은 체포되어 5년에서 10년 형을 선고받았고 약 23개월을 복역하고 1990년 가석방되었다.

79 Aristotle, *Rhetoric*, 1.9.35~36. David A. DeSilva, *Perseverance in Gratitude: A Socio-Rhetorical Commentary on the Epistle "to the Hebrews"* (Grand Rapids: Wm. B. Eerdmans Publishing Co.), 355쪽에서 재인용하였다.

80 DeSilva, *Perseverance in Gratitude*, 355.

81 많은 주석들이 히브리서를 하나의 '설교'로, 히브리서 기자를 '설교자'로 제시한다. 예를 들어 DeSilva, *Perseverance in Gratitude*: Thomas G. Long, *Hebrews* (Louisville, Ky.: Westminster John Knox Press, 1997)를 참고하라. [역주/ 이것의 번역서로는 김운용 역, 『현대주석: 히브리서』 (서울: 한국장로교출판사, 2005)를 참고하라].

82 일상의 삶 속에서 실천을 수행한 덕이 높은 성인과 같은 사람들이나 공동체의 이

야기를 들려주는 것은 아주 중요하다. 그러한 스토리는 회중이 수행 가능한 것으로 느낄 수 있게 만드는 신실한 실천의 좋은 본보기를 제시한다. 제시되는 사람들이 회중과는 너무 "거리가 먼" 사람으로 보이게 되면 오히려 회중을 좌절감과 무력감에 빠지게 할 수 있다. 그럼에도 불구하고 수행의 거장들의 그러한 예는 신실한 실천을 생생하게 해 줄 수 있는 비전을 갖게 하기 때문에 중요하다. 국제적인 기독교 공동체들의 실천과 보다 전통적인 회중을 위해 제시하는 함축적 의미를 탐구하는 데 도움이 되는 책으로는 Luther E. Smith Jr., *Intimacy and Mission: Intentional Community as a Crucible for Radical Discipleship* (Scottdale, Pa.: Herald Press, 1994)을 참고하라.

83 위치 변동(dislocation)이라는 용어는 Warren, *At This Time*, 68, 71~72쪽에서 빌린 것이다.

84 Orlando E. Costas, *Christ Outside the Gate Mission beyond Christendom* (Maryknoll, N.Y.: Orbis Books, 1982), 192. 워런은 위치 변동에 대해 말하면서 "신성하게 하는 사회적 계급" 밖으로 발을 떼어놓을 필요가 있는 것으로 설명한다. Warren, *At This Time*, 68.

85 연대하는 것보다는 위치 변경에 초점을 맞춘 것은 그것이 너무 웅장한 것이어서 가장 특권층이며 중심교단에 속한 회중이 가난한 사람들과의 '연대'를 감히 말하기 어려워 할 것이라는 생각 때문이었다. 첫 번째 단계는 위치 변경이다. 그 안에서 그리스도인들은 억압의 자리로 그들이 나아갈 수 있게 하며, 권세자들에 의해 희생당한 사람들을 아주 똑똑하게 보면서 거기에서 배우기 시작한다.

86 Warren, *At This Time*, 68; Costas, *Christ Outside the Gate*, 192.

87 Warren, *At This Time*, 68. 권세자들의 역사를 분간하기 위한 위치 변동의 중요성에 대해 보다 확대된 경험적 설명을 위해서는 Stanley P. Saunders and Charles L. Campbell, *The Word on the Street: Performing the Scriptures in the Urban Context* (Grand Rapids: Wm. B. Eerdmans Publishing Co., 2000)를 참고하라. 위치 변동의 실천과 그것을 보다 온전하게 수행하게 하는 덕에 대해서는 다음 장에서 논의하게 될 것이다.

88 드실바는 히브리서가 그리스도인들을 계속적으로 문지방에 서 있는 상태(liminality)로 초대하고 있다고 주장한다. DeSilva, *Perseverance in Gratitude*, 503. [역주/ 리미널리티는 문화인류학자인 빅터 터너가 사용한 용어로, "원초적 가설의 영역"이며 "흥미로운 비상식의 영역"이며 "사회구조의 어떤 지위에 의존하는 규범의 얽매임을 거부하는 행동의 무한한 자유, 상징적 자유"를 드러내는 영역으로 그곳에서 일어나는 것을 리미널리티로 개념화한다. 이것은 순수한 잠재력을 가지고 있으며 관습으로부터 해방되어 무슨 일이든지 일어날 수 있는 문화적으로 주어진 것과 새

로운 결합이 유쾌하게 시험되는 가능성의 영역으로 설명한다].

**89** 위의 책. 프랜시스는 함께 있음을 통한 연대의 아주 급진적 형태의 실천을 놀랍게 수행했던 사람이기도 했다.

**90** 역주/ 도로시 데이(Dorothy Day, 1897~1980)는 미국의 작가이자 언론인이었으며, 생태운동가이자 사회운동가였다. 아동 노동과 가난한 자들의 현실을 집중적으로 보도하였으며, 여성참정권을 위해서도 활동한다. 환경운동의 실천을 위해 농촌 공동체를 세워 운영하였고, 스페인 내전이 발발하였을 때 미국 가톨릭교회의 우경화에 대해서도 비판의 목소리를 높였다. 1932년, 대공황의 절정기에 일어난 "굶주림의 행진"을 취재하기 위해 워싱턴에 간 도로시는 시위 참여자들에 대한 야만적인 처리와 민중을 굶주림으로 내모는 자본주의에 대해 깊은 슬픔과 분노를 느끼면서 노동자들과 민중을 위해 살아야겠다는 생각을 갖게 된다. 멘토 피터 모린과 함께 "가톨릭 워커"(가톨릭 노동자 운동)을 시작하였다. "일생 동안 괴로운 사람은 편안하게 해 주고, 편안한 사람은 괴롭게 했다."는 이유로 노트르담 대학교로부터 레테르 훈장을 받았고, 이삭 헤커상과 간디 평화상을 수상하였다. 1980년에 83세의 나이로 세상을 떠났다. 그의 자서전이 번역 출판되어 있다. Dorothy Day, *The Long Loneliness*, 김동완 역,『고백: 가난한 자들의 친구, 도로시 데이의 영적 순례기』(서울: 복 있는 사람, 2010)를 참고하라.

**91** 위치 변동의 순수한 실천과 단순한 '관광' – 종종 교인들의 단기선교 여행에서 그런 것을 찾을 수 있는데 – 사이의 중요한 차이에 대한 논의를 살펴보기 위해서는 Saunders and Campbell, *Word on the Street*, 132~34쪽을 참고하라.

**92** 그러한 위치 변동의 실천은 이상적으로 보다 진정한 유대를 향해서뿐만 아니라 가난과 억압을 영속화하는 제도적 불의를 공적으로 지적하는 행위에까지 다양하게 진행된다. 예를 들어 본인이 참석하고 있는 애틀랜타 다운타운에 위치한 교회 회중은 오랫동안 노숙자들을 섬겨왔는데, 그들을 위한 쉼터, 의료봉사, 아웃리치 센터 등을 제공해 왔다. 회중 가운데 많은 특권층의 교인들에게 있어서 '위치 변동'을 포함한 이러한 실천은 교회 안에 지원 사무실을 세우기 위한 계획까지 나아가게 했다. 그리고 그러한 구조적 불의에 대해 개선해 갈 수 있는 공적인 정책의 문제에까지 관심을 가지고 행동할 수 있게 했다. '위치 변동'의 실천으로부터 정의를 위한 사역으로까지 나아가게 한 것이 이 특별한 회중 가운데서 구체적으로 일어난 것이다.

**93** DeSilva, *Perseverance in Gratitude*, 501~2.

**94** 이러한 약속은 마태복음 25:31~46에 나오는 약속과 다르지 않다. 거기에서 예수님께서는 우리가 "지극히 작은 자"에게서 그분을(종종 우리가 그분을 몰라볼 때가 많아서 그렇지) 뵐 수 있다고 알려주신다.

**95** Costas, *Christ Outside the Gate*, 7.

**96** 위의 책, 193.

**97** 위의 책.

# 8장

## 설교한 것을 실천하기
### *Practicing What We Preach*

설교자가 예수님의 부활의 실재에 들어가게 되고
믿음의 공동체의 기억들에 잠입해 들어가며
고통의 자리에서 희망을 신장하기 시작할 때
그들은 복음의 구속적 말씀을 통해
세상 권세들에 비폭력적으로 저항하게 된다.

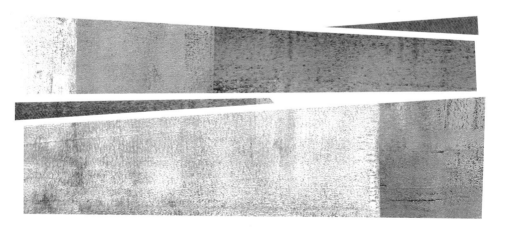

# 8장

• • •

# 설교한 것을 실천하기
*Practicing What We Preach*

앞의 6, 7장에서 세상의 통치자들과 권세들에 저항하기 위한, 그리고 설교를 통해 저항의 공동체로 세워가기 위한 구체적인 설교학적 제안들을 제시하였다. 그러한 특별한 설교학적 기술들은 중요하지만 그것들이 전체 이야기는 아니며 가장 중요한 부분도 아니다. 설교를 권세자들에 대한 비폭력적 저항의 실천으로 이해할 때 설교자의 품성(character)은 가장 중요한 역할을 한다. 그러한 설교는 설교학, 혹은 해석학적 기교에 의해서 제한될 수 없다. 그러나 보다 개인적 차원에서 설교자의 분명한 실천들, 덕, 그리고 훈련을 요구한다. '지배 체제'의 정신이 그 안에서 살아가는 사람들의 정신에 아주 깊은 영향력을 주기 때문에, 누구나 그렇지만 설교자도 권세들에 사로잡히기 쉬운 사람이기 때문에 그러한 체제에 저항할 수 있는 특별한 덕을 개발해야 한다.

그들 역시 설교자로 그의 품성을 형성하게 될 비폭력적 저항의 영성을 함양해야 한다. 주일 아침 설교는 그때 세상 권세들에 저항하는 그리스도인의 매일의 실천에 뿌리를 두게 될 것이다. 또한 설교자의 마음(heart), 정신(mind), 그리고 몸을 형성하는 보다 광범위한 영적 훈련의 일부가 될 것이다.[1]

존 콜트레인(John Coltrane)이 그의 음악에 대해 언급한 해설은 삶의 실천과 설교 사이의 이러한 관계성에 적용시킬 수 있다.

> 나의 목표는 진정으로 신앙적인 삶을 사는 것이며, 그것을 나의 음악을 통해 표현하는 것이다. 만약 당신이 그러한 삶을 살아낸다면 연주할 때 음악이 모든 일들의 부분이기 때문에 별 문제 없이 수행할 수 있을 것이다. 음악가가 된다는 것은 정말로 실재물(something)이다. 그것은 아주 깊게 들어간다. 나의 음악은 내가 누구인가를 영적으로 표현하는 것이며, 나의 믿음, 나의 지식, 나의 존재를 영적으로 표현하는 것이다.[2]

콜트레인의 해설을 말을 바꾸어서 설명하면 설교의 실천에 있어서 설교자의 삶의 중요성을 누구나 인지하게 된다.

> 나의 목표는 진정한 그리스도인의 삶을 사는 것이며, 나의 설교를 통해서 그것을 표현하는 것이다. 만약 당신이 그러한 삶을 살아낸다면 당신이 설교할 때 그 설교가 모든 일들의 부분이기 때문에 별 문제없이 수행할 수 있을 것이다. 설교자가 된다는 것은 정말로 실재물이다. 그것은 아주 깊게 들어간다. 나의 설교는 내가 누구인가를 영적으로 표현하는 것이며, 나의 믿음, 나의 지식, 나의 존재를 영적으로 표현하는 것이다.

권세자들의 면전에서 설교하는 것은 목회자들이 비폭력적 저항의 실천에 관련하여 거기에 부합한 삶을 살 것을 요구한다. 그러한 헌신이 없이는 설교자들은 세상에서 권세자들의 활동을 분간할 수 없게 되거나 강단에서 비폭력적으로 그들에 대해 저항할 수 없게 될 것이다.

월리엄 스트링펠로우도 마찬가지로 하나님의 말씀으로 권세자들에게 저항하게 될 설교자의 삶의 중요성을 강조한다. 그는 말씀의 설교를 수많은 다른 "말씀의 실천들" 가운데 위치시킨다. "말씀을 알라, 말씀을 가르치라, 말씀으로 양육하라, '말씀을 설교하라', 말씀을 방어하라, 말씀을 화육화하라, 말씀을 행하라, 말씀을 삶으로 살아내라."[3] 근본적으로 설교자는 "말씀의 파수꾼"(keeper)이라고 칭해졌는데, 그것은 강단에서뿐만 아니라 그의 삶에서 말씀을 지키는 사람이라는 의미이다. 이와 같이 설교와 삶은 분리할 수 없는 것이다.[4] 설교학자들이 종종 기교의 문제에 초점을 맞출 때에 스트링펠로우는 권세들에 대한 비폭력적 저항의 실천으로서의 설교는 필수적으로 개인적이고 공동적인 실천의 거대한 구성물의 필요한 부분이라고 우리를 일깨워 준다.

만약 이러한 실천들과 덕들이 설교자를 형성하지 못한다면 그때 설교의 모든 것은 너무 쉽게 권세자들의 위험과 유혹(seduction)에 사로잡히게 되고, 설교의 저항으로서의 특징이나 비폭력으로서의 특성은 상실하게 된다. 제일 먼저 비폭력적 저항의 덕 안에서 영성 형성이 이루어지지 않으면 설교자는 무엇보다도 그의 특권 안에서 만족을 누리려고 할 것이다. 권세자들의 방식에 타협하면서 주어지는 이득을 즐기면서 설교자는 강단에서 저항하는 말을 한 마디도 하지 못하게 된다. 설교는 단지 '지배 체제'의 가치에 따라 단순한 '성공'의 수단으로 전락하게 될 것이다. 둘째, 설교자는 무엇이든 변화의 가능성은 단념해 버리고 저항할 의지도 상실해 버린 채 사기가 저하된다(demoralized). 이러한 경우에 설교는 늘 죄책감의 짐만 늘어나게 하고 좌절감을 낳게 하는 부담이 마지못해 감당하는 냉소적인 활동(cynical activity)으로 전락하게 된다. 셋째, 권세자들과 맞서서 저항을 계속하는 설교자는 모두에게, 그리고 모든 일에 호통을 치고 미쳐 날뛰는 듯한 실망감을 줄 수 있다.

결과적으로 설교는 권세자들에 대한 비폭력적 저항의 실천이 되는 것이 아니라 폭력적인 속임수의 형태와 '지배 체제'가 정신에 완전히 사로잡혀 있는 언어 남용이 된다. 요약하면 6장과 7장에서 제시한 구체적인 제안들은 설교하는 사람의 실천과 덕을 얼마나 깊이 이루어 가느냐에 달려 있다.

이 장에서 본인은 권세자에 대한 비폭력적 저항으로서의 설교 사역을 감당하게 될 사람들의 삶을 형성하는 실천과 덕에 대해 살펴보고자 한다. 먼저, 설교를 풍성하게 하는 설교학적 관점에서 중요한 사랑의 덕을 포함하여 교회 안에서의 호의(friendship)의 실천에 대해서 살펴보려고 한다. 교회를 위한 하나의 모델로서의 호의는 비폭력적 저항으로서의 설교를 위한 상황(context)을 제공해 줄 뿐만 아니라 그 덕이 형성되고 저항의 삶을 삶으로 살아내는 상황을 제공해 준다. 호의에 대한 이러한 논의 이후에 비폭력적 저항으로서의 설교에 참예하는 설교자에게 필요한 다른 네 가지의 덕인 신실함, 분노, 인내, 그리고 희망에 대해서도 살펴보고자 한다.[5]

## 친구들의 공동체

요한복음 15장 12~17절에서 예수님께서 제자 공동체에 다음의 말씀을 주셨다.

> 내 계명은 곧 내가 너희를 사랑한 것 같이 너희도 서로 사랑하라 하는 이
> 것이니라. 사람이 친구를 위하여 자기 목숨을 버리면 이보다 더 큰 사랑
> 이 없나니 너희는 내가 명하는 대로 행하면 곧 나의 친구라. 이제부터는
> 너희를 종이라 하지 아니하리니 종은 주인이 하는 것을 알지 못함이라.
> 너희를 친구라 하였노니 내가 내 아버지께 들은 것을 다 너희에게 알게
> 하였음이라. 너희가 나를 택한 것이 아니요 내가 너희를 택하여 세웠나
> 니 이는 너희로 가서 열매를 맺게 하고 또 너희 열매가 항상 있게 하여 내
> 이름으로 아버지께 무엇을 구하든지 다 받게 하려 함이라. 내가 이것을
> 너희에게 명함은 너희로 서로 사랑하게 하려 함이라.

이 놀라운 구절에서 예수님께서 제자들을 종이라고 부르지 않고 친구라고 부르고 있을 뿐만 아니라 교회 자체를 친구 공동체로 세우고 계신다.[6] 예수님께서 제자들을 사랑하신 것처럼 그들도 서로 사랑하게 되면 – 서로를 위해 그들의 생명을 주는 친구로서 – 그들이 그분의 친구가 될 것이라고 제자들에게 말씀하셨다. 이와 같이 예수님께서는 친구로서의 사귐(friendship)을 다른 사람의 선을 위해 성도들이 자기 자신을 주는 성숙한 사랑으로 표현하시며 그것이 교회의 삶을 형성한다고 말씀하신다. 그러한 친구로서의 사귐은 예수님께서 확증하신 대로 교회에 주는 은혜로운 선물이며("너희가 나를 택한 것이 아니요 내가 너희를 택하여 세웠나니"), 명령받은 책임이다(12, 14, 17절).

친구로서의 사귐이라는 용어를 강조한 것은 아님에도 불구하고 게르하르트 로핑크(Gerhard Lohfink)는 상호 호혜적인 대명사인 '서로'(one another, 알레론)에 강조점을 두면서 비슷하게 기독교 공동체 안에서 관계의 성숙과 질을 강조하였다. 이 대명사는 요한복음 15장 12~17절에 나오는 제자들에게 주신 예수님의 말씀을 형성하는데, 서신서에서는 기독교 교회론의 중요한 측면을 보여준다고 주장한다. 이러한 대명사를 사용하는 본문들은 제자도의 삶 가운데 함께 자라가는 친구 공동체를 특성화 짓는 성숙한 사랑의 기독교적 이해를 명료하게 제시해 준다.

존경하기를 서로 먼저 하며(롬 12:10)

서로 마음을 같이하며(롬 12:16)

너희도 서로 받으라(롬 15:7)

능히 서로 권하는 자임을 나도 확신하노라(롬 15:14)

너희가 거룩하게 입맞춤으로 서로 문안하라(롬 16:16)

모일 때에 서로 기다리라(고전 11:33)

서로 같이 돌보게 하셨느니라(고전 12:25)

서로 종 노릇 하라(갈 5:13)

너희가 짐을 서로 지라(갈 6:2)

피차 권면하고(살전 5:11)

서로 덕을 세우기를 너희가 하는 것 같이 하라(살전 5:11)

너희끼리 화목하라(살전 5:13)

서로 대하든지 모든 사람을 대하든지 항상 선을 따르라(살전 5:15)

사랑 가운데서 서로 용납하고(엡 4:2)

서로 친절하게 하며 불쌍히 여기며(엡 4:32)

피차 복종하라(엡 5:21)

서로 용납하여 피차 용서하되(골 3:13)

너희 죄를 서로 고백하며(약 5:16)

서로 기도하라(약 5:16)

마음으로 뜨겁게 서로 사랑하라(벧전 1:22)

서로 대접하기를 원망 없이 하고(벧전 4:9)

다 서로 겸손으로 허리를 동이라(벧전 5:5)

우리가 서로 사귐이 있고(요일 1:7)[7]

친구 공동체로서 성도들은 이러한 종류의 상호간의 격려와 지원, 그리고 교정(矯正) 등에 참여함으로 서로 사랑 가운데서 자신을 준다.

그러한 친구 공동체는 이 책 전반을 통해 제시해 온 설교를 위한 컨텍스트를 제공해 준다. 다른 사람을 위해 베푸는 상호적이고 자기 줌의 사랑은 설교자의 첫째 되는 덕이다. 설교자가 우정의 공동체 안에서 나누고 친구들 사이에서 설교를 하는 것으로 이해할 때 그의 설교는 권세자에 대한 비폭력적 저항을 담대하면서 신실하게 실천하는 것이 될 수 있다.

### 친구들 사이에서의 설교

비폭력적 저항으로서의 설교는 특별한 도전에 직면한다. 이제 선명해지는 것처럼 그런 설교는 강한 단어들을 요구할 것이다. 설교자는 요구하게 되며 확신을 나누게 되고 설득하려고 할 것이다. 비폭력적 저항의 실천으로서의 설교는 결론의 개방성의 특징을 갖는 귀납적 특징이나 대화적 형태는 추구하지 않을 것이다. 흔히 귀납적 형태는 단순히 사람들이 그들 자신의 결론을 내리고 자기 자신의 결단을 내리도록 공간을 만들려고 한다.[8] 그럼에도 불구하고 귀납적 설교와 대화적 설교로 나아가도록 했던 그 관심사는 설교가 권세자들에 대한 비폭력적 저항의 행위가 되려고 할 때 그러한 설교에는 중요한 요소가 된다. 하나님의 말씀의 권위는 "그의 생명을 친구를 위해 내려놓으신" 분의 권위이기 때문에 로핑크가 쓰고 있는 대로 설교자의 직임은 "세상의 권세와 지배자의 구조를 반영해서는 안 된다."[9] 귀납적 설교와 대화적 설교를 주창하는 학자들은 정확하게 논의한 것처럼 설교자는 지배와 강압의 수단으로 이 말씀을 전할 수 없다.

비폭력적 저항의 실천으로서의 설교를 위한 위대한 도전은 지배의 또 다른 형태가 되지 않고 그 주장을 만들어 간다는 – 비록 권위를 가지고 말할 수 있지만 – 점이다. 한편 설교는 불가피하게 권세를 포함하게 되고 다른 모든 목소리를 침묵하게 만드는 소리가 될 수 있다는 위험을 가지고 수행된다. 생각해야 할 것과 행해야 할 것을 다른 사람에게 이야기하면서 한 사람은 말한다. 그때 모든 사람들은 침묵 가운데 머물러 있고 수동적으로 앉아 있다.[10] 다른 한편으로 어떤 주장도 만들려고 하지 않는 – 권세자들을 폭로하고, 하나님의 대안을 비전으로 전달하며, 저항의 실천 가운데 교회를 양육하는 것을 회피하는 – 설교는 거의 권세자들을 대면하여 적절하게 역할을 할 수가 없다. 권세자와 대면하는 스피치는 담대하고 대담해야 한다.

이러한 좁은 길로 걸어가기 위해 설교자는 친구들의 공동체 안에서 친구의 자세를 취하여야 한다. 이러한 자세는 설교자로 하여금 다른 모든 소리들을 잠잠하게 만들지 않고, 또한 설교 자체를 지배의 행위로 삼지 않으면서 확신과 심지어는 권위를 가지고 말할 수 있게 만들어 준다. 그러한 접근은 설교하는 20분의 시간으로부터 설교가 행해지는 공동의 관계성으로 주의를 돌리게 만든다. 친구들의 공동체 안에서 설교자는 그의 설교를 통해서 회중을 조정하고 지배하려고 하지 않는다. 오히려 자신의 친구들을 위한 사랑으로 공동체의 선을 추구해간다. 중요한 의제는 설교 그 자체가 공식적으로 "결론의 개방성"을 가져야 하는지 혹은 대화적이 되어야 하는지가 아니라 설교는 사랑에서 나와야 하며 친구들의 공동체 안에서 보다 광대한 강화의 일부분으로 제시되어야 한다는 점이다.

이러한 방식으로 설교를 이해할 때 설교는 담대해질 수 있고, 지배의 형태가 되지 않고서도 권위를 가지고 행해질 수 있다. 친구가 우리에게 말할 때 우리는 일단은 들으려고 한다. 우리는 친구들과 공동의 목적을 공유하고 있고, 친구는 우리를 돌보며 우리가 잘 되는 일을 도모한다는 사실을 안다. 이러한 관계성 안에서 우리는 친구들로부터 강한 어조의 말 – 우리를 위로하고 지지하는 말뿐만 아니라 비판의 말과 도전의 말들 – 을 듣고자 한다. 친구는 "서로 권하는"(롬 15:14) 일을 할 수 있고 또한 실제로 그리한다. 실로 본인이 들었던 말들 가운데 가장 도전이 되는 말의 하나는 믿을 수 있고 존경하는 친구로부터 들었던 말들이다. 그들은 나에게 말하기 어려운 사실들을 말해 주곤 했다. 내가 듣기에 좀 부담스러운 내용도 있었지만 우리의 우정 때문에 그것을 들으려고 했다. 더욱이 우리의 관계 때문에 내 친구의 말들은 권위를 가지고 – 권위주의가 되지 않고 – 전해져 왔다. 나는 주의해서 그들에게서 들으려고 했고 그것들을 진지하게 받아들였다. 그들은 내게 요구하기도 했고 어떤 방식으로든 내가 응답해야 한다는 사실도 알고 있었다. 강압을 받았기 때문이 아니라 우리의 관계성 때문이었다. 실로 친구들은 지배 관계성에 의해서 그리됨이 없이 "피차 서로 복종"(엡 5:21)할 수

있다.[11]

기독교 공동체의 상황에서 이와 같이 설교는 친구들 사이의 만남과 같이 작용한다. 그의 기준이 친구로서의 사귐의 하나인 설교자는 다른 사람의 유익을 진지하게 구하는데 이때 도전적인 말씀을 선포할 수 있다. 교회를 세우기 위해 그것이 비록 심판의 말씀일지라도 그리 한다. 실로 그러한 말씀은 친구들 사이에서 때에 따라 기대감을 갖게 할 수 있다. 친구들은 그 메시지에 동의하지 않는다 하더라도 일단은 들으려고 한다. 더욱이 이러한 상황에서 설교자는 권위주의가 되지 않고 권위 있게 말하게 될 것이다. 설교자는 친구의 권위를 가지고 말한다. 그 권위는 단순하게 설교자의 인성에 놓여 있지 않고 그 친구로서의 사귐에 참여하는 공동체 안에 놓여 있다. 그 권위는 권세자로서 설교자에 의해 요구되는 것이라기보다는 친구로서의 설교자에게 주어지는 것이다. 친구들 사이에서 도전적이고 권위적인 내용은 설교가 지배의 행위가 되지 않고 전해질 수 있다는 사실이다.

동시에 친구 공동체 안에서의 설교자는 다른 모든 목소리를 침묵하게 만드는 하나의 목소리가 되지 않는다. 친구로서의 사귐의 특성은 성숙함과 동등함을 포함하기 때문에 설교자는 회중에게 열려 있고 공격을 받을 수 있는(vulnerable) 특성을 가지고 있다. 모든 회중은 친구로서의 사귐에 있어서 온전하고 역동적인 참여자인데, 삶의 자리에서 제자도의 특성을 이루어 가기 위해 함께 몸부림치는 것과 마찬가지로 때때로 설교자들에게 도전하기도 하고 권고하기도 하며, 지지하기도 하고 위로하기도 한다. 친구 공동체에서 모든 목소리는 권위 – 목사 안수를 받았느냐, 안 받았느냐에 의해서가 아니라 관계에서 오는 친구의 권위 – 를 가지고 수행된다. 설교자는 저항의 실천과 덕 가운데서 양육된 교회의 믿음으로 살았던 믿음의 영웅들로부터 필연적으로 배우게 된다. 이러한 성도들은 권세자들에게 자신이 어떻게 사로잡혀 있는지를 설교자에게 깨우쳐 주며, 그들은 세상의 새로운 비전과 저항의 새로운 실천에로 초대받는다.

실로 친구 공동체 안에서 강단 그 자체는 궁극적으로 누구 한 사람에게 '속한' 것이 아니라 회중 가운데 다양한 목소리에 열린 상태로 존재한다. 친구들 가운데서 실천과 힘은 함께 공유하는데 그것은 강단도 예외는 아니다. 목회자가 이 목회를 위한 특별한 책임을 가지고 있지만 거기에서 아무도 배제될 수는 없다. 회중 가운데 누구나 친구 공동체에서 말할 수 있도록 초대를 받았다. 설교자보다 다른 성도들이 어떤 권세를 폭로하고, 대안을 비전으로 제시하며, 저항의 실천을 하도록 회중을 양육하는 사람이 되어야 한다. 사실 전통적으로 강단에서 배제된 이러한 사람들은 교회와 세상에서 권세자들의 활동을 독특하게 경험해 왔으며 선포해야 할 특별히 중요한 말씀을 가진 사람들일 수 있다.[12] 이러한 방식으로 강단을 개방하게 되면 설교자는 그의 설교 가운데서 "통제윤리"(ethic of control)보다는 "모험윤리"(ethic of risk)를 가장 온전하게 구현하는 것이다. 심원한 의미에서 설교자는 그의 생명을 그의 친구들의 유익을 위해 내놓는 것이다. 그 과정에서 설교의 실천은 그리스도인들이 서로 가져야 할 상호간의 사랑을 구현하는 것이 된다. 그것은 '지배 체제'의 방식에 사로잡히는 것을 피하면서 세상의 통치자들과 권세들에 대한 저항의 실천이 된다.

## 친구로서의 사귐과 성품윤리

교회를 위한 모델로서 친구로서의 사귐(friendship)[13]은 설교를 위한 컨텍스트뿐만 아니라 공동체가 권세자들에 대한 저항하는 삶을 포함하여 공동체의 도덕적 삶을 보여줄 수 있는 유용한 방식을 제공하기도 한다. 성품윤리의 영역에서는 친구로서의 사귐이 중요한 역할을 한다. 인간 존재의 관계적 품성 때문에 우리는 다른 사람과의 관계를 통하여 존재하는 사람이 되어간다. 일반적으로 우리 삶에 관해 진실인 것은 세상의 통치자들과 권세들에 대해 저항하는 삶을 살기로 결정하는 데 특별한 덕의 발전이 필요하다는 사실이다. 그러한 덕은 고립되어서 발전될 수 없으며 그들이 양육받은 공동체를 필요로 한다. 같은 비전을 공유하고, 같은 선을 추구하며, 공통의 실천에 참여하는 다른 사람들과의 관계 속에서 사람들은 저항에 필요한 덕을 발전시킨다. 실로 고립은 권세자들이 세상에서 자기의 방식을 수립하기 위해 사용하는 전략의 하나이기 때문에 저항의 덕(virtues of resistance)을 함양하기 위해 공동체가 함께 모이는 것은 그 자체로 권세자에 대한 저항의 중요한 차원이다.

성품윤리의 전통에서 친구로서의 사귐은 덕을 형성하는 중심적 관계성을 설명하는 주요한 방식이 되어 왔다. 윤리학의 초점은 주로 어떤 문제나 결정에 있지 않고 사람에게 있기 때문에 친구로서의 사귐은 윤리학의 중심적인 관심사가 되었다. 고립된 개인들이 윤리적 결단을 만들 수 있다(현대적 접근)는 이성적인 규칙들과 원칙들을 발전시키려고 하는 대신에 윤리학은 사람의 성품이 형성되는 그러한 관계에 초점을 맞추었다. 예를 들어 그의 책,『니코마코스 윤리학』에서 아리스토텔레스는 10장 중에서 2개의 장을 친구로서의 사귐에 할애하고 있다.[14] 성품윤리를 소중히 여기는 기독교 전통의 견해 안에서 친구로서의 사귐은 중요한 역할을 해 왔다.[15] 개신교 윤리학자 폴 워델(Paul Wadell)은 도덕적 삶에 있어서 친구로서의 사귐의 필수적 역할에 사로잡혔던 학자이다.

이와 같이 친구로서의 사귐은 도덕적 삶을 위해 좋을 뿐만 아니라 절대 필요한 요소이다. 그것을 나누는 사람들과의 관계를 통해서보다 우리를 온전케 하는 미덕과 접촉할 수 있는 더 좋은 다른 길은 없다. 그것이 도덕적 발달에 있어서 친구로서의 사귐이 왜 중요한지 말하는 이유이다. 그것은 도덕 형성의 중심에 해당한다. 우리가 친구들을 갖는 이유 중의 하나는 그들과 나누는 것이 좋기 때문이다. 그러나 우리는 친구와의 사귐이 증대되고 즐거움이 되는 것만으로는 결코 선해질 수 없다. 실로 우리는 전혀 그렇게 될 수 없다.[16]

성품윤리의 구조 안에서 친구로서의 사귐은 '감상적인' 방식으로 이해되어서는 안 된다. 그것은 낭만적이거나 혹은 피상적이거나 아무 생각이 깊지 못한 것도 아니다.[17] 오히려 친구들은 세상의 비전과 삶의 공통의 목적을 함께 공유하는 사람들이다.[18] 친구로서의 사귐은 "덕의 학교"(school of virtue), 즉 사람들이 그들의 공동의 비전과 목적을 삶으로 살아내기 위해 필요한 덕을 형성하는 공동체를 제공한다.[19] 친구들은 공동의 선을 향해 함께 길을 떠난다. 그들은 "친구 순례자들이며……같은 질문을 가지고 여행하는 사람들"이다.[20] 그 길을 따라 그들은 그 여행에 필요한 덕을 함양하며 보존해 간다. 이와 같이 친구 사귐은 관계일 뿐만 아니라 도덕적인 진취적 기상(enterprise)이다.[21]

친구 공동체로서 교회는 하나님의 샬롬이라는 선을 향하여 함께 나아가는 순례자들이다. 세상 권세자의 상황에서 그러한 여정은 교회가 권세자들의 지배, 폭력, 죽음의 방식에 대안으로 구현하려고 하는 것과 같이 저항의 형태를 취하게 된다. 교회의 구성원들은 하나님의 새로운 질서에 대한 비전을 공유하며 공동체로 하여금 그 비전을 보존하고 평생 삶으로 살아내도록 도와주는 덕과 실천들을 함양하려고 한다. 그 공동체의 구성원들은 하나님의 샬롬을 향한 여행을 형성하는 덕과 실천들 가운데서 공동체가 함께 자라갈 수 있도록 만들면서 상호간에 비평도 하고, 격려와 지지도 보내며, 도전하기도 한다. 친구 공동체로서 성도들은 저항의 도덕적 삶 가운데서 함께 자라간다.

더욱이 기독교적 친구로서의 사귐(Christian friendship)이 예수님의 스토리에 의해서 형성되고 하나님의 샬롬을 구할 때 그 공동체는 자신만을 향해 닫혀 있지 않고 낯선 나그네들과 적을 포함하여 언제나 세상을 향해 열려 있다. 신실한 기독교의 친구 사귐은 편협하지 않은 넓은 기독교의 사랑으로 인도해 준다. 기독교 공동체에서 친구로서의 사귐에 있어 "선택적인 사랑"(preferential love)은 '아가페'의 "우주적 사랑"에 반하지 않는다.[22] 그러한 친구 공동체로서 교회는 실제로 '아가페' 사랑 안에서 성도들을 양육하는데, 온 세상에 확대되어야 할 그 사랑을 교회는 함께 공유한다. 워델이 쓰고 있는 것처럼, '아가페'와 친구간의 사랑(필리아) 사이의 구분은 표면적으로는 하나이다.

하나님의 나라를 먼저 구하는 사랑에 의해 세워지는 어떠한 친구 사귐도 하나님의 나라가 집이라는 사람들을 위한 우정 안으로 촉발된다……. 믿음의 공동체가 하나님의 방식을 좋아하는 공동의 노력으로 함께 세워진다면 이 좋아함은 방해하는 것이 아니라 실제로 그들이 세상 사랑하기를 배우는 수단이 된다. 실제로 그들 가운데 특별한 사랑이 있다. 왜냐하면 그들은 그들이 스스로 소중하게 여기는 것, 즉 하나님을 향한 허기와 목마름, 온 마음과 영혼을 다해 하나님을 사랑하고자 하는 깊은 열망 등이

다른 사람에게서 타오르고 있는 것을 보기 때문이다. 실제로 그들은 아리스토텔레스의 친구들과 같이 그들이 중요하다고 생각하기 때문에 그들이 누군가를 사랑하지 않는 것과 같은 방식으로 서로를 사랑한다. 그러나 그들의 우정이 그들 사이에 공유하기를 바라는 것에 토대를 두고 있기 때문에 하나님이 사랑하시는 사람들, 즉 천한 사람들, 버려진 사람들, 사생아들, 외면당한 사람들, 그리고 심지어는 원수까지도 사랑하기를 배우는 것은 관계성이다.[23]

아주 다른 신학적 관점으로부터 여성신학자인 매리 헌트는 비슷한 결론에 이른다. 헌트에게 있어서 진정한 친구 사귐은 그 자체 안으로 좁혀 들어가는 것이 아니라 "정의에 대한 상호 탐구"를 포함한다.[24] 이러한 점에서 친구들의 기독교 공동체는 위치 변동과 호의로서의 실천을 필사적으로 함양하고 보존한다. 그 실천은 그리스도인들을 그들의 특권과 안락함을 넘어서 권세자들의 가장 가시적인 희생자들의 공간과 삶으로 나아가게 만든다. 이러한 방식으로 친구 공동체인 교회는 성도들이 '타인'을 사랑하는 일을 함양하는데, 그것은 지배의 방식에 대한 저항에 있어서 필수적이다.

### 친구로서의 사귐과 저항

친구로서의 사귐은 상호관계와 동등함에 의해서 특징지어지기 때문에 그것 자체는 '지배 체제'의 권세자들에게 저항의 실천이 될 수 있다. 당연히 동성연애자들을 "영문 밖에" 남겨두는 수직적이고 배제적인 '가족' 이해 앞에서는 게이와 레즈비언들은 친구 사귐을 관계의 주요한 형태로 바꿀 뿐만 아니라 저항의 형태로 친구 사귐의 특성을 강조하기도 한다.[25] 본성에 의한 친구 사귐은 상호관계와 동등성을 요구하기 때문에 그것은 종종 가족을 포함하여 수직적인 관계 모델에 반대하는 것과 관련한 방식을 나타낸다.[26] 이러한 관점으로부터 친구로서의 사귐 그 자체는 저항의 급진적인 형태가 될 수 있는 가능성을 가진다.

저항으로서의 친구 사귐의 특성은 C. S. 루이스와 같이 전통적인 작가에 의해서 강조되기도 한다. 루이스가 주장한 대로 친구들은 분명한 비전과 목적을 공유하기 때문에 친구로서의 사귐은 반드시 '외부 세상'에 반대하게 되며, 친구들이 다른 모습으로 살아가도록 만들어 주며, 담대하게 그렇게 감당하도록 한다. 그는 주장하기를 "모든 진정한 친구로서의 사귐은 일종의 분리이다. 반란이기도 하며…… 잠재적인 저항의 지대이기도 하다." 결과적으로 '권위'는 종종 친구로서의 사귐에 있어서 눈살을 찌푸리게 만든다.[27] 실로 루이스는 저항으로서의 친구 사귐의 이러한 특성을 초기 교회와 관련시킨다. "초대교회의 작은 지대는 그들이 오직 '형제' 사랑만 감당하였고 그들을 둘러싸고 있는 이방 사회의 의견에 대해서는 귀를 닫고 있었기 때문에 생존이 가능했다."[28] 그러한 호의 베풂은 위험할 정도로 자랑스럽고 독점적이었지만, 기독교의 호의 베풂은 하나님의 선물이었으며 예수님의 스토리를 통해 형성된 것으로 그러한 위험을 뛰어넘으려고 했다.[29]

현대 여성주의자들, 게이, 레즈비언 작가들은 친구 사귐에 있어 저항의 실천을 구현하는 다른 방식을 강조한다. 본질적으로 친구 사귐은 사람들을 지배와 복종의 관계에서 상호 의존과 동등성의 관계로 나아가게 하면서 '지배 체제'에 의해 형성된 관계성에 대해서 대안을 제공한다.[30] 실로 비폭력에 대한 교회의 요청과 조화하면서 엘리자베스 스투아르트는 "폭력과 친구 사귐은 공존할 수 없다."고 주장한다.[31] 이러한 저자들에 의하면 어떤 종류의 친구 사귐이든지 간에 그것은 급진적인 저항의 행위가 된다. 예를 들어 여성을 억압하는 '지배 체제' 한복판에서 여성들 사이의 우정은 저항의 형태가 된다. 그러한 우정은 여성의 정체성과 가부장적 시스템 밖으로 성장할 수 있도록 지지하고 양육해 준다. 그것들은 여성이 남성과의 관계에서만 오직 온전한 인간이 될 수 있다는 생각에 대해 급진적인 저항의 형태가 된다. 부가적으로 그러한 우정은 종종 가부장제에 대한 정치적 저항을 함양하는 관계성을 제공한다.[32] 실로 그러한 우정의 실천은 우정에 대한 전통적 이해를 뒤집어 놓는다. 아리스토텔레스의 이해를 포함하여 친구로서의 사귐은 단지 엘리트 남성과 관련하여 관계성을 맺는 것으로 간주하였고, 여성은 진정한 친구가 될 능력이 없다고까지 이해했다.

유사하게 게이나 레즈비언들의 우정도 가끔 저항의 특성을 취한다. 게이나 레즈비언들에게 있어서 친구는 종종 그들에게 대해 공격적인 문화 속에서의 삶을 위해 필요한 지지자 공동체를 제공한다는 점에서 친구는 가족으로 대체되었다. 친구 사귐은 권세자들의 한복판에서 상호 의존과 동등함의 정체성을 확인시켜 주는 관계성을 제공해 준다. 거기에는 종종 교회도 포함되는데 게이와 레즈비언들에게 스스로 자신을 경멸하도록 가르치고 그들에게 존재감마저 박탈하기도 한다. 게이와 레즈비언들 사이에서의 우정은 그들의 존재 자체를 인정하지 않는 문화적 상황의 한복판에서 "그들이 자신이 되는 것"을 허용함으로써 그것이 일종의 전복적인 행위가 된다.[33] 그러한 친구 사귐은 역시 정치적 차원을 가진다. 게이들의 우정에 대해 광범위하게 다루고 있는 피터 나루디가 주장한 대로 "변경에 서 있는 사람들이 공유하는 정체성에 의해서 형성된 친구 사귐은 강력한 정치적 차원을 취하는데, 그들은 연대를 이루면서 지배적인 문화에 대면할 수 있는 비난하는 상을 중심으로 조직화한다."[34]

마지막으로 친구 사귐은 그것이 지배와 복종에 의해서 형성된 전통적인 관계성의 "경계선을 넘어" 형성될 수 있을 때 저항의 실천이 된다. 예를 들어 남자와 여자가 진정한 친구가 될 때 그들은 가부장적 시스템에 반대하게 되며 그러한 방식에 대한 대안을 제시하게 된다. 실로 초대교회에서 남자와 여자 사이의 우정은 "경계를 깨뜨리고" 대안적 공동체를 세워가면서 정확하게 전복적 역할을 수행했다.[35] 유사하게 동성간의 사랑을 나누는 남자와 이성간의 사랑을 나누는 남자가 친구가 될 때 지배와 물리적 폭력에 의해서 종종 특성지어지는 관계성 안에서 상호 존중과 동등성의 연대를 결성하게 된다. 인종과 계급의 경계를 뛰어넘는 우정에 대해서도 비슷한 주장이 만들어질 수 있다. 그러한 우정은 일종의 반대적인 문화를 조성하는 전복적 관계성을 구현하게 된다.[36] 엘리자베스 스투아르트는 다음과 같이 쓰고 있다.

마음에 들지 않는 사람들끼리의 친구 사귐은 일어날 수 있고…… 그것은 사회적 불평등에 대한 투쟁을 불러일으키는 사귐이 될 수 있다. 종종 사회적 불평등에 차꼬가 채워진 사람들은 투쟁해야 할 구조적 차이에 대한 시각을 결코 잃어버리지 않으면서 개인적인 용어로 동등함을 향한 투쟁을 조장하기도 한다……. 친구 사귐은 계급을 깨뜨릴 수 있다. 그리고 그것이 일어났을 때 삶이 무엇과 같아야 하는지를 인식할수록 그것은 사람을 애먹이는 미리 맛봄이 된다. 우리는 하나님께서 그렇게 존재하도록 만들어 주신 회복된 피조물이다. 또한 우리는 우리의 동등성을 다시 회복해 가고 있다.[37]

이와 같이 친구 사귐은 무해하고 순진무구한 행위가 아니라 권세자들에 대한 저항을 가능하게 하는 관계성이다.

이렇게 다양한 방식의 친구 사귐의 실천은 실제로 그리스도인들이 그들이 세례받은 대로 살아감을 통해 권세자들에게 저항하도록 도전한다. 세례는 "유대인이나 헬라인이나, 노예나 자유자나, 남자나 여자가 있지 않고" 모두 동일한 존재가 되게 했다. 다양한 친구 공동체가 되면서 교회는 '지배 체제'에 대안을 제시하며 하나님의 통치의 약속의 현존 - "하나님 안에서 인간성의 전적인 통일성" - 을 통한 친밀성을 구현한다.[38]

진정한 친구 공동체로서 교회는 세상의 제국 가운데 새 예루살렘의 섬광을 제시한다. 그러한 공동체 안에서 권세자들에 대한 비폭력적 저항을 위해 필요한 덕은 함양되어 갈 것이다.


## 설교자의 덕

'다른 사람'에게로 향하는 사랑과 친구 공동체를 위해 그들의 생명을 내려놓는 것에 더하여 권세자들에게 대한 비폭력적 저항의 실천으로서의 설교를 수행하려는 설교자를 특징짓는 네 가지 덕이 있다. 그것은 진실성, 분노, 인내, 그리고 소망이다. 첫 번째 두 가지 - 진실성과 분노 - 가 주로 저항을 위해 필요한 덕이라면, 뒤의 두 가지 - 인내와 소망 - 는 이러한 저항의 비폭력적 특성에 보다 더 초점을 맞춘다. 이러한 요소들과 연계된 덕과 실천이 설교자에게 중요하다면 그것들은 단지 설교의 임무에 공헌하는 요소가 될 뿐만 아니라 매일의 삶 속에서 비폭력적으로 권세들에게 저항하는 본질적인 수단이 되기도 한다. 이러한 점에서 이 요소들은 설교자를 위한 덕일 뿐만 아니라 전체 친구 공동체를 위한 덕이 된다. 그 공동체의 삶은 함께 권세자들을 대면하여 전항의 방식을 구현해 간다.

### 진실성(truthfulness)

세상의 통치자들과 권세들은 세상을 그들의 이미지를 통해 규제하기 위해 망상과 속임수에 크게 의존하기 때문에 설교자들은 권세자의 죽음의 활동을 폭로하고 하나님의 방법을 대안으로 제시하면서 진리를 말하도록 부름 받았다. 기독교 공동체를 위해서뿐만 아니라 설교자를 위하여 샬롬은 갈등의 회피가 아니라 생명의 말씀을 통한 죽음의 권세에 대한 진실한 대면을 포함한다. 스탠리 하우어워스가 쓰고 있는 것처럼 "평화롭게 살아가는 것에 대한 그리스도인들의 헌신은 스토익 학파의 사람들이 그것을 수용하는 것과는 같지 않다. 우리에게 오고 있는 평화는 개인적이고 사회적 질서들에 도전하는데, 그러한 질서는 진리를 걸고서 안전을 약속한다."[39] 권세자들에 의해 축조된 바벨탑의 한가운데서 설교자들은 진리를 말하도록 부름을 받았다.

강단에서 그러한 진리 말하기는 그것이 진실성의 삶에 기반을 둘 때 가장 신실하고 심원한 것이 된다. 설교자는 그가 그의 생애를 통해 진실성의 덕을 함양하지 않는다면 주일 아침에 강한 흥미를 돋우는 방식으로 진리를 말하지 못하게 될 것이다. 그러한 진실성의 두 가지 차원은 권세자들에게 대한 비폭력적 저항으로서의 설교에 있어서 중요하다. 첫째, 설교자는 세상의 통치자들과 권세들 자체와 관련하여 진실성을 함양해야 한다. 둘째, 설교자는 죽음의 세력과 공범이 되는 점과 관련하여 진실해야 한다.

### 1) 세상 권세들에 대한 진실성

설교자가 권세들과 관련하여 진실성의 덕을 발전시킬 수 있는 많은 실천들이 있지만 앞서 7장에서 언급한 위치 변동의 실천은 특별히 중요하다. '지배 체제'의 정신은 우리의 익숙한 상황에서 "숨 쉬는 공기"와 같이 될 수 있기 때문에 설교자들은 작동하고 있는 권세들을 분별하기 위하여 새롭고 익숙하지 않은 공간으로 그들 자신을 '위치 변동'할 필요가 있다. 위치 변동하고자 하는 의지와 '타자'로부터 진리를 향해 개방적이 되려는 의지는 진실성의 덕을 위해 필수적이다.[40] 특권을 가진 설교자에게 있어 그러한 위치 변동은 권세자들의 가장 가시적으로 나타나는 희생자들인 삶의 가장자리로 밀려나 억압받는 사람들의 공간에서 시간을 보낸다는 것을 포함한다.

세상의 권세들과 관련하여 진실성의 함양과 그 실천과 관련하여서 기독교 설교자들은 실제로 모방하고자 하는 "믿음의 영웅들"(saints)이 있다. 그 중의 한 사람을 들라면 윌리엄 스트링펠로우를 들 수 있다.[41] 스트링펠로우는 하버드 법대를 졸업한 후에 할렘가 동부로 이사한다. 그곳에서 7년 동안 살면서 거리의 법(street law)을 실천한다. 할렘으로 '위치 변동'을 한 후에 스트링펠로우는 그의 이웃에 살고 있던 가난한 사람들과 시간을 보내면서 그들의 이야기를 들었다. 그리고 성경 연구에 점점 더 깊이 몰입하였다.[42] 이러한 활동에 관여했던 것이 스트링펠로우로 하여금 할렘가에서 작동하고 있는 세상의 정세를 분별할 수 있게 했고, 그로 하여금 그의 권세자들에 대한 신학을 발전시킬 수 있도록 만들어 주었다. 할렘가에서,

거리의 사람들은 먼저 성경에서 언급하는 세상의 통치자들을 끌어올 수 있도록 그에게 정보를 제공해 주었다. 그는 가스회사에 대해, 슬럼가의 부동산 주인들, 사회적 관료들, 시 행정직에 있는 사람들, 마피아, 경찰관들에 대해 사람들이 말하는 것을 듣게 되었다. 그들은 마치 포식동물과 같아서 이웃들과 사람들을 향하여 그들의 힘을 자랑하였고, 산채로 그들을 잡아먹는 것과 같았다. 그의 글들은 다른 것들 가운데서도 권세자들에 대한 성경적 교리를 명료하게 설명하면서 악명 높게 되었다. 그것을 정확하게 묘사해 냈는데, 타락한 포식자들이며 그들 자신을 위해 독립적으로 행동하고 있다.[43]

그의 익숙하고 특권을 누리고 있던 사회적 상황으로부터 위치 변동을 하면서 스트링펠로우는 세상에서 작용하고 있는 권세자들을 발견하게 된다. 권세자들에 대한 그의 대담하고 진실한 말들은 그가 가난한 사람들의 삶과 성경의 말씀 가운데로 스스로 잠입해 들어갔기 때문에 함양될 수 있었다.

스트링펠로우의 경험이 제시하고 있는 것처럼, 진정한 위치 변동은 단지 어떤 특별한 공간으로 나아간다는 것 이상의 의미를 포함한다. 그것은 설교자가 그들의 '삶'을 다른 사람으로부터 배우기 때문에, 새로운 공간과 다른 목소리들에 의해 형성되도록 하기 위해 중요한 설교학적 실천 – 예를 들어 성경 해석 – 을 허용함으로써 위치 변동을 갖는 것을 포함한다. 그러한 위치 변동의 실천은 진실성의 덕을 함양하는 데 중요한 수단을 제공한다. 특권층인 설교자가 그의 익숙하고 당연한 것이 받아들여지던 세계에서 내려오게 되면, 그들은 권세자들이 어떻게 역사하고 있는지 보다 분명히 깨달을 수 있게 된다. "위치 변동을 가진" 설교자가 억압 가운데 있는 사람들의 삶을 향하여 개방할 때, 또한 동시에 권세자들이 규명되고 폭로되는 성경 가운데서 그들의 삶 가운데로 잠입해 들어갈 때 그들은 비로소 권세자와 관련하여 진실성의 덕을 함양하게 된다.[44]

오늘날의 많은 설교자들에게 있어서 위치 변동이라는 실천 그 자체만으로도 권세자들에 대한 저항의 행동을 구현하는 것이 된다. 주요 교단의 설교자들 몇 사람이 실제로 할렘가 동부와 같은 장소로 이동해 갈 수도 있지만, 가난한 사람들과 함께 있고 그들에게 들으려고 하는 작은 시도들 자체가 현대 목회 상황에서 권세자들에게 실제적인 저항을 하고 있는 것이 된다. 즉, 중요한 시간을 소외된 사람들과 보내려는 노력은 실로 설교자들로 하여금 세상 권세의 실재와 대면하게 해 준다. 그 권세의 범주에는 제도적 교회도 포함되는데, 특권을 누리고 있는 목회자들과 가난한 사람들을 갈라놓으려고 역동적으로 작용하고 있다. 이러한 두 그룹이 보다 많은 시간을 함께 보내게 되면 권세자들에 대한 부산물은 거대해질 것이며, 그것은 위협적이 될 것이다.

회중과 마찬가지로 설교자들도 아주 많은 중요한 일들로 매일을 분주하게 보낸다. 설교 준비, 심방, 참석해야 할 회의들, 인도해야 할 성경공부반 등으로 바쁘게 보내고 그것들은 반복적으로 다가온다. 무엇보다도 교회의 목회자가 된다는 것은 모든 시간과 정열을 쏟아야 하는 풀타임의 일이다. 소외된 사람들과 중요한 시간을 보내고 그들이 사는 '공간'에서 성경을 읽는다는 생각은 많은 목회자들에게는 상상하기도 어려운 일일 수 있다. 그러나 앞서 언급했던 것처럼 그러한 '분주함'은 권세자들이 사람들의 – 목회자를 포함하여 – 관심을 돌려놓는 하나의 방식이다. 그렇게 하여 세상에서 그들의 활동을 분별하지 못하게 만드는데, 권세자들은 목회자를 고갈되어 쓰러지게 만들어 '죽이는' 하나의 방식이라는 점을 전혀 언급하지 않는다. 제도화된 교회에 의해서 만들어지는 분주함은 권세자들의 역사로부터 목회자들의 생각을 돌려 놓고, 그러한 분별을 답답하게 느끼게 하며, 강단을 세상의 죽음의 방식에 대해서 침묵하게 만드는 데 가장 효과적인 수단이 된다. 요약하면 분주함은 세상의 통치자들과 권세들에 대해서뿐만 아니라 그것에 사로잡혀 있는 교회의 묶여 있음에 대해서도 진실성을 갖지 못하도록 방해한다.

무엇보다도 제도적인 교회는 진실성을 원치 않을 수도 있다. 모든 권세와 마찬가지로 교회와 같은 제도는 자신의 존립이라는 가치에 사로잡힐 수 있고, 그들의 편안한 존재를 위협하지 않는 '안전한' 설교자를 선호할 수 있다. 예민하게든지, 아니면 직접적으로든지 제도적 교회는 설교자들로 본질을 수용하도록 설교자들에게 압력을 가한다. 그들의 최고의 의도나 이상에도 불구하고 설교자들은 제도권이 주는 요구와 교회가 성공의 기준으로 제시하는 외면적 선들을 열망하면서 쉽게 제도에 대해 열광적인 종이 되어간다. 사례비, 건물들, 교인 수, 직책, 특전들, 유명세, 그리고 영향력 등이 가장 중요한 초점 - 다른 제도에서 성공의 척도와 별반 다르지 않다 - 이 된다. 감지할 수 없을 정도로 아주 느리게 세상의 권세는 설교자들의 힘을 약화시키면서 무감각하게 만든다. 복음의 날카로운 가장자리는 닳아 없어지고, 진실성은 고난을 당한다.

이러한 유혹 가운데서 설교자가 취할 수 있는 저항의 가장 중요한 행동 가운데 하나는 소외된 사람들 - 가난한 사람들, 죄수들, 학대를 받고 있는 사람들 - 에 대해서 초심자가 되는 시간을 갖는 것을 포함한다. 위치 변동의 이러한 실천은 도덕적 양심을 죽이는 권세자들에 대해 분명한 "아니요!"를 외치는 것뿐만 아니라 친구 공동체를 위한 저항의 모델을 수립한다. 그러한 실천은 진실성의 덕을 함양해 주고 설교자로 하여금 강단에서 교회 자체를 포함하여 세상의 통치자들과 권세들에 대해서 저항할 수 있도록 만들어 주는 필수적인 영적 훈련을 구체화한다.

### 2) 자신에 대한 진실성

권세자들에 대해 진실한 존재가 되는 것에 부가적으로 설교자들은 자기 자신에 대해서 진실해질 필요가 있다. 계속해서 주장해 온 것처럼 권세자들의 정신은 "거기 밖에" 그냥 존재하지 않고 인간 존재 안의 깊은 곳에 거주한다. 지배와 폭력은 통치자들과 권세들의 거대한 역사를 형성할 뿐만 아니라 매일의 삶과 관계성들을 파괴시킨다. 결과적으로 진정한 진실성은 단순히 우리는 그들에게 저항한다(us-against-them)는 정신을 양산할 수 없고, 지배와 폭력이라는 권세자들의 정신에 사로잡혀 살아가고 있는 방식을 설교자가 정확하게 인식하고 자신에게 정직하게 인정하는 것을 포함한다. 실로 비폭력 저항이라 할지라도 권세자들의 정신이나 환영에 사로잡힐 수 있으며 다른 이들을 지배하려고 할 수 있다. 또한 비폭력 저항도 "사탄적인 이면과 모든 것을 바꾸어 놓는 권세, 비교적 높은 영향력을 가지려고" 발버둥칠 수 있다.[45] 우리가 악을 단지 우리 밖에 있는 것으로 규정하고 우리가 우리 자신의 삶 가운데 있는 그것의 실재를 무시하게 되면 우리 안에 그 존재를 더욱 굳어지게 만들면서 우리도 모르게 결국에는 그 악과 협력하게 된다.[46] 죽음의 권세자들과 우리 자신들이 협력할 수 있다는 부분을 인정하는 진실성은 세상의 통치자들과 권세들에 대한 저항을 위해 중요한 덕이 된다.

위치 변동의 실천은 특권에 안주하던 설교자들로 하여금 자기 자신에 대해 더 깊은 진실성으로 나아갈 수 있게 한다. 소외되고 억압받는 사람들의 이야기를 듣는 것은 개인적인 차원에서 그 특권층과 대면하는 것이며, 만족스럽게 그것을 즐길 수 있다. 이러한 대면 가운데서 마음(mind)에 가지고 있던 추상적인 진리는 가슴(heart)에 있는 깊은 진실성이 된다. 예를 들어 본인은 아칸서스 주의 리틀 락(Little Rock)에서 자라면서 1950년 말에 센트럴 고등학교의 인종차별 폐지에 대한 이야기를 계속해서 들었다. 그래서 인종차별주의의 실재에 대해 지금까지 잘 알고 있다. 그러나 애틀랜타 거리에서 노숙자들과 시 당국의 하우징 프로젝트의 혜택을 받고 있는 청소년들－사실 그들 대부분은 아프리카계 미국인들이었다－과 시간을 보내기 시작했을 때 백인 인종차별주의의 권세와 우리 사회 가운데 백인들이 즐기고 있는 특권들을 개인적인 차원에서 깊이 대면해야만 했다. 거리에서와 하우징 프로젝트에서 내가 누리고 있던 특권과 인종차별주의의 권세에 의해 형성된 '지배 체제'와 공범이 되어 있는 것－실로 나 자신도 그 세력에 사로잡혀 있었다－에 대해 진실해지게 되었다.[47]

권세자들과 공범이 되어 있는 나의 모습에 대한 그러한 진실성은 우리 자신의 삶 가운데서 발견하는 폭력에 대한 탐구를 요구한다.[48] 이러한 폭력성에 대한 진실성은 우리들 가운데 많은 사람들이 사로잡혀 살고 있는 착각을 쫓아버린다. 스탠리 하우어워스는 다음과 같이 주장한다.

우리의 최고의 착각과 속임수는…… 우리가 평화를 사랑하는 사람이며 철두철미하게 비폭력이라는 것이다. 아무도 우리의 착각에 대해 방해하지 않는 한 우리는 평화를 사랑하는 사람이 된다. 아무도 우리의 영역을 도전하는 사람이 없는 한 우리는 비폭력적인 사람이 된다……. 그래서 폭력은 우리의 삶 가운데 필요 없이 엮어지게 된다……. 우리 삶의 질서는 폭력에 대한 가능성 위에 세워지게 된다.[49]

설교자들은 진실해야 한다. 우리는 폭력에 의해서 유지되는 질서라는 시스템 가운데 살아가는데 그것은 종종 우리의 특권을 보장해 주기도 한다. 권세들로 하여금 그들의 역사를 계속해 갈 수 있도록 만드는 폭력은 우리 각자의 정신 속에 내재되어 있다.[50] 바바라 패터슨(Barbara Patterson)이 주장하는 것처럼 이와 같이 진실성의 덕을 함양하는 것은 "우리 안에 폭력이라는 개념과 우리 자신들의 삶과 그리스도의 성육신 사이에는 간격이 존재한다는 사실을 인식하게 된다는 것을 포함한다. 우리는 그리스도를 골고다로 나아가게 했던 우리 자신의 행위능력(cepacities)을 인식한다."[51]

우리 안에 있는 폭력에 대해 진실성을 갖는 것은 살인, 혹은 육체적 학대와 같이 악명 높게 폭력을 행사하는 행동에 단지 초점을 맞추지 않는다. 그것들은 많은 설교자들로 하여금 자기 자신에 대해 변명을 하게 만든다. 오히려 우리 삶에서 폭력에 관한 진실성은 종종 다른 사람을 지배하는 우리의 경향과 죽음의 권세와 연루되어 있는 종종 '사소한' 행동들과 함께 시작된다.[52] 실로 그러한 사소한 행위들은 권세자의 광대한 활동의 기초가 된다. 한 인도의 철학자가 쓰고 있는 것처럼, "전쟁은 소위 우리의 평화의 결과이다. 그것은 우리의 매일의 삶속에서 일어나는 잔인함, 착취, 편협함 등과 같은 일련의 사건들 위에 세워지는 평화이다. 우리의 매일의 삶을 바꾸지 않고서는 우리는 진정한 평화를 가질 수 없으며, 전쟁은 우리의 매일의 행동의 화려한 표현이다."[53]

예를 들어 과거 몇 년 동안 다른 사람들을 방해했던 나의 나쁜 습관에 대해서 진실해져야만 했다. 한 가지 면에서 그러한 행동은 단지 무례한 것으로 간단히 처리할 수도 있다. 어떤 점에서 그것은 대화에서 열정적으로 관여하게 되면서 사과를 해야 할 일의 증후로 나타날 수도 있다. 물론 그것을 '폭력'과 같은 것으로 여길 수는 없을 것이다. 그러한 다른 사람의 목소리를 제재하고 – 다른 사람을 말을 못하게 만들면서 – 의심할 여지없이 폭력의 요소를 담고 있다. 더욱이 교수가 학생이 말할 때 반복해서 말을 중단시키게 되면 그러한 행동은 권세와 통제에 대한 억측의 세계 – 폭력을 양산하는 억측 – 를 반영한다. 백인이 다른 사람을 훼방 놓을 때, 특히 여성이나 유색인종을 그리할 때는 '지배 체제'의 전제(presupposition)를 '사소한' 방식으로 규정하게 된다. 그 체제는 백인 남성의 특권을 폭력적으로 유지하게 된다. 설교자가 계속해서 다른 사람을 가로막게 되면 그는 지금 설교자의 힘에 대한 전제를 규정하고 있는 것이 될 수 있다. 그 전제는 강단에서 교묘히 다루거나 지배로 이끌어 갈 수 있게 한다. 이러한 용어로 이해해 볼 때 다른 사람을 방해하는 습관은 본인이 본래 생각하고자 했던 것처럼 순수하지는 않다.

이러한 습관과 그것을 형성하는 지배의 내면적 의향을 점검해 보면서 다른 사람의 말을 주의해서 듣고 방해는 의도적으로 피하려는 필요성을 깨닫게 되었다. 내가 그것들을 끊어 버리기 위해서 다른 사람에게 고백해야 했고, 친구와 동료들에게 나의 행동에 대해 설명을 할 수 있게 해 달라고 부탁했다. 요약하면 나 자신 안에 있는 폭력에 대한 타고난 경향과 지배와 통제, 그것들 배후에 있는 특권에 대한 전제에 대해서 진실해질 필요가 있었다. 그리고 나의 습관을 바꾸는 단계들을 취하기 시작해야 했다. 나를 알고 있는 사람들이 의심할 필요 없이 내가 여전히 걸어가야 할 긴 여정을 가지고 있다는 사실을 증언했다.

진실성은 설교자 자신의 삶과 함께 시작한다. 자신에 대해 진실성을 갖는다는 것은 고통스럽게 느껴질 수 있다. 그것은 종종 눈물과 고백을 동반한다.[54] 설교자는 권세자들의 치하에서 견디면서 고통당하고 있는 사람들 때문만이 아니라 그 고통에 자신도 공범이 되어 있다는 사실 때문에 울게 된다. 이렇게 공범이 되어 있다는 설교자의 고백은 진실성의 가장 심원한 표현들 중의 하나이다. 특권을 누리고 있는 설교들에서 저항하는 삶으로 나아가게 하는 진실성은 우는 것과 고백을 통해서 전해진다.

그러한 진실성은 오직 하나님의 구속하심과 용서하심에 대한 확신 가운데서 가능해지는데, 그것은 우리들 삶의 궁극적인 진리이다. 우리가 용서의 가능성을 알 때 우리는 감히 진실한 고백을 할 수 있다. 따라서 진실성은 아주 위협적이다. 결과적으로 예배 가운데서 대부분의 "죄의 고백에로의 초대"는 용서의 약속을 포함하고 있다. "만일 우리가 죄가 없다고 말하면 스스로 속이고 또 진리가 우리 속에 있지 아니할 것이요, 만일 우리가 우리 죄를 자백하면 그는 미쁘시고 의로우사 우리 죄를 사하시며 우리를 모든 불의에서 깨끗하게 하실 것이요."[55] 복음의 복된 소식은 예수 그리스도 안에 있는 하나님께서 우리를 사로잡고 있는 권세자들로부터 구속하시며 그들의 활동에 우리가 공모하고 있는 것을 용서하신다고 선언하신다. 이러한 확신은 설교자들로 하여금 권세자들에게 대면하여 진실할 수 있게 하며 자기 자신에 대해서도 진실할 수 있게 한다.[56]

이와 같이 권세자들의 망상과 기만은 우리가 살고 있는 세상뿐만 아니라 우리 개인적인 삶 역시 형성한다. 이러한 망상의 한복판에서 진실성은 신실한 설교의 목적(end)을 위한 수단일 뿐만 아니라 권세자들에 대한 저항의 삶을 형성하는 기본적인 경향(disposition)이다. 그럼에도 불구하고 진실성의 덕은 설교의 실천에 있어서 토대로 작용하게 된다. 권세자들에 대해서 진실성은 설교자들로 하여금 그 설교에서 그들의 죽음의 방식을 폭로하고 그것에 저항할 수 있게 자유하게 한다. 설교자들의 자신에 대한 진실성은 그들의 삶 가운데 있는 – 심지어는 자신의 설교 가운데도 존재할 수 있는 – 죽음의 세력들에 대해 설교자들이 저항할 수 있게 해 준다. 이와 같이 진실한 설교자는 권세자들에게 저항의 말씀을 전한다. 중요한 것은 이러한 설교자들이 회중석에 자기 의에 사로잡혀 있는 사람들에 대항하는 구조로 서 있는 것이라기보다는 구속받고 용서함을 받은 죄인들로 구성된 친구 공동체 '안에' 서 있게 된다는 점이다.

### 분노(Anger)

세상의 통치자들과 권세들의 행위들에 대해 설교자가 진실하게 된다면 그들은 비폭력적 저항인 설교에 있어서 필수적인 또 다른 중요한 덕을 함양해 가기 시작할 것이다. 그것은 '분노'이다. 분노는 거의 설교자를 위한 덕으로 간주되지 않았다. 오히려 그것은 심각한 죄의 목록 가운데 올라갈 내용이다. 왜 기독교 전통이 분노에 대해서 의심의 눈으로 바라보아 왔는가는 그만한 이유가 있다. 분노는 사회적 폭력으로 이끌어 갈 수 있고 실제로 그렇게 한다. 본서 전반에서 강조한 대로 사회적 폭력은 예수님의 길을 대표하는 것이 아니다. 비슷하게 분노는 폭력과 파괴적인 방식으로 다른 사람을 대하게 만든다. 그것은 협박과 조종의 수단이 될 수 있다. 가장 심각하게 사용되는 경우, 분노는 증오가 될 수 있는데, 증오는 "완고하고, 병적으로 집착하는 것이며, 죽이는 것으로 바꾸어 놓는" 분노이다.[57] 강단이 그러한 분노의 배출구가 될 때 설교자는 구속의 말씀을 전하는 것보다는 결국 회중을 언어를 통해 학대하는 것으로 끝날 수 있다. 또한 분노는 자기 파괴적인 것이 될 수 있다. 분노의 배출구가 없고 그것이 자기 자신에게로 향하게 될 때 그것은 스스로 쇠약하게 만드는 죄책감, 혹은 자기 증오를 양산할 수 있다. 요약하면 설교자의 덕으로 분노에 대해 논의할 때 조심할 필요가 있다.

그럼에도 불구하고 분노는 종종 특권을 누리고 있는 사람들로 하여금 자신 스스로 "위치 변동을 하여" 죽음의 권세자들에 의해 자행되고 있는 억압을 볼 수 있도록 적절하게 고무시킨다. 예를 들어 우리가 노숙자들과 함께 거리에서 시간을 보내면서 그들의 이야기를 들었을 때 세상의 통치자들과 권세들에 대한 분노 – 실로 도덕적 능욕(outrage) – 가 가장 적절한 응답이었다. 학대받는 여성의 고통을 우리가 함께 나누며 그러한 학대에 기여하고 있는 가부장제를 분별할 때 그 체제에 대한 분노는 고결한 응답이다.[58] 우리가 인간 존재를 짓밟는 권세자들의 포식적인 행동들을 식별하기 시작할 때 분노는 자연스럽게 일어나게 되어 있다. 그것은 죽음의 권세자들을 대면할 때 자연스럽게 가질 수밖에 없는 덕이다. 하나님께서는 "노하시기를 더디 하심"에도 불구하고 세상의 불의에 대해 아주 분노하고 계신다.[59]

본인이 마음 가운데 두고 있는 분노의 종류는 두 가지의 분명한 특징을 가진다. 먼저, 이 분노는 사랑에 밀접하게 관련되어 있다. 베벌리 윌둥 해리슨(Beverly Wildung Harrison)은 이러한 관계를 다음과 같이 강조한다.

> 분노가 심각한 죄가 될 수 있다고 이해하고 있기 때문에 우리 그리스도인
> 들은 엄밀히 말해 사랑을 죽이는 것이라는 근사한 이해를 가지고 있다는
> 것이 나의 논지이다. 분노는 사랑의 반대가 아니다. 다른 사람들과 그룹
> 들, 혹은 주변 세계와 우리들의 관계 가운데 모든 것이 만족스럽지 못한
> 느낌의 표지(feeling-signal)로 이해할 때 우리는 잘 이해한 것이 된다. 분
> 노는 다른 사람에게 연결되어 있음의 한 양식이며, 그것은 언제나 그들에
> 대한 관심을 통한 돌봄(caring)의 생생한 형태이다.[60]

해리슨이 제시한 대로 분노는 사랑에 기초를 두고 있을 뿐만 아니라 사
랑의 활동에 활력을 불어넣는다. 해리슨이 계속해서 주장하는 대로
"분노가 그 모습을 감추거나 동반하지 않을 때, 스스로 감추어 버리는
곳에서 관계를 깊게 만드는 사랑의 힘과 행동할 힘은 위축되거나 모습
을 감추게 된다."[61] "위치 변동을 가진" 설교자가 소외된 사람들의 삶
으로 들어가서 그들의 이야기를 듣고 그들을 사랑하게 될 때, 그들을
억압하는 죽음의 권세에 대한 분노는 그 사랑의 표현이 된다. 권세에
의해서 야기된 폭력의 희생자들을 향한 사랑과 죽음의 권세에 대한 분
노는 함께 존재하게 되는 동류이다.

둘째, 여기에서 본인이 마음에 두고 제시하는 분노의 종류는 개인
들보다는 권세자들을 지향하는 분노이다. 개인에 대한 분노는 적절한
사랑의 표현이 될 수 있으며, 그러한 분노는 설교보다는 다른 상황에서
그 자리를 잡게 된다.[62] 분노라는 설교학적 덕은 특별한 사람보다는 사
람들을 사로잡고 있는 권세자에게 향한다. 설교자들이 강단에서 그들
의 분노를 개인에게 돌리게 될 때 그 설교는 흔히 설교자를 위한 감정

의 배출구가 되거나 청중에 대한 언어적 학대의 수단이 된다. 그것은 덕스러운 분노의 표현이 결코 되지 못한다.[63] 분노를 다룰 때 설교자는 우리들의 싸움은 "혈과 육에 대한 것이 아니요" 세상의 통치자들과 권세들에 대한 것임을 항상 깊이 기억해야 한다.

마음에 이러한 자질을 갖춘 다음에 분노는 저항을 위한 중요한 덕목이라고 주장할 수 있다. 그것은 "우리가 잠입해 들어가는 사회적 관계의 도덕적 자질에 대한 원래 저항의 표지"이다.[64] 분노는 권세자들이 사람들 가운데 스며들기를 원하는 무감각 – 사기 저하(demoralization) – 에 빠지는 것에 종지부를 찍는다. 그것은 권세자들이 그들의 지배를 유지하기 위해 소멸하기를 원하는 도덕적 감각을 고양시키는 신호가 된다. 더욱이 해리슨이 논의한 대로 분노는 종종 행동을 위한 에너지를 공급해 준다. "우리는 모든 심각한 인간의 도덕적 행위는, 특히 사회적 변화를 위한 행동들은 인간의 분노를 일으키는 힘으로부터 그 태도를 취한다는 사실을 결코 놓치지 않아야 한다. 그러한 분노는 변화가 요구되며, 즉 관계에 있어서 변형이 요구된다는 신호이다."[65] 세상 권세는 인간을 무감각하게 만들려고 한다는 것은 조금도 놀라운 사실이 아니다. 일단 분노가 일어나면 권세자들은 그들의 지배력을 잃기 시작하고 그들의 죽음의 방식은 널리 인식되기 시작한다. 그리고 인간의 저항은 시작된다. 세상의 통치자들과 권세들에 대해 저항하기를 구하는 설교는 분노의 덕에 의해 활력을 얻게 된다.

### 인내

기독교 전통에서 인내는 분노보다는 보다 긍정적으로 인식되고 있음에도 불구하고 분노만큼이나 위험한데 특히 특권층의 사람들에게는 더욱 그러하다.⁶⁶ 권세자들에 의해 자행된 대파괴(havoc)에 직면한 특권층의 사람들에게 인내하도록 조언을 하는 것은 현상적으로 축복을 선언하는 것 같을 수 있다. 사실 '지배 체제'의 수혜자들은 그것의 종말을 인내하면서 기다리는 것을 참지 못한다. 그 체제로부터 물질적, 일신상의 많은 혜택을 누리는 사람들과 그것을 잃어버린 것에 대해 과도한 슬픔에 빠진 사람들은 하나님의 통치를 가능하면 연기시키고 싶을 것이다. 현재의 편안함에 에워싸여 다가오는 하나님의 통치를 인내하면서 기다리는 것은 별문제가 되지 않는다. 실로 많은 특권을 누리고 있는 회중 가운데는 권세자들의 죽음의 방식에 대한 긴박성의 '결여'는 보다 근본적인 사안이다. 어쩌면 그들은 다음과 같이 기도할 것이다. "오 주님, 당신의 나라가 오게 하옵소서. 그러나 아직은 아닙니다." 인내를 갖도록 조언하는 것은 생산적인 것과는 거리가 먼 내용이 될 수 있다.

그것이 왜 인내, 진실성, 그리고 분노가 같은 부류에 드는지에 대한 답이다. 권세자와 자기 자신에 대한 진실성은 쉽게 안락함을 추구하고 공모자가 되는 것으로부터 인내하는 것을 지켜줄 수 있다. 권세자들의 죽음의 방식과 그들의 활동에 자기 자신이 공범이 되어 있는 것에 대해 진실할 때 인내를 갖도록 조언하는 것은 그 현상에서 평화를 만들어 갈 수 있는 기회가 될 수 없다. 유사하게 죽음의 권세에 의해 야기된 고통에 대한 분노는 행동을 위한 에너지가 되는데, 분노는 권세자들과 대면하여 움직이지 않는 것이나 사물이 존재하는 방식에 대해 체념하지 않고 인내하도록 막아준다. 일단 권세자들의 활동에 대해 진실하게 되고, 그들에게 충분히 저항할 수 있는 분노를 가질 때 인내는 저항하는 것이 폭력적으로 흐르지 않도록 막아주는 데에 필요한 요소로 작용한다. 인내는 '저항'이라는 명사를 필연적으로 수식하는 '비폭력적'이라는 형용사를 형성하도록 도와준다.

원천적으로 인내는 조종하는 것을 단념하게 만드는 능력이다.[67] 앞서 논의한 것처럼 조종하려는 이러한 바람은 강압과 폭력으로 종종 이끌어 간다. 결과적으로 죽음의 권세에 대면하여 강압과 폭력에 안주하기를 거부하는 것은 인내의 덕을 불러낸다. 하우어워스가 쓰고 있는 대로 "비극을 인식하는 영성은 인내 가운데 훈련을 통해 주어진다. 세상을 더 좋게 만들기 위하여 마지못해 폭력을 사용하는 것은 우리가 종종 기다리기를 배워야 한다는 사실을 알려준다."[68] 이러한 점에서 인내는 체념의 반대말이다. 구속의 폭력의 신화에 사로잡히는 것과 권세자의 폭력의 수단을 따르는 것을 능동적으로 거부하는 것이다. 이러한 점에서 인내는 그리스도인들로 하여금 세상과 비폭력적으로 교섭하도록 만들어 주는 중요한 경향(disposition)이다. 그것은 세상에 가득한 폭력의 순환 구조를 깨뜨리고 하나님의 샬롬의 구축을 향해 나아갈 수 있게 하는 필수적인 덕이다. 그것은 짐 더글라스(Jim Douglass)가 모든 비폭력적 시민 불복종 운동의 행동은 "당신의 뜻이 땅에서도 이루어지게 하소서."라는 기도와 함께 주어져야 한다고 주장한 이유이다.[69] 그것은 권세자에 의해서 조종당하는 상황을 하나님께로 돌리게 한다. 오직 그러한 기도를 통해 폭력의 순환 구조는 진정으로 깨뜨려질 수 있다. 이와 같이 인내는 조종의 윤리보다는 모험윤리를 작동해 나가는 설교를 위해 중요한 덕목의 하나이다.

이러한 점에서 인내는 설교자를 포함하여 특권층의 사람들이 개발해야 할 바로 그 덕목이다.[70] 왜냐하면 특권을 누리는 사람들은 조종받는 것에 익숙해져 있다. 식료품 가게에서 줄을 서서 기다리든, 교통신호등 앞에서 기다리든, 기다림은 그 상황이 우리의 통제 밖에 있기 때문에 우리를 당황하게 한다. 이것은 통제 가운데 있어야 할 이런 필요는 왜 특권을 누리고 사는 사람들이 '환자'(patients)가 될 수 없는지 – 이 말의 명사형을 사용하여 – 에 대해 설명해 준다. 환자가 된다는 것은 다른 사람에 의해서 지배를 받기 시작한다는 것을 의미하는데 이경우에는 건강관리 전문가에게 통제를 받게 된다.[71] 온갖 특권을 누리고 있는 교회에서 교회력에서 현저한 기다림의 절기인 대림절을 지키는 것이 아주 어렵다는 것이 조금도 이상하지 않다. 대림절은 기다림에 있어서 본질적인 요소인 지배를 포기할 것을 요구한다. 지배를 위한 필요로부터 야기되는 폭력에 부가하여, 다른 영향력(consequence)은 열광적인 분주함이다. 그것은 권세자들의 활동에 사람들이 미처 주의를 기울이지 못하도록 사람들의 관심을 돌려놓으며, 테크놀로지와 소비주의에 우선권을 두고 살아가면서 그것에 따라 삶을 형성하게 만드는 효율성과 생산성에 사로잡혀 살아가게 만든다.[72]

설교자들은 권세자와 대면하여 폭력과 분주함에 저항할 뿐만 아니라 사기 저하를 피하기 위하여 통제를 위한 이러한 필요에 대해서 다루어야만 한다. 2장에서 언급한 대로 권세자들은 사람들로 하여금 그들 앞에서 무력감에 빠지도록 만든다. 권세자들의 극악함 때문에 사람들은 변화를 위한 활동을 하다가 사기가 저하되어 무력감에 쉽게 빠져든다. 권세자들과 대면할 때 너무 자주 우리가 할 수 있는 중요한 일은 없는 것처럼 느끼게 된다. 바닥에까지 떨어지게 되는 것이 통제하는 이유이다. 권세자를 이길 수 없음을 알면서 압도되고 실망감에 빠져들면서 "세상을 변화시키기 위해" 죽도록 일하지 않게 되며 아무것도 하지 않은 채 포기해 버리기에 이른다. 사실 "모든 것을 건"(all or nothing) 이러한 분별력은 통치자들과 권세들과의 관계에서 우리를 이끌어 간다. 우리가 모든 것 - 불가능한 것까지도 - 을 해야만 한다고 느끼든지, 우리가 할 수 있는 것은 아무것도 없다 - 그것은 결국 우리를 마비시킨다 - 고 느끼든지 둘 중의 하나이다. 이러한 방식으로 권세자들은 통제에 대한 우리의 열망을 우리의 저항을 극복하는 데 사용한다.

이와 같이 인내의 덕목은 계속되는 저항을 위해 필수적이다. 인내는 우리가 해야 할 일 앞에서 사기가 저하됨이 없이 우리들이 할 수 있는 일 - 비록 그것이 설교를 통한 어리석고 우스꽝스러운 저항일지라도 - 을 계속할 수 있도록 해 준다. 왜냐하면 인내는 우리로 하여금 계속해서 그 일 가운데 남아 있게 하시는 하나님을 믿는 믿음을 기초로 하기 때문이다. 우리가 할 수 있는 어떤 건설적인 일이 거의 없기 때문이라는 그 이유는 할 수 있는 건설적인 일이 아무것도 없다는 것을 의미하지 않는다.[73] 샤론 웰치의 용어를 빌리면 인내는 우리의 행동을 통해 "세상을 변혁시키려고" 하는 것보다는 우리들로 하여금 저항의 다음 단계를 위한 여지를 만들어 주는 것에 초점을 맞출 수 있도록 해 준다.

하우어워스가 논의하고 있는 대로 인내는 우리로 하여금 "한 가지 일을 감당하는 것의 은혜" 안에서 우리가 살아갈 수 있도록 해 준다.[74] "모든 것을 해야 하고" 그 성과를 통제해야 하는 우리의 필요 때문에 우리는 종종 역설적으로 '지배 체제'의 정신 - 통제와 폭력의 정신 - 에 사로잡히게 된다. 그러나 장래 저항할 수 있는 한 가지 일을 인내를 가지고 감당함을 통해서 우리는 하나님의 평화적인 통치에로 더 깊게 나아가게 된다. 하우어워스가 쓰고 있는 대로 "왜냐하면 그 '한 가지 일'은 익숙한 폭력 세상으로부터 우리를 옮기기에 충분하다. 그리하여 우리의 상상력은 우리가 마땅히 해야 할 또 하나의 다른 일을 자유롭게 발견해 갈 수 있게 한다."[75]

사실 "한 가지 일을 행하는 은혜"에 초점을 맞추는 사람은 저항하면서 버티는 사람처럼 보인다. 애틀랜타의 오픈도어 공동체(Open Door Community)의 설립자 가운데 한 명인 에드 롤링(Ed Loring)은 자신은 오직 노숙자들에게만 초점을 맞춘다는 점을 늘 나에게 상기시키고는 했다. 세상을 변화시키기 위해 매일의 원인들을 받아들이고 싶었던 유혹에 계속해서 저항해야만 했다. 아마도 이것이 오픈도어 공동체가 20년이 훨씬 넘게 노숙자 사역을 이어올 수 있었던 이유들 가운데 하나였을 것이다. 다소 다른 방식으로 웨스 하워드-브룩(Wes Howard-Brook)과 앤소니 귀써(Anthony Gwyther)는 세계화된 자본주의의 제국 밖으로 작은 걸음을 떼어놓기 시작해야 한다는 당위성을 제시한다. 기도, 예배, 성경공부에 부가하여 하워드-브룩과 귀써는 텔레비전 시청을 중지하고 공동체에서 가진 것들을 함께 나누면서 공동으로 가꾸는 작은 주말농장(garden)을 시작해 볼 것을 제안한다. 그러한 "아주 작은 단계"를 통해 우리의 습관이 바뀌게 되고, 그 제국을 벗어나 새 예루살렘으로 나아가는 움직임을 갖기 시작한다.[76]

하워드-브룩과 귀써가 제안한 것처럼 보기에는 아주 사소하게 보이는 행위들이라 할지라도 우리의 상상력을 형성하고 나아가야 할 "다음 단계"의 방향을 보여주는 저항의 형태들이 될 수 있다. 하우어워스도 같은 진술을 하고 있다.

기다리고 다른 사람들과 휴식을 취하며 함께 있고, 친구가 되고 사랑하기 위하여 시간을 내기 위한 훈련을 배우는 것은 우리로 하여금 세상의 정상적인 상태로부터 우리를 자유롭게 해 주는 금욕주의적인 실천이다. 그것을 통해 우리는 사람들이 어떻게 하면 평화에 대해 흥미를 갖게 할 것인가

를 마음속에 예견하는 일을 폭력의 세상으로부터 천천히 상기하게 된다.[77]

그러한 사소한 실천들은 인내의 덕을 요구하고 계발하게 한다. 그것들은 폭력과 분주함, 권세자들이 우리 안에 역사하여 사기를 저하시키는 것에 저항하도록 우리를 훈련해 준다. 그리고 그것들은 공동체를 결성한다든지, 공적 저항, 그리고 시민불복종과 같은 보다 극적인 저항의 행동을 준비하게 해 준다. 예를 들어 르 샹봉(Le Chambon) 지역의 사람들은 2차 세계대전 중에 부분적으로 유대인들에게 안식처를 제공했다. 왜냐하면 그들은 그들의 삶을 통해서 호의를 베푸는 보다 사소한 행동에 계속해서 관여해 왔기 때문이다. 나치에 대한 극적인 저항의 행동은 호의를 베푸는 그들의 매일의 삶 가운데서 자연스럽게 태동되어 나온 '자연스러운' 단계가 되었다.

안식일 준수는 그러한 인내의 촉진(cultivation)을 위해 주요한 예전적 컨텍스트를 제공한다. 안식일의 쉼은 세상이 우리의 일을 내려놓고 – 일주일에 적어도 한 날은 – 함께 어울릴 수 있다고 주장한다. 안식일의 쉼을 통해 우리는 세상을 감사하면서 선물로 받게 된다. 또한 그러한 실천을 통해 인간의 노력으로는 세상을 바꿀 수 없다는 인식을 구체화하는 것이다.[78] 안식일 쉼은 미래를 조종하고 자신의 안전을 지켜줄 수 있을 듯, 그렇게 살아왔던 열광적인 분주함을 멈추고 통제를 포기하는 것을 포함한다. 더욱이 안식일에 우리가 예배하는 분이 인내의 하나님이시며, "하나님보다는 우리가 세상을 다스리는 것처럼 생각하는 한 우리의 삶은 왜곡되어 있다는 사실을 우리가 배울 수 있도록 우리를 위해 시간을 창조하신" 하나님이신 것을 인식하게 된다.[79]

그런 점에서 안식일은 그 안에서 인내의 덕을 촉진하게 되는 가장 근본적인 예전적 실천이다. 유대인의 안식일보다는 주님의 날에 드리는 기독교 예배라 할지라도 안식일의 신학적 확증과 실천은 분명하게 하나님을 신뢰하는 기독교 공동체의 믿음과 세상에서의 삶에 있어서 확고하게 중심을 이룬다.[80] 인내의 덕을 촉진하기 위하여 설교자를 포함한 그리스도인들은 한 주간의 분주함의 한복판에서 안식일의 리듬(a rhythm of Sabbath)을 계발할 필요가 있다. 안식하시는 하나님과 함께 쉼을 가지면서 우리는 미래를 통제하고자 하는 필요를 포기하기 시작하며 폭력에서 샬롬으로 삶을 전환하는 중요한 덕을 계발하게 된다.

위치 변동의 실천 역시 모든 것을 노력하여 조종할 수 있다는 생각을 내려놓음을 통해 인내를 요구하며 촉진한다. 이러한 실천 가운데서 인내는 진실성과 분노를 발전시킬 수 있는 중요한 덕이 된다. 앞서 언급한 것처럼 진실성과 분노를 촉진할 수 있는 하나의 방법은 세상 권세에 의해 고통을 당하고 있는 가장 가시적 희생자와 함께 시간을 보내는 것을 포함한다. 그것을 압박해 오는 목회 사역의 분주함으로부터 걸어나오는 것과 소외된 사람들이 들려주는 이야기들을 듣는 동안 인내하면서 기다리게 되는 것을 포함한다. 예수님께서도 야이로의 딸을 고치시기 위해 서둘러 그의 집으로 가시는 도중에 혈루증으로 고생하는 여인이 들려주는 이야기를 인내를 가지고 들으셨다(막 5:33). 진실성과 분노를 촉진한다는 것은 '다른 이'로부터 배우는 것을 포함한다. 그것은 친절 베풂이라는 진정한 관계 가운데 들어가는 것을 포함한다. 그 관계성 가운데서 특권을 누리며 살고 있는 사람들은 더 이상 주인으로 섬기지 않고 그도 역시 손님 - 다음 분의 공간으로 환영해 들이는 - 이 된다. 그들은 그 과정 가운데서 변화를 경험하게 된다. 유사하게 엠마오 도상에서 만난 '나그네'는 제자들의 식탁에 손님으로 초대를 받는

데, 그가 식탁의 주인이 되어 함께 떡을 떼면서 제자들의 눈을 열어 주셨다(눅 24:13~35).[81]

특권을 누리며 사는 사람에게는 이 과정에서 가장 어려운 부분이 미래를 통제하려는 자세를 내려놓는 것이다. 평소에 특권을 누리며 살고 있는 그리스도인들은 소외된 사람들을 '문제덩어리'로 인식하며 접근한다. 권세를 누리며 사는 사람들은 언제나 조종을 통해서나 그들을 고침을 통해 그 문제를 다루려고 한다. 혼돈의 상황 한복판에서 힘이 있는 사람들은 언제나 즉시 그들 자신의 이익의 규칙(order)을 부과하려고 한다. 이것은 특권층의 사람이 종종 소외된 사람을 어떻게 다루는지를 보여준다. 잘 되리라고 생각해서 우리는 종종 다른 사람의 삶에 우리의 규칙을 부과하려고 할 때가 있는데, 우리의 가치에 따라 그들을 "회복시키기 위해", 그리고 그들의 문제에 우리의 해법을 강요하기 위해 – 그들의 세계로 들어가기 위해 시간을 내고 그들은 '다른 사람'으로 그들의 가치를 높이기 전에, 그리고 그들의 공간에서 그들과 진정으로 함께 서기 시작하기 이전에 – 그리한다. 이러한 접근에 대한 가장 최근의 가시적인 결과는 "일에 착수하자. 그렇지 않으면……."(Get to work or else)이라는 구호가 담고 있는 위협에 바탕을 둔 복지 개혁 프로그램(welfare-reform program)이다.

인내의 덕을 발전시킴에 있어서 설교자들은 세상과의 새로운 관계와 세상에 참여하는 새로운 방식들을 감행하기 위하여 통제하는 것을 포기하기를 (인내를 가지고) 배울 필요가 있다. 안식일을 준수하고 소외된 사람들의 이야기를 들으면서 설교자들은 진실성과 분노의 덕과 마찬가지로 인내의 덕을 계발하기 시작할 수 있다. 설교자들은 상황을 통제하고자 하는 필요를 넘어서 상호 의존과 상호 이익의 관계를 위험을 무릅쓰고 감행하려는 의지로 나아가게 될 것이다. 요약하면 그들은 통제윤리(ethic of control)을 넘어 감행의 윤리(ethic of risk)로 나아가기 시작할 것이다. 그 감행의 윤리는 권세자들에 대한 비폭력적 저항으로서의 설교를 위해 필수적인 요소이다.

### 소망

사도 바울은 소망과 인내의 긴밀한 관계성을 명료하게 제시한다.

> 피조물이 다 이제까지 함께 탄식하며 함께 고통을 겪고 있는 것을 우리가 아느니라. 그뿐 아니라 또한 우리 곧 성령의 처음 익은 열매를 받은 우리까지도 속으로 탄식하여 양자 될 것 곧 우리 몸의 속량을 기다리느니라. 우리가 소망으로 구원을 얻었으매 보이는 소망이 소망이 아니니 보는 것을 누가 바라리요. 만일 우리가 보지 못하는 것을 바라면 참음으로 기다릴지니라(롬 8:22~25).

바울에 따르면 소망은 인내를 위한 기초를 제공한다. 세상을 위한 하나님의 목적에 대한 우리의 소망은 사기가 저하되지 않고 폭력의 행위를 통해 미래를 통제하려고 하지도 않으면서 우리들로 하여금 죽음의 권세자들에 대해 인내를 가지고 저항할 수 있도록 만들어 준다.

사실 권세자들의 역사에 대면하여 소망은 교회의 비폭력적 저항을 유지할 수 있는 가장 근원적인 덕이다. 스트링펠로우의 용어를 빌리면 소망은 "죽음에 직면하여 은혜를 의지하는 것이다. 그것은 보상이나 처벌로서가 아니라 생명을 선물로 받아들이는 은혜이다. 소망은 하나님의 말씀의 효력을 믿으면서 계속적으로 인내하면서 기대감을 가지고 쾌활하게 기쁨으로 삶을 살게 한다."[82] 이러한 점에서 소망은 진실성 (truthfulness)의 한 형태이다. 권세자들이 지배하는 세상 한복판에서 하나님의 구속의 역사에 관한 진실성이다. 예수님께서 이미 생명의 권세를 가지시고 죽음의 권세를 이기셨음을 알며, 하나님의 구속 목적의 궁극적인 성취에 대한 현재적 확신을 가지고 살아가면서, 그리스도인들은 인내와 참을성을 가지고 매일의 저항의 실천을 시작할 수 있다. 생명과 미래를 선물로 받아들이면서 우리는 성공과 성취의 우상으로부터 자유롭게 되며, 제자도의 길을 따라 지속적으로 걸어갈 수 있게 된다.

희망의 덕을 함양하는 주요 실천은 주님의 날에 드리는 예배를 들 수 있다. 그리스도인들에게 있어서 모든 주님의 날 – 모든 일요일 – 은 "작은 부활주일"이다. 예배를 위해서 함께 모임으로 그리스도인들은 죽음에서 다시 사신 예수님의 부활로 인해서 시작된 새로운 창조 가운데로 들어간다. 이러한 이유 때문에 주일은 종종 "여덟 번째 날"로 불리기도 하는데, 첫 번 창조의 일곱째 날 이후의 날이자 하나님의 새 창조의 시작을 알리는 날이다. 이와 같이 기독교 예배는 하나님의 목적이 성취되며 새 창조가 완성되게 될 그날을 예시한다. 주님의 식탁인 성찬은 주일에 드려지는 예배의 가장 중심이 되는 예전적 행동이다. 이것은 엠마오의 제자들이 그러했던 것처럼 부활하신 그리스도와의 만남을 포함할 뿐만 아니라 세상에서 하나님의 통치의 완성을 명시하게 될 위대한 잔치를 예시한다. 요약하면 주일은 그리스도인들이 죽음의 세력에 대면하여 예수님의 부활의 실재와 소망 가운데로 들어가는 날이다.

이와 같이 주님의 날 예배는 그리스도인들로 하여금 권세자들의 근본적인 위협인 죽음과 대면할 수 있도록 가르쳐 준다. 그것은 죽음의 공포로부터 그리스도인들을 자유케 하는데, 그 죽음의 공포는 사람들이 그들의 방식에 동화하도록 권세자들이 사용하는 궁극적인 전략이다. 월터 윙크의 용어를 빌리면 주님의 날 예배는 죽음의 권세에 대면하여 복음의 궁극적 진리를 정립한다. "비록 죽음의 조건 아래 살아간다 할지라도 이제 우리는 권세자들의 노예로 살아가는 것을 멈출 수 있게 되었다는 것이 세상에 전해지는 복된 소식이다. 비록 우리가 죽음의 세력과 연루되어 있다 할지라도 하나님께서 우리를 죽음의 공포, 죽음의 구슬림(cajolery), 그리고 죽음의 유혹으로부터 자유케 하셨다는 것이 복음이다."[83] 이와 같이 주님의 날 예배는 세상의 죽음의 권세에 대한 기독교의 근본적인 도전을 표현하며, 성도들이 희망의 덕을 발전시킬 수 있는 여지를 제공한다. 매 주일 예수님의 부활의 실제 안에서 예배하고 우리를 사로잡고 있는 죽음의 공포로부터 구속함을 받으면서 그리스도인은 세상의 통치자들과 권세들에 저항할 수 있고 그것을 유지해 나갈 수 있는 소망 가운데서 양육받게 된다. 오늘날 많은 교회들이 부활 희망에 대한 주님의 날의 강조점을 잃어버리고 있음에도 불구하고 이러한 강조는 초대교회 예배에서 가장 중심적인 내용이었다. 그리고 그것은 죽음의 권세에 대면하여 저항하는 행동으로서 오늘에도 다시 발전시켜야 할 필요가 있다. 부활에 대한 주님의 날의 이러한 강조점은 전통적인 안식일 휴식과 연결될 때 기독교 예배는 공동체 가운데 두 가지의 비폭력의 근본적 덕인 인내와 소망을 함양할 수 있다.

예수님의 부활의 실재 가운데로 예배자들이 들어가게 하는 것에 부가적으로 기독교 예배는 다른 방식으로 소망의 덕 가운데서 공동체를 양육할 수 있다. 그것은 공동체가 희망 넘침을 위해 필수적인 기억을 되풀이해서 말할 수 있는 장을 제공한다. 기억과 소망은 서로 긴밀하게 연결되어 있는데 우리의 소망은 우리의 기억을 통해 형성되기 때문이다. 위르겐 몰트만이 기록하고 있는 대로 "진정한 희망은 '창조적 절망'으로부터 양산된다. 언제나 적극적인 기억함(positive remembrance)은 희망을 선도한다."[84] 성례전, 기도, 찬양, 신앙고백, 성경 봉독 등은 소망의 덕을 형성하는 "적극적 기억함" 가운데서 예배 공동체를 양육한다. 우리는 대안적 미래를 우리에게 알려주시고, '새 일'을 통해 하나님의 백성들을 놀라게 하시는 하나님의 스토리들을 기억한다. 우리는 약속을 지키시고 죽음에서 불러내셔서 생명을 부여하신 하나님의 스토리들을 기억한다. 세상의 불의에 대해 책임을 가지시고 온 세상을 지탱하고 계시며 영원까지 이어지는 변함없으신 사랑으로 세상을 사랑하시는 하나님의 스토리들을 기억한다. 기독교의 소망은 일반적 형태의 희망이 아니며, 인간 경험에서 자연적으로 배어나오는 낙관론이 아니라는 사실을 예배는 공동체에게 계속해서 상기시킨다. 대신에 그것은 특별한 기억을 통해 생겨나는 독특한 소망이다.

설교자들이 소망의 덕을 촉진하려고 한다면 그들은 공동체의 예배에 적극적으로 참여할 필요가 있다. 한편 이것은 아주 쉬워 보인다. 무엇보다도 설교자들은 매주 예배에 참여한다. 매주 설교를 준비하기 위해 성경 본문에 참여하게 되면서 그들은 소망의 백성으로 양육해 주신 그 스토리들 가운데로 그들 자신이 잠입해 들어갈 수 있는 독특한 기회를 갖게 된다. 매주 설교를 준비하고 예배를 인도하게 되는 이러한 실천은 설교자들이 소망의 덕을 형성해 가는 것을 도와주는 축복이 될 것이다.

다른 한편으로는 매주 예배를 인도하는 설교자들은 하나의 위험에 직면하게 된다. 그 위험은 예배가 직업이 되고 짐이 될 때 야기되는데, 그때 설교자에게 있어서 예배는 예배 공동체 안에서 양육받지 못하도록 막아 버리는 짐이 된다. 사실 많은 예배 인도자들이 어떻게 그들 자신이 거의 예배에 도달하지 못한다고 느낄 수 있는가? 이것이 일어 날 때 예배는 실제로 저항의 삶을 사는 설교자를 자유케 하는 실천이 되기보다는 그들이 죽음의 방식에 사로잡혀 버리는 권세의 도구가 될 수 있다. 실제로 예배는 성경적 스토리에 의해서보다는 세상의 통치자 들과 권세들에 의해서 형성되는 경향 – 효율, 효과, 통제 등 – 을 촉진하 게 된다. 결과적으로 설교자들은 그들이 예배할 수 있는 시간과 장소 를 발견할 필요가 있다. 그곳에서 그들은 예수님의 부활의 권세를 통 해 생명을 선물로 받게 될 것이며, 그 스스로 소망을 배태하는 기억들 가운데 잠입해 들어가게 된다. 오직 그때 설교자들은 비폭력 저항의 실천과 같이 설교를 위해서 필수적인 희망의 덕을 신장할 수 있다.

그러나 그리스도인들이 예배의 공동의 기억들 가운데 깊이 들어 가게 될 때 우리는 희망이 단지 교회의 안전한 종교적 울타리 안에서 만 배태되는 것이 아니라 고통의 자리인 "영문 밖으로" 나아갈 때(히 13:12~13) 가능하다는 사실을 깨닫게 된다. 바울이 로마서에서 분명하 게 언급하고 있는 것처럼 소망은 "어두운 면"을 가지고 있으며, 구속을 바라며 피조물들이 탄식하는 자리 한복판에서 생생하게 살아 움직인 다. 소망은 언제나 "보이지 않는 것"을 바라는 것이며, 완전한 실체를 아직 볼 수 없는 세상의 한복판에서 바라는 것이다. 실로 바울 자신도 소망은 죽음의 권세에 저항할 수 있도록 우리를 자유케 하신 하나님으 로부터 주어지는 선물일 뿐만 아니라 고통의 제자도를 수행하기 위해 서 걸어가는 고난의 길 가운데서 촉진되는 덕이다.

그러므로 우리가 믿음으로 의롭다 하심을 받았으니 우리 주 예수 그리스도로 말미암아 하나님과 화평을 누리자. 또한 그로 말미암아 우리가 믿음으로 서 있는 이 은혜에 들어감을 얻었으며 하나님의 영광을 바라고 즐거워하느니라. 다만 이뿐 아니라 우리가 환난 중에도 즐거워하나니 이는 환난은 인내를, 인내는 연단을, 연단은 소망을 이루는 줄 앎이로다. 소망이 우리를 부끄럽게 하지 아니함은 우리에게 주신 성령으로 말미암아 하나님의 사랑이 우리 마음에 부은 바 됨이니(롬 5:1~5).

교회의 분명한 공동의 기억들 가운데서 고난과 희망은 서로 벗어날 수 없게 연결되어 있다. 소망은 세상의 수단을 통해 스스로 편안하고, 안전하다고 느끼는 사람들에게 속한 것이 아니다. 스트링펠로우가 상기시켜 준 대로 소망은 "죽음에 직면하여 은혜를 의지하는 것"이며 "소위 어떤 소망이든 죽음의 세상에 대면하지 않거나 그것을 벗어나게 되면 - 그것이 순간적이든 상황적인 형태이든지 간에 - 그릇된 것이 될 수 있다."[85] 교회의 스토리 가운데 소망은 이집트에서 노예들이 안타까움으로 부르짖는 목소리로 묘사된다. 소망은 바벨론에서 마음을 고향에 잇대고 앉아 있는 것이다. 소망은 예수님의 고난의 자리에서, 코소보의 대량학살의 자리에서, 무료로 제공되는 수프를 받기 위해 노숙자들이 길게 줄을 서 있는 자리에서, 죽음의 행렬에 서 있는 교도소의 독방에서, 죽음을 앞두고 있는 호스피스 병동의 침대 곁에서 다가오고 있는 도성을 바라보게 한다. 위르겐 몰트만이 쓰고 있는 대로 희망은 언제나 세상의 희망에 항거하는 희망(hope against hope)이다.[86] "메시야적 희망은 승리자와 지배자의 희망은 결코 아니다. 그것은 언제나 패배하고 땅바닥에 내팽개쳐진 사람들의 희망이다." 여기에 기독교 설교자들에게 커다란 도전이 있다. 고통에 대한 위축되지 않는 진실성의 한가운데서 말씀의 효율에 대한 급진적인 희망은 죽음의 권세자들에 의해 야기된다. 실로 그러한 급진적 희망으로부터 멀어지면 설교자들은 권세자들의 죽음의 방식에 대해 진실을 추구할 수 있는 용기를 갖지 못하게 될 것이다.[87]

앞서 언급한 다른 덕목과 같이 소망의 덕은 설교자들이 계속되는 목회 사역 가운데서 고통의 자리로 나아가는 것뿐만 아니라 소외된 사람들 가운데로 나아가는 고통의 자리에로의 "위치 변동을 하는 것"을 요구한다. 이러한 고통의 자리에서 소망은 우리를 놀라게 할 것이다. 암으로 죽어가는 남자가 그의 하모니카를 가져다 달라고 부탁한 후 그의 마지막 남은 호흡을 모아 주님께 올려드리는 찬양곡을 연주하는 것을 듣게 될 것이다. 노숙자 여인이 노숙자 센터에서 식사를 하기 전에 감사기도를 드리면서 하나님의 권능과 은혜에 대해 증언하는 모습을 보게 될 것이다. 죽음을 앞두고 있는 사형수가 절망적인 상황에서 그를 지탱시켜 주었던 하나님께서 그에게 주신 극적인 비전을 나누는 이야기를 듣게 될 것이다. 죽음의 권세가 그 추한 역사를 계속해 가려는 그런 자리에서 소망의 실재와 힘은 우리를 놀라게 할 것이다. 그것이 작동할 때 죽음의 권세의 찌르는 것은 일순간에 사라지게 될 것이다.

그러한 자리에서 소망은 하나님 안에서 급진적 형태를 취하게 된다. 특권층의 얕고 늘 동일한 낙관주의가 될 수 없다. 그것은 순간순간 생명을 지탱하기 위하여 필수적인 요소가 된다. 그러한 소망은 세상에서 죽음의 세력들에 관해 진실성과 함께 존재하며, 인간의 고통에 대해 탄식으로 존재하며, 불의의 세력 앞에서 분노로 존재하게 된다.[88] 고통의 자리에서 통치자들과 권세들은 그들의 실체 - 생명의 세력이 아니라 죽음의 세력이며, 희망의 세력이 아니라 절망의 세력 - 를 드러내게 된다. 거짓된 작은 희망과 거짓된 약속은 그 껍질이 벗겨진다. 이것이 일어나게 되면 '하나님' 안에서 급진적 희망은 믿음의 공동체의 기억들 안에서 양육받고, 하나님의 약속에 의지하는 사람들 사이에서 생성되게 된다. 그 약속은 새 하늘과 새 땅, 하늘로부터 내려오는 새 예루살렘, 모든 하나님의 자녀들이 샬롬의 식탁에 함께 앉게 될 위대한 메시야의 향연에 대한 약속이다. 죽음의 장소에서 소망은 하나님 안에서 얄팍하고 길들여진 희망이 하는 것과는 같지 않은 급진적 소망이 된다.

죽음의 자리에서 소망 그 자체가 결국은 저항의 형태 – 세상을 지배하는 것처럼 보이는 권세자들에 대한 저항 – 가 된다. 권세자와 대면하여 소망은 소극적이고 좋은 날을 간절히 바라는 것이 아니다. 오히려 소망은 상식적인 것으로 꾸미는 세상의 통치자들에 대한 저항이 된다. 소망은 대안적인 미래를 제시하지 못하는 실재의 닫힌 정의 (definition)에 도전한다. 소망이 현존하게 될 때 권세자는 그 통제를 잃게 되며 그 지배는 깨뜨려지게 된다. 미래는 열리게 되고, 생명은 죽음의 한복판에서조차 살아남게 된다.

설교자가 예수님의 부활의 실재에 들어가게 되고, 믿음의 공동체의 기억들에 잠입해 들어가며, 고통의 자리에서 희망을 신장하기 시작할 때 그들은 주일 아침에 희망을 가지고 설교할 준비를 하게 된다. 그들은 강단에 올라갈 힘을 얻게 되며 복음의 구속적 말씀을 통해 권세자들에게 비폭력적으로 저항하게 된다. 그들은 죽음의 세력에 대면하여 교회가 신실하게 살아갈 수 있도록 자유롭게 하는 하나님의 말씀을 전할 준비를 하게 된다. 그러한 희망에 바탕을 두고 설교자들은 기쁨으로 감당하는 설교를 스스로 발견하게 될 것이다. 그 기쁨은 하나님의 구속의 확신과 최소한 바른 투쟁을 할 수 있게 하는 확신과 함께 온다.[89]

# 8장 미주

1  Barbara Patterson, "Preaching as Nonviolent Resistance," in *Telling the Truth: Preaching about Sexual and Domestic Violence*, ed. John S. McClure and Nancy J. Ramsey (Cleveland: United Church Press, 1998), 100. 이것은 설교자의 삶 가운데 실천들의 중요한 역할을 연구한 뛰어난 논문이다.

2  Eric Nisenson, *Ascension: John Coltrane and His Quest* (New York: St. Martin's Press, 1993), 42쪽에서 재인용하였다.

3  William Stringfellow, *An Ethic for Christians and Other Aliens in a Strange Land* (Waco, Tex.: Word Books, 1973; 3d paperback ed., 1979), 143. '강조' 부분은 본인이 추가한 것이다.

4  스트링펠로우에 대한 찬사에서 대니얼 베리간은 그를 "말씀의 파수꾼"이라고 불렀다.

5  호의와 덕에 대한 이러한 논의는 총망라한 내용이라기보다는 필수적인 제안을 하는 특징을 담고 있다. 일반적인 설교학적 실천과 덕의 "세탁물 리스트"를 제공하는 대신에 이것들이 전부라고 생각하지 않으면서도 비폭력적 저항의 실천으로서의 설교와 관련된 명료한 실천들과 덕에 강조점을 두었다. 설교자의 인품에 대한 다른 설명을 위해서는 Richard Eslinger, "The Homiletic Virtues: Explorations into the Character of the Preacher," *Worship Arts*, 43 (July-August 1998): 8~11; André Resner, *Preacher and Cross: Person and Message in Theology and Rhetoric* (Grand Rapids: Wm. B. Eerdmans Publishing Co., 1999) 등을 참고하라.

6  교회를 친구의 공동체로 이해한 다른 논의를 살펴보기 위해서는 Celia Allison Hahn, *Sexual Paradox: Creative Tensions in Our Lives and in Our Congregations* (New York: Pilgrim Press, 1991), 159~74쪽을 보라. 역시 Stanley Hauerwas, "Companions on the Way: The Necessity of Friendship," *Asbury Theological Journal*, vol. 45, no. 1 (Spring 1990): 35~48쪽도 참고하라.

7  Gerhard Lohfink, *Jesus and Community: The Social Dimension of Christian Faith*, trans. John P. Galvin (Philadelphia: Fortress Press, 1984), 99~100. 기독교 공동체의 평등주의의 특성에 대해서는 같은 책, 115~22쪽을 참고하라.

**8** 귀납적 설교에 대해서는 Fred B. Craddock, *As One without Authority*, 4th ed. (St. Louis: Chalice Press, 2001)를 참고하라. [역주/ 이 책의 번역서로는 김운용 역, 『권위 없는 자처럼: 귀납적 설교의 이론과 실제』 (서울: 예배와 설교 아카데미, 2003)를 참고하라]. 대화적 설교에 대해서는 Lucy Atkinson Rose, *Sharing the Word: Preaching in the Roundtable Church* (Louisville, Ky.: Westminster John Knox Press, 1997)를 참고하라. [역주/ 이 책의 번역서로는 이승진 역, 『하나님 말씀과 대화 설교』 (서울: CLC, 2010)를 참고하라].

**9** Lohfink, *Jesus and Community*, 121.

**10** Michael Warren, *At This Time, in This Place: The Spirit Embodied in the Local Assembly* (Harrisburg, Pa.: Trinity Press International, 1999), 79~83. 96.

**11** 친구로서의 사귐의 뛰어난 특성은 다른 전통적이고, 아내와 남편, 종과 주인과 같은 수직적 관계와 대조되는 것으로 보인다. 그 안에서 "피차 복종하라."는 차원으로 부르심은 다소 불확실하다.

**12** 존 맥클루어는 설교 준비 과정과 설교 그 자체에서 다양한 목소리를 포함시킬 수 있는 하나의 방식을 제시한다. John S. McClure, *The Roundtable Pulpit: Where Leadership and Preaching Meet* (Nashville: Abingdon Press, 1995)를 참고하라. 맥클루어의 이러한 연구에서 목회자는 여전히 강단에서 실제로 말해야 하는 단 한 사람으로 남아 있게 된다.

**13** 역주/ 저자는 여기에서 '우정', '호의' 등으로 번역할 수 있는 'friendship'이라는 단어를 사용하는데, 여기에서는 공동체의 실천과 행위에 강조점을 두고 사용한 단어이기 때문에 주로 "친구로서의 사귐"으로 번역하고, 문맥에 따라 '우정'이나 '호의'라는 말로도 번역했음을 밝힌다.

**14** Aristotle, *Nichomachean Ethics*, trans. Martin Ostwald, *Library of Liberal Arts* (New York: Macmillan, 1986), books 8~9. [역주/ 『니코마코스 윤리학』은 "고대 시대 윤리적 사유의 정점을 보여주는 작품"으로 아리스토텔레스의 도덕 철학을 담고 있다. 인간의 행위가 궁극적으로 지향하는 목적이 좋은 삶(Eudaimonia, 행복)이며, 이것은 인간의 고유한 기능이 탁월하게 발휘되는 품성인 덕에 따라 주어진다는 사실을 강조한다. 총 10장(권)으로 되어 있으며, 그의 아들, 니코마코스에게 바치는 형식으로 구성되어 있다. 도덕적 행동의 습관화를 통해 도덕적 성품을 어떻게 고양시킬 수 있을 것인지에 중심적인 내용이 담겨 있다. 원문과 해설을 겸하여 참고하기 위해서는 김남두 외, 『니코마코스 윤리학』 (서울: 서울대학교 철학사상 연구소, 2004)을 참고하라.]

**15** 예를 들어 Paul J. Wadell, *Friendship and the Moral Life* (Notre Dame, Ind.: University of Notre Dame Press, 1989); Elizabeth Stuart, *Just Good Friends:*

*Towards a Lebian and Gay Theology of Relationships* (London: Mowbray, 1996), 29~32쪽 등을 참고하라. 앞서 스탠리 하우어워스와 같은 개신교 신학자들이 최근에 현대 기독교 윤리학에서 성품윤리의 부활에 공헌해 왔음을 앞서 언급한바 있음에도 불구하고 로마 가톨릭 전통은 개신교 전통보다 성품윤리에 더 강조점을 두는 경향이 있다.

**16** Wadell, *Friendship and the Moral Life*, 5~6.

**17** Stuart, *Just Good Friends*, 38.

**18** C. S. Lewis, *The Four Loves* (New York: Harcourt, Brace & Co., 1960; reprint, San Diego: Harvest Books, 1988), 65~67, 71; Stuart, *Just Good Friends*, 48; Wadell, *Friendship and the Moral Life*, 3~4.

**19** "덕의 학교"로서의 친구 사귐에 대해서는 Lewis, *Four Loves*, 57쪽과 Wadell, *Friendship and the Moral Life*, 79쪽을 참고하라.

**20** Lewis, *Four Loves*, 67.

**21** Wadell, *Friendship and the Moral Life*, 62.

**22** 기독교 공동체의 하나의 모델로서 친구 사귐의 전통적인 비판 가운데 하나는 친구의 사랑(필리아)인 "선택적 사랑"이 기독교적 사랑인 '아가페'의 "우주적 사랑"에 반대되는 것이라는 점에 있었다. 논의되어 온 바대로 친구 사귐은 사랑의 형태에 대해 너무 제한적이고 '편안하여' 진정으로 기독교적인 것이 아니라는 것이다. 원수, 나그네, 그리고 소외된 자들을 사랑할 것을 강조하는 성경 말씀은 이러한 견해를 지지하는 것으로 보인다. 친구 사귐에 관한 기독교적 의문에 대해, 또는 그 반대되는 논의에 있어서 도움이 되는 자료로는 Wadell, *Friendship and the Moral Life*, 62쪽을 보라.

**23** 위의 책, 74, 95~96. 요한복음 15:12~17에서는 '필리아'와 '아가페' 사이의 이러한 표현적 구분이 분명치 않다. '아가페'는 제자들이 서로 가져야 할 상호적인 사랑을 묘사하기 위해 사용되었는데, 예수님께서는 그것을 친구로서의 사귐(friendship)으로 묘사하신다.

**24** Mary E. Hunt, *Fierce Tenderness: A Feminist Theology of Friendship* (New York: Crossroad, 1991), 18, 29. 헌트는 친구로서의 사귐을 "서로의 웰빙의 삶을 바라는 사람들이, 그리고 그들의 사랑의 관계가 공의를 구하는 공동체의 일부라는 것을 아는 사람들이 함께 갖는 자발적이며 인간적인 관계"로 규정한다(29쪽). 여기에서 헌트는 친구의 선을 구하는 사랑과 세상을 향하여 밖으로 향해 가는 사랑에 사로잡혀 있음을 알 수 있다.

**25** 게이와 레즈비언 사이의 친구로서의 사귐에 대한 중요한 탐구로는 Hunt, *Fierce*

*Tenderness*; Stuart, *Just Good Friends*; Peter M. Nardi, *Gay Men's Friendships: Invincible Communities, Worlds of Desire* (Chicago: University of Chicago Press, 1999) 등을 참고하라.

26 실로 가족 그 자체가 마치 세상의 통치자들과 같이 행동할 수 있다. Bill Wylie-Kellermann, "Family: Icon and Principality," *The Witness*, 77 (December 1994): 17~23쪽을 참고하라.

27 Lewis, *Four Loves*, 80.

28 위의 책, 79.

29 위의 책, 80~90.

30 Stuart, *Just Good Friends*, xiv.

31 위의 책, xv.

32 위의 책, 36~43. 헌트 역시 이 점을 그의 책, *Fierce Tenderness*에서 다룬다.

33 위의 책, 44. 역시 Nardi, *Gay Men's Friendships*, 154~88쪽도 참고하라.

34 Stuart, *Just Good Friends*, 36쪽에서 재인용하였다. Nardi, *Gay Men's Friendships*, 189~206쪽도 보라.

35 Rosemary Rader, *Breaking Boundaries: Male/Female Friendship in Early Christian Communities* (New York: Paulist Press, 1983)를 보라.

36 이것은 플라톤 때에 벌써 인식되던 주제이다. Stuart, *Just Good Friends*, 29쪽을 보라.

37 위의 책, 43~44.

38 Wadell, *Friendship and the Moral Life*, 103.

39 Stanley Haurerwas, *The Peaceable Kingdom: A Primer in Christian Ethics* (Notre Dame, Ind.: University of Notre Dame Press, 1983), 145.

40 설교를 위한 '타자'의 윤리적 의미에 대해서는 John S. McClure, *Other-Wise Preaching: A Postmodern Ethic for Homiletics* (St. Louis: Chalice Press, 2001)를 보라.

41 그의 책, *Free in Obedience*에서 윌리엄 스트링펠로우는 권세자들에 대해서 배우기 위해 "영문 밖으로" 나가 보라고 기독교 지도자들에게 직접적으로 도전하고 있다. Stringfellow, *Free in Obedience* (New York: Seabury Press, 1964), 40~42.

42 스트링펠로우는 할렘가 동부에서 지냈던 시간들을 다음의 책에서 상세하게 기록한다. Stringfellow, *My People Is the Enemy: An Autobiographical Polemic* (New

York: Holt, Rinehart & Winston, 1964).

43 Bill Wylie-Kellermann, "Bill, the Bible, and the Seminary Underground," in *Radical Christian and Exemplary Lawyer*, ed. Andrew W. McThenia Jr. (Grand Rapids: Wm. B. Eerdmans Publishing Co., 1995), 68.

44 우리가 성경에서 중요하게 읽는 물리적 공간은 우리의 해석에 영향을 준다. "위치 변동하기"에 대한 성경공부의 중요성에 대해 보다 상세한 설명을 참고하기 위해서는 Stanley P. Saunders and Charles L. Campbell, *The Word on the Street: Performing the Scriptures in the Urban Context* (Grand Rapids: Wm. B. Eerdmans Publishing Co., 2000), 86~94쪽을 참고하라. 역시 Patterson, "Preaching as Nonviolent Resistance," 105쪽도 참고하라. 패터슨은 학대라는 폭력에 저항하는 비폭력적 설교 실천을 발전시키기 위해 학대받는 여성의 삶의 상황을 듣기 위해 시간을 소비할 필요에 대해 강조한다.

45 Jim Douglass, "Civil Disobedience as Prayer," in *Peace Is the Way: Writings on Nonviolence from the Fellowship of Reconciliation*, ed. Walter Wink (Maryknoll, N.Y.: Orbis Books, 2000), 149.

46 위의 책, 151.

47 Saunders and Campbell, *Word on the Street*, 48~50쪽을 보라.

48 우리 내부의 폭력성을 모니터링하는 것의 중요성에 대한 윙크의 논의를 살펴보기 위해서는 Walter Wink, *Engaging the Powers: Discernment and Resistance in a World of Domination* (Minneapolis: Fortress Press, 1992), 279~95쪽을 보라.

49 Hauerwas, *Peaceable Kingdom*, 144.

50 위의 책, 150.

51 Patterson, "Preaching as Nonviolent Resistance," 103.

52 Stanley Hauerwas, "Taking Time for Peace: The Ethical Significance of the Trivial," in *Christian Existence Today: Essays on Church, World, and Living in Between* (Durham, N.C.: Labyrinth Press, 1988), 263. 하우어워스가 설명한 대로 '사소한 것'은 단지 하찮은 것을 의미한다기보다는 어디에서나 만나게 되는 행위들을 의미하는 개념이다.

53 Jiddu Krishnamurti, Nisenson, *Ascension*, 168쪽에서 인용하였다.

54 이에 대한 크리스틴 스미스(Christine Smith)의 강력한 설명을 위해서는 다음 책을 참고하라. Christine Smith, *Preaching as Weeping, Confession, and Resistance: Radical Responses to Radical Evil* (Louisville, Ky.: Westminster/John Knox Press,

1992), esp. 3~6. 역시 Saunders and Campbell, *Word on the Street*, 48~50쪽도 참고하라.

55 이것은 광범위하게 죄의 고백에로의 초대로 사용되는 것으로 요한일서 1:8~9에 기초하고 있다.

56 Stanley Hauerwas, "Peacemaking: The Virtue of the Church," in *Christian Existence Today*, 93.

57 Beverly Wildung Harrison, "The Power of Anger in the Work of Love: Christian Ethics for Women and Other Strangers," in *Feminist Theology: A Reader*, ed. Ann Loades (Louisville, Ky.: Westminster/John Knox Press, 1990), 207.

58 직접적으로 분노에 대해서 논의를 하고 있지 않지만 Patterson, "Preaching as Nonviolent Resistance"를 참고하라.

59 하나님의 분노에 대한 논의에 대해서는 Abraham Heschel, *The Prophets*, vol. 2 (New York: Harper & Row, 1962), 59~86쪽을 보라. 하나님과 예수님의 분노를 다른 각도에서 논의한 것을 살펴보기 위해서는 Caroll Saussy, *The Gift of Anger: A Call to Faithful Action* (Louisville, Ky.: Westminster John Knox Press, 1995), 65~100쪽을 보라.

60 Harrison, "Power of Anger," 206. 여기에서 해리슨은 분노는 '언제나' 돌봄의 형태라고 말함으로 일부의 경우를 다소 과장하고 있다.

61 위의 책, 207.

62 예를 들어 배우자를 학대하는 사람에 대한 분노는 학대를 당하는 여성들 – 다른 사람에 의해 고통을 당해 왔다 – 과 학대하는 남편 – 그들도 변화될 수 있다는 희망을 가진다 – 모두에 대한 적절한 사랑의 표현이다.

63 물론 설교자가 어떤 상황에서 다른 사람에게 분노의 가치에 '관해' 설교할 수 있다. 그러나 그것은 설교에서 개인에 대한 분노의 표출이나 찬양하는 것과 같이 설교에 있어서 전혀 다른 문제이다.

64 Harrison, "Power of Anger," 206. "저항의 영성"에서 분노의 역할에 대한 다른 논의를 살펴보기 위해서는 Roger S. Gottlieb, *A Spirituality of Resistance: Finding a Peaceful Heart and Protecting the Earth* (New York: Crossroad, 1999), 172~75쪽을 보라.

65 Harrison, "Power of Anger," 206.

66 강력한 성경적 근거를 포함하여 인내의 덕에 대해서 도움이 되는 논의를 위해서는 Philip D. Kenneson, *Life on the Vine: Cultivating the Fruit of the Spirit in Christian*

*Community* (Downers Grove, Ill.: InterVarsity Press, 1999), 107~32을 보라.

67 위의 책, 100, 110.

68 Hauerwas, *Peaceable Kingdom*, 145.

69 Douglass, "Civil Disobedience as Prayer," 149~52.

70 이러한 덕목은 그들의 상황을 거의 아무런 통제도 할 수 없는 억압받고 소외된 사람들이 스스로 신장해 나갈 수 있는 것이 아니다. 분명하게 특권을 누리는 사람들은 억압받는 사람들로부터 인내를 요구할 수 없다.

71 Kenneson, *Life on the Vine*, 109.

72 위의 책, 117~23.

73 Hauerwas, *Peaceable Kingdom*, 137. 하우어워스는 리처드 니버의 고전적인 논문으로부터 이 통찰력을 발전시킨다. Richard Niebuhr, "The Grace of Doing Nothing," *Christian Century*, 49 (March 23, 1932): 378~80.

74 Hauerwas, *Peaceable Kingdom*, 149.

75 위의 책, 150.

76 Wes Howard-Brook and Anthony Gwyther, *Unveiling Empire: Reading Revelation Then and Now* (Maryknoll, N.Y.: Orbis Books, 1999), 264~77.

77 Hauerwas, *Peaceable Kingdom*, 150.

78 Dorothy C. Bass, "Keeping Sabbath," in *Practicing Our Faith: A Way of Life for a Searching People*, ed. Dorothy C. Bass (San Francisco: Jossey-Bass, 1997), 80, 86. 역시 Kenneson, *Life on the Vine*, 130쪽도 참고하라.

79 Hauerwas, "Taking Time for Peace," 257.

80 다음 부분에서 주님의 날의 예배에 대해서 논의하게 될 것이다.

81 친절 베풂에 대한 그의 책에서 존 케니그는 반복해서 진정한 호의는 손님과 주인의 역할을 분명하지 않게 하며 나그네에 의해서 그 의도는 바뀐다는 사실을 강조한다. John Koeing, *New Testament Hospitality: Partnership with Strangers as Promise and Mission* (Philadelphia: Fortress Press, 1985)을 보라. 역시 Christine D. Pohl, *Making Room: Recovering Hospitality as a Christian Tradition* (Grand Rapids: Wm. B. Eerdmans Publishing Co,. 1999)을 참고하라.

82 Stringfellow, *Ethic for Christians*, 138.

83 Walter Wink, "Stringfellow on the Powers," in McThenia, ed., *Radical Christian and Exemplary Lawyer*, 20.

84 Jürgen Moltmann, *The Way of Jesus Christ: Christology in Messianic Dimensions*, trans. Margaret Kohl (San Francisco: HarperSanFrancisco, 1990), 8.

85 Stringfellow, *Ethic for Christians*, 138.

86 Moltmann, *Way of Jesus Christ*, 13.

87 신약성경에서 용기는 두려움에 대한 대안으로 제시되지 않는다. 오히려 죽음의 두려움으로부터 우리를 자유케 하는 소망, "모든 두려움은 쫓아내는"(요일 4:18) "완전한 사랑"은 용기를 위한 기초를 제공한다.

88 희망과 분노 사이의 관계성에 대해서는 Sauyssy, *Gift of Anger*, 56~58, 105~12쪽을 참고하라.

89 Hauerwas, *Peaceable Kingdom*, 146~49.

# 참고문헌

Achtemeier, Paul J. *Invitation to Mark*. Garden City, N.Y.: Image Books, 1978.

Aristotle. *Nichomachean Ethics*. Trans. Martin Ostwald. Library of the Liberal Arts. New York: Macmillan, 1986. (역서/ 김남두 외 역. 『니코마코스 윤리학』. 서울: 서울대학교 철학사상 연구소, 2004).

Arnhart, Lary. *Aristotle on Political Reasoning: A Commentary on the Rhetoric*. Dekalb, Ill.: Northern Illinois University Press, 1981.

Aulén, Gustaf. *Christ Victor: A Historical Study of Three Main Types of the Idea of the Atonement*. Trans. A. G. Herbert. New York: Macmillan, 1931.

Bailie, Gil. *Violence Unveiled: Humanity at the Crossroad*. New York: Crossroad, 1995.

Barth, Karl. *The Epistle to the Romans*. Trans. Edwyn C. Hoskyns. paperback ed. London: Oxford University Press, 1968.

Bartlett, John. *Familiar Quotations*. Boston: Little, Brown & Co., 1980.

Bass, Dorothy C., ed. *Practicing Our Faith: A Way of on the Life for a Searching People*. San Francisco: Jossey-Bass, 1997.

Berkhof, Hendrik. *Christ and the Powers*. Trans. John H. Yoder. Scottdale, Pa.: Herald Press, 1977.

Blau, Joel. *The Visible Poor: Homelessness in the United States*. New York: Oxford University Press, 1992.

Bond, L. Susan. *Trouble with Jesus: Women, Christology, and Preaching*. St. Louis: Chalice Press, 1999.

Bonhoeffer, Dietrich. *The Cost of Discipleship*. Rev. ed., trans. R. H. Fuller. New York: Macmillan, 1959. (역서/ 이신건 역. 『나를 따르라』. 서울: 신앙과 지성사, 2013).

Bourdieu, Pierre. *Outline of a Theory of Practice*. Trans. Richard Nice. Cambridge: Cambridge University Press, 1977.

Brueggemann, Walter. "Preaching a Sub-Version." *Theology Today*, 55 (July 1998): 195~212.

_____. "Preaching as Reimagination." *Theology Today*, 52 (October 1995): 313~29.

_____. "Voice as Counter to Violence." *Calvin Theological Journal*, 36 (2001): 22~33.

_____. *Living toward a Vision: Biblical Reflections on Shalom*. Philadelphia: United Church Press, 1976.

_____. *Finally Comes the Poet: Daring Speech for Proclamation*. Philadelphia: Fortress Press, 1989. (역서/ 주승중, 소을순 공역.『설교자는 시인이 되어야 한다: 선포를 위한 대담한 언어』. 서울: 겨자씨, 2007).

Butigan, Ken, and Patricia Bruno. *From Violence to Wholeness: A Ten Part Program in the Spirituality and Practice of Active Nonviolence*. Las Vegas: Pace e Bene Franciscan Nonviolence Center, 1999.

Buttrick, David. *The Mystery and the Passion: A Homiletic Reading of the Gospel Traditions*. Minneapolis: Fortress Press, 1992.

_____. *Preaching Jesus Christ: An Exercise in Homiletic Theology*. Philadelphia: Fortress Press, 1988.

Campbell, Charles L. "Living Faith: Luther, Preaching and Ethics." *Word and World*, 10 (Fall 1990): 374~79.

_____. "More than Quandaries: Character Ethics and Preaching." *Journal for Preachers*, 16 (Pentecost 1993): 31~37.

_____. *Preaching Jesus: New Directions for Homiletics in Hans Frei's Postliberal Theology*. Grand Rapids: Wm. B. Eerdmans Publishing Co., 1997. (역서/ 이승진 역.『프리칭 예수: 한스 프라이의 탈자유주의 신학에 근거한 설교학의 새 지평』. 서울: 기독교문서선교회, 2001).

Campbell, Charles, and Stanley Saunders. *The Word on the Street: Performing the Scriptures in the Urban Context*. Grand Rapids: Wm. B. Eerdmans Publishing Co., 2000.

Cannon, Katie G. *Black Womanist Ethics*. American Academy of Religion Academy Series, no. 60. Atlanta: Scholars Press, 1988.

Catalinotto, John and Sara Flounders, eds. *Metal of Dishonor: Depleted Uranium: How the Pentagon Radiates Soldiers and Civilians with DU Weapons*. rev. ed. New York: Depleted Uranium Education Project International Action Center, 1999.

Cone, James H. "Sanctification, Liberation, and Black Worship." *Theology Today*, 35 (1978~79): 139~52.

_____. *God of the Oppressed*. New York: Seabury Press, 1975. (역서/ 현영학 역. 『눌린 자의 하느님』. 서울: 이화여자대학교출판부, 1994).

Costas, Orlando E. *Christ Outside the Gate Mission Beyond Christendom*. Maryknoll, N.Y.: Orbis Books, 1982. (역서/ 김승환 역. 『성문 밖의 그리스도: 제3세계의 선교신학』. 서울: 한국신학연구소, 1987).

Craddock, Fred B. *As One without Authority*. 4th ed. St. Louis: Chalice Press, 2001. (역서/ 김운용 역. 『권위 없는 자처럼: 귀납적 설교의 이론과 실제』. 서울: 예배와 설교 아카데미, 2003).

Dawn, Marva J. "The Concept of 'The Principalities and Powers' in the Works of Jacques Ellul." Ph.D. diss., University of Notre Dame, 1992.

_____. *Powers, Weakness, and the Tabernacling of God*. Grand Rapids: Wm. B. Eerdmans Publishing Co., 2001. (역서/ 노종문 역. 『세상 권세와 하나님의 교회』. 서울: 복 있는 사람, 2008).

DeSilva, David A. *Perseverance in Gratitude: A Socio-Rhetorical Commentary on the Epistle "to the Hebrews."* Grand Rapids: Wm. B. Eerdmans Publishing Co., 2000.

Duff, Nancy J. "Atonement and the Christian Life: Reformed Doctrine from a Feminist Perspective." *Interpretation*, 53 (January 1999): 21~33.

_____. "The Significance of Pauline Apocalyptic for Theological Ethics." In *Apocalyptic and the New Testament: Essays in Honor of J. Louis Martyn*. Ed. Joel Marcus and Marion Soards. Journal for the Study of the New Testament: Supplement Series 24. Sheffield: JSOT Press, 1989.

Edwards, James C. *Ethics without Philosophy: Wittgenstein and the Moral Life*. Tampa: University Presses of Florida, 1982.

Ellul, Jacques. *The Humiliation of the Word*. Trans. Joyce Main Hanks. Grand Rapids: Wm. B. Eerdmans Publishing Co., 1985.

_____. *The Meaning of the City*. Trans. Dennis Pardee. Grand Rapids: Wm. B. Eerdmans Publishing Co., 1970. (역서/ 최홍숙 역. 『도시의 의미』. 서울: 한국로고스연구원, 1992).

_____. *The Presence of the Kingdom*. Trans. Olive Wyon. New York: Seabury Press, 1967. (역서/ 이문장 역. 『세상 속의 그리스도인: 어떻게 살 것인가?』. 서울: 대장간, 1992).

_____. *The Subversion of Christianity*. Trans. Geoffrey W. Bromiley. Grand Rapids:

Wm. B. Eerdmans Publishing Co., 1986. (역서/ 쟈크엘룰번역위원회 역.『뒤틀려진 기독교』. 서울: 대장간, 1991).

_____. *The Technological Society*. Trans. John Wilkinson. New York: Alfred A. Knopf, 1964.

_____. *Violence: Reflections from a Christian Perspective*. Trans. Cecelia Gaul Kings. New York: Seabury Press, 1969. (역서/ 최종고 역.『폭력: 기독교적 반성과 전망』. 서울: 현대사상사, 1974).

Eslinger, Richard. "The Homiletic Virtues: Explorations into the Character of the Preacher." *Worship Arts*, 43 (July-August 1998): 8~11.

Evans, Patricia. *The Verbally Abusive Relationship: Adams Media Recognize It and How to Respond*. 2d ed. Holbrook, Mass.: Adams Media Corporation, 1996.

Flannery, O'Connor. *Mystery and Manners: Occasional Prose*. New York: Farrar, Straus & Giroux, 1961.

Florence, Anna C. "The Woman Who Just Said 'No.'" *Journal for Preachers*, 22 (Advent 1998): 37~41.

Foucault, Michel. *Discipline and Punish: The Birth of the Prison*. Trans. Alan Sheridan. New York: Vintage Books, 1979.

_____. *Power/Knowledge: Selected Interviews and Other Writings, 1972-1977*. Ed. Colin Gordon, trans. Colin Gordon, Leo Marshall, John Mepham, Kate Soper. New York: Pantheon Books, 1980.

_____. *The History of Sexuality: An Introduction*, vol. 1. Trans. Robert Hurrley. New York: Vintage Books, 1990. (역서/ 이규현 역.『성의 역사 1: 앎의 의지』. 서울: 나남, 1990).

Freire, Paulo. *Pedagogy of the Oppressed*. Trans. Myra Bergman Ramos. New York: Continuum Publishing, 1981. (역서/ 성찬성 역.『페다고지』. 서울: 한마당, 1995).

Girard, René. *The Girard Reader*. Ed. James G. Williams. New York: Crossroad, 1996.

Golding, William. *Lord of the Flies*. New York: Putnam, 1954. (역서/ 유종호 역.『파리대왕』. 서울: 민음사, 1999).

Gonzalez, Justo L. and Catherine Gunsalus Gonzalez. *The Liberating Pulpit*. Nashville: Abingdon Press, 1994.

Gottlieb, Roger S. *A Spirituality of Resistance: Finding a Peaceful Heart and Protecting the Earth*. New York: Crossroad, 1999.

Greider, William. *One World, Ready or Not: The Manic Logic of Global Capitalism*. New York: Simon & Schuster, 1997.

Hahn, Celia A. *Sexual Paradox: Creative Tensions in Our Lives and in Our Congregations*. New York: Pilgrim Press, 1991.

Hall, Douglas J. "Despair as Pervasive Ailment." In *Hope for the World: Mission in a Global Context*. Ed. Walter Brueggemann. Louisville, Ky.: Westminster John Knox Press, 2001.

Hallie, Philip P. *Lest Innocent Blood Be Shed: The Story of the Village of Le Chambon and How Goodness Happened There*. New York: Harper & Row, 1979; Harper Perennial ed., 1994.

Harrison, Beverly W. "The Power of Anger in the Work of Love: Christian Ethics for Women and Other Strangers." In *Feminist Theology: A Reader*. Ed. Ann Loades. Louisville, Ky.: Westminster John Knox Press, 1990.

Hauerwas, Stanley. "Companions on the Way: The Necessity of Friendship." *Asbury Theological Journal*, 45, 1 (Spring 1990): 35~48.

_____. *A Community of Character: Toward a Constructive Christian Social Ethic*. Notre Dame, Ind.: University of Notre Dame Press, 1981. (역서/ 문시영 역. 『교회됨』. 서울: 북코리아, 2010).

_____. *After Christendom? How the Church Is to Behave if Freedom, Justice, and a Christian Nation Are Bad Ideas*. Nashville: Abingdon Press, 1991.

_____. *Against the Nations: War and Survival in a Liveral Society*. Minneapolis: Winston Press, 1985.

_____. *Christian Existence Today: Essays on Church, World, and Living in Between*. Durham, N.C.: Labyrinth Press, 1988.

_____. *In Good Company: The Church as Polis*. Notre Dame, Ind.: University of Notre Dame Press, 1995.

_____. *The Peaceable Kingdom: Primer in Christian Ethics*. Notre Dame, Ind.: University of Notre Dame Press, 1983.

_____. *Vision and Virtue: Essays in Christian Ethical, Reflection*. Notre Dame, Ind.: Fides Publishers, 1974. Reprint, Notre Dame, Ind.: University of Notre Dame Press, 1981.

Hays, Richard B. *The Moral Vision of the New Testament: A Comtemporary Introduction to New Testament Ethics*. San Francisco: HarperSanFrancisco,

1996.

Herzog II, William R. *Parables as Subversive Speech: Jesus as Pedagogue of the Oppressed*. Louisville, Ky.: Westminster John Knox Press, 1994.

Heschel, Abraham. *The Prophets*, vol. 2. New York: Harper & Row, 1962.

Hobgook, Mary E. *Dismantling Privilege: An Ethics of Accountability*. Cleveland: Pilgrim Press, 2000.

Howard-Brook, Wes. and Gwyther, Anthony. *Unveiling Empire: Reading Revelation Then and Now*. Maryknoll, N.Y.: Orbis books, 1999.

Hunt, Mary E. *Fierce Tenderness: A Feminist Theology of Friendship*. New York: Crossroad, 1991.

Ignatieff, Michael. *Blood and Belonging: Journeys into the New Nationalism*. New York: Farrar, Straus and Giroux, 1995.

Iris Murdoch, "Vision and Choice in Morality." In *Christian Ethics and Contemporary Philosophy*. Ed. Ian T. Ramsey. London: SCM Press, 1966.

Kavanaugh, John F. *Following Christ in a Consumer Culture*. Maryknoll, N.Y.: Orbis Books, 1991.

Kay, James F. "Preaching in Advent." *Journal for Preachers*, 13 (Advent 1989): 11~16.

_____. "The Word of the Cross at the Turn of the Ages." *Interpretation*, 53 (1999): 44~56.

Keck, Leander E. *A Future for the Historical Jesus: The Place of Jesus in Preaching and Theology*. Philadelphia: Fortress Press, 1981.

Kenneson, Philip D. *Life on the Vine: Cultivating the Fruit of the Spirit in Christian Community*. Downers Grove, Ill.: InterVarsity Press, 1999.

King, Martin Luther, Jr. *A Testament of Hope: The Essential Writings and Speeches of Martin Luther King, Jr.* Ed. James Melvin Washington. San Francisco: HarperSanFrancisco, 1986. 1st HarperCollins paperback ed., 1991.

Klein, Naomi. *No Logo: Taking Aim at the Brand Bullies*. New York: Picador USA, 1999.

Koeing, John. *New Testament Hospitality: Partnership with Strangers as Promise and Mission*. Philadelphia: Fortress Press, 1985.

Koontz, Gayle G. "The Liberation of Atonement." *Mennonite Quarterly Review*, 63

(April 1989): 171~92.

Lash, Nicholas. *Theology on the Way to Emmaus*. London: SCM Press, 1986.

Lewis, C. S. *The Four Loves*. New York: Harcourt, Brace & Co., 1960; reprint, San Diego: Harvest Books, 1988.

Lindbeck, George. *The Nature of Doctrine: Religion and Theology in a Postliberal Age*. Philadelphia: Westminster Press, 1984.

Lischer, Richard. *The Preacher King: Martin Luther King Jr. and the Word That Moved America*. New York: Oxford University Press, 1995.

Lohfink, Gerhard. *Jesus and Community: The Social Dimension of Christian Faith*. Trans. John P. Galvin. Philadelphia: Fortress Press, 1984. (역주/ 정한교 역. 『예수는 어떤 공동체를 원했나: 그리스도 신앙의 사회적 차원』. 서울: 분도출판사, 2013).

Long, Thomas G. *Hebrews*. Louisville, Ky.: Westminster John Knox Press, 1997. (역서/ 김운용 역. 『현대주석: 히브리서』. 서울: 한국장로교출판사, 2005).

Lyon, David. *The Electronic Eye: The Rise of Surveillance Society*. Minneapolis: University of Minnesota Press, 1994.

MacIntyre, Alasdair. *After Virtue: A Study in Moral Theory*. 2d ed. Notre Dame, Ind.: University of Notre Dame Press, 1984. (역서/ 이진우 역. 『덕의 상실』. 서울: 문예출판사, 1997).

Martyn, J. Louis. *Theological, Issues in the Letters of Paul*. Nashville: Abingdon Press, 1997.

McClendon, James William Jr. *Systematic Theology: Ethics*. Nashville: Abingdon Press, 1986.

McClure, John S. *Other-Wise Preaching: A Postmodern Ethic for Homiletics*. St. Louis: Chalice Press, 2001.

_____. *The Roundtable Pulpit: Where Leadership and Preaching Meet*. Nashville: Abingdon Press, 1995.

McClure, John S. and Nacy J. Ramsay, eds. *Telling the Truth: Preaching about Sexual and Domestic Violence*. Cleveland: United Church Press, 1998.

McIntosh, Peggy. "White Privilege: Unpacking the Invisible Knapsack." *Peace and Freedom*, July-August (1989).

McThenia, Andrew W. Jr., ed. *Radical Christian and Exemplary Lawyer*. Grand Rapids: Wm. B. Eerdmans Publishing Co., 1995.

Meilaender, Gilbert. "The Place of Ethics in the Theological Task." *Currents in Theology and Mission*, 6 (1979): 197~98.

Merton, Thomas. *Faith and Violence: Christian Teaching and Christian Practice*. Notre Dame, Ind.: University of Notre Dame Press, 1968.

Moltmann, Jürgen. *The Way of Jesus Christ: Christology in Messianic Dimensions*. Trans. Margaret Kohl. San Francisco: HarperSanFrancisco, 1990.

Morrison, Toni. *The Bluest Eye*. New York: Holt, Rinehart and Winston, 1970.

Murdoch, Iris. *The Sovereignty of Good*. London: Routledge and Kegan Paul, 1970. Reprint, London: Ark Paperbacks, 1986.

_____. "Vision and Choice in Morality." In *Christian Ethics and Contemporary Philossophy*. Ed. Ian T. Ramsey. London: SCM Press, 1966.

Murphy, Nancey C., Brad J. Kallenberg, and Mark Thiessen Nation, eds. *Virtues and Practices in the Christian Tradition: Christian Ethics after MacIntyre*. Harrisburg, Pa.: Trinity Press International, 1997.

Myers, Ched. *Binding the Strong Man: A Political Reading of Mark's Story of Jesus*. Maryknoll, N.Y.:Orbis Books, 1988.

_____. *Who Will Roll Away the Stone? Discipleship Queries for First World Christians*. Maryknoll, N.Y.: Orbis Books, 1994.

Nardi, Peter M. *Gay Men's Friendships: Invincible Communities, Worlds of Desire*. Chicago: University of Chicago Press, 1999.

Niebuhr, H. Richard. "The Grace of Doing Nothing." *Christian Century*, 49 (March 23, 1932): 378~80.

Nisenson, Eric. *Ascension: John Coltrane and His Quest*. New York: St. Martin's Press, 1993.

O'Connor, Flannery. "Revelation." In *Everything That Rises Must Converge*. New York: Farrar, Straus & Giroux, 1965.

Oberman, Heiko. "The Preaching of the Word in the Reformation." *Harvard Divinity Bulletin*, 25 (October 1960).

Patterson, Barbara. "Preaching as Nonviolent Resistance." In *Telling the Truth: Preaching about Sexual and Domestic Violence*. Ed. John S. McClure and Nancy J. Ramsey. Cleveland: United Church Press, 1998.

Peretti, Frank E. *This Present Darkness*. Westchester, Ill.: Crossway Books, 1986.

Pincoffs, Edmund L. *Quandaries and Virtues: Against Reductivism in Ethics*. Lawrence, Kans.: University Press of Kansas, 1986.

Pohl, Christine D. *Making Room: Recovering Hospitality as a Christian Tradition*. Grand Rapids: Wm. B. Eerdmans Publishing Co., 1999.

Porter, Jean. *The Recovery of Virtue: The Relevance of Aquinas for Christian Ethics*. Louisville, Ky.: Westminster John Knox Press, 1990.

Postman, Neil. *Amusing Ourselves to Death: Public Discourse in the Age of Show Business*. New York: Viking/Penguin Books, 1985. (역서/ 홍윤선 역.『죽도록 즐기기』. 서울: 굿인포메이션, 2009).

_____. *Technopoly: The Surrender of Culture to Technology*. New York: Alfred A. Knopf, 1992; Vintage Books ed., 1993. (역서/ 김균 역.『테크노폴리: 기술에 정복당한 오늘의 문화』. 서울: 궁리, 2005).

Pritchard, James B. *Ancient Near Eastern Texts Relating to the Old Testament*. 3d ed. Princeton, N.J.: Princeton University Press, 1969.

Rader, Rosemary. *Breaking Boundaries: Male/Female Friendship in Early Christian Communities*. New York: Paulist Press, 1983.

Resner, André. *Preacher and Cross: Person and Message in Theology and Rhetoric*. Grand Rapids: Wm. B. Eerdmans Publishing Co., 1999.

Richard, Pavlo. *Apocalypse: A Peoples's Commentary on the Book of Revelation*. Trans. Phillip Berryman. Maryknoll, N.Y.: Orbis books, 1995.

Rose, Lucy A. *Sharing the Word: Preaching in the Roundtable Church*. Louisville, Ky.: Westminster John Knox Press, 1997. (역서/ 이승진 역.『하나님 말씀과 대화 설교』. 서울: CLC, 2010).

Russell-Jones, Iwan. "The Real Thing?" *And Straightaway* (Fall 1993): 3~4.

Ryan, Eugene. "Aristotle's Rhetoric and Ethics and the Ethos of Society." *Greek, Roman, and Byzantine Studies*, 13 (1972), 291~308.

Saunders, Stanley and Campbell, Charles. *The Word on the Street: Performing the Scriptures in the Urban Context*. Grand Rapids: Wm. B. Eerdmans Publishing Co., 2000.

Saussy, Caroll. *The Gift of Anger: A Call to Faithful Action*. Louisville, Ky.: Westminster John Knox Press, 1995.

Sawicki, Marianne. *Seeing the Lord: Resurrection and Early Christian Practices*. Minneapolis: Fortress Press, 1994.

Scott, James C. *Domination and the Arts of Resistance: Hidden Transcripts*. New Haven, Conn.: Yale University Press, 1990.

Smith, Christine M. "Preaching as an Art of Resistance." In *The Arts of Ministry: Feminist-Womanist Approaches*. Ed. Christine Cozad Neuger. Lousiville, Ky.: Westminster John Knox Press, 1996.

_____. *Preaching as Weeping, Confession, and Resistance: Radical Responses to Radical Evil*. Louisville, Ky.: Westminster/John Knox Press, 1992.

Smith, Luther E. *Intimacy and Mission: Intentional Community as a Crucible for Radical Discipleship*. Scottdale, Pa.: Herald Press, 1994.

Soskice, Janet M. *Metaphor and Religious Language*. Oxford: Oxford University Press, 1985.

Steinbeck, John. *The Grapes of Wrath*. Penguin Great Books of the Twentieth Century. New York: Penguin Books, 1999. (역서/ 맹후빈 역. 『분노의 포도』. 서울: 홍신문화사, 2012).

Stendahl, Krister. *Paul among Jews and Gentiles, and Oteher Essays*. Philadelphia: Fortress Press, 1976.

Stott, John R. *God's New Society: The Message of Ephesians*. Downers Grove, Ill.: InterVarsity Press, 1979. (역서/ 정옥배 역. 『에베소서 강해: 하나님의 새로운 사회』. 서울: 한국기독학생회출판부, 2006).

Stringfellow, William. *An Ethic for Christians and Other Aliens in a Strange Land*. 3rd Paperback Edition. Waco, Tex.: Word Books, 1979.

_____. *Free in Obedience*. New York: Seabury Press, 1964.

Stroupe, Nibs. and Fleming, Inez. *While We Run This Race: Confronting the Power of Racism in a Southern Church*. Maryknoll, N.Y.: Orbis Books, 1995.

Stuart, Elizabeth. *Just Good Friends: Towards a Lesbian and Gay Theology of Relationships*. New York: Mowbray, 1996.

Taylor, Bruchell. *The Church Taking Sides*. Kingston: Bethel Baptist Church, 1995.

_____. *The Day after Trinity: F. Robert Oppenheimer and the Atomic Bomb*. Prod. and dir. Jon Else. 1hr. 28min. Pyramid Home Video, 1980, videocassette.

Tompkins, Jane P. *Sensational Designs: The Cultural Work of American Fiction, 1790-1860*. New York: Oxford University Press, 1985.

_____. *West of Everything: The Inner Life of Westerns*. New York: Oxford University Press, 1992.

Toole, David. *Waiting for Godot in Sarajevo: Theological Reflections on Nihilism, Tragedy, and Apocalypse*. Boulder, Colo.: Westview Press, 1998.

Trocmé, André. *Angels and Donkeys: Tales for Christmas and Other Times*. Trans. Nelly Trocmé Hewett. Intercourse, Pa.: Good Books, 1998.

van den Heuvel, Albert H. *These Rebellious Powers*. New York: Friendship Press, 1965.

Volf, Miroslav and Dorothy C. Bass, eds. *Practicing Theology: Beliefs and Practices in Christian Life*. Grand Rapids: Wm. B. Eerdmans Publishing Co., 2001.

Wadell, Paul J. *Friendship and the Christians Life*. Notre Dame, Ind.: University of Notre Dame Press, 1989.

Wardlaw, Theodore J. "Dinner With Amos." *Preached at Central Presbyterian Church*. Atlanta, Georgia, July 22, 2001.

Warren, Michael. "The Worshiping Assembly: Possible Zone of Cultural Contestation." *Worship*, 163, 1 (1989): 2~16.

_____. "Culture, Counterculture, and the Word." *Liturgy*, 6 (Summer 1986): 85~93.

_____. *At This Time, in This Place: The Spirit Embodied in the Local Assembly*. Harrisburg, Pa.: Trinity Press International, 1999.

*Weapons of the Spirit*. Prod. and dir. Pierre Sauvage. 1hr. 30min. First Run Features, 1989, videocassette.

Weaver, J. Denny. "Atonement for the Nonconstantinian Church." *Modern Theology*, 6 (July 1990): 307~23.

Webb, Stephen H. "A Hyperbolic Imagination: Theology and the Rhetoric of Excess." *Theology Today*, 50 (April 1993): 56~67.

Welch, Sharon D. *Communities of Resistance and Solidarity: A Feminist Theology of Liberation*. Maryknoll, N.Y.: Orbis Books, 1985.

_____. *A Feminist Ethic of Risk*. Minneapolis: Fortress Press, 1990.

Wink, Walter. "Neither Passivity nor Violence: Jesus' Third Way." *Forum*, 7 (March-June 1991).

_____. *Engaging the Powers: Discernment and Resistance in a World of Domination*. Minneapolis: Fortress Press, 1992. (역서/ 한성수 역. 『사탄의 체제와 예수의 비폭력: 지배 체제 속의 악령들에 대한 분별과 저항』. 서울: 한국기독교연구소, 2009).

_____. *Naming the Powers: The Language of Power in the New Testament.* Philadelphia: Fortress Press, 1984.

_____. *The Powers That Be: Theology for a New Millennium.* New York: Doubleday, 1998.

_____. *Unmasking the Powers: The Invisible Forces That Determine Human Existence.* Philadelphia: Fortress Press, 1986. (역서/ 박만 역.『사탄의 가면을 벗겨라: 인간의 삶을 결정하는 보이지 않는 힘들』. 서울: 한국기독교연구소, 2005).

_____, ed. *Peace Is the Way: Writings on Non-violence from the Fellowship of Reconciliation.* Maryknoll, N.Y.: Orbis books, 2000.

Wylie-Kellermann, Bill. *Seasons of Faith and Conscience: Kairos, Confession, Liturgy.* Maryknoll, N.Y.: Orbis Books, 1991.

_____, "Family: Icon and Principality." *The Witness*, 77 (December 1994): 17~23.

_____, "Listen to This Man! A Parable before the Powers." *Theology Today*, 53 (October 1996): 299~310.

_____. "Not Vice Versa, Reading the Powers Biblically: Stringfellow, Hermeneutics, and the Principalities." *Anglican Theological Review*, 81, 4 (1999).

Yoder, John H. *He Came Preaching Peace.* Scottdale, Pa.: Herald Press, 1985.

_____. *The Politics of Jesus: Vicit Agnus Noster.* Grand Rapids: Wm. B. Eerdmans Publishing Co., 1972. (역서/ 신원하, 권연경 공역.『예수의 정치학』. 서울: IVP, 2007).

Zink-Sawyer, Beverly. "'The Word Purely Preached and Heard': The Listeners and the Homiletical Endeavor." *Interpretation*, 51 (October 1997): 342~57.

# 성구 색인

# 주제 및 인명 색인